Batismo e confirmação: sacramentos de iniciação

Ignacio Oñatibia

Batismo e confirmação: sacramentos de iniciação

Dados Internacionais de Catalogação na Publicação (CIP)
(Câmara Brasileira do Livro, SP, Brasil)

Oñatibia, Ignacio
 Batismo e confirmação : sacramentos de iniciação / Ignacio Oñatibia ; [tradução José Afonso Beraldin da Silva]. — São Paulo : Paulinas, 2007.
 — (Coleção sacramentos e sacramentais)

 Título original: Bautismo y confirmación.
 ISBN 978-85-356-1913-3
 ISBN 84-7914-469-6 (ed. original)
 Bibliografia.

 1. Batismo 2. Confirmação I. Título. II. Série.

06-6830
CDD-234.161
- 234.162

Índices para catálogo sistemático:
1. Batismo : Sacramento : Cristianismo   234.161
2. Confirmação : Sacramento : Cristianismo 234.162

Título original: *Bautismo y confirmación*
© Ignacio Oñatibia Audela
© Biblioteca de Autores Cristianos, Madrid, 2000.

Citações bíblicas: *Bíblia Sagrada* – tradução da CNBB, 2ª ed. 2002.

1ª edição - 2007
1ª reimpressão - 2018

Direção-geral: *Flávia Reginatto*
Editores: *Vera Ivanise Bombonatto*
Antonio Francisco Lelo
Tradução: *José Afonso Beraldin*
Copidesque: *Mônica Elaine G. S. da Costa*
Coordenação de revisão: *Andréia Schweitzer*
Revisão: *Denise Katchuian Dognini e Ana Cecilia Mari*
Direção de arte: *Irma Cipriani*
Gerente de produção: *Felício Calegaro Neto*
Capa e editoração eletrônica: *Rogério Lobato Loconte*

Nenhuma parte desta obra poderá ser reproduzida ou transmitida por qualquer forma e/ou quaisquer meios (eletrônico ou mecânico, incluindo fotocópia e gravação) ou arquivada em qualquer sistema ou banco de dados sem permissão escrita da Editora. Direitos reservados.

Paulinas
Rua Dona Inácia Uchoa, 62
04110-020 – São Paulo – SP (Brasil)
Tel.: (11) 2125-3500
http://www.paulinas.com.br – editora@paulinas.com.br
Telemarketing e SAC: 0800-7010081
© Pia Sociedade Filhas de São Paulo – São Paulo, 2007

Apresentação

A imagem de uma sociedade depende em boa medida do modelo por ela adotado para agregar novos membros. A iniciação cristã é um banco de provas da identidade da Igreja. Pode-se compreender a razão pela qual a teologia e a pastoral do batismo e da confirmação se tornaram o objetivo preferencial dos movimentos renovadores que animaram a vida da Igreja ao longo do século XX. Surgiram calorosos e célebres debates sobre a legitimidade ou, no mínimo, sobre a idoneidade pastoral da prática generalizada do batismo de crianças numa sociedade secularizada e leiga, bem como sobre a evolução histórica dos ritos da confirmação e seu significado. Houve deslocamento dos centros de interesse, colocação de novas questões, valoração mais equilibrada dos elementos em jogo. A pesquisa histórica elucidou alguns problemas obscuros e, acima de tudo, descobriu na tradição riquezas insuspeitadas em torno desses dois sacramentos da iniciação cristã. A prática desses sacramentos foi afetada por mudanças profundas, em parte produzidas pelos novos rituais da iniciação cristã propostos pela reforma do Concílio Vaticano II. No calor da sensibilidade criada, proliferaram projetos de nova organização pastoral da iniciação cristã. Neste campo, na verdade, estamos diante de um panorama teológico-pastoral renovado.

Um livro que pretende ser atual deve procurar dar conta de todas as conquistas doutrinais havidas, da nova problemática e dos novos enfoques. Queremos deixar claros, nesta apresentação, os critérios que nos guiaram na preparação desta obra para atingir tal propósito.

O título já sugere que contemplamos o batismo e a confirmação não isoladamente, mas como parte do processo da iniciação cristã e, juntamente com a eucaristia, constituindo a sua espinha dorsal. O marco da iniciação nos ajudará a situar corretamente esses sacramentos no conjunto do mistério da vida da Igreja e a descobrir a sua verdadeira natureza e riqueza, suas profundas conexões mútuas.

Nesta obra pretende-se levar a sério o fato de que o batismo e a confirmação são sacramentos da Igreja, celebrações simbólicolitúrgicas. A teologia dos sacramentos precisa ser, antes de mais nada, um discurso sobre a sua celebração litúrgica. Seu ponto de partida, metodologicamente falando, é o estudo da liturgia, em sua estrutura e em suas formas de expressão; de fato, a liturgia é uma expressão autorizada da fé da Igreja. Nossa atenção dirigir-se-á à totalidade da celebração, em toda a sua complexidade de símbolos e de fórmulas eucológicas, sem com isso transformar em manual de liturgia o que deve ser um tratado de teologia. É clara a nossa intenção de recuperar para a reflexão teológica o método mistagógico dos Padres da Igreja, seguindo a recomendação que de altas instâncias ultimamente tem chegado até nós com insistência.

Também dentro da grande tradição dos Padres, uma atenção primordial será dada nesta obra à dimensão histórico-salvífica do mistério da salvação a que temos acesso através dos sacramentos. Estes são considerados acontecimentos salvíficos, ou seja, atualização do mistério histórico de salvação no hoje da Igreja. O mais importante na sacramentologia é desvelar a conexão que cada sacramento tem com as diferentes etapas da *historia salutis*: em primeiro lugar, com o acontecimento central da Páscoa do Senhor; com a consumação final ou Parusia; com a atividade do Espírito nesta fase da história e com o Mistério trinitário; com o mistério da Igreja; e, por último, com a inserção do indivíduo nessa *historia salutis* pela sua participação no sacramento. O conjunto destas coordenadas histórico-salvíficas irá dar-nos as autênticas dimensões teológicas de um sacramento.

Especial empenho é posto em evitar o reducionismo empobrecedor que caracterizou, sobretudo, a teologia ocidental durante longos períodos, por ter-se reduzido a uma só tradição litúrgica e quase a uma só escola teológica. Nossa meta é uma compreensão integral dos sacramentos. Guiados pelas declarações do magistério da Igreja, pretendemos abrir-nos a toda a variedade de tradições litúrgicas que recolhem a experiência sacramental e a fé das diferentes Igrejas ao longo dos séculos. Queremos estar atentos, com o necessário discernimento, às reflexões dos teólogos de todos os tempos e latitudes. Anima-nos a preocupação ecumênica. Mesmo assim dedicaremos atenção preferencial ao momento fundante representado pelos tempos do Novo Testamento e da época patrística, período de grande criatividade litúrgica e teológica.

Por essa razão a primeira parte, histórica, quer ser uma espécie de inventário das riquezas que a tradição universal da Igreja nos oferece. Narrando a evolução histórica tanto da práxis quanto da doutrina dos sacramentos do batismo e da confirmação, em cada época iremos tomando nota das contribuições que posteriormente serão incorporadas à síntese final, sem nos determos, naquele momento, a uma análise mais aprofundada.

Na segunda parte, procuraremos apresentar todo esse material de maneira sistemática e orgânica, tal como se espera de um tratado científico. Estamos convencidos de que os sistemas ou princípios estruturais que brotam da própria natureza do objeto, isto é, da natureza do sacramento, são capazes de acolher em seu seio toda a riqueza de facetas que a fé da Igreja, *ductus Spiritus* foi descobrindo nos sacramentos do batismo e da confirmação. A tradicional estrutura tripartida de todo sacramento nos aconselha a começar pelo simbolismo e pela tipologia (*signum tantum*) para estudar, em primeiro lugar, as dimensões histórico-salvíficas às quais nos referimos antes (*res et sacramentum*); passando depois àquilo que tradicionalmente se convencionou chamar de efeitos ou graça de cada sacramento (*res sacramenti*); e, para terminar, confrontando tudo com a vida e indicando suas exigências éticas.

O que se pretende é oferecer uma teologia capaz de animar a vida espiritual e servir de alento para uma ação pastoral iluminada, num setor tão essencial para a vida da Igreja.

Siglas e abreviaturas

AA	Apostolicam actuositatem
AAS	Acta Apostolicae Sedis
AC	Antike und Christentum
AG	Ad gentes
AH	Adversus haereses
AL	Analecta Liturgica
ALMA	Archivum Latinitatis Medii Aevi
ALw	Archiv für Liturgiewissenschaft
Ant	Antonianum
BAC	Biblioteca de Autores Cristianos
BEL	Bibliotheca Ephemerides Liturgicae
BLE	Bulletin de Littérature Ecclésiastique
BM	BENOÎT, A., e MUNIER, CH., *Le Baptême dans l'Église ancienne*
BSLK	Bekenntnisschriften der evangelisch-lutherischen Kirche
CA	Constitutiones Apostolorum
CCL	Corpus Christianorum. Series Latina
CD	A Cidade de Deus
CDC	Código de Direito Canônico (1983)
CIC	Catecismo da Igreja Católica
CEE	Conferencia Episcopal Española
CSCO	Corpus Scriptorum Christianorum Orientalium
CSEL	Corpus Scriptorum Ecclesiasticorum Latinorum
CT	Concílio de Trento
Ctom	Ciência Tomista
DACL	Dictionnaire d'Archéologie Chrétienne et de Liturgie
DBS	Dictionnaire de la Bible. Supplément
DS	DENZINGER, H., e SCHÖNMETZER, A., *Enchiridion symbolorum*
DSpir	Dictionnaire de Spiritualité Ascétique et Mystique
DT	Divus Thomas
DThC	Dictionnaire de Théologie Catholique

EE	Estudos Eclesiásticos
EH	Ecclesiastica Hierarchia
EL	Ephemerides Liturgicae
ET	Estudos Trinitarios
EThL	Ephemerides Theologicae Lovanienses
ETR	Études Théologiques et Religieuses
EV	Esprit et Vie
FS	Festschrift
FThSt	Freiburger theologische Studien
GCS	Die griechischen christlichen Schriftsteller
Greg	Gregorianum
HE	História Eclesiástica
JAC	Jahrbuch für Antike und Christentum
JBL	Journal of Biblical Literature
JLw	Jahrbuch für Liturgiewissenschaft
JThSt	Journal of Theological Studies
Leiturgia	VV.AA., *Leiturgia. Handbuch des evangelisches Gottesdienstes*
LG	Lumen gentium
LJ	Liturgisches Jahrbuch
LMD	La Maison-Dieu
LQF	Liturgiegeschichtliche Quellen und Forschungen
LV	Lumiere et Vie
Mansi	J. D. MANSI, *Sacrorum Conciliorum nova et amplissima collectio*
MGH	Monumenta Germaniae Historica
MSR	Mélanges de Science Religieuse
MS	VV.AA., *Mysterium Salutis*. Manual de teologia como história da salvação
MThZ	Münchener Theologische Zeitschrift
NRTh	Nouvelle Revue Théologique
NT	Novo Testamento

NTA	Neutestamentliche Abhandlungen
OCA	Orientalia Christiana Analecta
OCP	Orientalia Christiana Periodica
OE	Orientalium ecclesiarum
OR	Ordo Romanus
OS	Orient Syrien
PG	Patrologia Graeca
PL	Patrologia Latina
PLS	Patrologia Latina. Supplementum
PO	Patrologia Orientalis
PS	Patrologia Syriaca
QL	Questions liturgiques
RA	Recherches Augustiniennes
RAC	Reallexikon für Antike und Christentum
RB	Revue Biblique
RBC	Ritual do Batismo de Crianças
RC	Ritual da Confirmação
RCI	Rivista del Clero Italiano
REA	Revue des Études Augustiniennes
REB	Revista Eclesiástica Brasileira
RechSR	Recherches de Science Religieuse
RET	Revista Española de Teología
RHPhR	Revue d'Histoire et de Philosophie Religieuses
RICA	Ritual da Iniciação Cristã de Adultos
RL	Rivista Liturgica
RPL	Rivista di Pastorale Liturgica
RQ	Römische Quartalschrift
RR	Rituale Romanum
RSPhTh	Revue des Sciences Philosophiques et Théologiques
RSR	Revue des Sciences Religieuses
RTh	Revue Thomiste

RTAM	Recherches de Théologie Ancienne et Médiévale
RThL	Revue Théologique de Louvain
ScCat	La Scuola Cattolica
SC	Sacrosanctum Concilium
SCH	Sources Chrétiennes
Schol	Scholastik
SD	Sacra Doctrina
SE	Sciences Ecclésiastiques
SL	Studia Liturgica
SM	Studia Moralia
SP	Studia Patristica
ST	Studi e Testi
StAn	Studia Anselmiana
STh	Summa Theologiae
SvG	Sacramentarium Gelasianum Vetus
TA	Traditio Apostolica
TE	Teología espiritual
ThGl	Theologie und Glaube
ThSt	Theological Studies
ThZ	Theologische Zeitschrift
TU	Texte und Untersuchungen zur Geschichte der altchristlichen Literatur
TWNT	Theologisches Wörterbuch zum Neuen Testament, ed. G. Kittel y G. Friedrich
UR	Unitatis redintegratio
VC	Vigiliae Christianae
VSSuppl	La Vie Spirituelle. Supplément
WA	D. Martin Luthers Werke (Weimer 1883ss)
ZkTh	Zeitschrift für katholische Theologie
ZNW	Zeitschrift für neutestamentliche Wissenschaft und die Kunde der älteren Kirche

Introdução
O grande sacramento da iniciação cristã

Bibliografia

BONACCORSO, G., La dimensione umana e religiosa dell'iniziazione, *RCI*, 72, 1991, 190-199; BOROBIO, D., *Iniciación*, 17-43; CONFERENCIA EPISCOPAL ESPAÑOLA, *La iniciación cristiana. Reflexiones y orientaciones*, Madrid, 1998; DI NOLA, A., verbete "Iniziazione", in *Enciclopedia delle religioni III*, Firenze, 1971, 1116-1171; ELIADE, M., *Iniciaciones místicas* (Ensayistas, 134), Madrid, 1975; FLORISTÁN, C., La iniciación cristiana, *Phase*, 29, 1989, 215-224; GY, P.-M., La notion chrétienne d'initiation. Jalons pour une enquête, *LMD*, 132, 1977, 33-54; MAGGIANI, S., *La nozione di iniziazione*, in VV.AA., *Iniziazione cristiana degli adulti*, 11-45; PASQUIER, A. Sociedade iniciática e sociedade em busca de iniciações, *Concilium* 142, 1979/2, 8-22; RAUSIS, PH.-E., *L'initiation* (coll. Bref, 45), Paris, 1993; RENARD, J.-B., Les rites de passage: une constante anthropolique, *Études Théologiques et Religieuses*, 61, 1986, 227-238; TURCAN, R., Initiation, *RAC*, 87-159; VV.AA., *Los ritos de iniciación* (col. Teshuva, 4), Bilbao, 1994.

Os três primeiros sacramentos da Igreja – o batismo, a confirmação e a eucaristia – desde o começo são apresentados como parte do processo que se deve seguir para tornar-se cristão, ou seja, o processo da iniciação cristã. Na realidade, são o ponto culminante do processo e encarnam melhor do que nenhum outro elemento todo o sentido e os conteúdos do caminho iniciático. Este, numa comunidade como a Igreja, que vive do Mistério e é ela própria Mistério, precisa necessariamente se revestir de grande profundidade e riqueza. Interessa-nos, por isso mesmo, esclarecer desde logo aquilo que entendemos por *iniciação cristã*, já que esta representa o marco obrigatório de referência para a compreensão da natureza dos sacramentos que serão objeto do nosso estudo.

I. A iniciação cristã

Em nosso século a noção de iniciação cristã voltou a ter uma identidade na teologia dos sacramentos como um conceito importante.[1] O Concílio Vaticano II e os documentos que de algum modo dele derivam o incorporaram em seu vocabulário sem reservas.[2]

Iniciação vem do verbo latino *initiare*, que por sua vez deriva do substantivo *initium*, começo, em cuja raiz encontra-se o verbo *inire*,

---

[1] Ao que parece foi L. DUCHESNE quem o pôs em circulação: *Origines du culte chrétien*, Paris, 1889.

[2] Cf. SC 65, 71; AG 14; PO 2; RICA, RBC e RC, passim; CDC, cân. 788/2, 842/2, 851/1, 872, 879, 920/1; CIC nn. 695, 1211, 1229, 1230, 1232, 1233, 1285, 1289, 1322, 1420.

INTRODUÇÃO

entrar. Sugere, portanto, além da idéia de *começar*, a de *introduzir alguém em algo*. Se levarmos em conta que o plural *initia*, nos autores clássicos, podia significar *sacrifícios, mistérios*, compreende-se que o vocábulo tenha imediatamente se revestido de conotações religiosas.

Para expressar a mesma idéia, os Padres gregos servem-se de dois termos distintos: 1) *Myesis*, iniciação (ao mistério), do verbo *myeo*, inicio-me (no mistério), de onde derivam as expressões *mystes* e *memioumenos*, iniciado; *amyetos*, não iniciado; *mysterion*, mistério; e, sobretudo, *mystagogeo*, início no mistério; *mystagogos*, iniciador, e *mystagogia*, ação de conduzir ao mistério, ou também ação pela qual o mistério nos conduz. Todos esses vocábulos conservaram o sentido religioso originário. 2) *Telete*, iniciação, rito:[3] do verbo *teleioo*, cumpro, aperfeiçôo, que deriva de *telos*, fim, término; daí provêm as expressões *teloumenos*, iniciado; *atelestos*, não iniciado; *teleiosis*, consagração.

Embora o termo iniciação não se encontre nos escritos do NT, o que se acha de forma embrionária é a realidade por ele expressa. Não poderia faltar no cristianismo algo que os antropólogos consideram "uma dimensão específica da condição humana" (M. Eliade), *uma constante antropológica* (J.-B. Renard), que está presente praticamente em todas as culturas e religiões, ainda que detenha especial relevância nas chamadas *religiões de mistérios* (p. ex., nos mistérios de Elêusis, Ísis e Mitra). Antes que uma determinada instituição se tornasse eclesiástica, foi uma categoria antropológica universal. Para o aprofundamento no sentido da iniciação cristã, podem ser úteis os estudos dos antropólogos sobre este fenômeno universal tão importante da etnologia e da fenomenologia religiosa, sempre mantendo a salvo a originalidade da instituição cristã.[4]

Sem perder de vista que são muito variados os modelos iniciáticos (*initiation patterns*) em uso no presente e no passado,[5] iremos

---

[3] Fácil e, nas religiões de mistérios, freqüente jogo de palavras com *teleutan*, morrer.

[4] Na controvérsia suscitada a partir da obra *Mysterienlehre* de Odo Casel, ficou demonstrada a originalidade da iniciação cristã em relação à iniciação aos mistérios helênicos.

[5] Na variada tipologia das iniciações interessam de modo particular, para os nossos intentos, os rituais de integração dos adolescentes ou dos jovens à sociedade adulta (*age-group initiation*) e os rituais de ingresso em grupos religiosos restritos e fechados (*esoteric initiation*).

assinalar as principais coordenadas da iniciação, que são o resultado de um estudo comparativo de distintas tradições, apontando em cada caso as diferenças que marcam a originalidade do fenômeno cristão.

1. O terminus ad quem *da iniciação*

Na antropologia cultural não se trata primariamente da iniciação a alguns conhecimentos *(iniciação às matemáticas, iniciação à música...)*, mas da iniciação à vida de um grupo (comunidade, sociedade, religião...). É muito variada a tipologia das sociedades nas quais a pessoa pode ser iniciada. Consiste sempre em entrar num grupo já constituído, que possui um projeto, uma missão, algumas tradições, uma linguagem simbólica. O processo de integração exige que se transmita uma tradição viva recebida dos adultos e seja aprendida a linguagem simbólica do grupo (inclusive, se for o caso, de doutrinas esotéricas). Em particular, é preciso entrar em contato com o *arquétipo* do grupo, com os mitos das origens, com os acontecimentos fundacionais que estão na base da comunidade; a busca iniciática, nas religiões mistéricas, promete ao homem a reintegração à sua condição primordial. Daí a importância da *anamnesis*, da memória cultural, que permite aos iniciandos conectar-se pessoalmente com as origens do grupo. A iniciação é um processo de socialização, de progressiva introdução no grupo, de assimilação gradual dos valores comunitários, socioculturais e religiosos. Já nessa perspectiva a iniciação apresenta uma clara dimensão comunitária: é um acontecimento institucional.

– A iniciação cristã destina-se a *tornar cristãos*, porque "a pessoa não nasce cristã, mas (precisa) tornar-se cristã".[6] O ser cristão não é um fato natural, mas algo que se sobrepõe à existência. Tornar-se cristão é primordialmente se enxertar no mistério de Cristo morto e ressuscitado, que não é um mito, mas um Acontecimento salvífico histórico: "A iniciação cristã nada mais é do que a primeira participação sacramental na morte e ressurreição de Cristo" (RICA 8). Isso equivale a tornar-se membro do Corpo de Cristo, que é a Igreja. A Igreja não é um grupo social a mais; ela mesma é mistério: *sacramento da Redenção universal*. Precisa-se de uma iniciação para entrar nela. O ideário da Igreja é um depósito

---

[6] TERTULIANO, *De testimonio animae*, 1,7: CCL 1,176.

de fé revelado, transmitido por uma tradição viva, e seus mistérios são sacramentos em sentido estrito. Tornar-se membro de uma comunidade local que é solidária a outras comunidades significa entrar na comunhão da Igreja universal.

2. O agente da iniciação

Na iniciação é decisiva a participação ativa da comunidade dos já iniciados: é ela que acolhe e acompanha os iniciados, influencia-os e com eles se compromete; é ela que providencia a institucionalização do caminho iniciático para poder verificar a autenticidade da iniciação. O êxito da iniciação depende em grande parte da vitalidade da comunidade. Mas o grupo também é enriquecido em cada iniciação, pois permite que o modelo de identidade seja reproposto; diz-se a si mesmo aquilo que é. O protagonismo do grupo não dispensa a intervenção peculiar de algumas mediações (anciãos, chefes, responsáveis, sacerdotes), mas sempre em nome do grupo.

– A iniciação cristã é também um processo eclesial: a *iniciadora* é a *Ecclesia Mater* no exercício privilegiado de sua maternidade. A Igreja é o lugar e o âmbito da iniciação.[7] A própria Igreja, todavia, beneficia-se com a agregação de novos membros: *Ecclesia semper initianda*; com a chegada de novos membros a Igreja mesma vai-se *re-iniciando*. Mas não se pode esquecer de que nessa ação da Igreja toma corpo e forma a iniciativa de Deus, que é quem dá consistência a todo o processo: "O (verdadeiro) iniciador está acima".[8] Os ritos que demarcam a marcha do catecumenato celebram como dom de Deus os progressos que o catecúmeno vai fazendo em todos os sentidos.

3. O sujeito da iniciação

É o homem ou mulher livre, capaz de atos pessoais e conscientes de adesão, disposto a agregar-se ao grupo. A iniciação não é dirigida só à mente, ao homem interior, mas ao homem em toda a sua realidade corporal-espiritual. Este se submete livremente a um processo pessoal de transformação radical em sua condição social

---

[7] Cf. L.-H. BOURGEOIS, L'Église est-elle initiatrice?, *LMD*, 132, 1977, 103-135. A respeito do papel da comunidade e de responsáveis (padrinhos, bispos, presbíteros, diáconos e catequistas), cf. AG 14; RICA 7; 37; 41-48.

[8] V. TOMBER, cit. em PH.-E. RAUSIS, op. cit., 82.

ou religiosa. A iniciação é, por conseguinte, uma *passagem*: passagem de uma condição a outra, de um *status* a outro; é por essa razão que os ritos de iniciação são chamados também de *ritos de passagem* ou *ritos de ingresso*.[9] O simbolismo morte-ressurreição expressa bem a radicalidade de tal transformação. Como sinal dessa vida nova, o iniciado em alguns casos recebe um nome novo, roupas novas...

– O caráter pessoal da iniciação cristã manifesta-se particularmente na importância de que se reveste a fé em todo o processo: a fé como atitude pessoal de adesão radical de todo o ser à Pessoa do Redentor, que é chamada a desenvolver-se seguindo ritmos e itinerários estabelecidos, até culminar na experiência pessoal que o iniciado faz da morte e ressurreição de Cristo nos sacramentos da iniciação. Mas antes ele precisa percorrer um longo caminho de conversão e de preparação à vida cristã, que o introduzirá num tipo de vida totalmente diferente, o qual exige a transformação do sujeito em sua mentalidade e comportamento. A iniciação se articula sobre a conversão e a preparação do candidato à vida cristã (cf. AG 13-14; RICA 10). No final do processo ele será *outro*, uma *criatura nova*, um *neófito*. Ao contrário de outros tipos de iniciação, reservados aos varões ou aos membros da tribo etc., a iniciação cristã distingue-se pelo seu caráter universal: é oferecida a todos, sem discriminação, sejam eles judeus ou gregos, livres ou escravos, homens ou mulheres.

4. Os meios da iniciação

A iniciação é, sem dúvida, uma revelação, uma *traditio*, transmissão da tradição da comunidade (segredos, doutrinas, símbolos do grupo); a instrução é elemento importante em toda iniciação. Entretanto, não se trata simplesmente de uma comunicação de sistemas de pensamento, nem só ensinamento doutrinal. É também aprendizagem de um novo tipo de vida. Por isso os meios postos em ação não pertencem somente ao campo das idéias, mas mobilizam toda uma simbologia (gestos, objetos, lugares, pessoas, tempos...), provocando a intervenção de todas as faculdades do homem e, em especial, o corpo. "A corporeidade revela-se como condição primeira de toda iniciação autêntica" (Rausis). O candidato é submetido a exercícios de treinamento, a duras provas físicas e sociológicas,

---

[9] Cf. A. Van Gennep, *Les rites de passage*, Paris, 1909 (reed.: Paris-La Haya, 1969).

INTRODUÇÃO

a fim de que se comprove sua resistência de espírito. Além disso, todos os meios empregados e sua estruturação precisam ser institucionalizados, regulados ou reconhecidos pela comunidade. Os ritos de iniciação são, naturalmente, coletivos.

– Na iniciação cristã o primeiro passo, primordial, é a evangelização, que tem como finalidade a conversão e a fé. Depois, vem a formação na fé. A força da Palavra desempenha um papel insubstituível. A formação doutrinal ocupa um espaço importante na preparação do catecúmeno: dá-se ao candidato uma instrução, elementar, sem dúvida, mas completa e orgânica (catequese). No entanto, "o catecumenato não é mera exposição de dogmas e preceitos, mas uma educação de toda a vida cristã e um tirocínio de certa duração, com o fim de unir os discípulos com Cristo, seu Mestre" (AG 14). Por isso, em todos os tempos fizeram parte do programa catecumenal os exercícios ascéticos, bem como uma variedade de ritos litúrgicos que culminam nos três sacramentos da iniciação cristã. Ocorre que o cristianismo não é acima de tudo um corpo de doutrina, nem um código de normas éticas; é, primordialmente, uma história: história da salvação. Eis por que os instrumentos usados para introduzir os novos membros no mistério da salvação são símbolos *reais*, sacramentais, memorial eficaz das ações do Senhor da glória (cf. AG 14; RICA 1-2).

5. A iniciação é um processo

A iniciação apresenta sempre aspecto dinâmico, como fica evidente no variado simbolismo empregado nas diferentes culturas: é *itinerário* que se precisa percorrer; é *passagem* de uma situação a outra (das trevas à luz, da morte à vida, da escravidão à liberdade); é *gestação e parto*; *amadurecimento e crescimento*; aprendizagem. A metáfora à qual mais se recorre é a da *passagem* da morte para a nova vida. Fica claro que a iniciação requer tempo, comportando fases e etapas. Os especialistas assinalam fundamentalmente três tempos: *a*) tempo de separação, de ruptura com o *caminho velho*, de isolamento (*Buschzeit*: tempo de selva); *b*) tempo de marginalização, de transição, de provações e sofrimentos, de aprendizagem de palavras importantes; *c*) tempo de integração no grupo, de introdução no novo tipo de vida, de investidura. Ritos adaptados vão demarcando, em cada etapa, os progressos feitos pelo iniciando. Mas a iniciação é só o "começo de uma experiência destinada a continuar"

(J. Ries); mesmo findo todo o processo, a iniciação é considerada somente *virtual*; a iniciação *efetiva* vem depois e dura toda a vida.[10]

– A lei do desenvolvimento constante e progressivo é também uma das características da iniciação cristã. A afirmação de Clemente de Alexandria de que *o catecúmeno precisa de tempo*[11] reflete uma convicção unanimemente partilhada desde as primeiras origens do catecumenato cristão. Precisa-se de tempo para purificar as motivações, consolidar a conversão, amadurecer a fé, para se habituar ao tipo de vida dos cristãos e identificar-se com a Igreja. Mas também se deve notar que a iniciação cristã nada mais é que o começo da existência cristã; simplesmente *abre a porta* à vida cristã, que deve ser considerada, toda ela, um processo permanente de conversão e de iniciação. A verdadeira iniciação definitiva só ocorrerá, através da morte, com o ingresso no gozo da vida eterna. Esta perspectiva da meta final confere a todo o processo uma tensão escatológica.

6. A iniciação é um processo unitário

Apesar da variedade de elementos, atores e momentos que o compõem, o processo iniciático é único; há uma unidade orgânica entre todos os elementos.

– Também na iniciação cristã, todos os agentes, elementos e etapas estão articulados entre si de forma que todo o processo constitua um único acontecimento. Isso nos autoriza a falar do *grande sacramento da iniciação cristã*.

Resumindo o que foi dito, poderíamos definir a iniciação afirmando que esta é

[...] o processo mediante o qual o sujeito modifica radicalmente o seu estatuto comunitário, religioso e social, vivendo ao mesmo tempo uma mudança existencial profunda para alcançar o lugar normal que corresponde a todo membro ativo da comunidade, e se caracteriza por uma identidade singular em relação aos não iniciados.[12]

---

[10] "Entrar no caminho é a iniciação virtual; continuar no caminho é a iniciação efetiva": R. GUÉNON, cit. em PH.-E. RAUSIS, op. cit., 16.
[11] *Strom.* 2, 961: SCH 38, 107.
[12] Cf. S. MAGGIANI, op. cit., 18.

Não será difícil para o leitor ajustar essa definição à realidade concreta e original da iniciação cristã.

II. Os sacramentos da iniciação cristã

No cristianismo a iniciação ao mistério realiza-se principalmente nas ações sacramentais. "Mediante os sacramentos da iniciação cristã, o batismo, a confirmação e a eucaristia, põem-se os fundamentos da vida cristã" (CIC 1212). Por isso os Padres gregos do séc. IV quase sempre identificavam a iniciação (*mystagogia*) com a própria celebração dos *mistérios* (fundamentalmente o batismo e a eucaristia). Estes, de acordo com RICA 27, representam *o último grau ou etapa*, uma espécie de cume e de ponto de chegada do itinerário da iniciação cristã. Dentro do *grande sacramento da iniciação cristã*, são momentos de maior densidade sacramental, que condensam melhor do que nenhum outro momento o significado de todo o processo, sua orientação e dinamismo.

A redescoberta de que os três primeiros sacramentos – o batismo, a confirmação e a eucaristia – fazem parte do processo da iniciação cristã, ou seja, de que são *os sacramentos da iniciação cristã*, representou um passo importante no caminho da renovação teológica desses sacramentos. Tirados do isolamento em que se encontravam e perfeitamente *situados* no contexto orgânico que lhes é próprio, revelam melhor sua natureza e toda a sua verdade.[13]

1. Sua unidade[14]

Esses três sacramentos, desde os tempos mais remotos, apresentam-se como unidade, formando parte de uma única celebração. Mas a unidade ritual é reflexo de uma unidade mais profunda,

---

[13] Cf. A. Cañizares Llovera, Los sacramentos de la iniciación cristiana, in *Teología y Catequesis*, 1988, 629-642; A. Caprioli, *Per una lettura globale dei sacramenti d'iniziazione*, Bologna, 1976; G. Kretschmar, Nouvelles recherches sur l'initiation chrétienne, *LMD*, 132, 1997, 7-32; P. Llabrés, Teología de la iniciación cristiana, *RET*, 48, 1988, 393-431; id., La iniciación cristiana, el gran sacramento de la nueva creación, ibid., 29, 1989, 183-202.

[14] Cf. G. Celada, Unidad de los sacramentos de la iniciación cristiana, *Nicolaus* 4, 1976, 139-174; A. Franquesa, El gran sacramento de la iniciación cristiana, *Phase*, 30, 1990, 185-209.

teológica. A razão dessa unidade é que os três concorrem juntos para assegurar a progressiva configuração do crente a Cristo e sua plena agregação à Igreja, *levando os fiéis ao seu pleno desenvolvimento* (RICA 2). RICA 1-2 descrevem adequadamente a obra comum de salvação realizada conjuntamente pelos três sacramentos e, ao fazer isso, sublinham o dinamismo unitário que criam e as conexões mútuas que entre eles surgem. A iniciação não será completa enquanto não tiverem sido percorridas essas três etapas. "Os três são exigidos para a plena iniciação cristã" (CDC 842/2). Os três sacramentos complementam-se.

Mesmo quando, mais adiante, foi se desenvolvendo a consciência da significação específica de cada um dos diferentes ritos, permaneceu viva durante muitos séculos a convicção da unidade orgânica que vincula esses sacramentos entre si. Posteriormente, no Ocidente, por causa da desintegração da iniciação cristã em três ritos autônomos, a consciência dessa unidade sofreu um eclipse. Na época moderna, em boa parte devido aos estudos litúrgico-patrísticos que foram realizados a partir do séc. XVII, voltou-se a recuperá-la. Ultimamente, graças sobretudo ao movimento litúrgico, tal unidade recebeu um atestado de identidade própria na teologia contemporânea e pode ser considerada uma de suas importantes conquistas. Foi abrindo caminho nos documentos do magistério,[15] nos livros oficiais da Igreja romana[16] e nos acordos ecumênicos.[17] A unidade dos sacramentos da iniciação cristã é um critério mantido firmemente pela reforma litúrgica do Concílio Vaticano II. Além disso, é um princípio teológico de suma importância. Tê-lo perdido de vista no passado levou a teologia desses sacramentos a um empobrecimento. Cada um deles deve ser estudado dentro da unidade orgânica que forma com os outros dois, em conexão interna com os mesmos, sendo colocado precisamente no lugar que lhe corresponde na linha progressiva do processo da iniciação cristã.

---

[15] Cf. Conc. Vat. II, SC 71; AG 14; PO 5; Paulo VI, Const. Apost. *Divinae consortium naturae*; CEE, *La iniciación cristiana*, 46-47.

[16] Cf. RICA e RBC, apresentação, 1 e 2; RICA 27, 34; RC 1, 3, 13; CDC cân. 842, 966; CIC 1212, 1229, 1233, 1244, 1285, 1292, 1306, 1318, 1321, 1322, 1325.

[17] Cf. o Documento de Bari, *Fé, sacramentos e unidade da Igreja* (1987), art. 37; *Batismo, Eucaristia, Ministério* (Documento de Lima, 1982), nn. 14 e 20. "A unidade da iniciação cristã com esses três momentos está no caminho para converter-se num acordo ecumênico" (Pe. Y. Congar).

INTRODUÇÃO

2. Sua coordenação[18]

Não são três *ritos de passagem* independentes, fechados em si mesmos; nem sequer três etapas autônomas. Há uma relação orgânica entre eles, um dinamismo interior os conecta entre si. São três etapas de um único processo de progressiva introdução no mistério de Cristo, de configuração com Cristo e de agregação à Igreja. "Os três sacramentos da iniciação cristã se ordenam entre si para levar os fiéis ao seu pleno desenvolvimento" (RICA 2).

A eucaristia, celebração plenária do mistério cristão, é considerada o término do caminho, a meta final, o cume da iniciação: "A iniciação cristã atingiu seu auge na comunhão do Corpo e do Sangue de Cristo" (RC 13).[19] O batismo e a confirmação tendem, por sua natureza, para a comunhão eucarística. O batismo, *porta da vida espiritual*, primeira participação no mistério cristão, marca o começo do itinerário iniciático, o momento fundacional. A confirmação, o aperfeiçoamento e a prolongação do batismo fazem *os batizados avançarem no caminho da iniciação cristã* (RC 1), dispondo-os a participar plenamente na eucaristia. A iniciação cristã "tem certa analogia com a origem, o crescimento e o sustento da vida natural. Com efeito, os fiéis renascidos no batismo se fortalecem com o sacramento da confirmação e, por fim, são alimentados na eucaristia com o manjar da vida eterna".[20] Definir tais relações mútuas equivale a refletir o dinamismo da iniciação cristã.

A ordem de sucessão tradicional entre esses sacramentos não tem nada de arbitrário e discricional; assenta-se sobre a própria natureza de cada sacramento e possui um sentido propriamente teológico e normativo.

---

[18] Cf. P. DE CLERCK, L'initiation et l'ordre des sacrements, *Catéchese*, 147, 1997, 33-42; J.-C. HUGUES, L'ordre des sacrements de l'initiation chrétienne, *Célébrer*, 250, 1995, 11-16; G. WAINWRIGHT, The Relation between Baptism, Confirmation and the Eucharist in the Pre-Nicene Church, *SL*, 4, 1965, 9-36.

[19] Cf. M. RAMOS, La eucaristia, cumbre de la iniciación cristiana, *Phase*, 1971, 309-321.

[20] PAULO VI, Const. Apost. *Divinae consortium naturae*. Essa analogia baseia-se fortemente na tradição patrística.

3. Sua importância para toda a existência cristã

Esses três sacramentos revestem-se de importância capital para o restante da vida cristã: constituem seu fundamento. Não representam somente um ponto de partida, que exige desenvolvimento e frutificação posterior; trata-se de uma iniciação que dura toda a vida do crente até seu florescer definitivo na glória. Além disso, são um impulso vital e uma orientação permanente.

I

A INICIAÇÃO NA EXPERIÊNCIA HISTÓRICA DA IGREJA

Capítulo I
A iniciação no Novo Testamento

Bibliografia

AGUIRRE, R., *El bautismo en las primeras comunidades cristianas*, ET, 26, 1992, 249-274; BARTH, G., *El bautismo en el tiempo del cristianismo primitivo* (Biblioteca de Estudios Bíblicos, 60), Salamanca, 1986; BEASLEY-MURRAY, G. R., *Baptism in the New Testament*, London, 1973; BELLAMY, J., *Baptême. Dans la Sainte Écriture*, in *DThC* II, Paris, 1932, 167-178; COPPENS, J., *Baptême. Dans la Sainte Écriture*, in *DBS* I, Paris, 1928, 852-924; CULLMANN, O., *Die Tauflehre des Neuen Testament*, 2. ed., Zürich, 1958; DELLING, G., *Die Taufe im Neuen Testament*, Berlin, 1963; DUNN, J. D. G., *Baptism in the Holy Spirit* (Studies in Biblical Theology, Second Series, 15), London, 1970; ELORRIAGA, C., *Anotaciones sobre el Bautismo en el Nuevo Testamento*, *Analecta Calasanctia*, 28, 1986, 341-389; FLEMINGTON, W. P., *The New Testament Doctrine of Baptism*, London, 1964; HARTMANN, L., *"Auf den Namen des Herrn Jesus". Die Taufe in den neutestamentlichen Schriften* (Stuttgarter Bibelstudien, 148), Stuttgart, 1992; LÉGASSE, S., *Naissance du Baptême* (Lectio Divina, 153), Paris, 1993; MANICARDI, E., *Battesimo e iniziazione cristiana nel Nuovo Testamento*, in VV.AA., *Iniziazione cristiana degli adulti oggi* (BEL. Subsidia, 99), Roma, 1998, 107-146; MANRIQUE, A., *Teología bíblica del bautismo. Formulación de la Iglesia primitiva* (Biblioteca Escuela Bíblica, 3), Madrid, 1977; NEUNHEUSER, B., *Bautismo y confirmación* (Historia de los dogmas, IV/2), Madrid, 1974, 1-22; PESCH, R., *Zur Initiation im Neuen Testament*, LJ, 21, 1971, 90-107 = Selecciones de Teología, 12, 1973, 221-231; VV.AA., *Alle origini del battesimo cristiano. Radici del battesimo e suo significato nelle comunità apostoliche* (StA 106 = Sacramentum, 10), Roma, 1991.

São abundantes as passagens do NT que, explícita ou implicitamente, referem-se à entrada de novos membros na Igreja.[1] Parece legítimo ver alusões à iniciação cristã em muitos textos, citando-a como responsável pelos efeitos da redenção de Cristo em nós. Do conjunto nota-se com clareza a existência, já desde os primeiros tempos e em todas as Igrejas, de um processo de iniciação, embora embrionário, no qual o batismo ocupa lugar de destaque. Pode-se também extrair deles uma doutrina relativamente copiosa sobre a natureza de tal processo. Os textos capitais nós os ofereceremos

---

[1] Cf. A. GEORGE, Les textes du Nouveau Testament sur le Baptême. Présentation littéraire, *LV*, 6, 1956, 9-18.

por extenso, mas sem nos demorarmos a comentá-los, indicando rapidamente os pontos exegéticos que nos permitirão, na segunda parte da obra, deduzir as conclusões teológicas pertinentes.

Precisamos considerar em primeiro lugar que os testemunhos são ocasionais: falam de agregação de novos membros como prova do rápido crescimento da Igreja (nos Atos dos Apóstolos), ou então (sobretudo nas cartas paulinas) num contexto parenético, para lembrar as exigências éticas derivadas da iniciação. Não pretendem fornecer diretamente uma descrição completa do processo, nem uma teologia elaborada dele.

Deve-se ter também o cuidado de não perder de vista que os testemunhos mais antigos datam de duas décadas depois da morte de Jesus[2] e que os demais são provenientes de épocas e regiões distintas, em alguns casos muito distantes entre si. É preciso situá-los cronológica e topograficamente.

I. Nos Atos dos Apóstolos[3]

A preocupação do livro dos Atos é mostrar o crescimento da comunidade cristã nas origens. É claro que contém notícias sobre sucessivos incrementos de novos membros na Igreja. Embora esta não seja a intenção do livro, há também algumas informações sobre o *ritual* da iniciação deixando entrever certa doutrina. Precisamos levar em conta que entre os primeiros passos da Igreja nascente e a data da redação dos Atos há um intervalo de aproximadamente cinqüenta anos, o que deixa a porta aberta para possíveis evoluções.

a) O dia de Pentecostes

Quando ouviram isso [a proclamação do querigma por parte de Pedro: vv. 14-36], ficaram com o coração compungido e perguntaram a Pedro e aos outros apóstolos: "Irmãos, que devemos fazer?" Pedro respondeu: "Convertei-vos (*metanoesate*), e

---

[2] Para fins de orientação, apresentamos algumas datas que podem ser recuperadas entre os entendidos: morte de Jesus: 7 de abril de 30; 1Cor, 2Cor e Gl: ca. 55; At e Mt: ca. 80; Mc: um pouco depois de Mt.

[3] Cf. M. QUESNEL, *Baptisés dans l'Esprit. Baptême et Esprit Saint dans les Actes des Apôtres* (Lectio divina, 120), Paris, 1985.

cada um de vós seja batizado (*baptistheto*) em nome de Jesus Cristo (*epi to onomati Iesou Christou*) para o perdão dos vossos pecados. E recebereis o dom (*ten dorean*) do Espírito Santo. [...] Salvai-vos (*sôthete*) desta geração perversa!" Os que aceitaram as palavras de Pedro receberam o batismo (*ebaptisthesan*). Naquele dia foram acrescentadas (*prosetethesan*) mais ou menos três mil pessoas. Elas eram perseverantes em ouvir o ensinamento dos apóstolos, na comunhão fraterna, na fração do pão e nas orações. [...] E, cada dia, o Senhor acrescentava a seu número (*prosetithei... epi to auto*) mais pessoas que seriam salvas (At 2,37-38.40-42.47).

Podem-se entrever as linhas de um processo: o anúncio da salvação; sua acolhida favorável por parte dos ouvintes (implicitamente a fé); o convite à conversão; o batismo. Merecem destaque a forma passiva do verbo *batizar*[4] e a expressão *batizar em nome de Jesus Cristo*, que marca a referência do batismo a Cristo.

Deve-se notar uma série de conexões: a conversão como condição para o batismo; a relação direta estabelecida entre o batismo e o perdão dos pecados; uma conexão não tão especificada entre o batismo e o dom do Espírito Santo (seria só uma conexão temporal? Simultânea ou sucessiva? Ou também casual?); a relação entre o batismo e a agregação à vida da Igreja. No processo, atribui-se protagonismo ao Senhor da glória.

O contexto convida a contemplar a iniciação cristã (particularmente o batismo) à luz do que aconteceu em Pentecostes. O dom do Espírito se manifesta em dons extraordinários como a glossolalia e a profecia (sinais escatológicos).

Alguns desses elementos são encontrados outra vez em At 4,4: "[...] muitos que tinham ouvido a pregação abraçaram a fé (*episteusan*), e os membros da comunidade chegaram a uns cinco mil". Aqui a fé é mencionada explicitamente.

---

[4] Observaremos que, no NT, o verbo *batizar* aparece ou em forma passiva, ou então em forma ativa com sujeito distinto daquele que é batizado. Trata-se de um dado que não deixa de ter significação teológica: fica excluído, por um lado, o autobatismo; por outro, a forma passiva sugere, em muitos casos, o protagonismo de Deus *(passivum divinum)*.

b) Batismo (e confirmação?) na Samaria

Foi assim que Filipe desceu à cidade de Samaria e começou a anunciar o Cristo à população. [...] Depois [que] passaram a crer na pregação de Filipe sobre o Reino e o nome de Jesus Cristo, homens e mulheres se deixaram batizar (*ebaptizonto*). Também Simão abraçou a fé, fez-se batizar [...]. [Quando] os apóstolos que estavam em Jerusalém souberam que a Samaria acolhera a Palavra de Deus, enviaram para lá Pedro e João. Chegando ali, oraram pelos habitantes da Samaria, para que recebessem o Espírito Santo. Pois o Espírito ainda não viera sobre nenhum deles; só tinham recebido o batismo no nome do Senhor Jesus (*eis to onoma tou Kyriou Iesou*). Pedro e João impuseram-lhes as mãos (*epetithesan tas cheiras ep'autous*), e eles receberam o Espírito Santo. Simão viu que o Espírito era comunicado pela imposição das mãos dos apóstolos (*dia tes epitheseos ton cheiron*) (At 8,5.12-13.14-18a).

Mencionam-se como elementos do processo: o anúncio do querigma, sua aceitação na fé, o batismo *em nome de Jesus* e a invocação do Espírito, seguida da imposição das mãos. O verbo *batizar* aparece também nesta citação na forma passiva.

Surpreende (e cria dificuldades) o fato de que a vinda do Espírito Santo sobre os batizados seja atribuída não ao batismo (batismo cristão sem dom do Espírito?), mas à imposição das mãos (gesto reservado aos apóstolos). Tratar-se-ia de um indício da existência de um *ordo* batismal, no qual o ato batismal propriamente dito seria seguido por uma imposição das mãos em vista do dom do Espírito? A teologia católica, durante muito tempo, considerou essa passagem (juntamente com At 19,1-7) como o testemunho bíblico clássico em favor do sacramento da confirmação; hoje, a opinião generalizada é de que, exegeticamente falando, não há fundamento suficiente para afirmá-lo; todavia, não se pode negar que a hipótese teve, ao longo da história, grande peso na interpretação do *segundo sacramento*.[5]

---

[5] Cf. N. ADLER, *Taufe und Handauflegung. Eine exegetisch-theologische Untersuchung von Apg. 8,14-17* (NTA, 19/3), Münster, 1951.

c) O batismo do eunuco da Etiópia

Nisso apareceu um eunuco etíope, alto funcionário de Candace, rainha da Etiópia, e administrador geral do seu tesouro. Ele tinha ido em peregrinação a Jerusalém. Estava voltando e vinha sentado no seu carro, lendo o profeta Isaías. [...] Então Filipe começou a falar e, partindo dessa passagem da Escritura, anunciou-lhe [a Boa-Notícia de] Jesus (*euengelisato auto ton Iesoun*). Eles prosseguiram o caminho e chegaram a um lugar onde havia água. Então o eunuco disse a Filipe: "Aqui temos água. Que impede que eu seja batizado (*ti kolyei me baptisthenai*)?" [Filipe respondeu-lhe: "Se crês de todo coração, podemos fazê-lo". Respondeu o eunuco: "Creio que Jesus é o Filho de Deus"]. O eunuco mandou parar o carro. Os dois desceram para a água e Filipe batizou (*ebaptisen auton*) o eunuco. Quando saíram da água, o Espírito do Senhor [caiu sobre (*epepesen epi*) o eunuco e o anjo] arrebatou Filipe (At 8,27-28.34-39).[6]

O episódio apresenta-se também como um esboço da práxis batismal primitiva, com o seguinte itinerário: *o anúncio da Boa-Notícia de Jesus* a partir do Antigo Testamento, a petição do batismo, a profissão de fé (?) e o batismo. Trata-se do primeiro gentio batizado. Não se encontra aqui a menor idéia de contexto comunitário.

d) A conversão de Paulo

Também aqui se fala primeiro da imposição das mãos por parte de Ananias "para que tu recobres a vista e fiques cheio do Espírito Santo" (At 9,17), e só depois se menciona o batismo: "Em seguida, levantou-se e foi batizado" (v. 18). Numa outra versão do mesmo fato, lê-se: "Levanta-te, recebe o batismo (*baptisai*) e purifica-te dos teus pecados invocando o seu nome! (*apolousai tas hamartias sou, epikalesamenos to onoma autou*)" (At 22,16).

---

[6] Os textos que aparecem entre colchetes [ ] são glosas antigas conservadas no texto ocidental; cf. J. HEIMERDINGER, La foi de l'eunuque éthiopien: le problème textuel d'Actes 8/37, *ETR*, 63, 1988, 521-528.

e) A conversão e o batismo do centurião Cornélio

O cap. 10 narra detalhadamente a conversão e o batismo do centurião Cornélio, religioso e temente a Deus (v. 2).

Pedro estava ainda falando [proclamação do querigma: vv. 34-43], quando o Espírito Santo desceu sobre todos os que estavam escutando a palavra. Os fiéis de origem judaica, que tinham vindo com Pedro, ficaram admirados de que o dom do Espírito Santo fosse derramado também sobre quem era de origem pagã. Pois eles os ouviam falar em línguas estranhas e louvar a grandeza de Deus. Então Pedro falou: "Podemos, por acaso, negar a água do batismo a estas pessoas, que receberam, como nós, o Espírito Santo?" E mandou que fossem batizados no nome de Jesus Cristo (*en to onomati Iesou Christou baptisthenai*) (At 10,44-48a; cf. 11,13-17).

O autor dos Atos não parece perceber a anormalidade que vemos diante do fato de que alguns não-batizados logo se sintam habitados pelo Espírito Santo. O próprio Pedro não o interpreta como algo que dispensa o batismo, mas como um sinal de que também eles são dignos do batismo.

f) O batismo de Lídia

Na narração do batismo de Lídia, sublinha-se o papel ativo de Deus na resposta de fé da vendedora de púrpura de Filipos: "Lídia acreditava em Deus e escutava com atenção. O Senhor abriu o coração dela, para que aceitasse (*prosechein*) as palavras de Paulo. [Foi] batizada (*ebaptisthe*), assim como toda a sua casa (*ho oikos autes*)" (At 16,13-15).

g) O batismo do carcereiro de Filipos

O carcereiro, impressionado pela generosidade de seus presos Paulo e Silas, perguntou-lhes:

"Senhores, que devo fazer para ser salvo?" Paulo e Silas responderam: "Crê (*pisteuson*) no Senhor Jesus, e serás salvo, como também todos os de tua casa (*ho oikos sou*)". Então [...] anunciaram a palavra do Senhor ao carcereiro e a todos os da sua casa (*elalesan auto ton logon tou Kyriou syn pasin tois en te oikia autou*). Na mesma hora da noite, o carcereiro levou-os consigo para lavar as feridas causadas pelos açoites. E, imediatamente, foi batizado (*ebaptisthe*), junto com todos os seus familiares (*hoi autou apantes*). Depois, fez Paulo e Silas subir até sua casa, preparou-lhes um jantar e, com toda a casa, fizeram festa [de família] (*egalliasato*), por [terem acreditado] (*pepisteukos*) em Deus (At 16,30-34).

Apesar da rapidez da sucessão de acontecimentos, mencionam-se: uma catequese embrionária, um convite a expressar a fé no Senhor Jesus, o batismo do carcereiro e de toda a sua família (que provavelmente incluía crianças) e uma alegre festa.

Mais lacônica é a descrição do processo no caso de "Crispo, o chefe da sinagoga [de Corinto: ele] acreditou no Senhor com toda a sua família; e muitos coríntios que escutavam Paulo abraçavam a fé e recebiam o batismo" (At 18,8).

h) Batismo (e confirmação?) em Éfeso

Paulo atravessou o planalto e chegou a Éfeso. Aí encontrou alguns discípulos e perguntou-lhes: "Vós recebestes o Espírito Santo quando abraçastes a fé?" Eles responderam: "Nem sequer ouvimos dizer que existe Espírito Santo!" Então Paulo perguntou: "Em que (*eis ti*) fostes batizados?" Eles responderam: "No batismo de João". Paulo disse-lhes: "João administrava um batismo de conversão, dizendo ao povo que acreditasse naquele que viria depois dele, isto é, em Jesus". Tendo ouvido isso, eles foram batizados no nome do Senhor Jesus (*eis to onoma tou Kyriou Iesou Christou*). Paulo impôs-lhes as mãos (*epithentos autois tou Paulou cheiras*), e o Espírito Santo desceu sobre eles. Começaram então a falar em línguas e a profetizar. Ao todo, eram uns doze homens (At 19,1b-7).

Afora a circunstância anômala de alguns *discípulos* que receberam somente o batismo de João, este episódio apresenta certo paralelismo com o da Samaria (At 8,5-18): em ambos os casos encontramo-nos diante de um duplo gesto de iniciação, isto é, batismo mais imposição das mãos; lá e aqui a vinda do Espírito Santo é vinculada ao batismo, e não à imposição das mãos do Apóstolo; nos dois casos o dom do Espírito é acompanhado por manifestações escatológicas.

II. Na literatura paulina[7]

São Paulo alude várias vezes ao seu próprio batismo (1Cor 12,13; Rm 6,3), ocorrido a poucos anos de distância da morte de Jesus (At 9,18). Tanto nas cartas estritamente paulinas[8] como nas outras, que provêm do seu entorno, o batismo aparece como uma prática comum a todas as Igrejas cristãs. Nelas, encontramos alguns dos textos neotestamentários mais importantes de teologia batismal, embora não seja fácil distinguir entre o que é tradição anterior e pensamento original de Paulo. O Apóstolo não se mostra particularmente interessado no tema do batismo; quando se refere a ele, o faz para resolver problemas particulares ou com fins parenéticos, como quando recorre a uma doutrina admitida por todos (o que, de certa forma, dá maior valor ao seu testemunho).

a) Nas duas Cartas aos Coríntios

Os testemunhos históricos mais antigos sobre a iniciação cristã podem ser encontrados na Primeira Carta de Paulo aos Coríntios. Já no início, para desautorizar as divisões existentes no seio da comunidade cristã de Corinto, ele argumenta a partir do *batismo em nome de Cristo*:

> Será Paulo quem foi crucificado por amor a vós? Ou foi no nome de Paulo que fostes batizados (*eis to onoma tou Paulou*)? Dou graças a Deus por não ter batizado nenhum de vós, a não ser Crispo e Gaio. Assim, ninguém pode dizer que fostes batizados no meu nome (*eis to emon onoma*). De fato, Cristo não me enviou para batizar, mas para anunciar o Evangelho (1Cor 1,13b-15.17a).

---

[7] Cf. R. Schnackenburg, *Das Heilsgeschehen bei der Taufe nach dem Apostel Paulus. Eine Studie zur paulinischen Theologie* (Münchener Theologische Studien, I/1), München, 1950; A. Tamayo, El bautismo en la teología de San Pablo, *Franciscanum*, 1, 1959, 7-56.

[8] De acordo com a opinião mais aceita hoje, seriam: Rm, 1Cor, 2Cor, Gl, Fl, Cl, 1Ts, 2Ts e Fm.

EXPERIÊNCIA HISTÓRICA DA IGREJA

Pela primeira vez Paulo faz aqui alusão velada à sua concepção do batismo como associação à morte de Cristo, que posteriormente seria desenvolvida em Rm 6 e Cl 2. Ele sugere que o batismo gera, no batizado, uma pertença a Cristo.

Para distanciar os cristãos de Corinto de comportamentos indignos de sua condição cristã, põe diante de seus olhos os momentos notórios de sua iniciação: "Mas fostes lavados (*apelousasthe*), fostes santificados (*hagiasthete*), fostes justificados (*edikaiothete*) pelo nome do Senhor Jesus Cristo (*en to onomati tou Kyriou hemon Iesou Christou*) e pelo Espírito de nosso Deus (*en to pneumati tou Theou hemon*)" (1Cor 6,11).

Digna de nota é a ênfase desta seqüência de *passivos teológicos* no tempo gramatical grego denominado aoristo, que ressaltam com singular força a multiforme ação de Deus como protagonista daquela primeira experiência cristã. Encontramos também a conexão entre o batismo e o Espírito (embora, neste caso, provavelmente como agente).

Mais adiante, Paulo se refere aos sacramentos da iniciação cristã:

Irmãos, não quero que ignoreis o seguinte: os nossos pais estiveram todos debaixo da nuvem e todos passaram pelo mar; na nuvem e no mar, todos foram batizados em Moisés (*eis ton Moysen*); todos comeram do mesmo alimento espiritual e todos beberam da mesma bebida espiritual; de fato, bebiam de uma rocha espiritual que os acompanhava. Essa rocha era o Cristo. No entanto, a maior parte deles desagradou a Deus e, por isso, caíram mortos no deserto. Esses acontecimentos se tornaram símbolos (*typoi*) para nós [...]. Estas coisas lhes aconteciam com sentido figurativo (*typikos*) e foram escritas como advertência (*pros nouthesian hemon*) para nós, a quem chegou o fim dos tempos (1Cor 10,1-6a.11).

A exegese pensa que se pode ver nesta passagem o eco da tradição *midrash* palestina. Tradicionalmente, acreditou-se que aqui Paulo lança mão da tipologia bíblico-sacramental como procedimento hermenêutico: a passagem do Mar Vermelho foi *typos* do batismo cristão.[9] Alguns críticos hoje põem isso em dúvida: o apóstolo se limitaria a lembrar os fatos do êxodo como simples casos exemplificativos, e não como antecipações proféticas do

---

[9] Para poder ver um *batismo* (imersão) na passagem do Mar Vermelho e da nuvem, a exegese judaica havia imaginado que as águas tinham formado um túnel e que a nuvem não precedia os israelitas, mas os cobria: cf. G. BARTH, op. cit., 93.

batismo e da eucaristia.[10] Quanto ao restante, merece destaque o caráter coletivo da experiência dos hebreus (e, conseqüentemente, da iniciação cristã).

Pretendendo recomendar-lhes de modo especial a unidade, lembra-lhes que

> [...] Como o corpo é um, embora tenha muitos membros, e como todos os membros do corpo, embora sejam muitos, formam um só corpo, assim também acontece com Cristo. De fato, todos nós, judeus ou gregos, escravos ou livres, fomos batizados (*ebaptisthemen*) num mesmo Espírito (*en heni pneumati*), para formarmos um só corpo (*eis hen soma*), e todos nós bebemos de um único Espírito (*hen pneuma epotisthemen*) (1Cor 12,12-13).

O fato de a expressão *baptisthenai eis* ser usada na maioria dos casos com complemento cristológico, e *sôma*, nas epístolas paulinas mais antigas, não se referir à unidade Cristo + Igreja (Cabeça + Corpo), mas ao corpo mesmo do Senhor ressuscitado, induziu a ver neste *hen soma* o corpo (a pessoa) de Cristo (e não a Igreja); a passagem seria, por conseguinte, um testemunho da dimensão cristológica do batismo (e não da dimensão eclesial).[11] Contudo, deve-se ter presente que, segundo Paulo, há identidade entre ser incorporado a Cristo e ser agregado à Igreja (cf. Gl 3,27-28).

Já encontramos a imagem *beber do Espírito*, também num contexto batismal, em 1Cor 10,4 (cf. Jo 7,37-39). A impressão é que aqui se afirma uma conexão entre a incorporação ao *soma* de Cristo e a comunhão com o seu Espírito, ambos frutos do batismo.[12]

No começo de 2Cor, ao evocar o período inicial da comunidade, o autor parece aludir aos sacramentos da iniciação mediante uma

---

[10] Cf. G. BARBAGLIO, *E tutti in Mose sono stati battezzati nella nube e nel mare (1Cor 10,2)*, in VV.AA., *Alle origini del battesimo cristiano*, 167-191 (bibliogr.).

[11] Cf. L. CERFAUX, *La théologie de l'Église selon saint Paul* (Unam Sanctam, 54), Paris, 1965, 207-210.

[12] Para afiançar a fé na ressurreição, aduz como argumento a estranha prática de *fazer-se batizar pelos (hyper) defuntos* (1Cor 15,29). Há exegetas que entendem a preposição *hyper* em sentido de *substituição: fazer-se batizar em lugar dos defuntos* (batismo vicário). Outros preferem atribuir-lhe um sentido de *finalidade: fazer-se batizar pelo amor dos defuntos*, com a esperança de unir-se a eles na ressurreição. Cf. G. BARTH, op. cit., 100-104 (bibliogr.).

acumulação de imagens referentes ao Espírito *(confirmar, ungir, selar)*, que posteriormente a tradição irá aplicar especificamente ao sacramento da confirmação:

É Deus que nos confirma *(bebaion)*, a nós e a vós, em nossa adesão a Cristo *(eis Christon)*, como também é Deus que nos ungiu *(chrisas)*. Foi ele que imprimiu em nós [o seu selo] *(sphragisas)* e nos deu como garantia o Espírito derramado em nossos corações *(ton arrabona tou pneumatos)* (2Cor 1,21-22).

b) A passagem batismal em Romanos 6

Nós encontramos em Rm 6 a passagem batismal de maior densidade teológica entre os textos paulinos.[13] Esta também está situada no contexto de uma exortação à comunidade: entre o cap. 5, que trata da força salvífica da morte de Cristo, e o cap. 8, que descreve a vida no Espírito dos redimidos. Não pretende apresentar uma exposição teológica do batismo, mas só a fundamentação da nova ética cristã. Isso explica que passe por alto sobre aspectos importantes da teologia do batismo, a qual é mencionada em outros lugares. Os caps. 6 e 7 são um parêntese, no qual se responde à objeção de que, por ser assegurada a sua redenção em Cristo, para o cristão é indiferente estar em pecado ou não. Para rebatê-la, no entender de alguns exegetas que se apóiam na expressão inicial ("Por acaso gnorais que..."), Paulo se baseia numa doutrina elementar sobre o batismo, bem conhecida dos destinatários de sua carta.

> Nós que já morremos para o pecado, como vamos continuar vivendo nele? Acaso ignorais que todos nós, batizados no *(eis)* Cristo Jesus, é na sua morte que fomos batizados *(eis ton thanaton autou)*? Pelo *(dia)* batismo fomos sepultados com ele em sua morte *(synetaphemen eis ton thanaton)*, para que, como

---

[13] Cf. P. DACQUINO, La nostra morte e la nostra risurrezione con Cristo, secondo San Paolo [Rm 6,2-14], *Rivista Biblica*, 14, 1966, 225-259; H. FRÄNKENMÖLLE, *Das Taufverstandnis des Paulus*. Taufe und Tod und Auferstehung nach Röm 6, Stuttgart, 1970; N. GÄUMANN, *Taufe und Ethik*. Studien zu Römer 6, München, 1967; R. PENNA, Battesimo e partecipazione alla morte di Cristo in Rom 6,1-11, in VV.AA. *Alle origini del battesimo*, op. cit., 145-146; R. SCHNACKENBURG, Todes- und Lebensgemeinschaft mit Christus. Neue Studien zu Röm, 6,1-11, *MThZ*, 6, 1955, 322-353; G. WAGNER, *Das religionsgeschichtliche Problem von Römer 6, 1/11* (ATNT 39), Zürich, 1962; V. WARNACH, Die Tauflehre des Römerbriefes in der neueren theologischen Diskussion, *ALw*, 5, 1958, 274-352.

Cristo foi ressuscitado dos mortos pela ação gloriosa do Pai, assim também nós vivamos uma vida nova. Pois, se fomos, de certo modo, identificados a ele (*symphytoi gegonamen*) por uma morte semelhante à sua (*to homoiomati tou thanatou autou*), seremos semelhantes a ele também pela ressurreição. Sabemos que o nosso homem velho (*ho palaios hemon anthropos*) foi crucificado com Cristo (*synestaurothe*), para que seja destruído o corpo sujeito ao pecado (*ina katargethe to soma tes hamartias*), de maneira a não mais servirmos ao pecado. Pois aquele que morreu está livre do pecado. E, se já morremos com Cristo (*apethqnomen syn Christo*), cremos que também viveremos com ele (*syzesomen auto*) (Rm 6,2-8).

Na perspectiva dessa passagem, o batismo adquire seu verdadeiro significado pela comunhão estabelecida entre o batizado e o acontecimento da cruz; dela deriva toda a sua realidade. O realismo desta vinculação é expresso com força pelo acúmulo de verbos com o prefixo *syn*. A menção dos diferentes momentos do mistério pascal sugere que a comunhão é total: com todo o mistério de Cristo. A ênfase especial que se percebe no texto sobre a morte – da comunhão com a ressurreição de Cristo se fala aqui só no futuro, numa linha de esperança (vv. 5 e 8; ver, contudo, mais adiante: Cl 2,11-13) – explica-se pela perspectiva na qual se aborda esta dimensão teológica do batismo: como fundamento de uma ética cristã cujo componente que mais interessa a Paulo é *a morte ao pecado*. Essa comunhão do batizado com o mistério de Cristo é realizada em virtude do batismo, que é *homoioma* da morte de Cristo. Para a teologia do batismo é importante a interpretação a ser dada a este v. 5: se *homoioma* é entendido no sentido abstrato de *semelhança*, então entre o batismo e a morte de Jesus só haveria uma analogia de situações; ou, se esse termo é interpretado como imagem sacramental que guarda identidade formal com a morte de Jesus (a imagem não pode ser inferior a seu modelo), o batismo não seria posto em contato real com o acontecimento salvífico.[14]

---

[14] Para as várias interpretações de *homoioma* em Rm 6,5, cf. R. SCHNACKENBURG, op. cit.; V. WARNACH, op. cit.; G. BARTH, op. cit., 106ss.

A iniciativa da ação de Deus aparece evidenciada com força pelo acúmulo de *passivos divinos*.

Em Rm 13,11-14, voltamos a encontrar as expressões *despojar-se/revestir-se*, que Paulo utiliza para definir aquilo que acontece no batismo.

c) Na Carta aos Gálatas

Temos aqui provavelmente o texto batismal mais antigo de Paulo. Falando da liberdade dos filhos de Deus, conquistada por Cristo para os seus, ele a relaciona com o batismo (e com a fé):

Com efeito, vós todos sois filhos de Deus pela fé (*dia tes pisteos*) no Cristo Jesus. Vós todos que fostes batizados em Cristo (*eis Christon ebaptisthete*) vos revestistes de Cristo (*Christon enedysasthe*). Não há mais judeu ou grego, escravo ou livre, homem ou mulher, pois todos vós sois um só, em Cristo Jesus (*heis este en Christo Iesou*). Sendo de Cristo, sois, então, descendência de Abraão, herdeiros segundo a promessa. [...] E a prova de que sois filhos é que Deus enviou aos nossos corações o Espírito do seu Filho, que clama: "Abbá, Pai!" Portanto, já não és mais escravo, mas filho; e, se és filho, és também herdeiro; tudo isso, por graça de Deus (Gl 3,26-28; 4,6-7).

O texto anterior é importante para as relações entre fé e batismo; no contexto imediatamente anterior (vv. 22-25), a palavra *pistis* aparece cinco vezes. Atribuem-se ao batismo explicitamente uma especial vinculação a Cristo (expressa com a metáfora *revestir-se de Cristo*) e a unidade em Cristo dos batizados; menos diretamente, a filiação divina (especialmente reafirmada aqui e diretamente atribuída à fé em Jesus) e o dom do Espírito.[15] Pela fé e pelo batismo ingressa-se num grupo maior, onde as diferenças religiosas e sociais não contam.

---

[15] Cf. V. Dellagiacoma, Induere Christum (Gál. 3,27; Rom. 13,14), *Rivista Biblica*, 4, 1956, 114-142; A. Grail, Le baptême dans l'épitre aux Galates 3,26–4,7, *RB*, 58, 1951, 503-520; S. Légasse, Foi et baptême selon St. Paul. Étude de Galates 3,26-27, *BLE*, 1973, 81-102. Em Gl 2,16.19-20, encontramos alusões a diferentes momentos da iniciação.

d) Na Carta aos Efésios

No começo da Carta aos Efésios, deparamo-nos com uma descrição bem detalhada da estrutura da iniciação cristã (embora sem menções explícitas a nenhum dos sacramentos):

> Nele também vós ouvistes a palavra da verdade, a Boa-Nova da vossa salvação. Nele acreditastes (*pisteusantes*) e [fostes selados] (*esphragisthete*) [com o] (*to*) Espírito Santo prometido, que é a garantia da nossa herança (*arrabon tes kleronomias hemon*), [em vista] (*eis*) do resgate completo e definitivo, para louvor da sua glória (Ef 1,13-14).

São indicadas aqui as dimensões pneumatológica e escatológica do batismo. Um pouco mais adiante se reafirma a comunidade de destino com Cristo e a edificação da Igreja, que tem seu ponto de partida no batismo (de novo sem mencioná-lo expressamente):

> Quando ainda estávamos mortos por causa dos nossos pecados, deu-nos a vida (*synezoopoiesen*) com Cristo. (É por graça que fostes salvos [*sesosmenoi*]!) E ele nos ressuscitou (*synegeiren*) com Cristo e com ele nos fez sentar (*synekathisen*) nos céus [...]. Portanto, já não sois estrangeiros nem forasteiros, mas concidadãos dos santos e moradores da casa de Deus; casa que tem como alicerce os apóstolos e os profetas e como pedra angular o próprio Cristo Jesus. Nele, a construção toda, bem travada, vai crescendo e formando um templo santo no Senhor. Vós também fazeis parte dessa construção e vos tornais, no Espírito, morada de Deus (Ef 2,5-6.19-22).[16]

Mais adiante, entre os fatores que garantem a desejada unidade da Igreja, fala-se em *um só batismo* (*hen baptisma*) *e uma só fé* (*mia pistis*), num contexto pneumatológico e escatológico (além de eclesiológico, obviamente; cf. Ef 4,3-6). O fato de o batismo ser mencionado entre as grandes *unidades* da fé dá uma idéia da importância que o Apóstolo (e a comunidade cristã primitiva) concedia a

---

[16] Cf. R. Schnackenburg, "Er hat uns auferweckt". Zur Tauflehre des Epheserbriefes, *LJ*, 2, 1952, 159-183.

este sacramento. A passagem dá a impressão de ser uma fórmula de confissão batismal. Deve-se notar também a conexão fé/batismo.

A seguir acrescenta-se um texto tomado da liturgia batismal, na opinião quase unânime dos exegetas, embora se discuta se é um hino ou uma exclamação; contém uma alusão ao batismo como iluminação: "Desperta, tu que estás dormindo, levanta-te dentre os mortos, e Cristo te iluminará" (Ef 5,14).

Para recomendar o amor dos maridos pelas suas mulheres, Paulo remonta até o acontecimento primordial do Gólgota, mas descrevendo-o em termos que evocam veladamente o batismo como mistério de purificação:

> Maridos, amai as vossas mulheres, como Cristo também amou a Igreja e se entregou por ela, a fim de santificar pela palavra aquela que ele purifica pelo banho da água (*hagiase katharisas to loutro tou hydatos en remati*). Pois ele quis apresentá-la a si mesmo toda bela, sem mancha nem ruga ou qualquer reparo, mas santa e sem defeito (Ef 5,25-27).

e) Na Carta aos Colossenses

Numa passagem que poderíamos considerar paralela a Rm 6,1-6 (embora mais clara do que aquela), Paulo exorta os fiéis de Colossos a permanecerem fiéis a Cristo em virtude da experiência vivida no batismo (que também neste caso não é mencionada explicitamente):

> Pois nele [em Cristo] habita corporalmente toda a plenitude da divindade. E nele participais da plenitude (*pepleromenoi en auto*), nele que é a cabeça de todo principado e potestade. Nele (*en ho*) também fostes circuncidados, não por mãos humanas, mas na (*en*) circuncisão de Cristo, pelo despojamento do corpo carnal. No batismo, fostes sepultados com ele (*syntaphentes*), com ele também fostes ressuscitados (*synegerthete*) [no batismo], porque crestes na força de Deus (*dia tes pisteos tes energeias tou Theou*) que o ressuscitou de entre os mortos. E a vós que estáveis mortos por causa de vossas faltas e da incircuncisão de vossa carne, Deus vos deu a vida com ele (*synezoopoiesen*), quando ele nos perdoou todas as nossas faltas. Deus anulou o documento que, por suas prescrições, nos era

contrário, e o eliminou, cravando-o na cruz, despojou os principados e as potestades [...] (Cl 2,9-15).

Por um lado, a consideração do batismo como *antítipo* da circuncisão judaica e a referência ao *documento contrário a nós* permitem a Paulo afirmar com uma força singular a potência purificadora do batismo; todavia, por outro lado, considera também realizada sacramentalmente a participação na ressurreição de Cristo (usa-se também aqui o tempo verbal passado aoristo, e não o futuro, como em Rm 6,6).

Ambos os aspectos reaparecem mais adiante, reforçados pela nova metáfora do despojar-se e revestir-se (que depois acabará transformando-se numa ação simbólica na liturgia batismal):

Se ressuscitastes com Cristo (*synegerthete to Christo*), buscai as coisas do alto, onde Cristo está entronizado à direita de Deus; cuidai das coisas do alto, não do que é da terra. Pois morrestes (*apethanete*), e a vossa vida está escondida com Cristo em Deus [...], pois já vos despojastes do homem velho e da sua maneira de agir e vos revestistes do homem novo, o qual vai sendo sempre renovado à imagem do seu criador, a fim de alcançar um conhecimento cada vez mais perfeito. Aí não se faz mais distinção entre grego e judeu, circunciso e incircunciso, bárbaro, cita, escravo, livre, porque agora o que conta é Cristo, que é tudo e está em todos (Cl 3,1-3.9-11).

Merece destaque o forte acento escatológico e ético da passagem.

f) Epístola a Tito

Um denso parágrafo da epístola a Tito recolhe algumas das significações do batismo já assinaladas:

Mas quando se manifestou a bondade de Deus, nosso Salvador, e o seu amor pela humanidade, ele nos salvou (*esosen*) [...] mediante o banho da regeneração e renovação do Espírito Santo (*dia loutrou palingenesias kai anakainoseos pneumatos hagiou*). Este Espírito, ele o derramou copiosamente (*plousios*) sobre nós por Jesus Cristo, nosso Salvador, para que, justificados (*dikaiothentes*) pela sua graça, nos tornemos, na esperança, herdeiros da vida eterna. Esta palavra é digna de fé. E quero que insistas sobre estes pontos, a fim de que os que crêem (*pepisteukotes*) em Deus se apliquem solicitamente à prática das boas obras (Tt 3,4-8).

Interessa-nos evidenciar as perspectivas histórico-salvífica, trinitária e escatológica, a definição do batismo (com seus dois genitivos de finalidade, que expressam uma mesma realidade),[17] a menção da efusão do Espírito Santo e da justificação, bem como a atribuição dos efeitos do batismo ao mesmo Espírito (genitivo de agente ou *causativo*). O batismo aparece como obra de Deus.

g) Epístola aos Hebreus

Enfim, temas relativos à iniciação cristã são mencionados também numa discutida passagem da epístola aos Hebreus:

Por isso, deixemos agora as instruções elementares sobre Cristo e elevemo-nos ao ensinamento perfeito, sem novamente pôr os alicerces – o arrependimento das obras mortas, a fé em Deus, a doutrina acerca dos batismos (*baptismon didaches*), a imposição das mãos (*epitheseos te cheiron*), a ressurreição dos mortos, o julgamento eterno. Eis o que faremos, se Deus o permitir. Há pessoas que um dia foram iluminadas (*photisthentas*), que saborearam o dom do céu e tiveram parte no Espírito Santo (*metochous genethontas pneumatos hagiou*), que experimentaram o sabor da Palavra de Deus e os milagres do mundo vindouro e, no entanto, desistiram. É impossível que elas tornem a ser renovadas e trazidas à conversão, enquanto crucificam novamente o Filho de Deus e o expõem a injúrias (Hb 6,1-6).

Parece clara a alusão a uma instrução elementar anterior ao batismo. O plural *batismos*, mais do que à diversidade de práticas batismais, refere-se provavelmente à diferença entre o batismo de João e o batismo cristão. Da simples menção à imposição das mãos seria arriscado defender sua presença como rito regular na liturgia da iniciação já naquele tempo. O que se afirma parece ser

---

[17] Cf. J. Dey, *"Palingenesía"*. Ein Beitrag zur Klärung der religionsgeschichtlichen Bedeutung von Titus 3,5 (NTA 17/5), Münster i. W., 1937.

a vinculação do batismo com a crucifixão (na linha de Rm 6) como razão da unicidade do batismo.[18]

III. Na Primeira Carta de Pedro

A respeito da natureza deste documento, nos últimos anos proliferaram opiniões entre os exegetas que nos acabaram levando a valorizar sobremaneira o seu testemunho em relação ao tema do qual nos ocupamos. Segundo alguns, o livro apresentaria um esquema completo da celebração do batismo[19] ou, pelo menos, segundo outros, fragmentos (hinos...) que seriam provenientes da liturgia batismal. Outros ainda pensam que se trata da reelaboração de uma homilia batismal. Contudo, a exegese mais recente nos convida à prudência com esse tipo de apreciações. O que é indiscutível, isso sim, é a presença de importantes temas batismais, que passamos a analisar.

No começo da carta fala-se duas vezes do *segundo nascimento* (*anagennan*, termo que pertence ao vocabulário batismal), atribuído uma vez à ressurreição de Jesus Cristo (1Pd 1,3) e, na outra, à "semente incorruptível da Palavra de Deus, viva e permanente [ou: de Deus vivo e eterno]. [...] esta é a Palavra que vos foi anunciada como Boa-Nova" (1Pd 1,23.25).

Novamente, no cap. 3, num contexto parenético sobre o sofrimento, faz-se referência ao batismo, mas desta vez de maneira mais explícita. A menção do *descensus ad inferos* de Cristo traz ao autor a recordação

> [...] dos que haviam sido desobedientes outrora, quando Deus usava de paciência – como nos dias em que Noé construía a arca. Nesta arca, umas poucas pessoas – oito – foram salvas, por meio (*dia*) da água [à qual (*ho kai*), como antítipo (*antitypon*)] corresponde o batismo, que hoje é a vossa salvação. Pois o ba-

---

[18] Embora não seja um texto estritamente batismal, observemos Hb 10,22: "Aproximemo-nos, portanto, de coração sincero e cheio de fé, com o coração purificado de toda a má consciência e o corpo lavado com água pura". Note-se a seqüência: conversão–fé–batismo.

[19] Segundo uma dessas composições, o esquema da celebração seria o seguinte: 1Pd 1,3-5: hino de introdução; 1,13-21 refletiria a leitura de Ex 12, seguida de homilia; viria depois o batismo, e, continuando, 1,22–2,10 representaria uma nova homilia com alusões aos acontecimentos da travessia do deserto, em especial à rocha do Horeb.

tismo não serve para limpar a sujeira do corpo, mas é o compromisso de uma boa consciência para com Deus (*syneideseos agathes eperotema eis Theon*), [pela] (*dia*) ressurreição de Jesus Cristo, que subiu ao céu e está à direita de Deus (1Pd 3,20-22).

O dilúvio é concebido como figura (*typos*) do batismo,[20] do qual surge uma humanidade purificada interiormente; esta tipologia terá grande repercussão na tradição mistagógica cristã. Não se deve descartar que o autor esteja jogando também com a idéia do dilúvio como figura da morte/ressurreição de Cristo (a julgar pela alusão à ressurreição no v. 21); neste caso, estariam presentes os três níveis da tipologia bíblico-sacramental: AT, NT e tempo da Igreja.

Eperotema poderia ser traduzido também em *empenho/compromisso* manifestado; neste caso, o batismo suporia no batizado o compromisso expresso diante de Deus de uma disposição interior reta. De qualquer forma, a passagem ressalta a dimensão pessoal do batismo.

Eis que nos deparamos novamente com a relação entre o ato batismal e a ressurreição do Senhor.[21]

IV. Na literatura joanina

Precisamos levar em conta que a informação sobre a iniciação cristã oferecida nos escritos atribuídos a João chega até nós um tanto filtrada pela experiência (catequética, pastoral, sacramental) de várias gerações cristãs.

a) Sem necessidade de aceitar inteiramente a teoria de O. Cullmann, seguindo não poucos exegetas podemos interpretar em chave sacramental algumas passagens do *evangelho segundo São João*.[22]

No *diálogo com Nicodemos* (Jo 3,1-21), Jesus apresenta o batismo como um segundo nascimento:

---

[20] Se o pronome relativo *(ho kai)* com o qual começa o v. 21 não se refere a *hydatos*, mas a toda a situação descrita no v. 20, a relação tipológica não seria entre a água do dilúvio e o batismo, mas, como alguns Padres da Igreja já haviam percebido, entre a arca e o batismo.

[21] Cf. G. BARTH, op. cit., 125-131; I. VOLPI, *La definizione del battesimo secondo 1 Pt 3,20b-21*, in VV.AA., *Alle origini del battesimo cristiano*, op. cit., 193-241.

[22] Cf. F. M. BRAUN, *Le baptême dans le quatrieme évangile*, *RTh*, 4, 1948, 347-393.

> Em verdade, em verdade, te digo: se alguém não nascer [de novo] (*gennethe anothen*) não poderá ver o Reino de Deus! [...] Em verdade, em verdade, te digo: se alguém não nascer da água e do Espírito (*ex hydatos kai pneumatos*) não poderá entrar no Reino de Deus. O que nasceu da carne é carne; o que nasceu do Espírito é espírito. Não te admires do que eu te disse: É necessário para vós nascer do alto (Jo 3,3.5-7).

Aparece o binômio *água/Espírito* (desta vez em sentido inclusivo, não exclusivo). O segundo nascimento é atribuído enfaticamente ao Espírito (*nascer do Espírito*). É condição para entrar no Reino de Deus: desde a antiguidade se viu, nessa passagem, uma das provas da necessidade do batismo.

Nas *curas* (*sinais*) do paralítico de Bezata (Betesda) (com sua alusão à imersão na água: Jo 5,1-18) e do cego de nascença (batismo como *iluminação*: Jo 9,1-41), a catequese tradicional (e quiçá também o próprio evangelista) viu *figuras* do batismo cristão.

Em certas passagens em que se fala da *água* no quarto evangelho, alguns viram veladas alusões ao batismo: no diálogo com a samaritana (Jo 4,7-14), na promessa da água viva feita por Jesus na festa dos Tabernáculos (Jo 7,37-39) e na água e no sangue que brotaram do lado aberto do Crucificado (Jo 19,33-35).

b) Encontramos também, provavelmente, duas veladas referências à iniciação na *Primeira Carta de João*. A primeira, quando se fala da *unção* que os cristãos receberam (*unção* é expressão metafórica para significar o dom do Espírito recebido, obviamente, na iniciação):

> Vós recebestes a unção (*chrisma*) do (*apo*) Santo, e todos vós tendes conhecimento. [...] Quanto a vós, a unção que recebestes de Jesus permanece convosco, e não tendes necessidade de que alguém vos ensine. A sua unção vos ensina tudo (1Jo 2,20.27).

Uma *unção* como dom que permanece e é, para os cristãos, fonte de conhecimento e garantia (*parresia*) de fidelidade a Deus (cf. v. 28).

A segunda referência é mais enigmática: a menção das três testemunhas – a água, o sangue e o Espírito –, que dão demonstração unânime acerca do Filho (1Jo 5,6-8). Parece sugerir misteriosas relações existentes entre o batismo, o mistério pascal e Pentecostes.

c) E por fim, no *Apocalipse*, a visão "dos que estão vestidos com túnicas brancas [...], que vieram da grande tribulação [e que] lavaram e alvejaram as suas vestes no sangue do Cordeiro" (Ap 7,13-14), embora expresse uma situação escatológica mais do que histórica, ao evocar a raiz dessa situação, que é justamente o batismo de sangue, parece estar aludindo à relação entre o batismo e o mistério da cruz.[23]

V. O *mandato* batismal

Os textos analisados até aqui permitem afirmar que, desde as suas origens,[24] o batismo se impõe em todas as Igrejas como o sinal mais característico da agregação de novos membros à Igreja. Todo aquele que aceita a mensagem de Cristo e deseja pertencer à Igreja é batizado, mesmo quando em sua conversão tenham ocorrido fenômenos extraordinários (cf. At 8,36-38; 9,18; 10,46-48). Não parece ter influenciado nesta decisão o fato, recolhido somente por João (Jo 3,22-28; 4,1-3), de que o próprio Jesus batizou no início do seu ministério, muito embora a notícia pudesse ter base histórica.[25]

Até que ponto se pode atribuí-la à vontade de Jesus e falar de uma instituição divina? Pode-se deduzir disso um mandato explícito de Jesus? Alguns pensam que, *a priori*, a origem de uma prática tão universal, sem contestação de espécie alguma, não tem explicação sem uma disposição clara do Fundador. De fato, duas passagens paralelas em Mc e Mt atribuem a Jesus uma ordem expressa neste sentido: "Ide pelo mundo inteiro e anunciai o Evangelho (*keryxate to euangelion*) a toda criatura! Quem crer e for batizado será salvo (*ho pisteusas kai baptistheis sothesetai*). Quem não crer será condenado"

---

[23] Cf. R. Trevijano Etcheverría, El lenguaje bautismal del Apocalipsis, *Salmanticensis*, 27, 1980, 165-192.

[24] Vimos como o livro dos Atos apresenta os apóstolos batizando desde o dia de Pentecostes. O fato de o batismo não ser mencionado expressamente em alguns sumários não é prova de que houve um tempo em que não se praticava o batismo, como o defende E. Barnikol, Das Fehlen der Taufe in den Quellen der Apostelgeschichte und in den Urgemeinden der Hebräer und Hellenisten, *Wissenschaftliche Zeitschrift der Martin-Luther Universität*, 6, 1956-1957, 593-610; cf. G. Barth, op. cit., 11-12, n. 1.

[25] Cf. G. R. Beasley-Murray, op. cit., 67-72; S. Légasse, op. cit., 71-87.

(Mc 16,15-16). "Ide, pois, fazer discípulos (*matheteusate*) entre todas as nações, e batizai-os em nome (*baptizontes eis to onoma*) do Pai, do Filho e do Espírito Santo. Ensinai-lhes (*didaskontes*) a observar tudo o que vos tenho ordenado" (Mt 28,19-20).

Esses textos refletem a convicção das comunidades de Marcos e de Mateus de que a prática batismal se originava de uma ordem do Senhor. Por sua vez, durante séculos os teólogos fundamentaram a existência do batismo neste *mandato* de Jesus.

Não obstante isso, é preciso ressaltar que a passagem de Mt 28,16-20 não tem paralelos sinóticos: a tradição sinótica não recolhe nenhuma determinação do Jesus histórico relativa ao batismo (cf. Mc 6,7-13; Mt 10,5-42); surpreende o silêncio de Paulo e de outras testemunhas a esse respeito; não é o caso de pensar, pois, numa fonte textual anterior da passagem de Mt. Por conseqüência, é preciso que se diga que, embora Mt 28,19 não seja uma interpolação no evangelho de Mateus, não podemos fazê-lo remontar a uma data anterior à data da composição do primeiro evangelho; a atribuição do *mandato* a Jesus resulta, portanto, tardia e limitada. Além disso, do ponto de vista crítico, é preciso acrescentar que em Mc o mandato batismal se encontra no *apêndice* do evangelho (Mc 16,9-20), que não é de Marcos e remonta à primeira metade do séc. II. Por outro lado, a formulação do mandato em Mt levanta a suspeita quanto à sua origem litúrgica; não é verossímil que ela tenha saído dos lábios de Jesus tal como a encontramos.[26]

Todavia, independentemente desta questão principal, Mt 28,19 é um testemunho de que nos anos 80-90, na Síria, encontrava-se em uso a *fórmula* trinitária. Por outro lado, ambos os evangelistas estabeleceram uma clara e interessante conexão entre proclamação do querigma, fé e batismo (Mc), e entre ensinamento e batismo (Mt), que muito interessará aos doutores do séc. IV.

---

[26] Cf. G. R. BEASLEY-MURRAY, op. cit., 77-92; P.-R. TRAGAN, *Il battesimo cristiano secondo Mt 28,16-20*, in VV.AA., *Alle origini del battesimo cristiano*, op. cit., 243-282 (cf. bibliogr.).

VI. "Batizar no nome do Senhor Jesus"[27]

Essa expressão, com leves variantes, nós a temos encontrado em vários textos. Chama a atenção o caráter estereotipado com o qual se apresenta. Reveste-se de duas formas:

- *Eis to onoma* é a variante mais bem documentada e a que, provavelmente, representa a forma mais antiga. Aparece em At 8,16 e 19,5 (*Didaqué* 9,5: *eis onoma Kyriou*; Hermas, *Pastor*, vis. III 7,3: *eis to onoma tou Kyriou*; cf. também 1Cor 1,13.15; Mt 28,19 e *Didaqué* 7,1). Pertencem ao seu mesmo campo semântico as expressões mais resumidas (sem menção de *onoma*) que encontramos em 1Cor 10,2 (*eis ton Moysen*); 12,13 (*eis hen soma*); Rm 6,3 (*eis Christon Iesoun*) e Gl 3,27 (*eis Christon*); cf. 2Cor 1,21.

- As locuções *en to onomati* (At 10,48; cf. 1Cor 6,11) e *epi to onomati* (At 2,38) parecem intercambiáveis.

Tem-se quase certeza a respeito da origem judaica dessas locuções: corresponderiam ao hebraico *beshem* (a preposição *be* com sentido causal ou instrumental). Com muita probabilidade são provenientes do judaísmo alexandrino, já que aparecem com freqüência na versão dos Setenta, nos apócrifos gregos do AT e nos escritos gregos de Flávio Josefo. A opinião que defendia que a variante com *eis* provinha da linguagem comercial helenística, no sentido de uma transferência comercial, de uma troca de proprietários, está sendo descartada pela exegese mais recente.

Essa expressão, de qualquer modo, em todas as suas formas, afirma a relação que o batismo cristão tem com a pessoa de Cristo. Num primeiro momento serviu para afirmar simplesmente a novidade do *batismo de Jesus* diante dos demais batismos, particularmente o de João. Mais tarde, seguindo a evolução da cristologia, acabaria revestindo-se de um significado teológico mais pleno em relação ao lugar atribuído à pessoa de Jesus na obra da salvação.[28] A preposição *eis* sugere movimento em direção a um ponto; no

---

[27] Cf. L. HARTMANN, op. cit., 39-52; M. QUESNEL, op. cit., 79-195.

[28] As variantes que observamos no genitivo que acompanha o substantivo *onoma* (*do Senhor Jesus*: At 8,16; 19,5; *de Jesus-Cristo*: At 2,38; 10,48; *do Senhor Jesus-Cristo*: 1Cor 6,11) poderiam ter algum significado.

presente caso parece propor acima de tudo que pelo batismo a pessoa é transferida a Cristo, entregue como propriedade ao Senhor, feita pertença do *Kyrios*; fica submetida à autoridade de Cristo e, ao mesmo tempo, posta sob sua proteção. Todavia, dada a união indivisível existente entre a pessoa de Jesus Cristo e o acontecimento salvífico realizado por Deus nele e por ele, a locução com *eis* sugeriria também que o batizado é introduzido neste acontecimento e associado a ele (na linha de Rm 6). As preposições *en* e *epi*, por outro lado, expressam que o batismo se realiza com a autoridade e o poder que emanam de Cristo.

É pouco provável que tal expressão fosse usada como *fórmula* litúrgica alternativa no ato batismal, com é possível que naquele momento da celebração houvesse, com base no que lemos em Tg 2,7,[29] alguma invocação do nome de Jesus sobre o batizado.

VII. "Batizar com água/batizar com Espírito"[30]

As duas expressões aparecem com certa freqüência no NT, algumas vezes separadamente; noutras, pelo contrário, são encontradas juntas na mesma frase, mas em alguns casos em contraposição. Comecemos por este último grupo:

> [Disse João, o Batista:] Eu vos batizei com água (*en hydati*). Ele vos batizará com o Espírito Santo (*en pneumati hagio*) (Mc 1,8; cf. At 11,16).

> Aquele que me enviou [para batizar com água] (*en hydati*) disse-me: [...] é ele quem batiza com o Espírito Santo (*en pneumati hagio*) (Jo 1,33).[31]

---

[29] "Não são os ricos os que denigrem o formoso nome que foi invocado sobre vós (*to epiklethen eph' hymas*)?" Cf. F. MUSSNER, *Die Tauflehre des Jakobusbriefes*, in VV.AA., *Zeichen des Glaubens*, 61-67 (esp. 61-62); cf., também, At 22,16.

[30] Cf. G. BARBAGLIO, Il "Battesimo nello Spirito" nella recente letteratura esegetica, in VV.AA., *Verso una nuova età dello Spirito*, Padova, 1997, 337-354; I. DE LA POTTERIE, Naître de l'eau et naître de l'Esprit, *SE*, 14, 1962, 417-443; F. FELICE, La nascita dell'acqua e dallo Spirito (Giov 3,5), *Asprenas*, 17, 1970, 301-307.

[31] Este *logion* de João, nos outros dois sinóticos, apresenta uma variante significativa: "Eu vos batizo com água [...]. Ele vos batizará com o Espírito Santo e com fogo *(en pyri)*" (Mt 3,11; Lc 3,16). A metáfora do fogo pode ser simplesmente um novo símbolo

EXPERIÊNCIA HISTÓRICA DA IGREJA

João batizou com água (*hydati*); vós, porém, dentro de poucos dias sereis batizados com o Espírito Santo (*en pneumati hagio*) (At 1,5).

Em todas essas passagens afirma-se claramente uma oposição dialética entre o batismo de João e o *batismo* de Jesus. Tal como em relação à expressão *batizar em nome de Cristo*, a expressão *batizar no Espírito* é uma maneira nova de marcar diferenças entre ambos os batismos: o de Jesus confere o Espírito Santo; o de João, não. O dom do Espírito é concebido por Jesus; além disso, na forma de um batismo. Seria só como um batismo metafórico?

Assim o entenderam alguns exegetas, e K. Barth por primeiro. Com essa contraposição o que se pretendia era expressar que todo batismo real com água (incluído o batismo cristão) seria um simples rito, vazio de conteúdo soteriológico, obra do homem. Pelo contrário, o batismo no Espírito, sem nenhum rito externo, significaria pura comunicação do Espírito, obra unicamente de Deus, que renova o homem e o salva.[32]

A comunidade cristã primitiva, no entanto, entendeu o *batismo no Espírito* como um batismo real com água, que implicitamente comporta a comunicação do dom do Espírito; além disso, identificou-o com o batismo cristão. Eles consideravam que a promessa, que se havia cumprido primeiro em Pentecostes de maneira espetacular, voltava a tornar-se realidade em cada um dos batismos. Uma prova clara disso é que o *logion* de João aparece, em At 11,16, na boca de Pedro no momento em que ele justifica o fato de ter batizado o pagão Cornélio. Os relatos batismais do livro dos Atos apresentam o batismo tendo Pentecostes como pano de fundo. Vem depois do texto de Jo 3,5, que fala de *nascer da água e do Espírito*, juntamente com as passagens que associam a comunicação do Espírito Santo com o batismo de água (cf. At 10,44-48; 1Cor 12,13;

---

do Espírito, como a água, ou poderia ser uma alusão ao fogo escatológico (nos dois casos acabaria reforçando o simbolismo da água como elemento purificador).

[32] Pensam como K. BARTH, G. KITTEL, W. BIEDER e M. BARTH, entre outros; para referências bibliográficas, cf. G. BARTH, op. cit., 68-69. Interpretações desse tipo voltaremos a encontrar na época pré-nicena.

Tt 3,5) e, sobretudo, com as que mencionam o dom do Espírito como efeito do batismo de água (cf. At 2,38; 19,3-6).

Portanto, o binômio *água/Espírito, batismo de água/batismo de Espírito* não deve ser entendido primordialmente como oposição, mas como semelhança: para uma mente bíblica, a água é símbolo do Espírito. "Na escritura, freqüentemente, o Espírito é prefigurado pela água" (Orígenes). Desde as águas primordiais da criação sobre as quais pairava o Espírito, fecundando-as (Gn 1,2), a água, na Bíblia, é sinal do Espírito vivificante. É o dom messiânico do Espírito: "Derramarei sobre vós água pura e sereis purificados. [...] Eu vos darei um coração novo e porei em vós um espírito novo. [...] Porei em vós o meu espírito e farei com que andeis segundo minhas leis e cuideis de observar os meus preceitos" (Ez 36,25-27). É símbolo do Espírito capaz de converter o deserto em jardim florido (cf. Is 44,3-4). A mesma concepção simbólica pode ser encontrada no NT: Jo 7,37-39. "Quando entras para ser iniciado (*eis ten hieran mystagogian*), teus olhos corporais vêem a água, mas os olhos da fé contemplam o Espírito."[33] Mergulhar nas águas batismais significa mergulhar no Espírito, para sair ensopados e embebidos de Espírito.[34]

A imersão batismal (*batismo na água*) é, portanto, *batismo no Espírito*. O binômio *água/Espírito* se verifica na própria imersão batismal; esta é, por isso mesmo, *pneumatikon baptisma*.[35]

A ação principal, obviamente, é a do Espírito; a da água é só subordinada (instrumental) à ação do Espírito. Conseqüentemente, a expressão *batizar no Espírito* significa a indissolúvel conexão existente entre batismo cristão e Espírito Santo.

---

[33] João Crisóstomo, *Cat. baut.* III, 3: SCH 366, 220.

[34] Dessa forma irá entendê-lo, dentre outros, Ireneu, que fala da água e do Espírito como do elemento terrestre e do elemento celestial, que juntos formam o único batismo (*Adv. Haer,* IV, 17-18; V, 2,2-3), assim como na Eucaristia (*Adv. Haer,* IV, 18,5); cf. A. Houssiau, Le baptême selon Irénée de Lyon, *EThL,* 60, 1984, 45-59 (esp. 48).

[35] Cf. CA III, 16,3,4; Funk I, 211.

VIII. O batismo de crianças

Nos tempos do NT batizavam-se crianças?[36] Na falta de testemunhos explícitos diretos, os partidários da resposta afirmativa apóiam-se nos seguintes indícios convergentes:

- A chamada fórmula *"oikos"*, isto é, aquelas passagens que falam de que foi batizada *a casa, toda a casa*; cf. 1Cor 1,16; At 11,14; 16,15.31-33; 18,8. Dada a solidariedade do lar na antigüidade, supõe-se que as crianças não seriam excluídas do evento familiar.

- A analogia com a circuncisão judaica, considerada ainda por Paulo (Cl 2,11-13) como figura do batismo cristão.

- A *necessidade do batismo* para a salvação (cf. Mc 16,16; Jo 3,5), que no seu entender deve ser estendida também às crianças.

- A *cena evangélica de Jesus com as crianças* (cf. Mc 10,13-16 e par.), que os próprios sinóticos haviam narrado pensando no batismo, a julgar pela expressão "não as impeçais" (*me kolyete*), provável eco de uma fórmula batismal primitiva (cf. At 8,36; 10,47; 11,17), e que, a partir de Tertuliano,[37] a tradição interpretaria num sentido batismal.

Os adversários acham muito frágeis esses testemunhos[38] e se sentem confirmados no que pensam pelo fato de que, nos Atos, os

---

[36] A questão tem sido objeto de duas controvérsias em nosso tempo. Lideram o grupo dos que respondem afirmativamente O. CULLMANN, *Le baptême des enfants et la doctrine biblique du baptême* (Cahiers théologiques de l'actualité protestante, 19-20), Neuchâtel, 1848, e J. JEREMIAS, *Die Kindertaufe in den ersten vier Jahrhunderten*, Göttingen, 1958. Na frente do grupo adversário encontra-se K. ALLAND, *Die Säuglingstaufe im Neuen Testament und in der alter Kirche*. Eine Antwort an Joachim Jeremias (Theologische Existenz, N. F., 101), München, 1961. Cf. G. R. BEASLEY-MURRAY, op. cit., 306-386; G. BARTH, op. cit., 157-168.

[37] Cf. *De bapt.*, 18, 5: BM 105; ver também CA VI, 15,7: FUNK I, 339.

[38] Para um resumo dessas críticas, cf. G. BARTH, op. cit., 157-165.

batizados são sempre adultos. O estado atual da controvérsia não parece permitir uma solução definitiva para um lado ou para o outro.

IX. Possíveis modelos do batismo cristão

Como o cristianismo nasceu em ambiente judaico e nele se desenvolveu num primeiro momento, só mais tarde se propagando no mundo pagão (grego e latino, especialmente), é lógico que as *raízes* do batismo cristão sejam buscadas nas práticas batismais em uso no judaísmo contemporâneo da Igreja nascente. Os documentos históricos, inclusive os do NT, atestam a grande difusão das práticas lustrais entre os judeus da época.[39]

a) Não entram em consideração as numerosas prescrições e notícias sobre *purificações com água*, mediante ablução ou aspersão, que o AT registra: Ex 29,4; 40,12; Lv 8,6; 11,28.40; 14,8-9; 15,5-11.13.16.18.22-23.27; 16,4.24; 17,15-16; Nm 19,12-13.17-21; cf. Mc 7,2-4; Jo 2,6. Embora essas purificações tenham adquirido maior importância no judaísmo pós-exílico e nas seitas, visavam unicamente à eliminação da impureza cultual.

b) Possui uma relação mais direta com o nosso tema o *movimento batista*, que, do séc. II a.C. até o séc. IV d.C., se difundiu em todo o Oriente Médio, sobretudo na região do Jordão; caracterizava-se pelo amplo uso que fazia do banho religioso e marcou fortemente a espiritualidade daqueles povos.

Dentro desse movimento insere-se o chamado *batismo dos prosélitos*: o banho de purificação que todo pagão convertido à religião judaica devia tomar. Fazia parte do rito de iniciação e era irrepetível (tal como o batismo cristão). Mas as diferenças entre esses dois batismos são notáveis: o prosélito judeu submergia ele próprio na água diante de testemunhas judias; o batismo dos prosélitos conferia unicamente uma purificação ritual (o perdão dos pecados estava relacionado ao sacrifício que viria a seguir). Além

---

[39] Cf. J. DELORME, La pratique du baptême dans le judaïsme contemporain des origines chrétiennes, *LV*, 6, 1956, 21-60.

disso, não é possível provar que o batismo dos prosélitos já fosse praticado quando do surgimento do batismo cristão.

c) Na vida de alguns grupos ou seitas judaicas, como os *essênios* (sobre os quais somos informados por Flávio Josefo e Fílon), e particularmente na *comunidade de Qumrã*, dava-se grande importância aos banhos de purificação. A iniciação na seita comportava um banho, mas este não era mais do que o primeiro de uma longa série de abluções cotidianas: cada refeição era precedida por uma lustração. As diferenças entre esses banhos e o batismo cristão são muito grandes: eles repetem-se; o candidato submerge ele próprio na água; não são expressão de conversão e perdão, mas de fidelidade a Deus e de renovação numa forte tensão escatológica.[40]

d) As purificações com água usadas na seita gnóstica dos *mandeus* guardam certas analogias rituais e doutrinais com o batismo cristão: o batismo é conferido por um ministro do culto, em *água viva*, através de uma tripla imersão; a água é símbolo da luz e da glória, bem como fonte de pureza ritual, religiosa e moral. Mas não é o caso de atribuir-lhes uma influência direta na origem do batismo cristão, pois as fontes não nos permitem falar de uma tradição mandéia antes do séc. II da nossa era.

e) Por último, deve-se descartar qualquer influência das *religiões mistéricas*. É verdade que alguns dos Mistérios (de Elêusis, Íride, Osíris, Tamuz, Adonis, Atis, Dionísio, Orfeu e Mitra) contam com lustrações em seus ritos de iniciação; todavia, estas não pertencem à iniciação propriamente dita, já que não passam de ritos de purificação preparatórios.[41]

---

[40] Cf. O. BETZ, Die Proselytentaufe der Qumransekte und die Taufe im NT, *Revue de Qumran*, 1, 1958, 213-234.

[41] Cf. J. LEIPOLDT, *Die urchristliche Taufe im Lichte der Religionsgeschichte*, Leipzig, 1928); N. DAHL, The Origins of Baptism, in VV.AA., *FS Mowinckel*, Oslo, 1955, 36-52; E. LUPIERI, El bautismo de Juan entre judaísmo y cristianismo, *ET*, 26, 1992, 225-247. "Em alguns Mistérios (por exemplo, Ísis e Mitra), os membros são iniciados mediante um banho *(lavacrum)*; nos ritos de Apolo e Elêusis, os membros são batizados e pensam que o efeito desse batismo é o perdão dos pecados e a regeneração": TERTULIANO, *De bapt.*, 5: CCL 1, 280. Evidentemente, nesse caso, Tertuliano está vendo os Mistérios através do prisma do batismo cristão.

X. Batismo de João e batismo cristão[42]

De todos os *movimentos batistas*, o que tem mais probabilidades de ter influenciado nas origens do batismo cristão é o iniciado por João Batista. A forte personalidade religiosa do Batista, seu gênero de vida, sua pregação e sobretudo a originalidade do seu rito batismal produziram forte impacto no povo judeu e na Igreja nascente. Pelo que transparece nos escritos do NT, os primeiros cristãos estavam convencidos de que as relações entre João e Jesus tinham sido muito estreitas. O primeiro era considerado o *precursor*, que prepara a vinda do segundo. Viam também relacionados entre si o batismo de João e o batismo cristão (Mc 1,8; Mt 3,11; Lc 3,16; Jo 1,33; At 1,5; 11,16; 19,1-7). Prova disso é o batismo de Jesus por João.

Batizar era a atividade característica de João (quase como uma profissão); a tal ponto que o sobrenome *Batista* ficou inseparavelmente ligado ao seu nome. Os textos do NT referentes ao batismo de João são os seguintes: Mc 1,4-8; Mt 3,5-17; Lc 3,3-18; Jo 1,19-28.

O batismo de João representava aspectos inovadores. Em primeiro lugar, João atuava como *ministro*: o sujeito era batizado por ele (o batismo de João era um *heterobatismo*). Provavelmente o batizando colocava-se no leito do rio, mas era João quem realizava o ato propriamente batismal derramando água sobre a sua cabeça (a chamada *perfusio*). Por outro lado, cada pessoa recebia o batismo uma só vez (ainda que isso não seja dito de modo expresso). Embora João nunca se tenha proposto fundar uma comunidade, seu batismo pode ser considerado de alguma forma um rito de iniciação e agregação à comunidade dos penitentes que se preparavam para a iminente visita de Iahweh. Todavia, ao contrário da comunidade de Qumrã, aquela comunidade estava aberta a todos e o batismo também era destinado a todos.

Inovador era da mesma forma o significado de seu batismo, inseparável do conteúdo de sua pregação profética: anúncio do juízo iminente de Deus e convite a tal preparação fazendo penitência. O batismo, que ele pregava como a última possibilidade de salvação,

---

[42] Cf. E. Haulotte, L'impact du baptême de Jean sur la vie de l'Église primitive selon les Actes des Apôtres, *Foi et Vie*, 7, 1969, 56-57; S. Légasse, op. cit., 27-55; E. Lupieri, El bautismo de Juan entre judaísmo y cristianismo, *ET*, 26, 1992, 225-247.

era *batismo de conversão* (*baptisma metanoias*: Mc 1,4; Lc 3,3; At 13,24; 19,4); trata-se, este, de um *genitivus qualitatis*: a conversão, mais do que efeito do batismo, era a condição necessária para ser batizado.[43] De fato, "ao serem batizados, confessavam seus pecados" (cf. Mc 1,5; Mt 3,6).

João oferecia o seu batismo aos arrependidos "para o perdão dos pecados" (*eis aphesin hamartion*: Mc 1,4; Lc 3,3). Discute-se sobre qual era a relação precisa entre o batismo de João e o perdão. Seria somente um sinal de conversão na esperança do perdão futuro da parte de Deus? Ou dava o perdão imediato, como selo e garantia do perdão escatológico de Deus? Os que defendem esta segunda interpretação definiram o batismo de João como *sacramento escatológico*: sinal do batismo escatológico, isto é, da efusão da água purificadora do final dos tempos, anunciada pelos profetas, que João identifica com *o batismo com Espírito e fogo* (cf. Mt 3,11; Lc 3,16) de *alguém mais forte do que ele*, que virá depois dele. Considerou seu batismo, portanto, como algo provisório.

Como se pode ver pela descrição precedente, são muitos os pontos nos quais coincidem o batismo de João e o batismo cristão, tanto em seu aspecto formal (por imersão, necessidade da intervenção de um *ministro*, uma só vez) como em seu significado (sinal de conversão para o perdão dos pecados). Na medida em que convergem, esses dois batismos se distanciam dos demais *batismos*. Mas está também ao alcance dos olhos a novidade do batismo cristão, afirmada pelo próprio João (cf. Mc 1,8; Mt 3,11; Lc 3,16; Jo 1,33) e por Jesus (cf. At 1,5; 11,16). Essa novidade radica-se principalmente na referência feita pelo batismo com a pessoa (acontecimento) de Jesus (*batizar no nome do Senhor Jesus*) e no dom do Espírito por ele conferido.

Uma vez afirmada a originalidade do batismo cristão, não há nenhum inconveniente em admitir uma influência real do batismo de João em sua implantação nas primeiras comunidades cristãs, se levarmos em conta que com toda probabilidade Jesus manteve uma relação longa e intensa com o Batista;[44] que ele iniciou sua missão profética dentro do movimento do Batista; que sua pregação do Reino de Deus, pelo menos em sua primeira fase, apresenta muitos pontos de contato com a mensagem de João; que alguns de

---

[43] Entretanto, "eu batizo com água *para* a conversão *(eis metanoian)*": Mt 3,11.
[44] Alguns exegetas mostram-se céticos em relação a isso: cf. S. Légasse, op. cit., 28-31.

seus primeiros discípulos provinham do círculo de seguidores do Batista. Com tais antecedentes, era de esperar que as comunidades cristãs adotassem desde o começo o batismo como rito de iniciação. Por outro lado, parece exagerado concluir, como o fazem alguns, que foram os próprios discípulos do Batista, unidos ao grupo dos crentes em Jesus, que começaram a utilizar simplesmente o rito batismal de seu antigo mestre.

XI. O batismo de Jesus no Jordão[45]

A tradição evangélica dá grande relevância ao fato de que Jesus tenha se submetido ao batismo de João: Mc 1,8-11; Mt 3,13-17; Lc 3,21-22; Jo 1,29-34. Sua historicidade parece estar fora de toda dúvida razoável: é relatada pelos quatro evangelhos, apesar das dificuldades que isso criava para a comunidade cristã em sua controvérsia com os discípulos de João (cf. Mt 9,14-17 par.; Lc 11,1; Jo 3,22-25; 4,1-3).

Essas narrações têm indubitavelmente seu centro de gravidade no enunciado cristológico: querem significar antes de mais nada a proclamação da missão de Jesus, sua consagração messiânica (uma espécie de investidura), a inauguração oficial de seu ministério (e, quiçá também, um presságio de sua morte e ressurreição). Querem ser expressão daquilo que Jesus é, mais do que daquilo que o batismo cristão representa.

Além disso, contudo, alguns exegetas crêem perceber em Mt e Lc a intenção de apresentar o batismo de Jesus como arquétipo do batismo cristão e, inclusive, como sua instituição: estaríamos diante de uma narração etiológica. A narração de Mc 1,8-11 seria, para a celebração do batismo cristão, aquilo que o relato da última ceia (Mc 14,22-25) representa para a celebração eucarística.[46] O certo é que a tradição patrística adotou logo e decididamente, a partir de Inácio de Antioquia, Clemente de Alexandria e Tertuliano, esta linha de pensamento: fez dele o grande protótipo do batismo cristão. Os principais pontos sobre os quais se apóia essa analogia

---

[45] Cf. G. BARTH, op. cit., 25-40; G. R. BEASLEY-MURRAY, op. cit., 45-67; L. HARTMANN, op. cit., 25-31; S. LÉGASSE, op. cit., 57-69.

[46] Veja-se em G. BARTH, op. cit., 19, n. 16, uma longa lista de exegetas que pensam dessa forma.

são os seguintes: a presença da água *para a remissão dos pecados*, *os céus abertos* (dimensão escatológica), a proclamação de Jesus como Filho de Deus (a filiação adotiva), a vinda do Espírito Santo (dom do Espírito) e a inauguração da missão. Mesmo assim, da análise comparativa das narrações a maioria dos exegetas conclui que nenhum dos autores neotestamentários considerou o batismo de Jesus como fundamento do batismo cristão.

XII. *Ordo* da iniciação cristã[47]

Quando se referem à iniciação cristã, os autores do NT não são movidos pela preocupação em transmitir à posteridade informações exatas sobre os passos compreendidos pelo processo de incorporação de um novo membro à comunidade cristã (menos ainda sobre os aspectos rituais), nem sobre seu significado. A exegese é hoje muito cautelosa no que se refere à existência de *tratados batismais* no NT (1Pd, Ef, Hb 11): aceita, em poucas palavras, a presença de elementos isolados, breves fórmulas, fragmentos de hinos, embora na maioria dos casos sua proveniência batismal seja problemática.[48] Entretanto, analisando o conjunto dos textos disponíveis, pode-se reconstruir com certa aproximação a seqüência das ações. Mas é preciso contar com particularidades rituais que poderiam autorizar a falar da existência de tradições batismais distintas, dependendo das Igrejas.

a) Tudo começa com o *querigma*: o primeiro anúncio da Boa-Nova, centrado na história da salvação, interpretada pela luz dos acontecimentos centrais em Cristo (At 2,14-36; 4,8-12; 5,29-32; 8,35; 10,34-43; 16,32; Ef 1,13; cf. Mc 16,15; Mt 28,19-20).

b) Por tratar-se, na maioria dos casos, de batismos de crentes judeus ou de pagãos familiarizados com a fé judaica, que são batizados imediatamente após sua conversão, não se menciona a *catequese* anterior ao batismo. Mas o exemplo dos judeus (com os prosélitos) e da comunidade de Qumrã (com os novos adeptos) torna presumível um tempo de preparação também para os candidatos ao batismo. Não faltam indícios da existência de uma catequese prévia ao batismo

---

[47] Cf. R. AGUIRRE, op. cit., 271-274; G. BARTH, op. cit., 143-156; D. BOROBIO, *Iniciación*, 64-67.

[48] Alguns detalhes das curas do surdo e do cego, em Mc 7,32-35 e 8,22-25 respectivamente, na opinião de certos estudiosos seriam reflexo de ritos da liturgia batismal em uso.

no NT. Em 1Cor 15,1ss, Paulo parece estar recordando aos coríntios o fundamento da fé que receberam antes de seu batismo. Hb 6,1-2 contém uma clara referência a uma instrução sobre os rudimentos da doutrina sobre Cristo. Mt 28,20 alude também a ela, pelo menos segundo a interpretação dos Padres da Igreja. Num escrito contemporâneo aos livros canônicos – a *Didaqué* I,1-VII, 1 –, dispomos inclusive do conteúdo desta instrução elementar sob a forma da *doutrina dos dois caminhos*. Essa conexão entre doutrinamento e batismo tem importância para a compreensão do batismo.

c) O passo seguinte é dado pelos ouvintes, *acolhendo a Palavra* (At 2,41; 8,14) na fé (At 4,4; 8,12.37; 11,17; 16,31; 18,8; Ef 1,13; cf. Mc 16,16), o *arrependimento* e a *conversão* (ruptura com o passado: At 2,37-38). De alguma forma eles devem manifestar sua boa disposição (At 2,37; 8,36; 16,30).[49]

d) Embora fosse prematuro falar de um *ritual do batismo*, o *ato batismal* apresentava já naquela época uma determinada estrutura ritual. É provável a exigência de que o candidato, naquele momento, expressasse sua vontade na forma de *homologia* ou louvor, algo do tipo *Jesus Cristo é o Filho de Deus* (At 8,37) ou *Jesus é o Senhor* (Rm 10,9; 1Cor 12,3; Fl 2,11), ou então na forma de profissão de fé na doutrina recebida, algo como uma *regula fidei* (na linha do que parece sugerir Hb 3,1; 4,14; 10,19-23). Essa *confissão* fazia parte da celebração do batismo.

Não há dúvida de que o elemento empregado era a água (nisso estão de acordo todos os testemunhos); normalmente, *água viva* (de rios ou do mar).[50] O termo *batizar* e o simbolismo de Rm 6 sugerem que o sujeito se punha (era posto) na água ou sob a água; é o que se deduz também das práticas ablucionistas da época. A intervenção do ministro era necessária (o batismo cristão é sempre um *heterobatismo*),[51] mas se limitaria a derramar água sobre a cabeça

---

[49] É possível que, depois de uma consulta à comunidade, fossem exigidas garantias a respeito da autenticidade de sua conversão aos que pedissem o batismo (At 8,36; 10,47; 11,17; Mt 3,14). É a teoria de O. CULLMANN, Les traces d'une vieille formule baptismale dans le Nouveau Testament, *RHPhR*, 17, 1937, 424-434.

[50] *Didaqué* VII, 2 (BM 9), fala da possibilidade de batizar com água quente (nas águas termais, por exemplo).

[51] Em At 8,38, Filipe batiza o funcionário etíope; em At 10,48, Pedro delega aos seus colaboradores a função de batizar Cornélio e sua família; em 1Cor 1,14, Paulo menciona as pessoas que batizou pessoalmente em Corinto.

daquele que havia descido ao rio ou à piscina (*perfusio*), enquanto pronunciava as palavras rituais.

A expressão *batizar em nome de Cristo* faz referência de algum modo à *fórmula litúrgica* pronunciada pelo ministro exatamente no momento do batismo? Embora alguns exegetas rejeitem terminantemente essa interpretação, outros acham que se pode encontrar nessa expressão uma alusão à fórmula batismal usada naqueles primeiros dias, até que, em fins do séc. I, ela teria sido suplantada por uma outra fórmula trinitária, inspirada em Mt 28,19; talvez seja a essa fórmula que Tg 2,7 faça alusão quando lembra aos cristãos o "nome sublime invocado sobre vós".

e) O gesto da *imposição das mãos*, mencionado em Hb 6,2, que em At 8,17-20 e 19,6 parece vir a completar o batismo, relaciona-se de forma especial com os apóstolos; as fontes parecem querer dar a esta intervenção uma significação teológica. Fala-se da oração que precede esse gesto (At 8,15), mas não há sinais de uma eventual fórmula que o acompanhasse. Segundo alguns, seria o reflexo da liturgia batismal em uso (as duas passagens constituiriam, neste caso, narrações etiológicas).[52] Segundo outros, contudo, não se pode considerá-lo ainda rito *constitutivo* da iniciação cristã.[53]

f) Por fim, o ingresso na Igreja supõe, daí para a frente, a *participação na vida da nova comunidade*, sobretudo na eucaristia (At 2,41-42; cf. 16,34; *Didaqué* IX, 5: BM 10).

---

[52] Cf. G. BARTH, op. cit., 72-75 e 155-156; G. KRETSCHMAR, *Die Geschichte des Taufgottesdienst in der alten Kirche*, in VV.AA., *Leiturgia*, vol. V, Kassel, 1970, 21. Mesmo assim alguns acham que as passagens de Atos que colocam a efusão do Espírito antes do batismo estariam refletindo uma prática ritual peculiar (análoga à que a Síria viria a conhecer nos sécs. II-IV), na qual o rito da comunicação do Espírito (imposição das mãos ou unção) iria acontecer antes do batismo propriamente dito: cf. G. KRETSCHMAR, op. cit., 24-25.

[53] As expressões metafóricas *despojar-se, revestir e ungir*, que aparecem em textos batismais neotestamentários, não permitem deduzir a existência de alguns ritos pós-batismais como a imposição da veste batismal e a unção com o óleo do crisma já nos tempos do NT.

XIII. Diferentes paradigmas da iniciação cristã[54]

Nos escritos do NT constatamos a existência de uma variedade de expressões, denominações e circunlóquios para designar a iniciação cristã em seu conjunto (ou o batismo em particular). Essa diversidade com certeza é um indicador das diferentes interpretações que se davam, já naquela época, ao mistério da agregação de novos membros à Igreja. Como se tratava da primeira participação no mistério da salvação, explica-se que sua compreensão seja interpretada a partir de diferentes perspectivas, tal como havia acontecido com o próprio mistério da salvação. Essas interpretações não têm razão para ser mutuamente excludentes; geralmente se trata de acentuações e polarizações em alguns aspectos mais do que em outros, empregando distintos paradigmas. Não é fácil atribuir cada uma dessas interpretações a um grupo sociológico concreto, nem situá-las num determinado momento da evolução.

a) Talvez a interpretação mais antiga seja a que concebe o batismo como um ato de entrega na *pertença a Cristo*. A relação batismo/Cristo, evidentemente, apresenta-se desde o primeiro momento como o traço mais característico do batismo cristão. A conexão entre batismo e pertença a Cristo pode ser encontrada de forma explícita em 1Cor 1,12-13 e Gl 3,27. É um dos significados que descobrimos na expressão *batizar em nome do Senhor Jesus*. A *invocação do nome* sublime sobre o batizado (cf. Tg 2,7) o declarava propriedade daquele cujo nome fora pronunciado sobre ele. A salvação que nos é outorgada pelo batismo significa *troca de domínio*: "Foi ele que nos livrou do poder das trevas, transferindo-nos para o reino do seu Filho amado" (Cl 1,13); faz-nos "escravos (*douloi*) de Cristo" (1Cor 7,22; Ef 6,6). Por isso o batismo é *selo*: marca de propriedade e, ao mesmo tempo, garantia da proteção do Senhor a quem servimos.

b) Paulo encontrou na comunidade helenista de Corinto uma *concepção sacramentalista* do batismo, que ele em parte corrigiu e em parte adotou, como se pode ver em 1Cor 10,1-13. Eles concebiam o batismo como um ato cultural que confere força espiritual e garante a salvação. Como, no entender deles, essa salvação é al-

---
[54] Cf. G. BARTH, op. cit., 83-131; G. KRETSCHMAR, op. cit., 16-48.

cançada definitivamente e sem necessidade de contribuição moral por parte da pessoa,[55] Paulo rechaçou a concepção dos coríntios, lembrando-lhes do destino final dos israelitas. Mas ao aplicar ao batismo a tipologia do Êxodo, ele próprio a adotou, uma vez purificada desse mal-entendido.

c) Nesta mesma linha sacramental, a concepção do batismo como *comunhão na Morte-Ressurreição de Cristo*, que sempre foi considerada como a concepção paulina por excelência (Rm 6,2-6; Cl 2,11-15), provavelmente tenha sido uma interpretação pré-paulina, que o apóstolo tornou sua e desenvolveu. É um corolário da vida cristã como seguimento de Cristo. Paulo soube integrá-la em sua visão de conjunto do mistério cristão, centrada na morte de Cristo (em sua *theologia crucis*).

d) A uma concepção coerente do batismo, articulada ao redor do eixo do *novo nascimento* e da filiação divina, com fáceis derivações para a ética, abre-se caminho particularmente nos escritos de João (3,3.5-7) e na Primeira Carta de Pedro (1,3.23), mas está também bem presente na literatura paulina (Gl 4,4-7; Rm 8,15-16; Tt 3,5; cf. Ef 1,5). Essa concepção retornará mais tarde com muita força na tradição siríaca. Recolhia um conceito muito familiar no ambiente helenístico.

e) Notamos diferentes formas de conceber a associação do batismo com a *comunicação do Espírito Santo*, apresentada no NT como outra característica principal do batismo cristão. As narrações batismais do livro dos Atos ressaltam especialmente essa comunicação e a relacionam com o acontecimento de Pentecostes como demonstração de que a era messiânica começou (cf. At 2,14-41). Essa efusão do Espírito no batismo, em alguns casos, é vinculada diretamente a um gesto distinto do banho batismal: a imposição das mãos, colocada depois do batismo; esta maneira de ver nos conduz à região da Palestina (cf. At 8,17; 19,6). Nos escritos paulinos, pelo contrário, a menção do dom do Espírito está indissoluvelmente ligada ao próprio batismo: todo cristão recebeu o Espírito no batismo; as Igrejas helenistas partilhavam com Paulo essa concepção (1Cor 12,13; Ef 4,4; Tt 3,4-6). Em Paulo, além disso, o Espírito Santo é apresentado como a força divina que torna possível o evento

---

[55] A prática do enigmático *batismo vicário* em favor dos mortos (cf. 1Cor 15,29), em uso entre os coríntios, parece revelar neles uma concepção mágica do sacramentalismo.

sacramental (pode-se perceber uma evolução: do Espírito Santo concebido como agente ao Espírito Santo concebido como dom).

f) A idéia de que o batismo *incorpora à comunidade de salvação escatológica* já era patrimônio das comunidades cristãs antes de Paulo. Adquiriu especial relevância nos ambientes judeo-palestinos, como se pode ver nos Atos dos Apóstolos, que falam de *incorporar-se, acrescentar-se* à nova comunidade de crentes (At 2,41); a comunidade ia crescendo visivelmente com a agregação de novos membros (At 5,14; 9,31; 11,24). A comunicação do dom do Espírito pela imposição das mãos depois do batismo apresenta-se como sinal de incorporação à Igreja apostólica. A mesma idéia, em Paulo, será transformada através da metáfora do corpo: pelo batismo vai se constituindo e edificando o corpo de Cristo (1Cor 12,13).

g) A tendência a definir o batismo para o perdão dos pecados como um processo de *purificação* pela *metanóia*, que desemboca no perdão dos pecados, aparece com certo destaque sobretudo no final da época apostólica em ambientes do judaísmo helenista (cf. At 2,38; 22,16; 1Cor 6,11; Ef 5,26). Esses círculos mostram sua preferência pela denominação *loutrón*. O apego aos banhos rituais, característica desses ambientes, certamente teria algo a ver com tais preferências. A preocupação no sentido de que a purificação chegue à consciência, ao coração (1Pd 3,21; Hb 10,22) refletiria também uma mentalidade helenista.

Capítulo II
A iniciação na Igreja antiga

Bibliografia

BAREILLE, G., Confirmation d'apres les Peres Grecs et Latins, *in DThC* III, Paris, 1938, 1026-1058; BENOÎT, A., Le baptême: sa célébration et sa significations dans l'Église ancienne, in VV.AA., *Baptême, sacrement d'unité*, Tours, 1971, 9-84; id., *Le baptême chrétien au IIe siecle*. La théologie des Peres (Publications de la Faculté théologique Protestante), Paris, 1953; BURNISH, R., *A Comparison of the Teaching and Practice of the Fourth Century with the Present Day* (Alcuin Club Collections, 67), London, 1985; CREHAN, I. H., *Early Christian Baptism*. A Study in Ante-nicene Theology, London, 1950; CROUZEL, H., Le baptême selon les peres antenicéens, *Compostellanum*, 35, 1990, 181-205; DANIÉLOU, J., *Sacramentos y culto según los Santos Padres* (Cristianismo y hombre actual, 9), Madrid, 1962; DE PUNIET, P., Confirmation, in *DACL* III, Paris, 1914, 2515-2544; DUJARIER, M., *Le parrainage des adults aux trois premiers siecles de l'Église*, Paris, 1962; HAUKE, M., *Die Firmung*, 52-156; JILEK, A., *Initiationsfeier und Amt*. Ein Beitrag zur Struktur und Theologie der Ämter und des Taufgottesdienstes in der fühen Kirche – Traditio Apostolica, Tertullian, Cyprian (Europäische Hochschulscriften, XXIII/130), Frankfurt a. Main, 1979); KLEINHEYER, Br., *Eingliederung*, 35-95; KRETSCHMAR, G., *Geschichte*, 1-348; id., *Geschichte*, 59-144; id., *Geschichte*, 145-237; LÉCUYER, J., La confirmation chez les Peres, *LMD*, 54, 1958, 23-52; id., Théologie de l'initiation chrétienne chez les Peres, *LMD*, 58, 1959, 5-56; MUNIER, Ch., Initiation chrétienne et rites d'onction (IIe-IIIe siecles), *RSR*, 64, 1990, 115-125; NEUNHEUSER, B., *Bautismo y Confirmación*, 23-78; RILEY, H. M., *Christian Initiation*. A Comparative Study of the Interpretation of the Baptismal Liturgy in the Mystagogical Writings of Cyril of Jerusalem, John Chrisostom, Theodor of Mopsuestia and Ambrose of Milan (Studies in Christian Antiquity, 17), Washington DC, 1974; SAXER, V., *Les rites de l'initiation chrétienne du IIe au VIe siecle*. Esquisse historique et signification d'apres leurs principaux témoins (Centro Italiano di Studi sull'alto medioevo, 9), Spoleto, 1988; WINDISCH, H., *Taufe und Sünde im ältesten Christentum bis auf Origenes*. Ein Beitrag zur altchristlichen Dogmengeschichte, Tübingen, 1908.

A semente que vimos germinar nos tempos do NT, veremos agora se transformar numa frondosa árvore. Por meio de um catecumenato com estruturas pastorais e rituais bem firmes, a Igreja se preocupará em assegurar o rigor na preparação dos candidatos. Ao redor do núcleo central do batismo, introduzirá ritos importantes para expressar simbolicamente a enorme riqueza do mistério. A Igreja antiga teve uma grande criatividade litúrgica. Da simplicidade das origens passou-se, durante esse período, para liturgias muito bem elaboradas, que permitiram celebrações majestosas. Em seus ritos e fórmulas eucológicas chegaram intactas até nós as mais venerandas expressões da fé da Igreja. Todavia precisamos levar em conta que na Igreja antiga, da mesma forma que nos tempos do NT, não há total uniformidade na maneira de agregar novos membros à Igreja; em nossos dias a pesquisa chegou à conclusão de que subsiste a pluralidade de tradições na época patrística.[1] Por essa razão, o testemunho dos documentos, em geral, vale somente para o lugar e para o tempo em que foram redigidos.

A época dos Padres da Igreja foi também um tempo de fecunda reflexão teológica. Nesse período foi elaborada uma teologia dos sacramentos da iniciação cristã que ainda hoje continua sendo para nós uma referência obrigatória por sua aderência ao rito, por sua inspiração bíblica, por sua perspectiva histórico-salvífica e por sua profundidade doutrinal.

Mas precisamos assinalar também que, sobretudo na última parte daquele período, profundas mudanças nos costumes litúrgicos e na maneira de conceber os sacramentos da iniciação cristã irão desencadear, especialmente no Ocidente, um processo de decadência na práxis e na concepção teológica desses sacramentos.[2]

I. A iniciação antes do Concílio de Nicéia

a) A partir do séc. II dispomos de uma informação cada vez mais detalhada sobre o desenvolvimento da iniciação cristã e sobre seu significado.[3] As Igrejas viram-se na obrigação de controlar com

---

[1] Cf. G. KRETSCHMAR, Nouvelles recherches sur l'initiation chrétienne, *LMD*, 132, 1977, 7-32.

[2] Coleções de textos patrísticos referentes aos sacramentos da iniciação cristã: T. M. FINN, *Early Christian Baptism and the Catechumenate: West and East Syria* (Message of the Fathers of the Church, 5), Collegeville, MI, 1992; id., *Early Christian Baptism and the Catechumenate: Italy, North Africa and Egypt* (Message of the Fathers, 6), Collegeville, MI, 1992; P. L. GNILKA, *El bautismo según los Padres griegos*, Buenos Aires, 1990; A. HAMMAN, *Le Baptême d'apres les Peres de l'Église* (Lettres chrétiennes, 5), Paris, 1962; id., *L'initiation chrétienne* (Lettres chrétiennes, 7), Paris, 1963.

[3] Nossas principais fontes de informação nesse período são: o *Pastor de Hermas*, (Roma, meados do séc. II), a *Epístola de Barnabé* (Síria ou Ásia Menor, ca. 130), a *I Apología* de JUSTINO (ca. 150), IRINEU DE LYON, TERTULIANO († 220: sua homilia *De baptismo* é o único tratado sobre o batismo do período pré-niceno; do *De baptismate* de MELITÃO DE SARDES conservam-se somente alguns fragmentos), CLEMENTE DE ALEXANDRIA († ca.

maior rigor o recrutamento dos novos membros, que começavam a afluir em grande número. No final do século, já se pode falar de um catecumenato organizado, fruto do esforço pastoral de várias gerações e manifestação clara da convicção segundo a qual, na iniciação cristã, deve existir um vínculo estreito entre catequese, fé e sacramento: "Não é possível crer sem catequese... A catequese conduz progressivamente à fé, mas a fé, chegado o momento do batismo, recebe a instrução do Espírito Santo".[4]

O catecumenato era o tempo da catequese, uma espécie de noviciado (*auditorium tirocinia*, segundo Tertuliano). A convicção expressa por Clemente de Alexandria de que "o catecúmeno precisa de tempo"[5] era compartilhada por todos, embora posteriormente a duração do catecumenato acabasse variando de Igreja para Igreja.[6] Base da instrução eram a Escritura e o símbolo da fé (a *regula fidei* era uma espécie de resumo das Escrituras, *verbum breviatum*, segundo Orígenes). Para a instrução moral recorria-se, além disso, ao esquema dos *dois caminhos*.[7] A fim de amadurecer sua conversão, exigiam-se dos candidatos algumas práticas penitenciais. Eles eram submetidos a rigoroso exame.

---

215), ORÍGENES († 253-254), CIPRIANO († 258), o anônimo *De rebaptismate* (ca. 257), DIONÍSIO DE ALEXANDRIA, as *Odes de Salomão* (séc. II), o *Evangelho de Filipe* (Síria-Palestina, séc. II), uma série de Atos apócrifos dos Apóstolos (*Atos de Judas Tomé, Atos de João, Atos de Paulo*: Síria oriental, princípios do séc. III), o núcleo original dos *escritos pseudoclementinos* (fins do séc. III) e uma série de escritos canônico-litúrgicos como a *Didaqué* (Síria-Palestina, primeira metade do séc. II), a *Traditio Apostolica* de Hipólito (Roma, ca. 215: é o documento que nos oferece o testemunho mais completo) e a *Didascalia Apostolorum* (norte da Síria, meados do séc. III). Estão representados os quatro grandes centros da vida eclesiástica pré-nicena: Síria, Alexandria, Roma e África do Norte. Todos os testemunhos relativos ao batismo da época pré-nicena foram maravilhosamente recolhidos em A. BENOÎT & CH. MUNIER, *Le Baptême dans l'Église ancienne* (Traditio Christiana, 9), Berna, 1994.

[4] CLEMENTE DE ALEXANDRIA, *Eclogae*, 28,3; GCS 3, 145 e *Pedagogo*, 1, 30,2: SCH 60, 167.

[5] *Strom*. 2, 96,1: SCH 38,107.

[6] Três anos em Roma (*TA* 17) e Alexandria (CLEMENTE, *Strom*. 2, 96,1, in SCH 38, 107; ORÍGENES, *Hom. Jo 6,1-44*: SCH 157, 241); dois na Espanha (segundo o Concílio de Elvira); só três meses de acordo com os escritos pseudoclementinos.

[7] Ver, p. ex., *Didaqué* 1-6: BAC, 65, 77-84.

O catecumenato apresentava também um aspecto ritual no qual o objetivo era ressaltar a parte de Deus no processo catecumenal. Sobre os catecúmenos eram realizados alguns gestos litúrgicos (imposições das mãos, exorcismos, orações especiais), que alimentavam neles a esperança de que Cristo, pelo sacramento, os libertaria da escravidão de Satanás.

Tendo como base a *Didaqué* e os *Atos de Tomé* (caps. 49-50), alguns estudiosos acham que o ritual primitivo do batismo não comportava outro rito a não ser o da imersão. O fato é que bem depressa apareceram, ao redor deste núcleo central, outros ritos importantes, alguns antes desse momento, outros depois.

Antes do batismo, eram abençoados a água e os óleos. O rito da renúncia a Satanás, comprovado em Alexandria, no Norte da África e em Roma, viria a confirmar que o batismo é um combate vitorioso sobre Satanás e sobre o pecado. A unção pré-batismal tinha, em Roma, o sentido de exorcismo,[8] enquanto na Síria era interpretada como um símbolo da comunicação do Espírito Santo.[9]

As Igrejas de Roma e do Norte da África optaram pela Páscoa como a data mais apropriada para os sacramentos da iniciação.[10] A tríplice imersão e a tríplice profissão de fé juntas evocavam a referência do batismo à sepultura do Senhor e ao mistério trinitário ao mesmo tempo. O costume de mencionar as três Pessoas da Trindade no momento do batismo parece ser universal naquele

---

[8] Cf. *TA* 21: BM, 130.

[9] Os *Atos de Judas Tomé* (começos do séc. III, em Edesa) e a *Didascalia Apostolorum*, 16 (segunda metade do séc. III, Norte da Síria), atribuem grande importância a essa unção e a relacionam com a unção dos sacerdotes e reis do AT; cf. G. WINKLER, The Original Meaning of the Prebaptismal Anointing and its Implications, *Worship*, 52, 1978, 24-45; B. VARGHESE, *Les onctions*, 3-33.

[10] Cf. HIPÓLITO, *Com. in Dan.* I, 16: BM 128; TERTULIANO, *De bapt.*, 19,1-3: BM 106. Ver P. F. BRADSHAW, *Diem baptismo solemniorem: Initiation and Easter in Christian Antiquity*, in VV.AA., *Eulogema*: FS R. Taft (StA 110 = AL 17), Roma, 1993, 41-51.

tempo.[11] Tertuliano acha lógico que na *fórmula* (?) batismal se mencione também a Igreja juntamente com a Trindade.[12]

Quanto aos ritos que se seguem ao batismo, ocorreram neste período dois fatos, de direções opostas, importantes para entender o que hoje chamamos de sacramento da confirmação. Por um lado, na maioria das Igrejas, entre a imersão batismal e a eucaristia, surgem alguns ritos, aos quais em certos ambientes começa-se a atribuir a comunicação do Espírito Santo. Tais ritos, que são a unção, a *signação* e a imposição das mãos, estão desigualmente repartidos do ponto de vista geográfico: encontramos a unção pós-batismal na Alexandria, no Norte da África e em Roma;[13] a imposição das mãos do bispo e a *signação*, no Norte da África e em Roma. Os estudiosos estão praticamente de acordo em relação ao fato de que na maior parte das Igrejas orientais não se menciona a imposição das mãos entre esses ritos pós-batismais; seu lugar é ocupado pelo rito da unção.

Esses ritos aparecem por um lado como núcleos diferenciados do batismo, mas, por outro, estão estreitamente relacionados com ele, a ponto de ao conjunto se poder continuar chamando simplesmente de *batismo*. Transcrevemos a seguir uma descrição extraída da *TA* de Hipólito pela sua importância; trata-se do primeiro testemunho completo a este respeito.

Quando subir da água, que seja ungido por um presbítero com o óleo que foi santificado, dizendo: "Eu te unjo com óleo santo em nome de Jesus Cristo". E a seguir cada um se enxugue com uma toalha e se coloquem as vestes; feito isso, entrem na Igreja. Que o bispo, impondo-lhes as mãos, invoque dizendo: "Senhor Deus, julgaste-os dignos de merecer o perdão dos pecados pelo banho da regeneração; torna-os dignos de se sentirem cheios do Espírito Santo e envia sobre eles tua graça, para que possam servir-te segundo a tua vontade; pois a Ti a glória, ao Pai e ao Filho com o Espírito Santo, na Santa Igreja, agora

---

[11] Cf. *Didaqué*, 7, 1-4: BM 9; CLEMENTE DE ALEXANDRIA, *Extract*, 76,3; 80,3: BM 71; JUSTINO, *I Apol.*, 61,3: BM 21; *TA* 21: BM 130; *Atos de Tomé*, 26-27: BM 51.

[12] Cf. *De bapt.*, 6,2; CCL 1, 282.

[13] O rito material da unção em conexão com o batismo aparece pela primeira vez nos círculos gnósticos: a grande maioria deles o praticava. Desses círculos é que ele teria passado ao ritual da Igreja; cf. G. W. H. LAMPE, *The Seal*, 120-130.

e pelos séculos dos séculos. Amém". Depois, derramando com a mão óleo santificado e impondo-a sobre a cabeça deles, diz: "Eu te unjo com óleo no Senhor, o Pai todo-poderoso, e em Jesus Cristo e no Espírito Santo". E depois de ter feito a consignação na fronte, que lhes dê o ósculo da paz e diga: "O Senhor esteja contigo". E aquele que foi consignado diga: "E com o teu Espírito". Que faça da mesma maneira com cada um. Que depois disso, ore com todo o povo. Mas não rezem com os fiéis antes de ter recebido tudo isso. E quando tiverem orado, que dêem todos o ósculo da paz.[14]

Por outro lado, constata-se a ausência de tais ritos nas Igrejas da Síria, da Armênia e da Mesopotâmia. É o que se pode deduzir a partir do estudo dos documentos daquela região.[15] Contudo, já afirmamos (cf. nota 7) que conheciam, isto sim, uma unção pré-batismal (ou justamente no momento de descer à piscina), à qual davam muita importância relacionando-a com a unção de reis e sacerdotes de Israel e com a de Jesus no Jordão, atribuindo à mesma a comunicação do Espírito Santo.[16]

O beijo com o qual o bispo concluía este conjunto de ritos queria significar a acolhida na comunidade.[17] Seguia-se a primeira participação na oração da comunidade, no abraço fraterno e particularmente na eucaristia comunitária.[18] A mistura de leite e mel que era dada na ocasião aos neófitos queria significar que as promessas dos antigos profetas sobre a terra prometida eram

---

[14] *TA* 21: BM 130. Deve-se notar que esse conjunto de ritos é realizado pelo bispo na igreja (não no batistério, como no caso da primeira unção, feita pelo presbítero); essa diversidade de lugares parece sugerir certa diferenciação entre os dois núcleos rituais: entre o batismo e a *confirmação*. O texto da oração está de acordo com as versões boaírica, árabe e etíope (a versão latina omite o texto *que se sintam cheios do Espírito Santo*). De acordo com as últimas frases, esses ritos são considerados necessários para se poder participar da assembléia eucarística.

[15] Trata-se da opinião mais aceita atualmente (E. C. RATCLIFF, G. WINKLER, B. VARGHESE), que alguns, como A. H. B. LOGAN, não compartilham.

[16] Para estruturar dessa forma a iniciação cristã, teria a Igreja da Síria se apoiado numa interpretação peculiar do batismo de Jesus e de alguns textos dos Atos e dos escritos apostólicos? Cf. B. VARGESE, *Onctions*, 28-32.

[17] Cf. JUSTINO, *I Apol.* 65, 2: BM 22; HIPÓLITO, *TA*, 21: BM 130.

[18] Cf. JUSTINO, *I Apol.* 65, 1-3: BM 22; HIPÓLITO, 1 c.

consideradas cumpridas na iniciação cristã. A eucaristia batismal era parte integrante da iniciação cristã.

Tinha-se uma idéia clara da unidade de todo o processo iniciático:[19] A carne é a dobradiça da salvação. Quando Deus toca a alma, serve-se do corpo como instrumento. A carne é lavada, para que fique limpa a alma. A carne é ungida, para que se santifique (*consecretur*) a alma. A carne é selada (*signatur*), para que a alma saia fortalecida (*muniatur*). A sombra da imposição das mãos cobre a carne, para que a alma seja iluminada pelo Espírito. A carne é alimentada com o corpo e o sangue de Cristo, para que a alma se sacie de Deus. Não podem estar separados na recompensa os que estão unidos na ação.[20]

A partir do que foi dito e olhando-se para a estrutura fundamental do processo, na Igreja pré-nicena existiram três modelos de iniciação cristã: 1) o modelo da *Didaqué*: imersão → comunhão; 2) o modelo dos *Atos de Tomé*: unção (dom do Espírito) → imersão → comunhão; 3) o modelo da *Traditio Apostolica*: imersão → unção-imposição das mãos-signação (dom do Espírito) → comunhão.

O primeiro a se referir ao batismo de crianças, embora o desaconselhasse, foi Tertuliano.[21] Hipólito, na TA 21, foi o primeiro a trazer um testemunho direto sobre essa prática. Sabemos por são Cipriano que em alguns lugares batizava-se dois ou três dias depois

---

[19] Cf. M. MACCARRONE, L'unité du baptême et de la confirmation dans la liturgie romaine du IIIe au VIIe siecle, *Istina*, 3, 1986, 259-272.

[20] TERTULIANO, *De resurrect. mort.*, 8,3: BM 115. Em outra ocasião, falando da concordância das Igrejas no tocante à iniciação cristã, afirma que em todos os lugares a Igreja *legem et prophetas cum evangeliis et apostolicis litteris miscet, et inde potat fidem, eam aqua signat, sancto Spiritu vestit, Eucharistia pascit: De praescript.*, 36,4: CCL 1,217. Ver também JUSTINO, *I Apol.*, 61 e 65: BM 21-22; *Didascalia Apostolorum*, 9: BM 132.

[21] "Por que se apressa essa idade inocente a receber o perdão dos pecados?", in *De bapt.*, 18,3: BM 105.

do nascimento.[22] Isso nos permite pensar que no séc. III tratava-se de um costume muito comum na cristandade.

b) As diferentes controvérsias que afetavam direta ou indiretamente a doutrina do batismo contribuíram para que se delineassem melhor alguns pontos de teologia e se consolidasse uma terminologia especificamente cristã da iniciação.[23]

Os gnósticos valentinianos sustentavam a existência de dois batismos: um, imperfeito, o batismo de água, que só perdoa os pecados (seria o da Igreja *oficial*); o outro, o batismo do Espírito, o espiritual e perfeito (seria o deles, os gnósticos).[24] Irineu, Clemente de Alexandria e Orígenes defenderam o valor e a *perfeição* do batismo da Igreja e sua unicidade.

Partindo de outras premissas, o autor anônimo do *De rebaptismate*, no séc. III, polemizando com são Cipriano, fazia distinção entre o batismo de água, que só perdoa os pecados, e o batismo do Espírito, que ele identificava com a imposição das mãos pós-batismal, a qual conferia o dom do Espírito.[25]

A atitude dos maniqueus, contrária ao batismo por rejeitarem a criação e conseqüentemente também a água, talvez estivesse na origem do elogio à água feito por Tertuliano em seu tratado sobre o batismo. Ele desenvolveu toda uma doutrina sobre a água na criação e na redenção, mostrando a afinidade que esta tem com o Espírito Santo e com Cristo. A introdução do rito da bênção da água nessa época certamente tem algo a ver com esse fato.

A primeira controvérsia importante a respeito da validade do batismo conferido pelos hereges ocorreu no séc. III. Foram confrontadas duas concepções e duas práticas. A postura de Cipriano, que a maioria das Igrejas do Oriente compartilhava com as Igrejas

---

[22] Cf. *Ep.*, 64, 2: BM 180.

[23] Cf. A. von Harnack, *Die Terminologie der Wiedergeburt und verwandter Erlebnisse in der ältesten Kirche* (TU, 42/3), Leipzig, 1920; J. Ysebaert, *Greek Baptismal Terminology. Its Origins and Early Development* (Graecitas christianorum primaeva, 1), Nimega, 1962.

[24] Cf. Irineu, *Adv. Haer*, I, 21, 2; Clemente de Alexandria, *Exc. ex Theod.*, 78,2 e 81,2; Orígenes, *Fragm. in Eph.*, 45.

[25] Cf. *De rebapt.*, 3 e 10: BM 202 e 203. Ver Fr. de Saint-Palais d'Aussac, *La réconciliation des hérétiques dans l'Église Latine*, Paris, 1943, 116-123.

do Norte da África, fundamentava-se nestes dois princípios: não existe senão uma só Igreja à qual Cristo confiou a economia total dos sacramentos, a distribuição da graça sacramental; o Espírito Santo não habita entre os hereges. Por conseguinte, são inválidos todos os sacramentos conferidos na heresia ou no cisma. Não há senão um só batismo legítimo e verdadeiro, que se encontra na Igreja.[26] No lado oposto, as Igrejas de Roma e do Egito reconheciam a validade do batismo conferido pelos hereges, e os batizados na heresia que solicitavam o ingresso na *Catholica* não eram rebatizados, mas se lhes impunham as mãos em sinal de reconciliação. Não foi conservada a troca de correspondências entre o Papa Estêvão e Cipriano, mas o autor anônimo do *De rebaptismate* reflete a posição deles: a invocação dos nomes divinos, inclusive na boca de um herege, coloca em movimento a obra da regeneração. Tais debates ajudaram a ver melhor, sobretudo, a relação batismo/Igreja e a distinguir entre validade e eficácia do batismo.

A necessidade do batismo para a salvação não lhes criou particulares problemas, mas afirmaram a possibilidade de supri-lo pelo batismo de sangue e pelo batismo de desejo.

Foi debatida a questão do batismo de crianças: sua legitimidade, seu sentido. Já vimos que Tertuliano não era a favor. Contudo, os doutores e a práxis parecem ser geralmente favoráveis. Orígenes opinava que se trata de uma tradição que remonta ao tempo dos apóstolos.[27] A razão que leva Cipriano a se posicionar favoravelmente é que "a ninguém que chegue à existência se deve recusar a misericórdia e a graça de Deus".[28] A doutrina do pecado original como motivação para justificar o batismo das crianças aparece pela primeira vez em Orígenes:

> Aproveito a ocasião que se me apresenta para tratar de novo uma questão sobre a qual nossos irmãos se perguntam freqüentemente. As crianças são batizadas "para a remissão dos pecados". De que pecados se trata? Quando elas puderam pecar? Como se pode apresentar um motivo como esse a favor do batismo de crianças, se não se admite a interpretação que aca-

---

[26] Cf. CIPRIANO, *Ep.*, 70,3; 73,13; 74, 3,4.11; 75, 6,14.24,25: BAC 2411, 664, 682, 695, 696, 702, 708, 715, 722-724.

[27] Cf. *In Rom.*, V, 19: BM 169.

[28] *Ep.* 64,2: BM 180.

bamos de dar: "Ninguém está isento de manchas, nem sequer aquele cuja vida durou só um dia na terra"? Já que o mistério do batismo elimina as manchas do nascimento, batizam-se também as crianças, porque "aquele que não nascer de novo da água e do Espírito não pode entrar no Reino dos céus".[29]

Orígenes voltará a este tema outras vezes; não para justificar teologicamente a prática do batismo de crianças, que ninguém discutia, mas para sustentar a teologia do pecado original. É preciso observar, todavia, que com isso se desencadeia um processo que pouco a pouco transformará o perdão dos pecados, e mais concretamente o perdão do pecado original, no eixo de toda a teologia do batismo. Entretanto, deve-se observar também que antes, nos dois primeiros séculos, foi possível construir uma teologia do batismo e inclusive instalar a prática de batizar crianças sem necessidade de apelar à idéia da universalidade do pecado original hereditário. Porém, tão logo a idéia de uma *mancha* (*sordes*, não *peccatum*), derivada do pecado pessoal de Adão e contraída através da geração, emergiu nos círculos encratistas e nos ambientes judeo-cristãos,[30] começou-se a atribuir ao batismo o poder de apagá-la e a ver neste efeito a justificação do batismo de crianças.[31]

Nesse período encontra-se muito bem desenvolvida a tipologia bíblica como procedimento para aprofundar a teologia: as principais figuras bíblicas dos sacramentos da iniciação que a catequese patrística dos sécs. IV-VI irá explorar já estão presentes nos escritos de Tertuliano e Orígenes;[32] particular atenção é dada ao batismo de Jesus no Jordão. Tornou-se quase um tema obrigatório afirmar que a concepção predominante do batismo na época pré-nicena foi a de contemplá-la como uma *mimesis* do batismo de Jesus; tal

---

[29] *In Lc hom.*, 14,5: BM 159.

[30] Eles pensavam poder fundamentar-se em Lv 12,2-8; Sl 50,7; Jó 14,4-5.

[31] Cf. TERTULIANO, *De anima*, 41,3-4: BM 117; ORÍGENES, *In Lev. hom.*, 8,3: BM 148; *In Luc. hom.*, 14,5: BM 159; *In Rom. hom.*, 5,19: BM 169.

[32] Cf. W. BEDARD, *The Symbolism of the Baptismal Font in the Early Christian Thought* (Studies in Sacred Theology, 2/45), Washington, 1951; B. BERNARDO (cf. nota 35); J. DANIÉLOU, *Sacramentos y culto según los Santos Padres* (Cristianismo y hombre actual, 9), Madrid, 1962; id., *Sacramentum futuri*. Études sur les origines de la typologie biblique, Paris, 1950; P. LUNDBERG, *La typologie baptismale dans l'ancienne Église*, Uppsala, 1942.

concepção movia-se na órbita do quarto evangelho, que via no batismo um novo nascimento, ao passo que a concepção paulina (Rm 6,1-6 e Cl 2,11-15: sacramento da morte e ressurreição com Cristo) sofreria um longo eclipse durante todo o séc. II.[33] Devemos notar, todavia, que o tema paulino retornará com força em vários autores importantes.[34]

Outros temas batismais vão-se afirmando e desenvolvendo também com o tempo, sempre a partir do NT: o batismo como uma luta contra o demônio, como perdão dos pecados, como novo nascimento, como iluminação, como nova criação e restauração da imagem de Deus, como pacto e núpcias com Deus, como efusão do Espírito, como *sphragis*, como agregação à Igreja, como retorno ao Paraíso... Começa a se configurar uma teologia que desperta a atenção pela sua riqueza.[35] Para dar uma idéia, apresentamos este parágrafo de Clemente de Alexandria:

> Aconteceu conosco o mesmo que com o Senhor, que foi nosso modelo: batizados, somos iluminados; iluminados, vimos a ser filhos; filhos, tornamo-nos perfeitos; perfeitos, recebemos a

---

[33] Cf. A. BENOÎT, op. cit., 227.

[34] Cf. ORÍGENES, *In Jer. hom.* 19,14: SCH 238, 238; *In Jos. hom.*, 4,2: SCH 71, 150; *In Rom.*, 5, 8: PG 14,1040ABC; METÓDIO DE OLIMPO, *Symposium*, 3, 8: GCS 27,35; a preferência pela festa da Páscoa como o dia mais adequado para se batizar (cf., anteriormente, nota 8) é também um bom indício.

[35] Alguns estudos sobre os autores mais representativos desse período: sobre *Irineu*: A. HOUSSIAU, Le baptême selon Irénée de Lyon, *EThL* 60, 1984, 45-59; sobre *Clemente de Alexandria*: S. FERNÁNDEZ ARDANAZ, *Génesis y Anagénesis*. Fundamento de la antropología cristiana según Clemente de Alejandría (Victoriensia, 56), Vitoria, 1990, 125-153: "O mecanismo do segundo nascimento ou regeneração pela fé"; C. *Nardi, Il battesimo in Clemente Alessandrino*. Interpretazione di "Ecclogae propheticae 1-26" (Studia Ephemeridis Augustinianum, 19), Roma, 1984; A. ORBE, Teología bautismal de Clemente Alejandrino según Paed. I, 26,3–27,2, *Greg.*, 36, 1955, 410-448; sobre *Tertuliano e Cipriano*: B. BERNARDO, Simbolismo e Tipologia do Baptismo em Tertuliano e Santo Ambrósio, *Didaskaleia* 18, 1988, 1-453; F. GISTELINK, Doopbad en geestesgave bij Tertullianus en Cyprianus, *EThL* 43, 1967, 532-555; E. E. KARLIC, *El acontecimiento salvífico del bautismo según Tertuliano* (Victoriensia, 27), Vitoria, 1967; sobre *Orígenes*: H. J. AUF DER MAUR e J. WALDRAM, Illuminatio Verbi Divini – Confessio fidei – Gratia baptismi: Wort, Glaube und Sakrament in Katechumenat und Taufliturgie bei Origenes, in VV.AA., *Fides sacramenti, sacramentum fidei*. Mélanges P. Smulders, Assen, 1981, 41-96; C. BALANC, Le Baptême d'apres Origene: *SP 11* (TU, 80), Berlim, 1972, 113-124; J. W. TRIGG, A Fresh Look at Origen's Understanding of Baptism: *SP* 17/2, Oxford, 1952, 959-965.

imortalidade... Essa operação recebe múltiplos nomes: graça, iluminação, perfeição, banho. Banho pelo qual somos purificados de nossos pecados; graça pela qual nos são perdoados os castigos que merecíamos por nossos pecados; iluminação na qual contemplamos a bela e santa luz da salvação, isto é, na qual com nosso olhar penetramos o divino; perfeição, porque não nos falta nada.[36]

Em Roma e na África, o dom do Espírito estava ligado a esses ritos pós-batismais. Segundo as versões árabe, boaírica e etíope da *TA*, o bispo, durante a imposição das mãos, pedia: "Torna-os dignos de serem repletos do Espírito Santo".[37] Concorda com ele Tertuliano: "Impõem-se as mãos, invocando e chamando o Espírito Santo mediante uma bênção".[38] Parece atribuir-se o perdão dos pecados ao batismo e o dom do Espírito à imposição das mãos.[39] Mais abertamente isso será afirmado por Cipriano, pelo anônimo autor do *De rebaptismate* e por Firmiliano de Cesaréia, relacionando a imposição das mãos pós-batismal com a imposição das mãos dos apóstolos em At 8,14-17 e 19,1-7.[40] Por outro lado, o Papa Cornélio parece considerar a unção (a *sphragis* episcopal) como rito do Espírito Santo.[41] De qualquer forma, esses ritos, sobretudo a imposição das mãos, para esses autores têm grande relevância e importância: o ministro era o bispo e deviam ser feitos nas ocasiões em que, por não estar

---

[36] *Paidag.*, I, 6, 26,1-2: SCH 70, 159.

[37] Não há acordo entre os especialistas sobre qual das versões reflita o original. Cf. A. JILEK, op. cit., 108-113.

[38] "[...] manus imponitur per benedictionem advocans et invitans Spiritum sanctum": *Bapt.*, 8,1: BM 99.

[39] Cf. *De bapt.*, 6-8. Cf. F. GISTELINCK, op. cit., 532-555. Isso pode ser deduzido também da oração que, segundo *TA* 22, o bispo pronunciava durante a imposição das mãos.

[40] Cf. CIPRIANO, *Ep.*, 70, 2,2: BM 188; 72,1,2: BM 190; 73, 9,2: BM 193; id., *Ep.* 74, 7,1-3: BM 197; ANÔNIMO, *De rebapt.*, 3: BM 202; FIRMILIANO DE CESARÉIA, *Ep. a Cipriano*, 8, 1: BM 199. Negando ao batismo o dom do Espírito, Cipriano parece contradizer aquilo que ele mesmo escreve em *Ep.* 69, 13.1-3; 74, 5,1-4: BAC 241, 657-658 e 694.

[41] Em carta a Fábio de Antioquia, conservada por EUSÉBIO, *HE* 6, 43,14-15: BM 206. Leva-nos à mesma conclusão a freqüente utilização do termo *sphragis* em relação a tais ritos, se considerarmos a conexão estreita desse vocábulo com o Espírito Santo nos escritos do NT.

presente o bispo, houvessem sido omitidos.[42] Estamos diante dos primeiros balbucios da futura teologia da confirmação.

II. A iniciação nos séculos IV-VII

O período que vai do séc. IV ao séc. VII compreende a idade de ouro da patrística (e podemos dizer também da instituição da iniciação cristã), mas ao mesmo tempo já permite entrever o começo de um declínio. A nova situação político-eclesiástica criada pelo Édito de Tolerância de Milão (313) originou a afluência em massa de pessoas que solicitavam o batismo. Tal circunstância obrigou a Igreja a ajustar sua estratégia pastoral e suas celebrações à nova situação. O rigor da época anterior acabou sendo suavizado.

Como era de esperar, as fontes dessa época são abundantes e de índole diversa. Destacam-se as chamadas catequeses *mistagógicas*.[43] Interessantes também alguns *sermões litúrgicos*[44] e os primeiros *comentários sobre a liturgia*.[45] Contamos ainda com uma série de fontes canônico-litúrgicas,[46] mas sobretudo com os primeiros livros litúrgicos que podem ser qualificados como *oficiais*.[47] Aparecem

---

[42] Cf. CORNÉLIO († 253), *Ep. a Fabio* (nota anterior); *Concílio de Elvira* (ca. 306), c. 38: DS 120; BM 213. Com esses detalhes estremece a base da peregrina hipótese que ultimamente A. KAVANAGH *(Confirmation)* aventou em seus escritos: o conjunto dos ritos pós-batismais seria uma conclusão solene do rito batismal, uma simples *missa*, como se costumava fazer nos ritos catecumenais ou na própria eucaristia. Pode-se ler a crítica de B. NEUNHEUSER e P. TURNER a essa teoria em *ALw*, 32, 1990, 241-244, e *Worship*, 65, 1991, 320-336, respectivamente.

[43] Principalmente as de Cirilo/João de Jerusalém, João Crisóstomo, Teodoro de Mopsuéstia, Severo de Antioquia, Ambrósio, Agostinho e Nicetas de Remesiana.

[44] Deve-se destacar, por sua importância para a história da teologia da confirmação, a *Homilia de Pentecostes* (ca. 465), de FAUSTO DE RIEZ; cf. L. A. VAN BUCHEM, *L'homélie pseudo-eusébienne de pentecôte. L'origine de la confirmation en Gaule Méridionale et l'interprétation de ce rit par Fauste de Riez*, Nimega, 1967. O texto da homilia, como *hom*. 29, pode ser encontrado também em CCL 101, 337-341.

[45] Por exemplo, os de Narsés, Máximo Confessor, Ps. Dionísio Areopagita, Ps. Germão de Paris.

[46] Merecem menção aqui as *Constitutiones Apostolorum* (ca. 380, Antioquia), os *Canones Hippolyti*, o *Testamentum Domini nostri Iesu Christi* (séc. V, Síria Oriental), o *Eucológio de Serapião* (séc. IV, Egito).

[47] Para o objeto dos nossos estudos, são importantes o *Ordo* de Constantinopla (sécs. V-VI), o *Sacramentário Gelasiano* (séc. VI, Roma), o *Ordo Romanus XI* (segunda

logo depois os tratados nos quais os Padres abordam diretamente questões relativas aos sacramentos da iniciação cristã.[48] Além disso, qualquer escrito dos Padres da Igreja, em especial seus comentários bíblicos, pode oferecer informações valiosas. Enfim, particularmente interessantes são algumas cartas[49] e, em outra ordem, o *Itinerário* de Egéria.

a) Embora esses séculos não se caracterizem por uma grande criatividade no campo dos ritos da iniciação, precisamos fazer constar a aparição de certos ritos novos (alguns, de caráter universal; outros, próprios de Igrejas particulares) com os quais se pretendem ressaltar simbolicamente aspectos do mistério do batismo. Assim, antes do rito central do banho batismal, o rito do *ephpheta* (*apertio aurium*) reafirmava o papel da Palavra e da fé na iniciação; os ritos da *traditio-redditio symboli* e da *traditio-redditio orationis dominicae* lembravam ao candidato que pelo batismo ele iria entrar numa comunidade de fé e de oração; a abertura solene do batistério, imagem, por sua vez, do paraíso e do seio materno da Igreja, trazia à memória as dimensões escatológica e eclesial do batismo. Depois do banho batismal, novos ritos expressam simbolicamente alguns dos efeitos atribuídos ao batismo: dois ritos universais polissêmicos, como o são a imposição da veste batismal e a entrega de uma vela acesa; seguem-se, em algumas Igrejas, a lavação dos pés (norte da Itália, Gália e Irlanda) e a coroação dos neófitos (Síria).

Esse desenvolvimento ritual-simbólico não estava isento de perigos. Sabemos, de fato, que as árvores às vezes impedem que se

---

metade do séc. VI: encontra-se aí uma descrição dos ritos da iniciação cristã em seu último estágio de evolução nesse período), o *Missal de Bobbio* e o *Missale Gothicum* (começo do séc. VIII, Gália) e o *Liber Ordinum* (séc. VI, Espanha). Deve-se levar em conta, além disso, que provém da época patrística grande parte do material eucológico que encontramos em livros litúrgicos cujas datas de compilação são mais recentes.

[48] Por exemplo, BASÍLIO, *De baptismo*: SCH 357; MARCOS O ERMITÃO, *De baptismo*: PG 65, 985-1028; OPTATO DE MILEVI, *Adv. Parmenianum*: CSEL 26, 1-182; AGOSTINHO, *De baptismo libri VII*: CSEL 51, 145-378; id., *De unico baptismo contra Petilianun liber I*: CSEL 53, 3-34; id., *De peccatorum meritis et remissione et de baptismo parvulorum ad Marcellinum libri III*: CSEL 60, 3-151; ISIDORO DE SEVILHA, *De origine ecclesiasticorum officiorum*: PL 83, 737-826; ILDEFONSO DE TOLEDO, *De cognitione baptismi*: PL 96, 111-172.

[49] Por exemplo, as dos Papas Sirício, Inocêncio I, Gelásio I, Virgílio I e Gregório Magno, a *Ep.* 88 de santo Agostinho a Bonifácio, a de João Diácono a Senário (Roma, ca. 500).

veja o bosque. Concretamente, no ritual da iniciação de algumas Igrejas, o excessivo florescimento e a repetição de alguns símbolos secundários acabaram descaracterizando, em certas épocas, o significado dos ritos principais e o sentido da dinâmica geral do rito.

Importa destacar aqui a progressiva adoção de uma unção crismal pós-batismal por parte de todas as Igrejas do ambiente siríaco; desconhecem-na, porém, Afraates, Efrém e são João Crisóstomo; pela primeira vez, neste contexto, é mencionada por Teodoro de Mopsuéstia (segundo alguns) e pelas CA;[50] na Síria e na Mesopotâmia sua prática não se generalizou até o séc. VI; a Igreja nestoriana demorou vários séculos a mais para admiti-la em seu ritual. Em todas as Igrejas citadas esse rito, desde o primeiro momento em que foi adotado, apresenta-se com um significado predominantemente pneumatológico.[51] Relacionada a este tema temos a presença (também problemática) da imposição das mãos como rito complementar do batismo nas liturgias orientais.[52]

Convém tomar nota de algumas mudanças importantes no comportamento do povo cristão durante o período em questão. Em primeiro lugar, não poucos, uma vez assegurado seu ingresso no catecumenato e sua vinculação, ainda que superficial, à Igreja, por medo das exigências do batismo, adiavam por alguns anos sua decisão de se fazer batizar;[53] os sacramentos da iniciação deixavam de ser começo de uma nova vida para transformar-se em meta de uma longa espera. Nessas condições era inevitável o declínio do catecumenato; este foi perdendo autenticidade e conteúdo como tempo real de preparação, pois não era possível manter um pro-

---

[50] Cf. TEODORO DE MOPSUÉSTIA, *Hom.* XIV, 27: TONNEAU 457; CA, III, 16, 2-4; VII, 22, 2-3; 44, 1-2: SCH 329, 157-159; 336, 48 e 105.

[51] Essa generalização de um rito específico de doação do Espírito Santo sem dúvida está relacionada à consciência crescente da ação do Espírito nos sacramentos e na vida da Igreja, com base nos debates pneumatológicos dos sécs. IV e V.

[52] Veja-se a exaustiva pesquisa dedicada a essa questão por L. LIGIER, *La confirmation. Sens et conjoncture oecuménique hier et aujourd'hui* (Théologie historique, 23), Paris, 1973. Ele conclui que todas as Igrejas orientais, incluindo a grega, praticaram a imposição das mãos.

[53] Pró-homens da Igreja da época em que, embora fossem filhos de famílias cristãs, receberam o batismo em idade madura: Basílio de Cesaréia, aos 26 anos; João Crisóstomo, aos 18; Ambrósio de Milão, aos 34/40 anos; Jerônimo, com mais de 20; Paulino de Nola, aos 37 anos.

grama definido de formação num tempo que poderia alongar-se indefinidamente. Os pastores viram-se obrigados a concentrar sua ação pastoral naqueles que por fim se decidiam a *dar o nome* para o batismo, na última etapa do catecumenato, nas poucas semanas que durava o *photizomenado*.

Não obstante isso, era cada vez maior também o número de pais que levavam seus filhos para ser batizados quando pequenos; a prática de batizar menores foi se generalizando de tal sorte que, no final desse período, os batismos de crianças predominavam sobre os de adultos. O mesmo ritual criado para adultos era usado com elas, sem qualquer mudança; isso deu lugar a forte ritualização do batismo; no OR XI, por exemplo, a *catechizatio* ficou reduzida a um simples exorcismo. Como paliativo para essa falta de adequação, repetia-se várias vezes o mesmo rito,[54] conferindo alguns toques de dramatismo à celebração.[55]

Por fim, um fato de graves conseqüências para a posterior evolução da iniciação cristã no Ocidente foi a decisão de reservar ao bispo não só a consagração do crisma, como já acontecia no Oriente, mas também a própria unção crismal. Assim o declarou o Papa Inocêncio I, no ano 416, em carta a Decêncio, bispo de Gubbio:

> Quanto à consignação dos neófitos (*infantibus*), é claro que esta não pode ser feita a não ser pelo bispo. Com efeito, embora os presbíteros sejam sacerdotes de segunda ordem (*secundi sacerdotes*), não têm seu grau mais alto, que é o pontificado (*pontificatus apicem*). Que este ministério (*pontificium*), o de consignar e o de dar o Espírito Paráclito (*vel consignent vel Paraclitum Spiritum tradant*), só compete aos bispos o demonstra não só o costume da Igreja, mas também aquela passagem dos Atos dos Apóstolos

---

[54] O número de sessões de *escrutínios* passa primeiro de três para seis e posteriormente para sete; três acólitos, o diácono, os padrinhos e as madrinhas sucedem-se fazendo a signação dos batizandos, e os clérigos, além disso, impondo-lhes as mãos: OR XI, 11-25; na *traditio symboli*, o credo é recitado quatro vezes: em grego e em latim, para os meninos e para as meninas; em algumas Igrejas, são acrescentadas a *traditio evangeliorum* e a *traditio libri psalmorum*. No rito copta a unção com o crisma é feita até 36 vezes.

[55] A *exsufflatio*: o gesto de voltar-se primeiro para o Ocidente e cuspir, e depois para o Oriente, no rito da renúncia a Satanás e adesão a Cristo; alguns gestos simbólicos na bênção da água batismal. Veja-se o dramatismo com que se desenrola, em OR XI, 46-60, o rito da entrega dos evangelhos.

onde se diz que Pedro e João foram enviados para dar o Espírito Santo aos que já haviam sido batizados (cf. At 8,14-17) (cf. DS 215).

Vemos que Inocêncio I fundamenta a reserva da consignação ao bispo em três espécies de argumentos: de tradição, de Escritura e de conveniência (a conveniência de que o ministro de tão grande sacramento permaneça com o grau supremo do sacerdócio).[56] Essa reserva (que não foi dada no Oriente nem em algumas Igrejas do Ocidente,[57] mas em certas dioceses vizinhas de Roma e no sul das Gálias) fazia que, nas igrejas paroquiais presididas por presbíteros – nas quais era cada vez mais freqüente a celebração de batizados sem a presença do bispo –, fosse celebrado todo o rito da iniciação menos a confirmação, a qual ficava adiada para quando o bispo pudesse estar presente. Dava-se assim um primeiro passo para a fragmentação do rito da iniciação cristã.

b) Foi a vontade de cumprir com suas responsabilidades como mistagogos do Povo de Deus (de catecúmenos e neófitos, em particular) o que mais estimulou os Padres da Igreja a elaborar uma teologia dos sacramentos da iniciação cristã. Em matéria de sacramentos, a reflexão teológica dos Padres, partindo do comentário da Escritura, andava pelos trilhos do simbolismo dos ritos e da tipologia bíblica. Ora, o batismo e a confirmação punham à sua disposição uma verdadeira sinfonia de símbolos, um mais significativo que o outro, bem como um amplo repertório de figuras bíblicas do AT e do NT, dentre as quais se destacava o Batismo de Jesus no Jordão, o que lhes abria inúmeras vias de acesso ao mistério. Por estas vias estavam garantidos a profundidade histórico-salvífica, a inspiração bíblica, a aderência à realidade sacramental, a variedade e riqueza de intuições, o alento pastoral e o caráter concreto e vital da

---

[56] Cf. R. CABIÉ, *La lettre du Pape Innocent I à Décentius de Gubbio (19 mars 416)*. Texte critique, traduction et commentaire, Louvain, 1973; M. HAUKE, *Firmung*, 88-92; V. SAXER, op. cit., 577-580. O argumento de conveniência será utilizado também, entre outros, por TOMÁS DE AQUINO, *STh III*, q.73, a.11.

[57] Consta que, no Oriente, desde o séc. IV os presbíteros eram autorizados a presidir todo o rito da iniciação. Isso ocorria da mesma forma na Espanha (cf. o I Concílio de Toledo, ca. 400: DS 187).

doutrina daí resultante. Nenhum aspecto importante do mistério ficava de fora do seu campo óptico.[58] A teologia dos sacramentos da iniciação foi sendo estabelecida com precisão graças às novas questões que iam sendo postas e discutidas. Particularmente algumas controvérsias dogmáticas travadas nesse período deixaram sua marca no pensamento teológico dos Padres da Igreja. Assim, por exemplo, as controvérsias com os arianos e com os pneumatômacos tornaram a Igreja mais sensível e atenta à presença e atividade da Trindade e de cada uma das Pessoas divinas nas ações sacramentais. Isso explica a intensa coloração pneumatológica apresentada pela teologia patrística dos sacramentos.

A necessidade de dar resposta aos donatistas, que consideravam inválidos os sacramentos conferidos por ministros pecadores, levou Optato de Milevi e Agostinho, entre outros, a aprofundarem-se na significação de cada um dos fatores que intervêm no acontecimento sacramental (Trindade, fé do sujeito e pessoa do ministro) e a fazerem distinção entre os diversos "componentes" e efeitos do sacramento. Agostinho introduziu a diferença entre o batismo como *consagração objetiva* (independente da dignidade ou indignidade do ministro e do sujeito) e o batismo como *graça salutar* (que depende

---

[58] Indicamos alguns estudos sobre autores representativos desses séculos: sobre *Agostinho*: V. GROSSI, *La liturgia battesimale in S. Agostino*. Studio sulla catechesi del peccato originale negli anni 393-412 (Studia Ephemeridis *Augustinianum*), Roma, 1970; sobre *Ambrósio* e outros: C. GRANADO, La confirmación en el siglo IV. Ambrosio de Milán, Catequesis Jerosolimitanas, Juan Crisóstomo, *ET* 27, 1993, 21-79; sobre *Efrém*: E. BECK, Le baptême chez saint Ephrem, *OS* 1, 1956, 11-136; G. SABER, *La théologie baptismale de saint Ephrem (Essai de théologie historique)* (Bibliotheque del'Université Saint-Esprit de Kaslik-Liban, 8), Kaslik, 1974; sobre *Gregório Nazianzeno*: A. CORVINO, *Il battesimo secondo S. Gregorio Nazianzeno*, Roma, 1943; sobre *Isidoro de Sevilha*: A. CARPIN, *Il battesimo in Isidoro di Sivilla*, Bologna, 1984; sobre *Jacopo de Sarug*: S. P. BROCK, *Baptismal Themes in the Writtings of Jacob of Sarugh*, in VV.AA., *Symposium Syriacum 1976* (OCP 205), Roma, 1978, 325-347; sobre *Teodoro de Mopsuéstia*: I. OÑATIBIA, El misterio del bautismo en la catequesis de Teodoro de Mopsuestia, *Teología y Catequesis* 18, 1986, 217-240; sobre *Zenão de Verona*: G. P. JEANNES, *The Day has Come! Esater and Baptism in Zeno of Verona* (Alcuin Club Collection, 73), Collegeville MI, 1995.

das disposições de quem recebe o sacramento). Foram postas assim as bases para a futura doutrina do *caráter indelével.*

Em sua disputa com os pelagianistas em defesa da doutrina do pecado original hereditário, os autores católicos, especialmente Agostinho, aduziram como prova a prática do batismo de crianças, que começava a generalizar-se em todos os lugares.[59] De passagem, aprofundaram-se nas razões que legitimam aquela prática e o papel desempenhado nela pela fé da Igreja como garantia da eficácia do sacramento. Todavia, no calor da controvérsia, Agostinho endureceu sua postura em relação à necessidade absoluta do batismo para a salvação.

Como um presságio do futuro declínio que já se fazia sentir, o tema do pecado original e a preocupação de assegurar quanto antes a salvação escatológica individual começam a ocupar um espaço cada vez maior na teologia e na pastoral do batismo, inaugurando assim uma *pastoral do medo.* Já Paciano propunha a teologia do batismo a partir do pecado de Adão, transmitido às gerações seguintes.[60] A opinião pessoal do bispo de Hipona sobre a condenação ao inferno das crianças que morrem sem batismo contribuiu para tingir de angústia a prática do batismo de crianças, numa época em que a mortalidade infantil era muito elevada. A teologia batismal, daí em diante, irá desenvolver-se na direção indicada por santo Agostinho, estando totalmente polarizada pelo pecado original. O enfoque histórico-salvífico e a atenção à dimensão eclesial aos poucos irão desaparecendo.

A preocupação com o significado teológico dos ritos pós-batismais crescerá tanto no Oriente quanto no Ocidente, embora siga caminhos independentes, estabelecendo assim as bases para uma teologia da confirmação. Em linhas gerais, pode-se dizer que o Oriente concentra-se mais na unção; o Ocidente, por sua vez, preocupa-se mais com a imposição das mãos. A consagração do *myron* e seu simbolismo, o significado da unção crismal e sua tipologia começam a chamar a atenção de autores tão importantes

---

[59] A opinião pessimista de santo Agostinho sobre a sorte das crianças mortas sem batismo contribuiria, por criar um clima de medo, para a generalização total dessa prática. Adotaram-na o cânon 3 do Concílio Cartaginense (a. 418): DS, 224, Fulgêncio de Ruspe (séc. VI) e Gregório Magno, entre outros.

[60] Cf. *De bapt.,* I, 3-4: SCH 410, 148-150.

como Pseudo-Dionísio Areopagita, Filoxeno de Mabbug e Severo de Antioquia.[61] No Ocidente, a partir do séc. V, utiliza-se um termo genérico, *confirmatio*, para designar esses ritos pós-batismais episcopais.[62]

Tanto os orientais quanto os ocidentais atribuem a esses ritos o dom do Espírito Santo. Continuam relacionando a imposição das mãos concretamente com a dos apóstolos em At 8,9-17 e 19,1-7.[63] Cirilo de Jerusalém, a partir da tipologia bíblica (unção de reis e sacerdotes do AT; unção de Cristo no Jordão), interpreta a crismação como participação na unção messiânica de Cristo.[64] A partir do Papa Sirício e de santo Ambrósio, a insistência no recebimento dos *sete dons do Espírito Santo* se transformará numa característica típica da teologia e da liturgia ocidentais.

Avançando-se no tempo, tem-se a impressão de que a tendência entre os orientais tenha sido a de insistir mais no dom do Espírito (graça incriada), enquanto os ocidentais, sem descuidar desse aspecto, preocuparam-se muito mais em definir o *efeito* (graça criada) do sacramento. Neste último sentido, exercerá uma influência excepcional no pensamento dos ocidentais a homilia *Advertamus* ou *Homilia de Pentecostes*, que as falsas Decretais (séc. IX) atribuíram a um suposto Papa Melquíades, mas que a crítica hoje quase unanimemente a considera de Fausto de Riez († entre 490 e 500).[65] Nessa homilia, entre outras coisas pode-se ler:

> O Espírito Santo [...] no batismo confere a plenitude da inocência, na confirmação outorga o aumento de graça (*in confirmatione augmentum praestat ad gratiam*); pois os que devem

---

[61] Cf. B. VARGHESE, *Les onctions*, 75-77; 150-180.

[62] Como termo litúrgico aparece pela primeira vez na Gália; como verbo, no Concílio de Riez do ano 439; e como substantivo na *Homilia de Pentecostes* de Fausto de Riez. A denominação será aceita imediatamente por todo o mundo latino. Todavia, antes disso santo Ambrósio já havia usado o verbo referindo-se precisamente aos ritos pós-batismais como *o selo do Espírito*: "Deus Pai te selou (*signavit*), Cristo Senhor te confirmou (*confirmavit*) e o Espírito foi dado em dom ao teu coração, como o tens comprovado na leitura apostólica": *De myst.* 7, 42: SCH 25bis, 178.

[63] Por exemplo, JOÃO CRISÓSTOMO, *In Act. hom.*, 18, 3: PG 60, 144AB; JERÔNIMO, *Adv. Lucif.*, 8: PL 23, 164AB; ISIDORO DE SEVILHA, *De off. eccl.*, 27, 1-4: PL 83, 624A-626A; *I Concílio de Lyón*: DS 831.

[64] Cf. *Cat. myst. III*: SCH 126, 120-132.

[65] Cf. a obra de L. A. VAN BUCHEN, cit., nota 44.

passar sua vida neste mundo precisam caminhar entre inimigos invisíveis e perigos. No batismo somos regenerados para a vida; depois do batismo somos confirmados para a luta (*roboramur ad pugnam*); no batismo somos lavados; depois do batismo somos robustecidos (*roboramur*).[66]

---
[66] In CCL 101,339.

Capítulo III
Batismo e confirmação na Idade Média

Bibliografia

ANGENENDT, A., Der Taufritus im frühen Mittelalter, in VV.AA., *Segni e riti nella Chiesa Altomedievale occidentale*. XXXIII Settimana di Studio del Centro Italiano di studi sull'alto medioevo II, Spoleto, 1987, 275-336; BELLAMY, J., Baptême dans l'Église latine depuis le VIIIe siecle avant et apres le concile de Trente, in *DThC 2*, Paris, 1923, 250-295; id., Baptême. Dans l'Église latine depuis le VIIIe siecle avant et apres le concile de Trente, in *DThC II*, Paris, 1932, 250-296; BERNARD, P., Confirmation chez les scolastiques, in ib., 1038-1077; id., Confirmation: du VIIe au XIIe siecle, in *DThC III*, Paris, 1938, 1058-1070; BORELLA, P., La Confermazione all'epoca carolingia. In quale momento dell'iniziazione veniva conferita, *RL*, 54, 1967, 199-206; DE PUNIET, C., La liturgie baptismale en Gaule avant Charlemagne, *Revue des Questions Historiques* 72, 1902, 382-423; FISCHER, J. D. C., *Christian Initiation: Baptism in the Medieval West. A Study in the Desintegration of the Primitive Rite of Initiation* (Alcuin Club, 47), London, 1965; HAUKE, M., *Firmung*, 151-176; KLEINHEYER, Br., *Eingliederung*, 96-136; 191-209; KÜHN, U., Lehre und Ordnung der Taufe in der Zeit der Hochscholastik, *Neue Zeitschrift für systematische Theologie und Religionsphilosophie*, 12, 1970, 196-220; LANDGRAF, A. M., Kindertaufe und Glaube in der Frühscholastik, *Gr*, 9, 1928, 512-529; id., *Dogmengeschichte der Frühscholastik* III/2, Regensburg, 1955, 7-181; LEVESQUE, J. L., The Theology of the Posbaptismal Rites in the Seventh and Eighth Century Gallican Church, *EL*, 95, 1981, 3-43; LYNCH, K. F., *The Sacrament of Confirmation in the Early-Middle Scholastic Period*. I. Texts (St. Bonaventure et al), 1957; id. The Sacramental Grace of Confirmation in Thirteenth Century Theology, *Franciscan Studies*, 22, 1962, 32-149; 172-300; MITCHEL, N., Christian Initiation: Decline and Desmembrement, *Worship*, 48, 1974, 458-479; NEUNHEUSER, B., *Bautismo y Confirmación*, 78-95; O'DOHERTY, M. K., *The Scholastic Teaching on the Sacrament of Confirmation* (The Catholic University of America Studies in Sacred Theology, Second Series, 23), Washington, 1949; RIGGIO, G., Liturgia e pastorale della Confermazione nei secoli XI-XII-XIII, *EL*, 87, 1973, 445-472; 88, 1974, 3-31; WEISWEILER, H., Das Sakrament der Firmung in den systematischen Werken der ersten Frühscholastik, *Schol*, 8, 1933, 481-503.

Os séculos da Idade Média foram tempos de escassa ou quase nula criatividade litúrgica no âmbito da iniciação cristã. No Ocidente, assistiu-se à culminação de processos que vinham sendo gerados desde a época anterior, tais como: a generalização do batismo de crianças; a concentração dos ritos batismais numa única sessão; a dissociação do batismo e da confirmação; e a consolidação de uma situação litúrgico-pastoral caracterizada por esses três extremos e por uma concepção individualista do batismo como meio de salvação pessoal, que é preciso garantir *quam primum*.

Em contrapartida um tanto ambígua, assinalamos, nesse período, o esforço ingente de reflexão e sistematização feito pelos teólogos escolásticos, que obtiveram resultados duradouros (sempre dentro das limitações do paradigma por eles adotado).

I. Entre a patrística e a escolástica

A partir deste momento convém não perder de vista que a evolução no Oriente e no Ocidente se dá por canais distintos. No Ocidente é consumada a dissociação entre o batismo e a confirmação, tendendo-se a dotar a confirmação de um rito próprio autônomo. O Oriente se mantém fiel às práticas herdadas desde a época dos Padres da Igreja.

Dispomos, quase em cada Igreja, de uma série de livros litúrgicos que nos informam sobre a evolução da prática da iniciação cristã ao longo desses séculos. No Ocidente, alguns sacramentos e *Ordines romani* nos permitem seguir a progressiva contaminação da liturgia romana com os usos de outras liturgias ocidentais. Para o nosso fim, são interessantes especialmente os *Sacramentários Gelasianos* do séc. VIII,[1] o Sacramentário Gregoriano *Hadrianum*,[2] o *Liber Sacramentorum* de um manuscrito de Bruxelas,[3] uma série de *Ordines Romani*,[4] o *Pontifical Romano-germânico*[5] e o Missal de

---

[1] Seu arquétipo foi composto na Abadia de Flavigny-sur-Ozeran, na Borgonha, entre 740 e 750; é uma amálgama entre o Gelasiano antigo, o Gregoriano e alguns formulários galicanos.

[2] Foi enviado por Adriano I a Carlos Magno entre 784 e 791; reflete a liturgia pontifical dos dias festivos de Roma, juntamente com o *Suplemento* que provavelmente são Benito de Aniane lhe acrescentou para adequá-lo ao marco paroquial dos países francos.

[3] É dos sécs. VIII-IX, para uso paroquial.

[4] Os OR 15, OR 23, OR 24, OR 30A, OR 30B, todos eles da segunda metade ou final do séc. VIII.

[5] Incorpora o OR 50 (também denominado *Ordo romanus antiquus*), ambos compostos em torno do ano 950 na Abadia de Santo Albano de Mainz.

Roberto de Jumieges.[6] Contamos ainda com uma documentação que nos aproxima dos usos litúrgicos de algumas Igrejas particulares: o *Missale Gothicum* (de princípios do séc. VIII) e o *Missale Gallicanum Vetus* (sécs. VIII-IX), ambos de proveniência galicana; o *Missal de Stowe* (séc. VIII), de proveniência celta; o *Ritual de Benevento* (fins do séc. XI); e o *Antifonário de León* (séc. VIII), para a língua hispânica.[7] Obviamente, os escritores eclesiásticos da época também constituem uma fonte importante de informação.[8]

As Igrejas orientais fizeram um esforço idêntico de adaptação e codificação da liturgia da iniciação cristã, cujo resultado foi recolhido pelos livros litúrgicos das respectivas Igrejas.[9] Para conhecer a evolução do pensamento oriental neste âmbito, são de grande

---

[6] O *Sacramentário de Winchester*, de princípios do séc. XI.

[7] Para informações mais precisas sobre data de composição, conteúdos e edições dessas fontes, pode-se consultar com proveito, além de manuais e dicionários de liturgia, C. VOGEL, *Medieval Liturgy*. An Introduction to the Sources, Washington DC, 1986; E. PALAZZO, *Histoire des livres liturgiques*. Le Moyen Âge. Des origines au XIIIᵉ siecle, Paris, 1993.

[8] Santo Isidoro e santo Ildefonso, precisamente no começo daquele período. Posteriormente temos são Bonifácio († 754): cf. A. ANGENENDT, Bonifatius und das Sacramentum initiationis. Zugleich ein Beitrag zur Geschichte der Firmung, *RQ* 72, 1977, 133-183. Mais tarde, Alcuino († 804), Amalário († 852) e Rabano Mauro († 856). As respostas de alguns bispos ao questionário sobre catecumenato e batismo, que em 812 lhes foi enviado por Carlos Magno, deram origem a algo semelhante a *catecismos litúrgicos* muito interessantes, que são uma espécie de primeiros ensaios de certo tratado sistemático; cf. J.-P. BOUHOT, Explications du rituel baptismal à l'époque carolingienne, *REA*, 24, 1978, 278-301; id., Un florilege sur le symbolisme du baptême de la seconde moitié du VIIIᵉ siecle, *RA*, 18, 1983, 151-182; S. A. KEEFE, Carolingian Baptismal Expositions: A Handlist of Tracts and Manuscripts, in VV.AA., *Carolingian Essays* (A. W. Mellon Lectures in Early Christian Studies), Washington DC, 1983, 169-237.

[9] Sobre a liturgia bizantina: J. GOAR, *Euchologion sive Rituale Graecorum* (orig. 1647), reimpr. Graz, 1960; sobre as demais liturgias orientais: H. DENZINGER, *Ritus orientalium in administrandis sacramentis* (orig. 1863), reimpr. Graz, 1961. Outras edições interessantes: A. MOUHANNA, *Les rites de l'initiation dans l'Église maronite* (Christianismos, 1), Roma, 1978; G. WINKLER, *Das armenische Initiationsrituale*. Entwicklungsgeschichtliche und liturgievergleichende Untersuchung der Quellen des 3. bis 10. Jahrhunderts (OCA 217), Roma, 1982; CH. RENOUX, *Initiation chrétienne*. I. Rituels arméniens du baptême (Sources liturgiques, 1), Paris, 1997.

interesse alguns escritores[10] e, sobretudo, alguns comentários litúrgicos armênios, siríacos e bizantinos.[11]

a) Afora um curto parêntese em que, no Ocidente, a conversão dos povos germânicos nos sécs. VIII e IX favoreceu certa renovação dos métodos missionários de outras épocas e uma tímida restauração do catecumenato,[12] nesse período, no conjunto da Igreja, o normal eram os batismos de crianças. A preocupação dos pais em ver seus filhos batizados *quanto antes*, por medo de que morressem sem batismo, contribuiu de modo significativo para a generalização desta prática.[13] O batismo começa a ser considerado fundamentalmente como um meio de salvação pessoal.

Aliada a isso, a emergência da paróquia como entidade eclesiástica guiada por um presbítero favoreceu o desenvolvimento de uma liturgia batismal caracterizada, sobretudo no Ocidente, por algumas celebrações individuais, privadas, sem participação da comunidade cristã, em que todos os ritos catecumenais e batismais se concen-

---

[10] Sobretudo o *De fide orthodoxa*, de João Damasceno († 748): intitula-se assim a parte III do seu *Fonte de conhecimento*; o C. 9 do livro IV trata "da fé e do batismo": PG 94, 1117-1125. Toda a obra de Damasceno é um resumo do ensinamento dos Padres da Igreja sobre os principais dogmas da fé cristã. Quanto aos escritores siríacos, cf. B. VARGHESE, *Les onctions*, 181-244.

[11] Cf. S. P. BROCK, Some Early Syriac Baptismal Commentaries, *OCP*, 46, 1980, 20-61; CH. RENOUX, Les commentaires liturgiques arméniens, in VV.AA., *Mystagogie: pensée liturgique d'aujourd'hui et liturgie ancienne* (BEL, Subsidia, 70), Roma, 1993, 277-308; R. W. THOMSON, Early Armenian Catechetical Instructions, *Armeniaca*, 1969, 98-108; P. YOUSIF, *Mystagogical Catechesis in the Non-Byzantine Orient*, 2. ed., Kottayam, 1986.

[12] Exemplo disso são os conselhos que Alcuino dá ao Imperador Carlos Magno sobre o respeito devido à liberdade pessoal e a necessidade de uma adequada preparação ao batismo (sugerindo inclusive os temas da catequese pré-batismal). Depois da submissão dos suevos, um sínodo exigiu uma instrução de sete dias (e em alguns casos de quinze) e uma instrução pós-batismal suplementar. Os olhos se voltaram para o *De catechizandis rudibus*, de santo Agostinho; cf. A. ETCHEGARAY CRUZ, *Le rôle du "De catechizandis rudibus" de saint Augustin dans la catéchèse missionnaire des 710 jusqu'à 847* (SP XI = TU 80), Berlim, 1972, 316-321.

[13] Walfrido Strabão (séc. IX) sugere que a causa desse fenômeno é o pessimismo agostiniano em relação às crianças mortas sem batismo; cf. J. DE GHELLINCK, Le dévelopment du dogme d'apres Walfrid Strabon à propos du baptême des enfants, *RechSR*, 29, 1939, 481-486.

travam numa única sessão. Parecia muito mais a prestação de um serviço do que a celebração do mistério.

A prática romana de reservar a crismação ao bispo foi-se estendendo; no Norte da Europa, a título de exemplo, isso ocorria pela influência de são Bonifácio. Desse modo, foi-se consumando e consolidando a dissociação entre o batismo e a confirmação no Ocidente.[14] O bispo não podia fazer-se presente em todos os batizados celebrados em todas as igrejas-batistérios de sua diocese, particularmente das mais extensas. O *Sacramentário de Praga* (sécs. VIII-IX) supõe que a criança batizada por um presbítero seja confirmada pelo bispo aos oito dias. Alcuino, em carta a Oduino em 798, apresenta a seqüência dos ritos pós-batismais de forma que o batizado recebe primeiramente a comunhão eucarística (*corpore et sanguine dominico confirmatur*) e só depois (*novissime*) é confirmado pela imposição das mãos do bispo.[15] As rubricas de alguns livros litúrgicos da época prescrevem ao presbítero que batiza uma criança na ausência do bispo que lhe dê a comunhão imediatamente.[16] Em suas respostas ao questionário que lhes havia sido enviado pelo imperador Carlos Magno, aproximadamente no ano 812, enquanto os bispos do Norte da Itália falam que a imposição das mãos episcopal vem depois da primeira comunhão, Teodulfo de Orleans e Leidrado de Lyon mencionam os sacramentos da iniciação na ordem tradicional.[17]

Compreende-se portanto que, à medida que se estendia e se estabilizava a prática da desagregação, também se debilitava a consciência da unidade dos sacramentos da iniciação cristã[18] (já dissemos anteriormente que o Oriente, pelo contrário, fiel à tradição

---

[14] Cf. P. DE CLERCK, La dissotiation du baptême et de la confirmation au Haut-Moyen Âge, *LMD*, 168, 1986, 47-75; N. D. MITCHELL, Dissolution of the Rite of Christian Initiation, in VV.AA., *Made not Born*, Notre Dame, 1976, 50-82.

[15] Cf. *Alcuinus Oduino presbytero baptismi caeremonias exponit* (MGH, Ep. Karolini Aevi, II), Berlín, 1895, 202-203.

[16] A propósito dos dois últimos dados, cf. P. BORELLA, op. cit., 200-206.

[17] Cf. A. HEINZ, La célébration de la confirmation selon la tradition romaine, *QL*, 70, 1989, 29-50 (esp. 33-34).

[18] Alguns rituais situam a confirmação depois da comunhão.

dos Padres da Igreja, continua até hoje celebrando conjuntamente os três sacramentos da iniciação, inclusive aos recém-nascidos).

Em pouco tempo os ritos episcopais da unção com o crisma e da *consignatio* fundiram-se num só rito: a signação com o crisma. A partir de fins do séc. IX (cf. *Pontifical de Constança*), a confirmação começará a contar com um marco ritual de certa consistência.[19]

b) Do ponto de vista doutrinal, a preocupação principal dos autores desses séculos em suas exposições sobre o batismo é transmitir fielmente a tradição recebida dos Padres da Igreja. Na transmissão, contudo, em razão das profundas mudanças de concepção e de mentalidade ocorridas em aspectos fundamentais, perdem terreno alguns valores do pensamento teológico patrístico: a sensibilidade simbólica, o uso da tipologia bíblica, a concepção histórico-salvífica, a dimensão eclesial, a atenção dada à ação do Espírito...

A propósito da confirmação, todavia, há contribuições que merecem ser registradas. O Ocidente continua atribuindo a este sacramento o dom do *Espírito septiforme* e relacionando a unção cristã com a unção de reis e sacerdotes do AT, e também com o mistério de Pentecostes; mas a idéia de que, além de tudo isso, confere especialmente *robur ad pugnam* e *augmentum gratiae*, vai fazendo escola. Alcuíno e Rabano Mauro acrescentam um matiz interessante: o confirmado *roboratur per Spiritum Sanctum ad praedicandum aliis*,[20] introduzindo assim um tema, o do testemunho, que terá grande futuro.

No Oriente, uma vez generalizada a unção pós-batismal, proliferou a literatura encomiástica sobre o *myron*, em forma de homilias ou tratados e comentários ao rito de sua consagração.[21] Um dos tópicos desta literatura é a comparação entre o *myron* e a própria eucaristia. Além de relacionar a crismação com a unção de sacerdotes e reis do AT e, sobretudo, com a de Jesus no Jordão,

---

[19] Desde o séc. IX faz parte desse marco a oração *Deus qui Apostolis tuis*, que perdurou até nossos dias (na reforma de 1971 aparece como oração conclusiva): sublinha a relação da confirmação com o mistério de Pentecostes.

[20] ALCUÍNO, *Ep.* 134: MGHEpist., IV, 202; cf. RABANO MAURO, *De cler. inst.*, I, 30: PL 107, 314.

[21] Ver, por exemplo, a respeito dos escritores siríacos ocidentais, B. VARGHESE, *Les onctions*, 200-244.

insistem em atribuir-lhe especialmente a perfeição e a plenitude dos dons espirituais.

Este óleo é o começo de um caminho celestial, a escada que sobe ao céu, a arma contra as forças hostis, o selo infrangível do Rei, o sinal que liberta do fogo, o protetor do crente [e] o afugentador dos demônios. [O óleo] dá alegria aos anjos, [é] por sua vez vida e dador de vida, [está] cheio de grandes dons e de mistérios admiráveis.[22] O selo é a perfeição dos dons divinos.[23] O batismo tem o poder de iluminar e purificar. A eucaristia e o *myron* são a perfeição.[24]

II. O batismo e a confirmação segundo a escolástica

a) No séc. XII, a práxis batismal já havia se consolidado em toda a Igreja, em seus traços fundamentais, embora subsistissem numerosas diferenças de detalhes entre as várias regiões. Era normal, sobretudo no Ocidente, que as crianças fossem batizadas *quanto antes*, logo após o nascimento, em qualquer dia do ano, na igreja paroquial, na forma privada à qual nos referimos antes.[25]

Em geral, eram confirmados também o mais cedo possível, ou seja, na primeira visita pastoral do bispo (ou eram levados expressamente com esse intuito para a catedral a fim de que o bispo os confirmasse). Diversos sínodos do séc. XIII[26] ameaçavam com severos castigos os pais e os párocos responsáveis pelo fato de as crianças

---

[22] SANTIAGO DE EDESA (séc. VII), *Discurso sobre o Myron*, 10, cit. em B. VARGHESE, *Les onctions*, 194-195.

[23] JORGE, "O BISPO DOS ÁRABES" (séc. VIII), *Comentario sobre los misterios de la Iglesia*, cit. em B. VARGHESE, op. cit., 202.

[24] JOÃO DE DARA (séc. IX), cit. em B. VARGHESE, op. cit., 229.

[25] Os *ordines* de batismo, desse período, encontram-se em *missais* como o de Hildesheim e Brixen; em *pontificais* como o *Pontifical Romano* (do fim dos tempos) do séc. XII e o *Pontifical da Cúria Romana* (séc. XIII) e numa longa série de *rituais* como o de são Floriano (séc. XII) e o de Henrique I, bispo de Breslau (começo do séc. XIV). O *ordo* da confirmação pode ser encontrado obviamente nos vários pontificais da época.

[26] Por exemplo, os sínodos de Worcester (1240), de Exeter (1287); os bispos de Salisbury (1217), de Chichester (1246).

chegarem à idade da discrição sem terem recebido a confirmação. As condenações sinodais são um claro indício de que havia começado a generalizar-se o costume de adiar a confirmação até a idade da razão. De fato, a partir do séc. XIII, em muitas regiões ocidentais implantou-se a norma, mantida em vigor também em nossos dias, de esperar até os sete anos para confirmar as crianças batizadas logo após o nascimento. Sem dúvida essa mudança foi influenciada pelo Concílio Provincial de Colônia, de 1280, o qual havia estipulado que não se confirmasse antes dos sete anos. Só Espanha, Portugal e algumas dioceses isoladas mantiveram-se fiéis, até as vésperas do Vaticano II, à prática mais antiga de confirmar quanto antes, na primeira visita pastoral do bispo (crianças, portanto, de 1 a 5 anos de idade).

A única mudança ritual digna de nota, ocorrida no Ocidente na Baixa Idade Média, foi no rito central do batismo: até o séc. XIV as fontes continuam falando da tríplice imersão; a partir dessa data o batismo por imersão aos poucos cairá em desuso para acabar sendo suplantado definitivamente no séc. XV pelo batismo por infusão.

Precisamos observar também que, ao longo dos tempos, no ritual da confirmação a imposição das mãos foi perdendo importância, inclusive no Ocidente, convertendo-se num elemento secundário. A especulação teológica chegou a considerá-la uma cerimônia não tão necessária.[27]

b) A evolução no aspecto doutrinal foi muito grande nesses séculos, que testemunharam o nascimento, o apogeu e o declínio da Escolástica. A aplicação do método dialético também à teologia dos sacramentos do batismo e da confirmação, bem como sua preocupação em estruturar sistematicamente todo o saber teológico permitiram aos escolásticos propor com mais precisão as questões, ampliar seu número, analisar e definir melhor os conceitos e apresentar tudo como um corpo de doutrina. A filosofia aristotélica punha em suas mãos instrumentos novos de penetração teológica em forma de categorias filosóficas e raciocínios lógicos para suas análises e deduções dos dados da fé. O desejo de conhecer a realidade ontológica das coisas através das suas causas levou a multi-

---

[27] Quando falam da matéria do sacramento, alguns continuam mencionando-a (é o caso de são Boaventura e do Concílio de Lyon do ano 1274: DS 860); outros, no entanto, como santo Tomás (cf. *Opusc. IV*: ed. Vives, XXVII, 179) e o *Decretum pro Armenis* (DS 1317), a abordam de passagem.

plicarem-se as *questões* (logo se tem a impressão de estar diante de uma lista estereotipada). Iremos nos limitar aqui a apresentar um simples elenco de tais questões, o que será suficiente para dar uma idéia do novo rumo tomado pela especulação teológica.[28] Desde que se começou a falar no septenário sacramental, em meados do séc. XII, o batismo e a confirmação apareciam ocupando os dois primeiros lugares da lista. Todos defendiam a sacramentalidade de ambos os sacramentos, discutindo entre eles sobre quando e como haviam sido instituídos por nosso Senhor. Sua preocupação em determinar as *causas* os levou a se perguntarem de que forma tais sacramentos derivam sua eficácia da paixão de Cristo e da Trindade como causa principal e qual é o papel da Igreja na justificação batismal. Perguntavam-se desde quando se tornara obrigatório o batismo cristão.

Contra cátaros e albigenses, tiveram de defender a necessidade do batismo para a salvação, discutindo entre eles se essa necessidade é *de meio ou de preceito* e se há possibilidade de supri-lo (ba-

---

[28] Os testemunhos mais significativos da evolução da doutrina sobre o batismo e a confirmação na Escolástica são Ruperto de Deutz († 1129), Hugo de São Vítor († 1141) com seu *De sacramentis christianae fidei*, o autor anônimo da *Summa Sententiarum*, Pedro Lombardo († 1164) com seu *Liber sententiarum*, Guilherme de Auxerre († 1231), Guilherme de Auvergne († 1249), Alexandre de Hales († 1245), Hugo de São Caro († 1263), são Boaventura († 1274), santo Alberto Magno († 1280), santo Tomás de Aquino († 1274), Olivi († 1298), João Duns Scoto († 1308) e Guilherme de Ockham († 1348). Na seqüência sugerimos alguns estudos, seguindo a ordem na qual mencionamos os autores: L. ALESSIO, "Sacramentum Victoriae". El bautismo en Ruperto de Deustz, *Cuadernos monásticos*, 8, 1973, 369-468; R. BARÓN, Le Sacrement de la Foi selon Hugues de Saint-Victor, *RSPhTh*, 42, 1958, 50-78; J. L. LARRABE, El Bautismo, iniciación y camino de madurez cristiana (según san Bonaventura), *Naturaleza y Gracia*, 30, 1983, 203-234; M. ROEDER, *Taufe und Firmung nach der Lehre des heiligen Bonaventura* (dissert. Univ. Teológica de Munique), München, 1973; A. ADAM, *Das Sakrament der Firmung nach Thomas vom Aquin* (FThSt, 73), Freiburg, 1958; R. BERNIER, Le Sacrement de confirmation dans la théologie de Saint Thomas, *LV*, 51, 1961, 59-72; G. A. FRENDO, St. Thomas Aquinas on the Sacrament of Faith, *Scientia*, 37, 1974, 30-38; B. GAULLIER, *L'état des enfants morts sans baptême d'apres saint Thomas d'Aquin*, Paris, 1961; G. GEENEN, L'usage des «auctoritates» dans la doctrine du baptême chez saint Thomas d'Aquin, *EthL*, 15, 1938, 279-329; H. KASTEN, *Taufe und Rechtfertigung bei Thomas von Aquin und Martin Luther*, München, 1970; J. L. LARRABE, Evangelización-Bautismo-Comunidad según Santo Tomás de Aquino, *Studium*, 21, 1981, 73-98; D. BÜRR, Olivi and Baptismal Grace, *Franziskanische Studien*, 57, 1975, 1-24.

tismo de desejo). Pelo contrário, a postura sobre a necessidade da confirmação era apresentada de forma mais amena.

Uma vez descoberta a estrutura tripartida dos sacramentos, empenharam-se em determinar quais os elementos que exercem, no batismo e na confirmação, a função de *sacramentum tantum, res et sacramentum* e *res tantum*, respectivamente.

Partindo do seu hilemorfismo, propunham uma variedade de *quaestiones* sobre a *matéria* e a *forma* desses sacramentos: sobre matéria remota e matéria próxima; sobre a matéria e a forma essenciais; sobre os elementos que são necessários na fórmula para sua validade.

A relação fé/sacramento (sobretudo fé/batismo e particularmente fé/batismo de crianças) foi outra grande preocupação da época: a fé requerida no sujeito adulto; o próprio rito enquanto profissão de fé: fé na paixão, fé na Trindade; a influência da fé na causalidade do sacramento; o papel da fé da Igreja no batismo (particularmente de crianças); a relação entre a eficácia objetiva do sacramento e a cooperação subjetiva do homem.

Constituíam objeto de discussão as questões referentes ao sujeito (condições requeridas no adulto para a validade do sacramento e para que o sacramento fosse frutífero; efeito do sacramento em caso de *ficção*) e ao ministro (a intenção requerida para a validade; se a faculdade do ministro é *potestas* ou é *ministerium*). Como se verá, a questão do ministro (ordinário ou extraordinário) revestia-se de particular importância no tratado sobre a confirmação.

A partir do séc. XIII investigou-se de maneira sistemática um grande número de questões relativas aos diferentes efeitos atribuídos ao batismo e à confirmação; por exemplo, sobre a ação do batismo contra o pecado: contra o pecado original e suas conseqüências; contra os pecados pessoais; contra as penas devidas ao pecado (pena eterna e penas temporais).

As questões relativas ao caráter como efeito específico distintivo do batismo e da confirmação atraíram fortemente a atenção dos escolásticos a partir de Alexandre de Hales, discutindo-se sobre qual é a fonte desta doutrina (Escritura + tradição, ou só o magistério da Igreja?), qual é o lugar ocupado na estrutura tripartida do sacramento, a que categoria de *qualitas* pertence, que relação tem com a graça sacramental e que vinculação existe entre o caráter do batismo e o da confirmação.

Diante dos ataques de valdenses, cátaros, albigenses e petrobrusianos, viram-se obrigados a defender a legitimidade do batismo de crianças; e o fizeram na dupla linha já traçada por santo Agostinho, ou seja, da conexão entre batismo e pecado original,[29] e entre batismo e fé da Igreja. Embora alguns sigam Agostinho em sua idéia pessimista a respeito da sorte das crianças mortas sem batismo,[30] vão abrindo caminho concepções mais otimistas. Santo Tomás, por exemplo, afirmava que as crianças se salvam pela fé dos pais;[31] outros imaginaram para elas a situação intermediária do limbo.

Os teólogos desse período começaram a dedicar um tratado à parte para a exposição da doutrina sobre a confirmação,[32] apesar de continuarem convencidos de que, "para realizar a salvação, batismo e confirmação são tão ligados entre si que não devem ser separados a não ser em caso de perigo iminente de morte".[33] Em termos gerais, deve-se dizer que eles tentaram manter-se na linha dos Padres da Igreja.[34] Contudo, percebemos que afloram com força as duas linhas de pensamento que lhes chegavam diretamente da época carolíngia: a linha *apostólica* ou *profética*, que vê na confirmação o sacramento que confere a força para o testemunho apostólico; e a linha *ascética*, que atribui à confirmação a força para triunfar sobre os inimigos internos e externos da fé. Todavia, na síntese definitiva de santo Tomás, o tema central é a analogia dos sacramentos da iniciação com as idades da vida: a confirmação é o sacramento da maturidade espiritual. Esse enfoque permitia integrar organica-

---

[29] Cf. P. RICHÉ, Faut-il baptiser les enfants?, in VV.AA., *Rituels*. P.-Mélanges, Gy, Paris, 1990, 447-453.

[30] Por exemplo, INOCÊNCIO III (a.1201): DS 780; Conc. II de Lyon (a. 1274): DS 858. Cf. G. DÍAZ, Tradición agustiniana acerca de los niños que mueren sin el Bautismo, *CD*, 175, 1962, 201-228; 176, 1963, 699-720.

[31] Cf. B. GAULLIER, op. cit.

[32] Cf. A. ADAM, *Das Sakrament der Firmung nach Thomas von Aquin* (FThSt 73), Freiburg, 1958; M. HAUKE, op. cit., 170-173; H. WEISWEILER, op. cit.

[33] HUGO DE SÃO VÍTOR, *De sacramentis christianae fidei*, 1.II, pars 7, c. 4: PL 176, 465 BC.

[34] Cf. V. NATALINI, Relazione ontologica della grazia del Battesimo con la grazia della Cresima. Un trentennio di storia (1225-1255), *Ant*, 37, 1962, 55-114; 219-278.

mente os dois aspectos mencionados e, além disso, explicar o tipo de relação existente entre o batismo e a confirmação.

A preocupação em organizar de forma sistemática todos os conhecimentos relativos a esses dois sacramentos aflora já no séc. XII na obra *Sententiae Patrum*, em Abelardo, em Hugo de São Vítor e, sobretudo, no *Liber Sententiarum* de Pedro Lombardo. No século seguinte, encontramos principalmente na *Summa theologica* de Alexandre de Hales uma primeira tentativa de estruturar toda a teologia do batismo e da confirmação em torno dos quatro gêneros de *causas* (material, formal, eficiente e final). Seguir-se-ão sínteses mais bem elaboradas, produzidas por são Boaventura e por santo Tomás de Aquino.

Não há dúvida de que os escolásticos fizeram com que a teologia do batismo e da confirmação progredisse de forma notável; eles desenvolveram consideravelmente o âmbito das questões estudadas, ampliaram os conceitos teológicos, delimitaram bem as questões e ofereceram sínteses solidamente estruturadas,[35] que serão mantidas de modo estável por muitos séculos.

Contudo, não podemos deixar de assinalar aqui alguns elementos negativos. A atenção dada aos ritos, ao seu simbolismo e à tipologia bíblica, mesmo não estando totalmente ausente,[36] não desempenha um papel determinante em suas elucubrações. O evento sacramental é apresentado em categorias estáticas, menos dinâmicas. A teologia desses sacramentos desenvolve-se em chave preponderantemente encarnacionista; ressente-se, por isso mesmo, da concepção histórico-salvífica; é praticamente abandonada a chave hermenêutica pascal-trinitária (indício da evaporação da dimensão pascal: a vinculação do batismo com o mistério pascal ficou sem o suporte ritual que até então lhe havia sido dado pela festa da Páscoa como festa batismal e pela tríplice imersão). Indubitavelmente o tema da paixão é um elemento importante no tratado sobre o batismo dos escolásticos, sobretudo em santo Tomás, mas tornava-se difícil para eles transformar a história em ciência

---

[35] Podem ser consideradas sínteses autorizadas da doutrina comum sobre o batismo: INOCÊNCIO III, *Ep. "Maiores Ecclesiae causas"* (a. 1201): DS 780-781; sobre o batismo e a confirmação: CONCÍLIO DE FLORENÇA, *Decretum pro Armenis*: DS 1314-1319.

[36] Cf., por exemplo, J. BOUTTIER, La typologie du baptême d'apres saint Thomas, *NRTh*, 76, 1954, 887-916.

organizada (M.-D. Chenu). A perda de todo sentido comunitário na celebração do batismo durante esse período tem reflexo no pouco relevo adquirido pela dimensão eclesial na concepção dos teólogos; consideravam-no primordialmente como um meio de salvação pessoal. A estreita relação entre a confirmação e o Espírito Santo ficou um tanto debilitada com a pretensão de definir a confirmação só a partir dos efeitos produzidos.

Em síntese: criaram uma teologia conceitual, que se expressa em símbolos conceituais.

Por caminhos independentes (embora sem descartar possíveis mútuos empréstimos), os teólogos orientais continuaram progredindo, por exemplo, na linha marcada pelos primeiros panegiristas do *myron*. Juntamente com outros autores como Bar Hebraeus, a figura mais importante do cristianismo oriental do séc. XIII,[37] merece particular destaque Nicolas Cabasilas († depois de 1391), autor de *A vida em Cristo*, "a melhor e mais profunda exposição da mística sacramental oriental". É citado como autoridade em LG 11 por sua doutrina sobre a confirmação,[38] mas são interessantes também suas idéias sobre os demais sacramentos da iniciação cristã.

---

[37] Cf. B. VARGHESE, op. cit., 261-280.
[38] Cf. M. HAUKE, op. cit., 173-176; J. NORET, La confirmation selon Nicolas Kabasilas, *LMD*, 168, 1986, 33-46; J. ZERNDL, op. cit., 225-234.

Capítulo IV
Batismo e confirmação na época moderna

Bibliografia

ALTEN, D., Baptism in Recent German Theology, *Restoration Quarterly*, 7, 1963, 124-131; CRISTIANI, L., Réforme. La doctrine des sacrements: Baptême, Confirmation, in *DThC* XIII, Paris, 1937, 2062-2068; DELLA TORRE, L., Mutamenti della prassi battesimale nella chiesa cattolica, *Vita monastica*, 141, 1980, 115-126; HAUKE, M., *Firmung*, 176-225; HIMBURY, D. M., Baptismal Controversies, 1640-1900, in VV.AA., *Christian Baptism. A Fresh Attempt to Understand the Rite in Terms of Scripture, History and Theology*, London-Philadelphia, 1959, 273-305; JAGGER, P. J., *Christian Initiation, 1552-1969* (Alcuin Club), London, 1957; JORDAHN, B., Der Taufgottesdienst im Mittelalter bis zur Gegenwart, *Leiturgia*, V, 350-478; KLEINHEYER, Br., *Eingliederung*, 136-171; 210-236; LARRABE, J. L., Panorama actual del bautismo (a los 25 años de la Constitución de Liturgia del Concilio Vaticano II), *Studium*, 28, 1988, 107-133; LUKKEN, G., *Theology of Baptism after Vatican II: Per visibilia ad invisibilia*. Anthropological, Theological and Semiotic Studies on the Liturgy and the Sacraments, Kempen, 1944, 184-195; MANGENOT, E., Confirmation d'apres le Concile de Trente, in *DThC* 2, Paris, 1932, 1088-1093; id., Baptême dans l'Église anglicane et dans les sectes protestantes apres le Concile de Trente. Valeur du baptême des anglicans et des protestants aux yeux de l'Église catholique, in ibid., 337-341; MASSAUT, J. P., Le baptême dans les controverses du XVIe siecle. Le rite et la foi, in VV.AA., *Les rites d'initiation*, Louvain-la-Neuve, 1986, 431-453; MEINHOLD, P., Die Anschauung von der Taufe bei den Reformatoren und die neuere theologische Diskussion um die Taufe, in VV.AA., *Taufe und Firmung*, Regensburg, 1971, 91-110; MOREL, G., Baptême dans l'Église anglicane et dans les sectes protestantes apres le Concile de Trente, in ibid., 930-935; NEUNHEUSER, B., *Bautismo y confirmación*, 96-100; PAYNE, E. A., Baptism in Recent Discussion, in VV.AA., *Christian Baptism. A Fresh Attempt*, 15-24; RUCH, C., Le Baptême d'apres le Concile de Trente, in *DThC* 2, Paris, 1927, 296-398; SÁNCHEZ RAMIRO, D., *El bautismo en el Decreto sobre el pecado original del Concilio de Trento*. Interpretación de la doctrina conciliar mediante el análisis de las Actas y de la controversia coetánea, 1515-1546 (dissertação Gregoriana), Roma, 1984; SARTORI, L. Il Battesimo nella Teologia attuale, *StP*, 7, 1960, 7-42; STELLA, P., La Confermazione nella catechesi e nella pastorale da Trento al Vaticano I, *RL*, 59, 1972, 340-351; TILLARD, J. M. R., Perspectives nouvelles sur le baptême, *Irénikon*, 51, 1978, 171-185; WAINWRIGHT, G., Développements baptismaux depuis 1967, *ETR*, 49, 1974, 67-93.

A situação inicial deixava muito a desejar tanto no que diz respeito às condições pastorais em que eram *administrados* os sacramentos da iniciação, quanto no que se refere à limitada concepção que deles tinha o povo cristão falta de instrução religiosa; tudo isso constituía um fácil alvo de críticas da parte de humanistas e reformadores. A crise da Reforma sacudiu a Igreja também nesse campo, mas não excessivamente, em razão do acordo em questões fundamentais entre as principais Igrejas protestantes e a Igreja Católica no que se refere ao batismo e, inclusive, ao batismo de crianças. Em conseqüência disso, os debates com os reformadores não mudaram substancialmente o horizonte doutrinal, que se manteve invariável até o séc. XX (exceção feita a uma pequena influência das novas concepções e práticas dos protestantes sobre a *confirmação*, que estimularam a preocupação dos católicos com a instrução catequética na preparação da mesma).

Dentro desse imobilismo, os séculos aos quais nos referimos foram um tempo de intensa pesquisa histórica, sobretudo a respeito da tradição da Igreja antiga; com sua recuperação de riquezas esquecidas, encontra-se na origem da renovação que observamos hoje nos estudos litúrgicos e doutrinais que levaram o Concílio Vaticano II a promover uma reforma profunda da liturgia dos sacramentos da iniciação cristã.

São desse período as vozes de crítica radical que ouviremos, primeiro no séc. XVI na boca dos anabatistas e depois no séc. XX na de K. Barth, contra o batismo de crianças, que obrigarão os teólogos a propor seriamente o problema sempre fundamental da relação fé/batismo.

I. Batismo e confirmação na Reforma e em Trento

Às vésperas da Reforma e ao longo de todo o séc. XVI, continuaram proliferando os rituais do batismo. São apresentados eventualmente em separado com nomes como *libellus, ordo baptizandi, baptisterium*, mas em geral fazendo parte de coleções rituais para uso dos presbíteros: *agenda, benedictionale, liber manualis, liber sa-*

cerdotalis, manuale, manuale pastorum, pastorale, parochiale, rituale (na Itália) *sacerdotale...*[1]

Faremos menção, por sua importância, ao *Liber sacerdotalis*, composto em 1523 pelo dominicano Alberto di Castello; teve 16 edições até 1597 e serviu de modelo para o ritual do batismo de Paulo V (1614),[2] bem como para a *Agenda sive Benedictionale commune agendorum pastori ecclesiae neccessarium* (Leipzig, 1501), em uso em várias dioceses alemãs, na qual se inspirou Lutero para seu *Taufbüchlein* de 1523.

No confronto entre reformadores e Igreja Católica durante o séc. XVI, os dois primeiros sacramentos da iniciação cristã não constituíram um tema central. Contudo, toda vez que aqueles, também neste ponto, chegaram a posturas que estavam em aberta contradição com a doutrina católica, o Concílio de Trento viu-se obrigado a se pronunciar contra seus erros.

1. Batismo e confirmação segundo os reformadores do século XVI

Todos os reformadores do séc. XVI avaliavam positivamente o batismo e o consideravam um sacramento, embora sua doutrina batismal se ressentisse da concepção que cada grupo tinha daquilo que significa sacramento. Todos coincidiam também em negar a sacramentalidade à confirmação.

a) Para *Lutero*,[3] o batismo é o sacramento fundamental da vida cristã, que torna possível a eficácia do outro sacramento (a

---

[1] Cf. W. GLADE, *Die Taufe in den vorcanisianischen katholischen Katechismen des 16. Jahrhunderts im deutschen Sprachgebiet* (BHRef, 2), Nieuwkoop, 1979; M. PROBST, Die westlichen Riten der Kindertaufe im Zeitalter der Reformation, *LJ*, 35, 1985, 85-111; H. J. SPITAL, *Der Taufritus in den deutschen Ritualien von den ersten Drucken bis zur Einführung des Rituale Romanum* (LQF, 47), Münster, 1968.

[2] Cf. E. CATTANEO, Il Rituale romano di Alberto Castellani, in VV.AA., *Miscellanea Liturgica*. FS Card. G. Lercaro II, Roma, 1967, 629-647.

[3] Cf. H. ECHTERNACH, Die Wiederentdeckung des Taufsakraments durch Luther, in VV.AA., *Mensch und Menschensohn*. FS D. K. Witte, Hamburg, 1963, 58-80; H. FAGERBERG, *Die Theologie der lutherischen Bekenntniss*chriften *von 1529-1537*, Göttingen, 1965, 181-193; V. GLONDYS, Bemerkungen zur lutherischen Tauflehre, ZST, 19, 1942, 3-30; L. GROENVIK, *Die Taufe in der Theologie Martin Luthers*, Göttingen, 1968; O. HOF,

eucaristia). Ele atribuiu grande importância à articulação Palavra-sacramento (Palavra-água).[4] Acentuou a importância da Palavra; a eficácia da água vem da Palavra. O batismo é, antes de mais nada, uma forma particular da Palavra de Deus: "O batismo é [...] Palavra de Deus na água".[5] O sacramento é o selo da autenticidade da promessa da Palavra; é o sinal externo que garante ao crente o dom divino contido na Palavra. Por isso a fé na Palavra desempenha um papel insubstituível: o verdadeiro batismo é a fé (entendida em sentido protestante). Para Lutero, o batismo apresenta acima de tudo um caráter escatológico: é dado em vista da nova criação do homem na ressurreição. Ele atribui ao batismo a justificação, que consiste sobretudo no perdão do pecado, entendido mais como *morte* (*Abtötung*) do que como *lavação* (*Abwaschung*). Para ele há identidade entre o sinal e a ação salvífica.

Pelo contrário, *Zuínglio*,[6] que nega ao sacramento toda significação religiosa para reduzi-lo a um ato exterior de ordem política e social, afirma que o batismo é um mero *signo*, uma *res externa*, que simplesmente remete à *res vera*, que é o batismo do Espírito. Não é causa de graça,[7] ou seja, é mais um *testemunho* do que um *sacramento*: "Serve para dar certeza de tua fé na Igreja mais do que para ti mesmo". O signo e a coisa significada são realidades separadas. O batismo é signo de admissão na Aliança de Deus. Ele o considera também um signo que compromete (*Pflichtzeichen*, um dos sentidos de *sacramentum*): compromete na obediência à

Taufe und Heilswerk Christi bei Luther, in VV.AA., *Zur Auferbauung des Leibes Christi*. FS P. BRUNNER, Kassel, 1965, 223-244; W. JETTER, *Die Taufe bei jungen Luther*. Eine Untersuchung über das Werden der reformatorischen Sakraments – und Taufanschauung (BHTh, 18), Tübingen, 1954; J. D. TRIGG, *Baptism in the Theology of Martin Luther* (dissertação), Durkam, 1992. A doutrina batismal de Lutero foi recolhida por Ph. MELANCHTON na *Confessio Augustana* (a.1530); cf. sua *Apologia Confessionis Augustanae* (1530 e 1531).

[4] Lutero busca analogias na relação *Deus–homem*, na Encarnação do Verbo e na relação *palavra–espírito* na palavra bíblica e na palavra pregada.

[5] LUTERO, *Art. Smalc*: WA 50, 241; cf. *Kleiner Katechismus*, 6, 8: BEK., 515.

[6] Cf. J. V. M. POLLET, *Zwinglianisme*. Doctrine sacramentaire (DThC, 15), Paris, 1950, 3819-3824.

[7] Recorre ao exemplo da compra-venda: o aperto de mãos que se dão entre si o comprador e o vendedor não é *traditio rei*, mas unicamente um *visibile signum* do negócio já realizado.

fé. Em coerência com tais princípios, Zuínglio não considera o batismo necessário nem para o perdão do pecado original nem para a salvação. A Reforma atinge em Zuínglio sua cota mais elevada de radicalização.

Fundamentalmente na linha de Zuínglio, *Calvino*[8] considera o sacramento um signo exterior pelo qual Deus sela em nossas consciências as promessas de sua benevolência para conosco, para fortalecer a fraqueza de nossa fé e para que nos demos mutuamente testemunho, tanto diante dele como diante dos homens, de que o temos por nosso Deus.[9] Conseqüentemente, o batismo é uma *promessa*, um *signo*, um *indício* da ação salvífica realizada em Cristo. Calvino sublinhou a natureza *cognoscitiva* do batismo: por ele Deus dá a conhecer a salvação; não tem eficácia senão como *testemunho da graça de Deus e como selo do favor que ele nos outorga* (só ocasionalmente fala dele como meio de salvação). Desfaz-se assim todo e qualquer vínculo entre o ato batismal e a ação salvífica de Deus em Cristo.[10] A resposta do crente a este *testemunho* de Deus é a confissão diante dos homens.

Contrariamente à lógica de seus princípios, Lutero, Zuínglio e Calvino aceitaram e justificaram o batismo de crianças. Para Lutero, "as crianças pertencem também à Redenção prometida, realizada por Cristo".[11] O batismo de crianças é a melhor demonstração de que o batismo é obra de Deus. Para Lutero, as crianças têm fé, uma fé *adormecida*; a fé da criança é deduzida de seu batismo, e não vice-versa.[12] Para Zuínglio, é suficiente a fé vicária dos pais e

---

[8] Cf. A. GANOCZY, *Calvin, théologien de l'Église et du ministere* (Unam Sanctam, 48), Paris, 1964, 94-110; W. KRECK, Die Lehre von der Taufe bei Calvin, *Evangelische Theologie*, 8, 1948-1949, 237-254; T. F. TORRANCE, Calvins Lehre von der Taufe, in *Calvin-Studien 1959*, Neukirchen, 1960, 95-129.

[9] *Inst.* IV, 15, 1-22; ed. C. de Valera, vol. II, Rijswijk, 1967, 1028-1043.

[10] "Os sacramentos produzem sua eficácia quando o Senhor, no interior das almas, lhes acrescenta sua força, e unicamente por ela são penetrados os corações e tocados os afetos para dar entrada aos sacramentos". Evidentemente, para Calvino, não há diferença entre o batismo de João e o batismo cristão (nem entre os sacramentos do AT e os do NT).

[11] *Art. Smalc.* III/IV: BSLK, 450; Cf. PH. MELANCHTON, *Apol.*, art. IX/2: ibid., 247.

[12] Cf. WA, 26, 157. Ver P. ALTHAUS, Martin Luther über die Kindertaufe, *ThLZ*, 73, 1948, 705-714; K. BRINKEL, *Die Lehre Luthers von der "fides infantium" bei der Kindertaufe*, Berlin, 1958; S. ZIMMER, *Das Problem der Kindertaufe in der Theologie*

padrinhos; das crianças não se pode exigir a fé. Ele justificava o batismo de crianças pelo testemunho dos Padres da Igreja e pela tipologia: as crianças de pais cristãos não podem ser de condição pior do que as crianças do AT, que eram agregadas ao Povo de Deus pela circuncisão. Na realidade, para as crianças o batismo não é necessário *necessitate medii*; todavia é preciso batizá-las, não para salvá-las, mas para dar testemunho de sua pertença à Igreja cristã na qual são salvas. Por trilhas parecidas move-se o pensamento de Calvino: tal como Zuínglio, ele recorre à história e à tipologia da circuncisão para justificar o batismo de crianças; e tal como Lutero, afirma que as crianças são purificadas no batismo pela fé, mas acrescenta: "As crianças são batizadas com vistas à sua futura pertença e à sua futura fé".[13]

À margem dos círculos protestantes *ortodoxos*, os *anabatistas* (chamados *Täufer* e *Schwärmern* ou *Entusiastas*) professaram uma doutrina batismal sustentada também numa teoria geral dos sacramentos muito semelhante. Embora concordem com os escolásticos em definir o sacramento *signum rei sacrae*, para eles o *signum* careceria de conteúdo real: é signo de um acontecimento interior que já teve lugar precedentemente. O sacramento só testemunha a realidade de uma vida interior realizada por Deus independentemente dos sacramentos. Afirmavam, em conseqüência, a primazia da Palavra sobre o sacramento. Exigiam com força singular e com coerência a necessidade de instrução, conversão e profissão de fé pessoal para receber o batismo. Mais coerentes com os princípios da Reforma, combateram duramente a prática do batismo de crianças: não admitindo o pecado original, não viam nenhuma razão para batizar quem não cumprisse as disposições requeridas de uso da

---

Martin Luthers. Luthers reformatorische Grunderkenntnisse als Masstab für die Frage nach der Kindertaufe (dissertação), Tübingen, 1992.

[13] *Inst.* IV, 16, 20: OS 5, 324, 24. Cf. L. M. G. ALTING VON GEUSAU, *Die Lehre von der Kindertaufe bei Calvin, gesehen im Rahmen seiner Sakraments- und Tauftheologie*, Bilthoven-Mainz, 1963; J.-D. BENOÎT, Calvin et le baptême des enfants, *RHPhR*, 17, 1937, 457-473; J. RAITT, Three Inter-Related Principles in Calvin's Unique Doctrine of Infant Baptism, *The Sixteenth Century Journal*, 11, 1980, 51-61.

razão, inteligência e fé. Consideravam-no inválido: "A suprema e principal abominação do Papa".[14]

Lutero e Calvino concordam com os católicos em considerar o batismo sobretudo como uma ação de Deus; os demais o contemplam como uma ação humana. Aqui reside a diferença mais importante entre as distintas teologias batismais. Todos eles são unânimes em negar que o batismo imprime caráter.

Os reformadores compuseram os próprios rituais de batismo em conformidade com suas doutrinas e com clara tendência à simplificação.[15] Embora Lutero tenha reconhecido em 1520 que os rituais em uso na Igreja romana eram fundamentalmente corretos, em 1523 compôs o seu *Taufbüchlein* (inteiramente em alemão, "para que os pais e padrinhos entendam o que acontece no batismo"). Mostrou-se conservador e continuísta, ainda que tenha buscado a simplicidade e a brevidade (eliminando repetições, recortando o número dos exorcismos e encurtando suas fórmulas).[16] Foram mais radicais na supressão de ritos Zuínglio, em sua *Ordnung* de 1525, articulada quase exclusivamente em torno da palavra, e Calvino, em *La forme d'administrer le baptesme*, de 1543, que se ajusta à concepção que seu autor tinha do batismo: um rito de admissão solene

---

[14] Cf. VV.AA., *The Origins and Caracteristics of Anabaptism*, La Haya, 1977; M. BRECHT, Herkunft und Eugenart der Taufanschauungen der Züricher Täufer, *Archiv für Reformationsgeschichte*, 64, 1973, 147-165; V. GASTALDI, *Storia dell'anabattismo dalle origini a Münster (1525-1535)*, Torino, 1972; THOMAS MÜNTZER afirmava também que o que conta verdadeiramente na justificação batismal é o processo interior, promovido pelo Espírito, pelo qual o homem segue o exemplo de Cristo paciente e se configura a ele. A ablução com água desempenha um papel pouco importante; cf. E. ISERLOH, Sakraments- und Taufverständnis bei Thomas Müntzer, in VV.AA., *Zeichen des Glaubens*, 109-122.

[15] Texto, estudo das fontes, análise comparativa e comentário em B. JORDAHN, op. cit., 350-425 e 473-477.

[16] A adição mais significativa foi a da *oração do dilúvio (Sintflutgebet)*, baseada na tipologia do dilúvio, na passagem do Mar Vermelho e no batismo de Jesus, cuja paternidade é posta em discussão. Texto, estudo das fontes, análise comparativa e comentário da *liturgia batismal de Lutero*, em B. JORDAHN, op. cit., 350-425. Ver, além disso, W. DÜRIG, Das Sinflutgebet in Luthers Taufbüchlein, in VV.AA., *Wahrheit und Verkündigung*. FS M. Schmaus II, Paderborn, 1967, 1035-1047; F. SCHULZ, Luthers liturgische Reformen, *ALw* 25, 1983, 249-275.

na comunidade (daí a importância dada aos comentários dirigidos aos padrinhos e à recitação comum do pai-nosso e do credo).[17]

b) De acordo com sua idéia básica segundo a qual todo sacramento deve ter sido instituído expressamente por Cristo e deve ser acompanhado por uma Palavra de Deus com promessa de graça, os reformadores do séc. XVI negaram unanimemente que a confirmação fosse sacramento; aceitá-lo redundaria, segundo eles, em desvalorização do batismo. Para Lutero, a confirmação é um *Affenspiel* (macaquice) e um *Gaukelwerk* (feitiço).[18]

Contudo, desde o começo sentiram saudade da confirmação e de alguma forma a recuperaram a seu modo. Como humanistas cristãos do Renascimento, eram sensíveis à ignorância religiosa do povo cristão e trataram de remediá-la estabelecendo uma espécie de catecumenato que, inspirando-se em uma idéia que já havia sido posta em prática pelos *dois irmãos da Boêmia* (hussitas), no séc. XV, culminava numa solene celebração (que preencheria o vazio deixado pela confirmação dos católicos), na qual as crianças confessariam pessoalmente sua fé batismal na presença da Igreja e ratificariam os compromissos contraídos por outros em seu nome;[19] ou seja, voltavam a falar da confirmação como complemento do batismo. Tais posicionamentos não deixarão de influenciar mais tarde também os círculos católicos.

2. *Batismo e confirmação segundo o Concílio de Trento*

a) Na sessão VII do Concílio de Trento (1547), na congregação geral de 17 de janeiro, o cardeal de Santa Cruz leu uma lista de proposições errôneas sobre o *batismo*, retiradas dos escritos dos

---

[17] Cf. B. JORDAHN, op. cit., 473-477.

[18] Cf. LUTERO, *De capt. bab.*: WA 6, 49-50; PH. MELANCHTON, *Apol.*; CALVINO, *Inst.* IV, 19, 4-13; ibid., 1141-1149. Ver H. SCHÜTZEICHEL, Kalvins Kritik an der Firmung, in VV.AA., *Zeichen des Glaubens*, 123-135; P. TURNER, *The Meaning and Practice of Confirmation*. Perspectives from a Sixteenth-century Controversy (American University Studies, Series 7; Theology and Religion, 31), New York, 1987.

[19] É famoso o projeto proposto já em 1522 por Erasmo. Em geral, a ênfase era dada ao aspecto da instrução; contudo, em alguns casos não estava ausente o sentido sacramental, toda vez que era usado material eucológico proveniente da liturgia tradicional, que falava do dom do Espírito septiforme.

reformadores e por ele consideradas suscetíveis de condenação por parte do Concílio.[20]

O Concílio ocupou-se do batismo em diferentes ocasiões: na sessão V (1546), tratando do pecado original; na sessão VI (1547), ao apresentar a doutrina sobre a justificação; na sessão XIV (1551), quando abordou o sacramento da penitência, e mais expressamente na sessão VIII (1547), dedicada à doutrina sobre os sacramentos e, em especial, sobre o batismo.

Os pronunciamentos conciliares estiveram condicionados, por um lado, pelas negações dos reformadores e, por outro, pela doutrina dos escolásticos (e pelas declarações do *Decretum pro Armenis*). Apresentamo-los em ordem sistemática:

- Em termos gerais, reivindica-se como *boa* a doutrina sobre o batismo proposta pela Igreja romana (DS 1616). O batismo é sacramento em sentido verdadeiro e próprio (DS 1601), superior ao de João (DS 1614).

- O sacramento do batismo e o sacramento da penitência são dois sacramentos distintos; diferenciam-se na matéria, na forma, no ministro e nos frutos (DS 1671-1672; 1702; cf., também, DS 1542-1543).

- O batismo não é livre, mas necessário para a salvação (DS 1618; cf. DS 1672), como único remédio contra o pecado original (DS 1513-1515) e única causa (instrumental) de justificação (DS 1524 e 1529), embora possa ser suprido pelo *votum baptismi* (DS 1524). Portanto, as crianças devem ser batizadas (DS 1514; cf. DS 1625-1627).[21]

- As disposições requeridas do sujeito para a justificação sacramental são a fé, o arrependimento e a aversão aos pecados pessoais, a esperança, o desejo do batismo e o propósito de iniciar uma vida nova (DS 1526-1527).

---

[20] Cf. CT V, 836-838.

[21] Cf. J. DEGRAEVE, Het kinder doopsel op de 7e sessie van Trente, *Bijdragen*, 25, 1964, 1-28; A. DUVAL, Le Concile de Trente et le baptême des enfants, *LMD*, 110, 1972, 16-24.

- Ao ministro pede-se *a intenção de fazer o que faz a Igreja* e se afirma a validade do batismo conferido pelos hereges (DS 1617).

- O batismo exerce uma causalidade instrumental real *ex opere operato* (DS 1529; cf. DS 1606; 1608).

- O batismo apaga o pecado original tanto nos adultos quanto nas crianças, embora não apague a concupiscência (DS 1513-1515); não os torna imunes ao pecado (DS 1619). Apaga os pecados pessoais atuais (DS 1672; cf. DS 1515 e 1526-1530). Perdoa todas as penas temporais devidas ao pecado (DS 1543; cf. *Decr. pro Armenis*: "De sorte que, se morrerem antes de cometer algum pecado, alcançam de imediato o Reino dos céus e a visão de Deus": DS 1316).

- Pelo batismo, o homem é renovado interiormente, justificado, revestido de graça santificante, positivamente santificado, convertido em filho adotivo de Deus, incorporado a Cristo, feito amigo de Deus, sem que nada fique nele que possa odiar Deus (DS 1515; 1523; 1524; 1528).

- O batismo confere as virtudes infusas da fé, esperança e caridade (DS 1530).

- O batismo é *porta de entrada na Igreja*; torna membros do Corpo de Cristo (DS 1671; cf. *Decr. pro Armenis*: DS 1314); submete os batizados às leis da Igreja (DS 1620-1621).

- Enfim, o batismo imprime caráter na alma, isto é, um sinal espiritual e indelével, razão pela qual não se pode repeti-lo (DS 1609; cf. 1624).

b) O Concílio abordou também o tema da *confirmação* na Sessão VII, vinculando-o estreitamente com a doutrina dos sacramentos em geral e do batismo. Limitou-se a afirmar, contra a unânime negação dos reformadores, que a confirmação não é só uma *cerimônia supérflua*, nem uma *espécie de catequese*, mas um verdadeiro sacramento, um dos sete (DS 1601 e 1628), e que o ministro ordinário é unicamente o bispo (DS 1630).

Apesar da forma de anatematismos de que se reveste a maioria dos pronunciamentos do Concílio, em seu conjunto representam uma exposição bastante completa e autorizada da doutrina católica acerca desses dois sacramentos da iniciação, que durante alguns séculos iria servir de ponto de referência para os teólogos católicos. Entretanto, parece justo admitir que a crise protestante foi, pela inexistência de um diálogo frutífero, uma oportunidade perdida pela Igreja ocidental. A teologia católica desperdiçou uma grande ocasião de confrontar, com espírito de autocrítica, suas posturas teológicas e pastorais com as críticas dos renovadores, reconhecendo nelas alguns valores que eventualmente poderia ter reintegrado em suas sínteses; poderia ter aprofundado, por exemplo, os fundamentos bíblicos desses sacramentos, a relação Palavra de Deus/sacramento, a importância da Palavra nos sacramentos, a função da fé, a hierarquia existente entre esses dois sacramentos, a referência do batismo à comunidade, a importância de que os fiéis que participam da celebração entendam o sentido dos ritos e dos textos, como também o caráter *escatológico* do batismo, isto é, sua projeção para a vida cristã depois do batismo. Por não tê-lo feito naquela época, precisou esperar até os tempos do Concílio Vaticano II para que tais princípios e objetivos, corretamente interpretados, começassem a inspirar nossa teologia e nossa práxis.

II. Batismo e confirmação: de Trento à época romântica

O período que vai do Concílio de Trento a meados do séc. XIX caracteriza-se por certo imobilismo no que se refere tanto à práxis litúrgica e pastoral quanto à doutrina sobre os sacramentos da iniciação.

a) Na teoria e na prática, o batismo de crianças continuava sendo a regra na Igreja universal, se excetuarmos os anabatistas. Na Igreja Católica ocidental, o batismo, a confirmação e a eucaristia eram celebrados em separado (e não necessariamente nessa ordem).

No que se refere à liturgia, na Igreja latina considera-se um importante marco a aparição do *Rituale Romanum*, de Paulo V, em 1614. Nele encontrava-se um *Ordo baptismi parvulorum* e um *Ordo baptismi adultorum*, os dois para a sessão contínua.[22] O primeiro

---

[22] Cf. B. LÖWENBERG, Die Erstausgabe des Rituale Romanum von 1614, *ZkTh*, 66, 1942, 141-147.

deles é uma variante do ritual tradicional: pensado originariamente para o batismo de adultos, utilizado durante séculos para batizar crianças e adaptado de novo aos adultos, sem grandes mudanças (por exemplo, a ritualização do catecumenato). Nunca foi imposta às dioceses a obrigatoriedade do *RR*; mesmo depois da sua aparição, muitas dioceses mantiveram seus próprios *ordines baptismi*[23] e, inclusive, continuaram produzindo novos rituais. Mas foi cada vez maior o número de dioceses que foram adotando o *RR*, até chegar a se impor quase que universalmente na Igreja latina; ficou em vigor até a reforma do Vaticano II. Idêntica falta de criatividade se nota também na tradição batismal das Igrejas orientais e na das Igrejas da Reforma.

A Contra-reforma promoveu também um gigantesco esforço de instrução religiosa que se concretizou especialmente na instauração de catecismos para crianças e de missões paroquiais. O que marcou o começo e a pauta deste movimento de renovação foi o *Catecismo Romano do Concílio de Trento* (a. 1586).

Houve ainda algumas tentativas de restauração do catecumenato. O primeiro no tempo foi o volumoso *Rituale Sacramentorum* que, por ordem de Gregório XIII, o cardeal Giulio Antonio Santorio preparou ao que parece para toda a Igreja latina, mas que não pôde ser publicado até pouco antes da morte do seu autor, em 1602, nunca tendo sido utilizado,[24] embora constituísse uma das fontes do *RR* de 1614. O descobrimento e a evangelização de novos continentes evidenciaram a falta de adequação dos sistemas de iniciação importados da Europa para o projeto missionário. Existiram tentativas de recuperar o catecumenato por etapas, tanto na América Latina quanto na Ásia e, mais tarde, na África;[25] todos

---

[23] Na Espanha foi muito difundido o *Manual Toledano*; cf. I. GARCÍA ALONSO, El Manual Toledano para la administración de sacramentos a través de los siglos XIV-XVI, *Salmanticensis*, 5, 1958, 351-450. Sobre rituais de outras dioceses espanholas, consultar os estudos publicados em *Liturgia*, 13, 1958.

[24] Cf. B. LÖWENBERG, *Das Rituale des Kardinals Jul. Ant. Sanctorius.* Ein Beitrag zur Entstehungsgeschichte de Rituale Romanum, München, 1937; id., Die pastorale Bedeutung der Erwachsenentaufe nach dem Rituale des Kardinals Sanctorius, in VV.AA., *Miscellanea Efordiana* (EThS, 12), Leipzig, 1962, 225-232.

[25] Cf. J. BECKMANN, L'initiation et la célébration baptismale dans les missions du XVIe siecle à nos jours, *LMD*, 58, 1959, 48-70; D. BOROBIO, La iniciación cristiana, 191-211; J. CHRISTIAENS, L'organisation d'un catéchuménat au 16e siecle, *LMD*, 58, 1959, 71-82;

esses projetos, todavia, prestam muito pouca atenção aos elementos litúrgico-sacramentais que pudessem expressar a ação de Deus no processo iniciático.

Em relação ao sacramento da confirmação, a julgar pela informação que nos é transmitida pelos documentos da época, a forma pela qual realmente se celebrava (?) o sacramento não se poderia definir senão como deplorável.[26] Além disso, muitos ficavam sem ser confirmados. Contribuíam para criar esse estado de coisas o desleixo e o afã de lucro dos bispos, a ignorância religiosa do povo, a pouca consideração dada ao sacramento da confirmação, a excessiva extensão de algumas dioceses etc.

Quanto à idade na qual era conferida a confirmação, começava a existir uma grande variedade de situações, dependendo das regiões e das circunstâncias. Em alguns lugares continuavam-se confirmando crianças logo após o nascimento. Em outras regiões, seguindo as prescrições do Concílio de Colônia de 1280, confirmavam-se as crianças em idade precoce, mas não antes dos sete anos. A falta de oportunidade (devida por vezes à negligência dos bispos ou dos próprios fiéis) fazia que muitos recebessem a confirmação já adultos ou morressem sem ela. O *Catecismo Romano* recomendava:

> Todos devem saber que se pode administrar o sacramento da confirmação depois do batismo. Contudo, é mais conveniente não fazê-lo antes que as crianças atinjam o uso da razão. Por isso, embora não se deva esperar os doze anos, convém adiar esse sacramento até os sete.[27]

Na determinação da idade começou a ter peso a consideração da instrução e preparação dos candidatos. A preocupação em reforçar a instrução religiosa levou a vincular a ela o sacramento da confirmação e a situá-lo no final da catequese. Isso, em alguns casos, fazia que a confirmação fosse recebida depois da primeira comunhão. O Ritual de Toulon, de 1748, faz dessa prática um preceito:

J. LÓPEZ GAY, *El catecumenado en la Misión del Japón del siglo XVI*, Roma, 1966; V. MILLIEZ, Catéchuménat, *Catholicisme*, 2, 1942, 667-671.

[26] Esses documentos podem ser lidos em D. BOROBIO, *Iniciación*, 437-438.

[27] II, 4, 15. O Concílio provincial de Toulouse, de 1590, fixou aos sete anos a idade da confirmação.

"Com o fim de assegurar que as crianças que se apresentam a esta diocese para serem confirmadas estejam suficientemente instruídas, ordena-se que só sejam confirmadas depois de terem feito a primeira comunhão".[28] A partir do séc. XVIII, na França, na Bélgica e na Áustria-Hungria generalizou-se a prática de adiar a confirmação até os 11-12 anos. Leão XIII, em carta ao arcebispo de Marselha (22 de junho de 1897), louvava seu zelo em garantir que as crianças recebessem a confirmação antes da primeira comunhão e defendia isso dizendo que deste modo as crianças "se tornam mais dóceis à aceitação dos mandamentos, mais aptas para receber, mais tarde, o sacramento da eucaristia e, quando o recebem, percebem frutos mais abundantes".[29] Apesar disso, no séc. XIX reforça-se a tendência a fazer coincidir a confirmação com o final do período da escolaridade.

O uso da língua vulgar foi abrindo caminhos timidamente também nos rituais católicos do batismo (sobretudo na renúncia a Satanás, na profissão de fé e nos comentários dirigidos aos padrinhos, particularmente na *Taufansprache* ou *alocução batismal*).[30] Já no séc. XVI houve teólogos católicos que se mostraram partidários do uso exclusivo da língua materna nos sacramentos, por exemplo, Georg Witzel e Johann Leisentritt (este último traduziu para o alemão todo o ritual do batismo). A introdução da língua vernácula foi uma das principais inovações dos rituais batismais neogalicanos.

Alguns dos movimentos de renovação que pululuaram na época do Iluminismo e do Racionalismo tinham entre seus objetivos também a reforma da liturgia batismal, adaptando-a ao espírito e à linguagem da época, tornando-a mais instrutiva, oferecendo maior variedade de modelos celebrativos, facilitando a participação ativa do povo, prestando maior atenção aos pais da criança e preocupando-se com o texto das orações, alocuções e comentários.

---

[28] Cit. em R. Cabié, op. cit., 639.

[29] Cf. *Codicis juris canonici fontes III*, Cidade do Vaticano, 1933, 515-516. Ver também sua encíclica *Divinum illud donum* (9 de maio de 1897): DS 3330.

[30] O ritual de Mainz, do ano 1551, coloca no começo do rito uma *Taufansprache* na qual primeiro é explicada a teologia do batismo de forma sistemática e a seguir cada um dos ritos catequeticamente; cf. H. Reifenberg, Volkssprachliche Verkündigung bei der Taufe in den gedruckten Mainzer Diözesanritualien, *LJ*, 1963, 222-237. Sobre o Manual Toledano, cf. I. García Alonso, El Manual Toledano: historia, contenido y compilación de sus formularios en lengua vulgar, *Liturgia*, 13, 1958, 179-192.

Mas o produto final era um culto antropológico, esvaziado de Mistério, no qual o sacramental se dilui nos altares de maior instrução religiosa.[31] Como reação ao racionalismo do Iluminismo, a época romântica (fins do séc. XVIII e primeira metade do séc. XIX) cultivou uma religiosidade mais carregada de sentimento, mas igualmente individualista e subjetiva.

b) Trento não pretendeu expor toda a doutrina católica sobre os sacramentos da iniciação. Apesar disso, a síntese apresentada por este Concílio, sob todos os aspectos incompleta, converteu-se em base obrigatória de todas as exposições dos teólogos católicos daquela época em diante, na maioria dos casos seguindo a versão dada pelo *Catecismo Romano*.[32] A Contra-reforma continuou sem fazer autocrítica quando se opôs às doutrinas inovadoras dos protestantes. A necessidade de fazer frente a tais ataques levou os teólogos a reduzir seu campo de visão a pontos controvertidos, com o conseqüente estreitamento de perspectivas e certo ostracismo. Isso não os imunizou completamente contra a influência do racionalismo que sub-repticiamente se infiltrou nos círculos dogmáticos nesses séculos. O tema do pecado original continuou determinando a teologia batismal de tal período; os catecismos da época são uma clara prova disso.

A influência da teologia protestante fez-se sentir também, sobretudo na época do Iluminismo, no caráter jurídico, iluminista e moralizante com o qual alguns teólogos católicos concebiam a confirmação; esta era reduzida a uma ratificação do batismo, um robustecimento da fé recebida naquela ocasião ou uma promessa solene de guardá-la com fidelidade. Era como a chave que fecha a etapa da instrução religiosa.

A reflexão dos teólogos de ofício durante esses séculos manteve-se afastada das fontes bíblicas e patrísticas. Entretanto, desde o séc. XVI já se encontrava em marcha um movimento de retorno às fontes patrísticas e litúrgicas. Iam-se descobrindo e editando

---

[31] Cf. VV.AA., *Aufklärungs-katholizismus und Liturgie. Reformentwürfe für die Feier von Taufe, Firmung, Busse, Trauung und Krankennsalbung* (Pietas liturgica, 6), St. Ottilien, 1989.

[32] Cf. M. HAUKE, op. cit., 187-191; P. STELLA, Il sacramento della confermazione nel Catechismo ad parochos (1566), *EL*, 86, 1972, 182-213.

ininterruptamente documentos que revelavam a evolução do pensamento e da prática no campo da iniciação cristã na Antigüidade e na Idade Média: sacramentários, *ordines romani*, pontificais, rituais, *euchologia*... Façamos menção pelo menos aos nomes de J. Mabillon († 1707), do cardeal J. M. Tommasi, de J. Goar e de J. A. Assemani, que editaram livros litúrgicos relativos aos sacramentos da iniciação cristã, com introduções e notas interessantes. Ao mesmo tempo começava a nascer uma nova ciência teológica, a teologia positiva: as mesmas pessoas que publicavam os documentos ou outros pesquisadores entregaram à imprensa estudos de pesquisa sobre a origem e a evolução das instituições cristãs. Podemos destacar, por se interessarem pelo tema que nos ocupa, os nomes de J. Morin († 1659),[33] E. Renaudot († 1720), E. Martene († 1739),[34] J. A. Assemani († 1782)[35] e, num outro nível, C. Vitasse, autor do "tratado clássico da teologia da confirmação", na frase de Bento XIV,[36] M.-Ch. Chardon.[37]

III. A iniciação na história recente

O último século e meio foi um período de restauração e renovação no campo da iniciação cristã, tanto no aspecto doutrinal quanto no da práxis.

a) Comecemos primeiro falando sucintamente das principais mudanças ocorridas no campo da prática da iniciação cristã.

O decreto *Quam singulari*, de são Pio X (1910), que estabeleceu o uso da razão como critério para a obrigação do preceito da comunhão eucarística (DS 3530), trouxe como conseqüência o fato de as crianças receberem os sacramentos da penitência e da eucaristia antes de serem confirmadas (normalmente na idade de

---

[33] Foi publicada depois de sua morte, em 1703, uma obra dele em que eram estudados aspectos da iniciação cristã: catecumenato, sacramento da confirmação...

[34] *De antiquae ecclesiae ritibus*, Lyon e Amberes, 1736-1738.

[35] Muito interessantes as suas introduções aos documentos relativos ao catecumenato, ao batismo e à confirmação, publicadas em seu *Codex liturgicus Ecclesiae universae*, 13 vv., Roma, 1749-1766.

[36] Tractatus de confirmatione, in J. P. MIGNE, *Theologiae cursus completus*, XXI, Paris, 1840, 545-1210.

[37] *Histoire des sacrements*, 6 vv., Paris, 1795; ed. espanhola em 8 vv. (Madrid, 1799).

12 anos). Mesmo assim o Código de Direito Canônico de 1917 continuava considerando a idade de sete anos como a mais apropriada para o recebimento da confirmação, e a Sagrada Congregação dos Sacramentos posicionava-se, em 30 de junho de 1932, a favor da manutenção da ordem tradicional nos sacramentos da iniciação.

Tanto nos países de missão quanto nos da cristandade, recuperou-se o catecumenato antigo por etapas no caso dos adultos que solicitavam o ingresso na Igreja.[38]

Um conhecimento mais profundo da tradição, por um lado, e os ideais difundidos pelo movimento litúrgico, por outro, provocaram um forte mal-estar diante do deplorável estado de coisas herdado do passado no campo da iniciação cristã e a necessidade de revisar a fundo toda a sua organização. Para ir preparando o caminho e estimuladas por Roma, muitas dioceses, seguindo o exemplo do *Ritual bilíngüe alemão* publicado em 1950, prepararam seus próprios rituais de batismo que abriam cada vez mais espaços à língua materna.[39] Os especialistas, por sua vez, começaram a sugerir possíveis pistas de reforma; foi o caso, por exemplo, da sessão internacional de estudos litúrgicos celebrada em Montserrat em 1958, totalmente dedicada à possível reforma dos sacramentos da iniciação, especialmente do batismo.[40]

O Concílio Vaticano II tornou próprios esses desejos e ordenou a restauração do catecumenato de adultos e a revisão da liturgia dos sacramentos da iniciação cristã, estabelecendo alguns princípios (SC 64-71). Como primeiro passo em direção à reforma almejada, a Instrução *Inter oecumenici* (n. 61), de 26 de setembro de 1964, autorizou a língua vulgar na totalidade dos ritos do batis-

---

[38] Podemos considerar como pioneiro desse movimento o card. Lavigerie; cf. J. PERRAUDIN, Le catéchuménat d'apres le card. Lavigerie, *Parole et Mission*, 14, 1961, 386-395. Sobre a restauração do catecumenato em nossos dias, cf. C. FLORISTÁN, *El catecumenado* (Teología y acción pastoral, 1), Madrid, 1972, 13-16.

[39] Cf. VV.AA., Ante el ritual en lengua vernácula, *Phase*, 6, 1968, 173-259.

[40] Cf. J. WAGNER, Initiationis sacramenta, *LJ*, 9, 1959, 95-98. Surpreendentemente, em 16 de abril de 1962, na prática às vésperas do Concílio Vaticano II, foi promulgado o *Ordo Baptismi adultorum per gradus Catechumenatus dispositus*, AAS 54, 1962, 310-338; Cf. VV.AA., Catéchuménat et liturgie, *LMD*, 71, 1962, 3-193; A. STENZEL, Zum neuen Ordo der Erwachsenentaufe, *LJ*, 13, 1963, 87-91. No ano anterior J. A. JUNGMANN havia apresentado o seu próprio projeto: Entwurf zu einem aufgegliederten Ordo Baptismi Adultorum, ibid., 11, 1961, 25-33.

mo e da confirmação. Posteriormente chegaram os vários rituais reformados: o *Ordo Baptismi parvulorum* (1969), o *Ordo initiationis christianae adultorum* (1971) e o *Ordo Confirmationis* (1971), que pretendem expressar melhor toda a riqueza dos sacramentos da iniciação e adaptar sua celebração à situação real dos que intervêm diretamente nela.

Contemporaneamente, as Igrejas da Reforma fizeram um esforço semelhante de revisão (em alguns casos inclusive de nova criação) de seus ritos de iniciação. Embora tenha havido tentativas de unificação (procurando, por exemplo, formas litúrgicas de uso comum às várias congregações), a diversidade resultante é um reflexo fiel da divergência de concepções existente entre as diversas denominações, sobretudo no que diz respeito à confirmação.

Com relação à prática da confirmação é preciso fazer constar que as divergências se tornaram mais profundas em nossos dias, não só entre as distintas Igrejas, mas também no interior da própria Igreja Católica ocidental, e que essas diferenças em alguns casos são profundas e afetam a compreensão mesma da natureza do sacramento. Estão se confrontando duas diferentes mentalidades: a que se concentra primariamente na ação de Deus (em especial, teólogos dogmáticos e liturgistas) e a que insiste particularmente em assegurar a necessária colaboração do sujeito (teólogos pastoralistas). Como resultado de tais divergências, as modalidades de proposição da confirmação são extremamente variadas.[41] As diferenças mais notórias são as relativas à idade dos confirmandos: aos sete anos, aos doze, na puberdade, na juventude, ou na entrada da maturidade. Apresentam-se razões pastorais, devidas em grande parte à descristianização de nossas regiões e à necessidade de aproveitar a conjuntura do sacramento para garantir uma autêntica *iniciação* dos jovens no mistério cristão e uma recepção o mais consciente possível do sacramento, para atrasar-se mais e mais o momento de sua celebração. Apesar de as instâncias supremas da Igreja manifestarem suas preferências pela manutenção da ordem tradicional nos sacramentos da iniciação cristã, em quase todos os lugares impôs-se a prática segundo a qual a primeira comunhão

---

[41] Ver, a título de exemplo, O. SARDA, La confirmation: Les pratiques actuelles en France, *LMD*, 168, 1986, 117-142.

precede a confirmação, pretendendo-se inclusive justificá-la histórica e teologicamente.

b) As mudanças havidas no aspecto doutrinal, em forma de revisões e recuperações, muitas vezes como resultado de duras controvérsias, também foram profundas.

Boa parte do mérito deve ser creditada aos estudos históricos. Embora os teólogos escolásticos em sua maioria tenham continuado demonstrando pouca preocupação com a evolução histórica da doutrina e das instituições cristãs, surgiu uma plêiade de pesquisadores que cultivaram com êxito a teologia positiva. Então, eles podiam contar com coleções de textos patrísticos, litúrgicos e canônicos que lhes facilitavam o acesso às fontes.[42] Além disso, não partiam da estaca zero; citem-se, a título de exemplo, a monografia que, no contexto do interesse do Movimento de Oxford pelos estudos patrísticos, foi publicada por A. J. Mason, em 1891, sobre *a relação da confirmação com o batismo*; os estudos sobre a iniciação cristã que, em 1897, F. X. Funk reuniu em suas *Abhandlungen und Untersuchungen*; o capítulo que, em 1898, L. Duchesne dedicou em sua obra *Les origines du culte chrétien* à "initiation chrétienne", e, num nível inferior, a obra de J. Corblet sobre a história do batismo; tais obras mostram o grau de maturidade que havia sido alcançado pelos estudos históricos sobre o nosso tema no começo do período em questão.[43]

Por essa mesma época os racionalistas e os protestantes liberais, aos quais se juntaram imediatamente os modernistas, afirmavam que os sacramentos da Igreja e mais concretamente os sacramentos da iniciação haviam nascido pela influência direta das religiões antigas (falava-se do culto de Mitra e dos Mandeus);[44] eles negavam também que a distinção entre batismo e confirmação

---

[42] Além das duas *Patrologias* de Migne, cf. H. Denzinger, *Ritus orientalium Coptorum, Syrorum et Armenorum in administrandis sacramentis*, 2 vv., Würzburg, 1863-1864; F. E. Brightmann, *Liturgies Estern and Western I* (Eastern Liturgies), Oxford, 1896 (único volume pubicado).

[43] A. J. Mason, *The Relation of Confirmation to Baptism, as Taught in Holy Scripture and the Fathers*, New York, 1891; J. Corblet, *Histoire dogmatique, liturgique et archéologique du sacrement du baptême*, 2 vv., Paris, 1881-1882.

[44] As teses de H. Gunkel, H. J. Holtzmann, O. Pleiderer, W. Heitmüller e G. Anrich, que foram adotadas por A. Loisy e outros modernistas.

tivesse algo a ver com o cristianismo primitivo. A condenação por parte do Santo Ofício não se fez esperar,[45] mas os pesquisadores, tanto católicos como não-católicos, sentiram-se impelidos a abordar com rigor o estudo das fontes e da evolução histórica das instituições cristãs. Uma boa amostra daquilo que, no campo que nos ocupa, era de se esperar de tais pesquisas, foi a monografia que já em 1906 F. J. Dölger consagrou ao sacramento da confirmação.[46] O século XX foi testemunha de um trabalho fora do comum de pesquisa histórica no campo da iniciação cristã, que serviu para estabelecer a radical originalidade dos mistérios cristãos, mas também para descobrir as incalculáveis riquezas guardadas pela tradição. Tais estudos indubitavelmente constituíram o motor da renovação da teologia contemporânea neste campo concreto.

O beneditino anglicano G. Dix provocou, nos anos de 1940, entre os anglicanos, uma controvérsia importante sobre a identidade da confirmação e sua relação com o batismo. Sua tese era de que batismo e a confirmação são elementos inseparáveis de um único rito, *o batismo em água e em Espírito* (na linha de Tertuliano e de Cipriano); o batismo com água concede somente o perdão dos pecados; o efeito positivo (a santificação e sobretudo a comunicação do Espírito Santo) deve ser atribuído à confirmação; o batismo seria uma simples preliminar da confirmação.[47] Respondeu-lhe o patrólogo A. J. Mason, argumentando com razão que desde os tempos do *Pastor* de Hermas a comunicação do Espírito Santo aparece vinculada ao batismo com água; erroneamente conclui, todavia, que a confirmação nada tem a ver com o dom do Espírito, reduzindo-a a uma ratificação das promessas batismais (ligando-se assim às posições do protestantismo primitivo).[48] Interferiu no debate L. S. Thornton, sublinhando, por um lado, a unidade formada pelo batismo e pela confirmação e atribuindo, por outro, a ambos a comunicação do Espírito, embora a cada um de maneira

---

[45] Cf. o Decreto *Lamentabili*, de 3.7.1907: DS 3442-3444.

[46] *Das Sakrament der Firmung historisch-dogmatisch dargestellt* (Theologische Studien der österreichischen Leo-Gesellschaft), Viena, 1906.

[47] Cf. *Confirmation or the Laying on of Hands*, London, 1936, e sobretudo *The Theology of Confirmation in Relation to Baptism*, London, 1946.

[48] Cf. *The Seal of the Spirit*, London, 1951.

diferente.⁴⁹ A controvérsia transcendeu as fronteiras da Igreja anglicana e contribuiu para que estas mesmas questões começassem a ser debatidas também em outros locais. No calor dos debates pastorais em torno do problema da idade, outros aspectos importantes da teologia desse sacramento foram posteriormente aprofundados: sua relação com os diferentes mistérios da vida de Cristo e com Pentecostes; com o dom do Espírito Santo; com o sacramento do batismo; a dimensão eclesial etc.

Mais ou menos por aquela época, mais precisamente no ano de 1943, teve lugar a tomada de posição de Karl Barth diante da doutrina e prática batismal de todas as Igrejas. Partindo de sua extrema sensibilidade à transcendência absoluta de Deus e à eficácia soberana da Palavra, ele descarta como blasfema toda possibilidade de *sinergismo* entre a ação divina e a ação humana. Em conseqüência disso, a seu ver, o *batismo do Espírito* (o único com valor salvífico) é pura ação de Deus; pelo contrário, o *batismo com água* é pura ação do homem em resposta à palavra/ação de Deus e não tem valor soteriológico algum (não é *mistério ou sacramento*; não é acontecimento de salvação; é um ato meramente humano, sem causalidade alguma).⁵⁰ Como se vê, superava em radicalidade os reformadores primitivos, incluindo Calvino. Durante muito tempo o discurso teológico sobre o batismo ressentiu-se deste duro golpe desferido por K. Barth.

Uma questão fundamental posta por terra pelo posicionamento de K. Barth foi a da relação entre fé e batismo. Discutida e estudada com profundidade, tanto no âmbito protestante quanto no católico, levou a conclusões irreconciliáveis: desde uma ênfase absoluta na fé, não isenta de certo pelagianismo e individualismo, sem dissimular suas simpatias pelas posturas anabatistas do séc. XVI (K. Barth,

---

⁴⁹ Cf. *Confirmation*. It's Place in the Baptismal Mystery, Westminster, 1954.
⁵⁰ Ver *Dogmatique* IV/4, Genebra, 1969, 153. Cf. H. KÜNG, *La justification: la doctrine de Karl Barth*. Réflexion catholique, Paris, 1965. WINGK WONG LO, *Das Werk des Menschen und die Gnade Gottes in Karl Barths Sakramentstheologie* (Regensburger Studien zur Theologie, 44), Mainz, 1994.

E. Brunner, R. Bultmann, O. Cullmann, E. Jüngel, J. Moltmann), até a posicionamentos com acentos mais específicos.[51]

As objeções de K. Barth atingiam em cheio a prática do batismo de crianças. Abriu-se um amplo debate sobre os fundamentos escriturísticos, tradicionais e doutrinais. A questão transformou-se num dos problemas doutrinais e pastorais mais candentes de nossa época. As mudanças sociológicas que afetaram tão profundamente os países da cristandade acabaram exacerbando ainda mais o problema. Os primeiros a reagir foram alguns teólogos protestantes (O. Cullmann e J. Jeremias, entre outros), defendendo acaloradamente a legitimidade de tal batismo. Nos últimos tempos, apela-se inclusive para a psicologia da criança. Especial notoriedade gozou a controvérsia entre J. Jeremias e K. Alland sobre o batismo de crianças no NT. O pessimismo agostiniano sobre as crianças mortas sem batismo cedeu lugar a concepções mais otimistas.[52]

A redescoberta e o consenso geral em torno da unidade dos três sacramentos da iniciação cristã e as suas mútuas relações foram certamente um desafio importante neste caminho de renovação que estamos resumindo.

O viés antropológico tomado pela teologia no séc. XX manifestou-se em especial no campo dos sacramentos e, mais concretamente, no dos sacramentos da iniciação cristã. Soube-se pôr a serviço de uma melhor compreensão deles os recursos colocados à disposição pelas novas correntes (personalistas, existencialistas e fenomenológicas) do pensamento filosófico moderno e das ciências humanas.

Sem sair dessa linha antropológica, a partir dos anos de 1970 deixou de ser sentida a influência de certas correntes teológicas

---

[51] Cf. L. VILLETTE, *Foi et sacrement II: De saint Thomas à Karl Barth*, Paris, 1964, 283-353.

[52] Sobre o destino das crianças mortas sem batismo, cf. D. E. BOISSARD, *Réflexions sur le sort des enfants morts sans baptême*, Paris, 1974; C. COLOMBO, *Riflessioni sul problema dei bambini che muoiono senza battesimo* (Scritti teologici), Venegono, 1966, 409-437; J. ESPEJA, La suerte de los niños que mueren sin bautismo, *CTom*, 89, 1962, 581-608; J. GALOT, La salvación de los niños muertos sin bautismo, *Criterio*, 44, 1971, 566-571; D. L. GREENSTOCK, En torno al problema de los niños que mueren sin bautismo, *Salmanticensis*, 2, 1955, 245-264; CH.-V. HÉRIS, Le salut des enfants morts sans baptême, *LMD*, 10, 1947, 86-108; R. MASI, Salvezza dei bambini morti senza battesimo, *Euntes Docete*, 17, 1964, 237-250.

que tinham como eixo a preocupação social e a consciência da responsabilidade dos cristãos na transformação do mundo, tais como a teologia da libertação, a teologia política e a teologia da esperança. No contexto dessas teologias, o discurso sobre os sacramentos do batismo e da confirmação aprendeu a sublinhar a sua dimensão de compromisso social e político e as exigências éticas que comportam.

Mas foi sobretudo um melhor conhecimento das fontes bíblicas, patrísticas e litúrgicas, bem como das tradições das várias Igrejas, o que mais contribuiu para modificar as condições do discurso teológico neste âmbito. Merecem particular destaque os estudos sobre a iniciação cristã e seu significado no NT.

Abandonou-se a perspectiva agostiniana, que tudo contemplava através do prisma do pecado original, tendo sido substituída por uma visão mais equilibrada, integradora de todos os aspectos positivos que a reflexão foi descobrindo ao longo dos séculos. A teologia viu-se enriquecida pela recuperação de temas tradicionais que haviam sido deixados de lado. Com a devida atenção dada à primazia da ação de Deus por Cristo no Espírito, no acontecimento sacramental, a dimensão histórico-salvífica da iniciação recupera o lugar de privilégio que lhe corresponde na síntese teológica: de simples meio de salvação passa a ser acontecimento salvífico, comunhão com o Mistério redentor. Ao revalorizar sua dimensão eclesial, a teologia volta a situar os sacramentos da iniciação em seu contexto natural. Uma maior preocupação com os aspectos personalistas e existencialistas era exigida pela fidelidade à grande tradição da Igreja e às preferências do espírito moderno. Voltaram-se a propor, com novo vigor e profundidade, as velhas questões sobre a relação liberdade/graça, sobre o papel da fé na justificação (no batismo), sobre as implicações éticas dos sacramentos da iniciação.

O Concílio Vaticano II incorporou em suas colocações sobre os sacramentos grande parte dessas recuperações, referendando-as com sua autoridade soberana. Além dos pronunciamentos doutrinais sobre o mistério da liturgia em geral (SC 27, 34, 36, 63), cabe evidenciar aqui os que se referem diretamente à iniciação cristã e a seus sacramentos: SC 64-71, 109/a, 128; LG 7, 10, 11, 14, 15, 26, 29, 33; CD 14; PO 6, 66; OE 13-14; AG 13-14; UR 6, 22.[53]

O Movimento Ecumênico foi também um fator importante nesta renovação.[54] Os problemas da iniciação cristã estiveram sempre presentes no diálogo ecumênico. Tratava-se de procurar um acordo geral sobre a doutrina e a celebração do batismo (e da confirmação), respeitando a legítima variedade de tradições e costumes. Não há dúvida de que os encontros, debates e intercâmbios contribuíram para o mútuo enriquecimento e para um aperfeiçoamento das sensibilidades.

O entendimento com as Igrejas orientais ortodoxas neste campo não criava problemas especiais. O Concílio Vaticano II "confirmou e louvou a antiga disciplina vigente nas Igrejas orientais, bem como a prática relativa à sua celebração e administração", em particular *a disciplina referente ao ministro do santo crisma* (OE 12 e 13). Chegou a acordos notáveis. Um dos mais importantes foi a Declaração comum da Comissão mista católico-ortodoxa, *Fé, sacramento e unidade da Igreja*, o chamado Documento de Bari 1987.[55] Quanto aos sacramentos da iniciação, constatam-se a unidade de doutrina e os elementos fundamentais comuns a ambas as confissões (sobretudo a unidade da iniciação e a ordem dos seus sacramentos); todavia, não se pode deixar de assinalar as importantes divergências que ainda perduram, particularmente em relação ao segundo sacramento. Independentemente desses acordos, porém, é digno de nota que o contato com o pensamento e a tradição das Igrejas orientais tem sido fonte de inspiração e

---

[53] Cf. J. Lamberts, Les sacrements de l'initiation chrétienne dans l'esprit de Vatican II, *QL*, 79, 1998, 229-248; J. Zerndl, *Die Theologie der Firmung in der Vorbereitung und in den Akten des Zweiten Vatikanischen Konzils. "Sacramento confirmationis perfectius Ecclesiae vinculantur tamquam veri Christi testes"* – cf. LG 11 (Konfessionskundliche und kontroverstheologische Studien, 49), Paderborn, 1986.

[54] Cf. D. Borobio, *Iniciación*, 239-274; P. Llabrés, La Iniciación Cristiana en el diálogo ecuménico, in VV.AA., *Fundamentos teológicos de la iniciación cristiana*, Baracaldo, 1999, 53-95; G. Wainwright, L'initiation chrétienne dans le mouvement oecuménique, *LMD*, 132, 1977, 55-78.

[55] O texto pode ser encontrado em *Diálogo ecuménico*, 1988, 383-394. Esse texto havia sido precedido por um documento que desbravava o caminho: "O ministério da Igreja e da eucaristia à luz do mistério da Santíssima Trindade" (Documento de Munique, 1982).

de renovação para a teologia ocidental, em especial no âmbito que nos ocupa.

Para o diálogo com as Igrejas da Reforma constitui hoje um ponto de referência obrigatório o denominado Documento de Lima 1982, *Batismo, Eucaristia e Ministério* (BEM), no qual a Comissão *Fé e Constituição*, do Conselho Ecumênico das Igrejas, apresenta às demais Igrejas seus pontos de vista sobre esses temas transcendentais, assinalando nitidamente os pontos de convergência e divergência entre as Igrejas e solicitando que estas se manifestem sobre o trabalho realizado.[56] O documento recolhe bem e com profundidade os aspectos dogmáticos sobre o batismo, a respeito dos quais coincidem quase todas as Igrejas. Aborda também temas mais conflitivos, como a relação fé/batismo, o batismo de crianças e a relação batismo/confirmação. Quanto à confirmação, nada mais faz do que constatar as grandes diferenças que ainda subsistem entre as Igrejas. As reações não se fizeram esperar. As respostas das várias Igrejas[57] e os comentários dos especialistas formam uma enorme biblioteca.

---

[56] O documento de Lima é o ponto alto de toda uma série de documentos que o prepararam: *Um só Senhor, um só Batismo* (Montreal, 1963); *Batismo, confirmação e eucaristia* (Louvain, 1971); *Batismo, eucaristia, ministério* (Accra, 1974). Para entender alguns desses documentos e outros semelhantes, cf. G. WAINWRIGHT, L'initiation chrétienne dans le mouvement oecuménique, *LMD*, 132, 1977, 55-78. Na realidade, o BEM é composto de três documentos: o primeiro deles, que trata do batismo, é o que nos interessa aqui.

[57] Uma síntese de tais respostas pode ser encontrada em *World Council of Churches, Baptism, Eucharist and Ministry, 1982-1990* (Faith and Order Paper, 149), Genebra, 1990.

II

Parte sistemática

Capítulo V
Introdução

I. Considerações metodológicas

Trata-se de apresentar acima de tudo, da forma mais completa possível, todas as dimensões teológicas que a experiência sacramental e pastoral da Igreja e a reflexão dos teólogos foram descobrindo, ao longo da história, neste acontecimento eclesial que é a agregação de novos membros. Em nossa síntese devem encontrar espaço todas as intuições que a tradição de alguma forma homologou. Precisamos fugir de reducionismos empobrecedores, evitando sectarismos e seleções arbitrárias, buscando uma apresentação que seja verdadeiramente *católica*.

Exige-se que as apresentemos, todavia, dentro de uma ordenação sistemática, integradas numa visão unitária. Os esquemas dos quais iremos nos servir para estruturar organicamente todo o material são provenientes da tradição patrística e medieval. Trata-se de categorias que são inferidas da análise estrutural dos sacramentos e pertencem ao mundo do simbólico e do sacramental, o que, a nosso ver, garante sua viabilidade.

Os sacramentos são ações simbólicas de estrutura complexa. Já em sua época, os Padres da Igreja distinguiam, nos sacramentos, dois elementos constitutivos (ou melhor: dois níveis de realização): o *signum* e a *virtus sacramenti*, isto é, o símbolo e a realidade simbolizada, o rito e seu conteúdo salvífico; ambos são necessários para constituir o sacramento. Para espelhar mais fielmente toda a complexidade do dinamismo simbólico dos sacramentos, os escolásticos introduziram nesse esquema de representação um terceiro elemento intermediário, a *res et sacramentum*.[1] O resultado foi, assim, um esquema dividido em três partes:

a) Em primeiro lugar encontra-se o nível do *sacramentum tantum* (*somente signo*), isto é, o conjunto de gestos e palavras que constituem a celebração em sua exterioridade. É o nível no qual o

---
[1] Cf. R. Arnau, *Tratado general de los Sacramentos* (Sapientia fidei, 4), Madrid, 1994, 122-125.

PARTE SISTEMÁTICA

sacramento expressa toda a sua capacidade de simbolizar, sobretudo através de gestos e palavras, aquilo que de salvífico acontece nele e por ele invisivelmente. A este nível pertence o composto *matéria + forma* (o símbolo essencial) dos escolásticos, além de todo o desenvolvimento ritual. Constitui o ponto de partida obrigatório para uma teologia dos sacramentos. O simbolismo dos ritos readquire a importância que teve na teologia dos Padres da Igreja. A teologia sacramental é, antes de mais nada, exegese dos ritos.[2]

b) Logo depois vem o nível intermediário da *res et sacramentum*. Aqui já estamos na realidade salvífica (*res*), significada e *produzida* de pronto pelo *sacramentum tantum*; é a realidade à qual direta e imediatamente remete todo o conjunto de símbolos. Essa *realidade* nada mais é do que o Mistério salvador, o acontecimento salvífico em toda a sua extensão e riqueza.[3] É aí que se juntam os valores objetivos do sacramento, os que asseguram a objetividade da experiência sacramental da salvação. Esse é o lugar em que, graças à ação do Espírito Santo, exercita-se inicialmente a eficácia *ex opere operato*. Essa *realidade* participa, de alguma forma, da visibilidade do símbolo exterior, isto é, torna-se visível na ação simbólica da Igreja e pode, por isso mesmo, ser por sua vez *sacramentum*, ou seja, signo e *causa* de todos os resultados e efeitos posteriores que derivarão da dinâmica do sacramento.

c) O conjunto dos efeitos de salvação produzidos no sujeito (e na Igreja) pela experiência do Mistério vivida neste nível intermediário constitui o terceiro degrau, o da *res tantum*: o efeito último sobrenatural, ao qual tende toda a dinâmica sacramental, inteiramente

---

[2] "Definidos como signos, os sacramentos efetuam só aquilo que está significado, e do modo em que está significado. Em conseqüência disso, só se pode elaborar uma teologia sacramental partindo-se do *ato* da celebração da Igreja, isto é, da maneira como ela significa aquilo para o que aponta. Aqui estamos diante de uma espécie de princípio da sacramentologia": L.-M. CHAUVET, *Símbolo y sacramento*. Dimensión constitutiva de la existencia cristiana (Biblioteca Herder, 191), Barcelona, 1991, 24.

[3] A tradição da Escola identifica a *res et sacramento* com efeitos muito particulares: com o *caráter*, com o *ornatus animae*... Em minha opinião, a partir da teologia contemporânea que concebe os sacramentos como história da salvação em ato, temos o direito de entender a *res et sacramentum* em um sentido mais amplo e dinâmico, como a presença do Acontecimento redentor posto à disposição do sujeito em todas as suas dimensões (não só a eclesial, como alguns o pretendem).

interior e invisível (*somente realidade*). É o segundo campo no qual atua o Espírito Santo para garantir a eficácia *ex opere operato*.

Esse esquema tripartido se torna adequado para acolher em seus quadros todas as facetas e dimensões dos sacramentos, e é o que utilizaremos fundamentalmente para organizar nosso material, todavia combinando-o com outro que nos vem também da escolástica e se refere, neste caso, exclusivamente ao primeiro dos três níveis mencionados, ao nível do *sacramentum tantum*. Os símbolos usados pela Igreja neste nível em suas celebrações litúrgico-sacramentais contêm uma referência simbólica fundamental à "divina *oikonomía* da salvação", isto é, à história da salvação de Cristo, que significam ou representam simbolicamente e atualizam ou *re-presentam* sacramentalmente. Tal referência é feita seguindo-se as três dimensões da consciência temporal do homem: passado, presente e futuro. Por isso, os signos sacramentais conpreendem essa tríplice referência: 1) Como *signum rememorativum*, o simbolismo sacramental evoca acima de tudo o fato histórico-salvífico que aconteceu *in illo tempore*, no passado; é primordialmente memorial do acontecimento pascal (revela-nos a dimensão cristológico-pascal do sacramento). 2) Como *signum prognosticum*, descreve antecipadamente (isto é, prognostica) a realização plenária definitiva do projeto salvífico de Deus, a glória vindoura (revela-nos a dimensão escatológica do sacramento). 3) Como *signum demonstrativum* (*indicativo*) mostra a aplicação vital do mistério histórico-salvador à pessoa ou à comunidade presente; essa referência é, por conseguinte, dupla: à Igreja (dimensão eclesial) e à pessoa (dimensão personalista).[4]

II. O simbolismo global da iniciação cristã

O conjunto das ações simbólicas que a Igreja realiza ao longo do processo iniciático não são símbolos isolados, autônomos, sem relação alguma entre eles; pelo contrário, estes se apresentam como uma concatenação ou sinfonia de símbolos, formando como que um sintagma, como compete a uma celebração unitária, qual seja, a iniciação cristã. Paralelamente, a tradição manifestou essa mesma idéia mediante metáforas que abarcam a totalidade do processo. Tais metáforas, que não poucas vezes encontram suporte sensível

---

[4] Cf. TOMÁS DE AQUINO, *STh* III. q.60, a.3 c.

PARTE SISTEMÁTICA

em alguns dos símbolos antes citados, ao mesmo tempo revelam o significado dinâmico do conjunto da iniciação a partir de perspectivas variadas, por vezes desvelando também o sentido específico e relativo de cada um dos momentos que a integram.

Esquematicamente iremos indicar as alegorias mais importantes, mostrando, onde for o caso, os pontos de apoio simbólico-tipológicos sobre os quais se sustentam:

a) *Combate vitorioso* contra Satanás e o pecado. "Deste teu nome para o combate de Cristo; inscreveste-te para competir pela coroa" (Ambrósio). O catecumenato é concebido como um tempo de treinamento no qual não faltam símbolos de luta e de vitória (os exorcismos, a *exsufflatio*, a renúncia a Satanás, a unção do combatente...). A imersão na água marca o momento do combate decisivo (a morte do dragão na água), a unção crismal consagra o batizado como *miles Christi* e a eucaristia, alimento do atleta cristão, é, por sua vez, o símbolo supremo da vitória pascal.

b) *Libertação*: passagem da escravidão de Satanás e do pecado para a condição livre dos filhos de Deus. O catecumenato e os sacramentos da iniciação são contemplados como uma emancipação progressiva da tirania de Satanás (exorcismos, renúncia) e uma gradual entrada no reino da liberdade. A imersão batismal à luz da tipologia do Êxodo simboliza o abandono da *casa da servidão* (Egito) pela terra da liberdade. A eucaristia é a Páscoa da libertação.

c) *Purificação do pecado*: progressiva introdução no reino da justiça e da santidade. No catecumenato já se empreende o itinerário da conversão (que durará por toda a vida); os exorcismos e a unção pré-batismal são interpretados como *katharsis*. O simbolismo do banho como ablução leva a ver na piscina batismal o sepulcro do pecado e o forno que purifica o ouro do seu magma; as figuras bíblicas do dilúvio e da cura de Naamã reforçam esse simbolismo. A força purificadora da eucaristia representará o fecho de ouro de todo o processo.

d) *Incorporação a Cristo*: progressiva comunhão com a pessoa e o mistério de Cristo. Todo o processo iniciático está orientado desde o começo para essa direção. A catequese é uma iniciação ao mistério de Cristo. As unções e signações são etapas de uma gradual tomada de posse da parte de Cristo. O rito da adesão a Cristo antes do batismo sintetiza muito bem o sentido da vida nova que o sacramento irá inaugurar. O rito batismal é de modo primordial, simbólica e realmente, participação na morte-ressurreição de Cristo. A unção crismal virá a consolidar esta primeira configuração a Cristo. A eucaristia, memorial da Páscoa do Senhor, selará definitivamente a incorporação a Cristo.

e) *Agregação à Igreja.* O itinerário ritual, passando do exterior para o interior da Igreja e finalmente para o santuário, combinado com a figura bíblica do roteiro seguido pelo povo israelita desde a saída do Egito até a ocupação da terra *da qual brota leite e mel*, expressa com força o sentido da iniciação cristã como uma progressiva integração ao mistério da Igreja. A variedade de ritos ao longo de todo o caminho irá delineando sempre mais essa significação: os ritos de acolhida e de *inscrição* no começo do trajeto; os da entrega dos bens da família (do credo e do pai-nosso); o da imersão no *corpo da Trindade*, que é a Igreja; e, enfim, o do sentar-se à mesa familiar eucarística.

f) *Retorno ao Paraíso.* O caminho da iniciação nos leva de volta ao paraíso, de onde havíamos sido expulsos. Os exorcismos nos fazem reviver o drama da expulsão. A inscrição do nome no livro da vida nos assegura que seremos admitidos novamente como cidadãos do céu. O batistério, com sua decoração e suas *fontes*, representa o Paraíso. As águas do Jordão nos abrem a passagem para a terra prometida. A veste branca antecipa a glória dos eleitos. Sentar-se à mesa eucarística é participar, desde já, do banquete escatológico.

g) *Iluminação.* Pela iniciação "passamos do reino das trevas para o Reino da luz". O catecumenato pode ser considerado como um caminhar para a luz: a instrução, como uma progressiva iluminação; os exorcismos e os exercícios ascéticos, como combate contra o príncipe das trevas. O batismo, chamado antigamente de *photismós*, nos faz viver a experiência do cego de nascença curado de sua cegueira na piscina de Siloé. A vela acesa anuncia de modo simbólico uma vida iluminada pela presença e proximidade de Cristo, garantidas principalmente pela eucaristia.

h) *Vida nova em crescimento.* A iniciação é também passagem do reino da morte para o Reino da vida. O catecumenato é o tempo da gestação. A fonte batismal é o seio materno; o batismo, o parto da *Mater Ecclesia*. O simbolismo da veste branca e as figuras bíblicas da primeira criação, das águas primordiais e da ressurreição de Lázaro nos ajudam a calibrar a profundidade da transformação operada. Mas a vida nova é chamada a desenvolver-se e crescer até alcançar a maturidade consolidada. A eucaristia proporcionará o alimento necessário para prosseguir avançando sempre por este caminho.

i) *Restauração da imagem*. A iniciação renova em nós a imagem de Deus que o pecado havia desfigurado. O catecumenato, com seus exorcismos e seu trabalho ascético, procura apagar as marcas do homem velho. Estas desaparecerão totalmente nas águas batismais; delas, como de um forno de fundição, emergirá resplandecente a imagem original. Esta configuração inicial a Cristo, todavia, deverá ser purificada aos poucos na confirmação, melhorando dia após dia na eucaristia.

j) *Renovação da aliança*. A aliança com Deus, rompida pelo pecado, é restabelecida graças à iniciação. O rito duplo da renúncia a Satanás e adesão a Cristo é interpretado como a antecipação do pacto com Cristo, que terá lugar efetivamente nas águas batismais. Seguindo Ef 5, a tradição viu na piscina batismal a câmara nupcial e no batismo, as núpcias entre Cristo e a Igreja, entre Cristo e o crente, sem que falte o intercâmbio de dons entre os esposos. A eucaristia, o sacramento da nova Aliança por excelência, recordará e renovará regularmente essa realidade.

A tradição usou ainda outras metáforas, das quais não nos ocuparemos aqui para que o nosso discurso não se torne muito prolixo; é o caso da nova criação, da elaboração do pão, dos trabalhos agrícolas, da formação escolar das crianças, da visita do Rei...

III. Simbolismo dos sacramentos da iniciação[5]

O simbolismo dos ritos é o caminho real que nos permite adentrar o significado dos sacramentos. Os Padres da Igreja combinavam o procedimento simbólico com o da tipologia bíblica. Os

---

[5] Cf. VV.AA., *I simboli dell'iniziazione cristiana* (Studia Anselmiana, 87 = Analecta Liturgica, 7), Roma, 1983; H. M. RILEY, *Christian Initiation*. A Comparative Study of the Interpretation of the Baptismal Liturgy in the Mystagogical Writings of Cyril of Jerusalem, John Chrisostom, Theodore of Mopsuestia and Ambrose of Milan (The Catholic University of America. Studies in Christian Antiquity, 17), Washington DC, 1974.

dois procedimentos estão estreitamente ligados entre si, são uma resposta ao mesmo princípio metodológico (*per visibilia ad invisibilia*), utilizam idêntica terminologia, mostram a mesma capacidade para descobrir a densidade histórico-salvífica dos sacramentos cristãos e, nas mãos dos pastores, transformam-se em formidáveis instrumentos de catequese. Põem a serviço da teologia um imenso acervo de materiais, que a Igreja, ao longo do tempo, soube explorar e que sempre esteve à disposição dos teólogos.

A celebração da iniciação cristã, sobretudo em sua primeira parte, oferece uma *verdadeira sinfonia de símbolos*. Precisamos interpretá-los a partir do contexto litúrgico imediato em que se encontram (em especial dos textos que os acompanham), à luz da tradição bíblica e eclesiástica, mas sem descuidar da experiência humana universal. O *simbolismo acumulado* que ocorre particularmente na liturgia batismal tem contribuído em algumas épocas para obscurecer o significado fundamental do acontecimento sacramental.[6] Iremos distinguir de modo cuidadoso o símbolo fundamental (essencial) dos símbolos complementares ou explicativos.

1. Os símbolos da liturgia batismal

a) O rito central do batismo, em sua forma plena, consiste em submergir o candidato completamente[7] na água e depois retirá-lo, enquanto o ministro pronuncia as palavras rituais que se referem ao ato que está sendo realizado.[8] As expressões com as quais o NT se refere ao batismo – *bapto, loutron* e seus derivados – e a interpretação dada por são Paulo do rito batismal em Rm 6,2-6 estão sugerindo essa modalidade.

O fato de desaparecer na água evoca, sem dúvida, a idéia da morte. O próprio Jesus, em duas ocasiões, chamou de *batismo* a sua morte (cf. Mc 10,38-39; Lc 12,50). "Na água está a imagem da morte" (santo

---

[6] Cf. N. D. MITCHELL, Dissolution of the Rite of Christian Initiation, in VV.AA., *Made, Not Born*. New perspectives on Christian Initiation and the Catechumenate, 3. ed., Notre Dame-London, 1980, 50-82 (esp. 70-72).

[7] No caso de um adulto, este descia à piscina e o ministro derramava água sobre a sua cabeça *(perfusio)*.

[8] As outras formas, admitidas ou toleradas – a infusão e a aspersão –, são apresentadas como uma concentração e um resumo da forma plena; não a substituem, a simplificam, conservando implicitamente a referência ao banho.

Ambrósio). As fontes patrísticas e litúrgicas se referem à piscina batismal com freqüência com o nome de sepulcro.[9] Esse simbolismo joga com as imagens de *travessia* e *passagem* (atravessar as águas da morte; passar desta margem da vida para a outra; as figuras bíblicas da passagem do Mar Vermelho e do Rio Jordão). Em todas as culturas e religiões a água é apresentada, por sua vez, como um elemento destruidor e dissolvente de todas as formas e como elemento vivificador e fecundante.[10] Assim, torna-se um símbolo muito apropriado para significar o mistério da morte e ressurreição de Cristo e nossa participação nele.

Para reforçar ainda mais esse simbolismo fundamental, em alguns casos lhe foram acrescentados alguns detalhes significativos: a tríplice imersão/emersão (recordando o *tríduo pascal*) e a forma de cruz que algumas piscinas batismais possuem.

O simbolismo da água aponta também para outras direções ligadas da mesma forma ao mistério do batismo:

- *Águas que purificam* (águas lustrais): dão ênfase ao aspecto do batismo como purificação do pecado. Está relacionado com a figura bíblica do dilúvio.

- *Águas que fecundam* (águas germinais): o batismo como princípio de vida. Evocam as águas primordiais da criação, as fontes que fecundam o paraíso, as *fontes de água viva*, as *águas doces* de Mara.

- *Águas que regeneram* (águas medicinais): o batismo como banho de regeneração. Apela-se para as figuras bíblicas da cura de Naamã, do cego de nascença, do paralítico de Bezata (Betesda).

- *Águas que saciam a sede*: o batismo como realização das aspirações da humanidade pela redenção em Cristo. Entra nos

---

[9] Cf. W. M. BEDARD, *The Symbolism of the Baptismal Font in Early Christian Thought* (Studies in Sacred Theology, Second Series, 45), Washington DC, 1951, 4-36; 48-57.

[10] Cf. L. BEIRNAERT, Symbolisme mythique de l'eau dans le baptême, *LMD*, 22, 1950, 94-120; A. DI NOLA, verbete "Acqua", in *Enciclopedia delle Religioni* I, Firenze, 1970, 22-32; G. DURAND, verbete "Eaux", in *Encyclopedia Universalis* V, Paris, 1969, 890-892.

milagres de Mara, do Horeb e de Jericó; "como a corsa deseja as águas correntes" (Sl 42,2).

A água pode simbolizar também o Espírito Santo, a Trindade, a Igreja (a piscina, *seio materno*)[11] e a atividade salvífica que cada um destes protagonistas desenvolve no acontecimento batismal.

- Jordão quer dizer "descida". O rio de Deus que desce com força de uma forte correnteza é nosso Salvador e Senhor, em quem somos batizados na água verdadeira, na água da salvação.[12]

- O Espírito Santo é simbolizado tanto por meio da água, por causa da purificação e da ablução, como por meio do óleo, por causa da alegria e do chamado do amor; todavia, em si mesmo não se diversifica, muito embora os signos sejam diferentes.[13]

- Para todo homem que renasce, a água do batismo é como um seio virginal: o mesmo Espírito que fecundou a Virgem fecunda também a fonte.[14]

Essa extraordinária capacidade para sugerir os mais variados aspectos do mistério batismal evidencia que na história se discutiu apenas sobre a água como *matéria* do sacramento do batismo.

b) Antes do rito central, mas em suas imediações, encontramos um conjunto de símbolos que expressam antecipadamente aspectos do mistério do batismo:

- O rito da renúncia a Satanás e adesão a Cristo, que apresenta o batismo como combate vitorioso sobre o pecado, mas especialmente como pacto (aliança nupcial) com Cristo.

- A unção pré-batismal com óleo, que tem sido interpretada algumas vezes como símbolo de alistamento na milícia de Cristo, outras de pertença ao rebanho de Cristo ou de inser-

---

[11] Cf. W. M. BEDARD, op. cit., 17-57.
[12] ORÍGENES, *In Luc. hom.* 21, 4: SCH 87, 294-295; cf. Hipólito (?), *Serm. in s. Theoph.*, 2: PG 10, 854A.
[13] AGOSTINHO, *Enarr. in Ps.* 108, 26: CCL 40, 1599.
[14] LEÃO MAGNO, *Serm. 24 in Nativ.* IV, 3: PL 54, 206A.

ção na *oliveira verdadeira*, que é Cristo; tudo isso, obviamente, em virtude do batismo.

- O rito do *ephpheta*, que remete ao gesto de Jesus com o surdo-mudo e nos orienta a ver no batismo nossa abertura ao mistério da salvação.

- O despojamento das vestes, que evoca a experiência do primeiro Adão no paraíso e a do novo Adão na cruz, que o crente reviverá no batismo.

- A profissão de fé lembra o batizando, pouco antes do seu batismo, de toda a densidade histórico-salvífica do passo transcendental que ele está para dar.

c) Depois da imersão batismal, alguns símbolos *explicativos* deixam claros aspectos do mistério que acaba de ocorrer.

- A imposição da veste branca, algumas vezes interpretada como símbolo da inocência adquirida no batismo e, noutras, como *veste de glória* à qual nos dá direito o sacramento recebido (*veste de imortalidade*); todavia, não se descartam interpretações inspiradas no *induere Christum* e *induere Spiritum* de são Paulo.

- O símbolo do círio aceso nos remete ao batismo como *iluminação* (a cura do cego de nascença, figura do batismo, e a parábola das virgens com seu acento escatológico).

- A unção com o crisma lembra o batizado de que o sacramento o configurou com Cristo sacerdote, rei e profeta e o tornou membro de um povo de sacerdotes, reis e profetas.

- A acolhida festiva por parte da comunidade revela a profundidade e a orientação explicitamente eclesial que o processo de iniciação teve, desde o começo até esse caloroso ponto culminante.

d) Na própria entrada para o catecumenato e balizando o itinerário catecumenal, uma série de gestos simbólicos indica ao candidato o sentido do processo que ele está vivendo e que culminará na sua iniciação plena:

- A apresentação do candidato à Igreja, seu exame, sua inscrição nos registros da Igreja, os primeiros gestos de hospitalidade (*datio salis*), bem como o primeiro anúncio da Palavra salvadora, evidenciam desde o começo a orientação de todo o processo em direção a uma integração plena no mistério da Igreja.

- A catequese, os exorcismos, as orações e imposições de mãos, a entrega do credo e do pai-nosso, ao longo do catecumenato, irão lembrar insistentemente o catecúmeno de que ele está entrando num mundo de fé no qual lhe caberá travar uma luta sem trégua com Satanás e com o pecado; no entanto, ele poderá sempre contar com a ajuda de Deus, que chegará até ele sobretudo através da Igreja.

2. Os símbolos no sacramento da confirmação

São três os *ritos pós-batismais* relacionados com o sacramento da confirmação desde que começou a tomar corpo a idéia de um *segundo sacramento* entre o batismo e a primeira eucaristia: a crismação, a imposição das mãos e a signação. A evolução destes ritos nos rituais das diversas Igrejas, certamente muito complicada, já tem sido apresentada em suas linhas gerais no que se refere à questão histórica. Aqui nos interessa ressaltar seu simbolismo.

a) *A crismação*, isto é, a unção da fronte com o crisma, na interpretação dos Padres da Igreja e dos textos eucológicos, tem um simbolismo preponderantemente pneumatológico:[15] significa a *unção do Espírito Santo*, a comunicação do dom do Espírito Santo. Ainda no NT acena-se a essa relação entre unção e Espírito: a propósito de Cristo, em Lc 4,18 (= Is 61,1-2) e At 10,38; a propósito do cristão, em 2Cor 1,21.

A unção material é símbolo da unção interior do Espírito: "A unção espiritual é o próprio Espírito Santo; seu 'sacramento' nós o

---

[15] Cf. N. Bux, L'olio simbolo dello spirito santo, in VV.AA., *I simboli dell'iniziazione cristiana*, 123-135.

PARTE SISTEMÁTICA

temos na unção visível".[16] Representa um reforço desse simbolismo a *fórmula* que acompanha o gesto nas várias liturgias: "N., recebe por este sinal o Dom do Espírito Santo".[17] A força de penetração do óleo (por exemplo, na pedra e no corpo humano) certamente influenciou na escolha desse símbolo.

A idéia da abundância, tão estreitamente ligada ao simbolismo da unção (o *chifre da abundância*), leva-os a insistir na plenitude desta comunicação do Espírito e a concretizá-la na colação dos sete dons dele.

A presença de substâncias aromáticas na confecção do *crisma*[18] enriquece esse simbolismo inicial, relacionando-o além disso com a capacidade de irradiar o Evangelho, como o odor agradável de Cristo (segundo 2Cor 2,14-17; cf. também Mt 26,6-13: a unção em Betânia).

b) *A imposição da(s) mão(s)*.

Lemos na Const. Apost. *Divinae consortium naturae*:

A imposição das mãos sobre os eleitos, que se realiza com a oração prescrita antes da crismação, embora não pertença à essência do rito sacramental, deve ser tratada com grande consideração, já que faz parte da perfeita integridade do mesmo rito e favorece a melhor compreensão do sacramento. Fica claro que essa primeira imposição das mãos, que precede, diferencia-se da imposição da mão com a qual se realiza a unção crismal na fronte.

Com uma profunda base bíblica e com múltiplos significados possíveis, enquanto rito pós-batismal essa imposição se apresenta a nós acima de tudo como símbolo da comunicação do Espírito

---

[16] AGOSTINHO, *In ep. Jo. tract.* 3, 25: CCL 36, 2000.

[17] Paulo VI pediu-a emprestado à Igreja bizantina, que a utiliza desde o séc. V nestes termos: "Selo do dom do Espírito Santo" *(sphragis doreas pneumatos hagiou)*. Pela primeira vez encontra-se documentada na carta ao patriarca Martyrios (embora na reconciliação dos hereges). A indeterminação que se poderia atribuir à fórmula bizantina em vista da ausência do verbo e do sujeito é dissipada quando ela é interpretada à luz da oração que a precede imediatamente; a oração (verdadeira epíclese), o gesto das mãos e a fórmula formam uma unidade de rito.

[18] Já estava em uso entre os gnósticos Marcosianos. A primeira menção do *myron* e do seu *bom odor*, encontramo-la, em fins do séc. IV, em CA VII, 44, 1-2: FUNK, I, 450; SCH 336, 105; cf. também a carta de Constantinopla a Martyros, Patriarca de Antioquia (459-470), in B. VARGHESE, *Onctions*, 119-120.

Santo.¹⁹ Assim o entenderam os Padres da Igreja, de Tertuliano²⁰ em diante; *impor as mãos para receber o Espírito* parece ser, em seus escritos, uma fórmula estereotipada.

A conexão que alguns deles viram desde sempre entre esse rito e a imposição das mãos dos apóstolos, que lembram alguns relatos batismais dos Atos, expressa esta mesma convicção.

As orações que, nas diferentes liturgias, acompanham a imposição das mãos colaboram com a interpretação pneumática deste símbolo. Reproduzimos aqui a que se encontra no RC, que recolhe bem o eco de uma longa tradição:

> Deus todo-poderoso, Pai de nosso Senhor Jesus Cristo, que pela água e pelo Espírito Santo destes uma vida nova a estes vossos servos e os libertastes do pecado, enviai sobre eles o Espírito Santo Paráclito; dai-lhes, Senhor, o espírito de sabedoria e de inteligência, o espírito de conselho e de fortaleza, o espírito de ciência e de piedade, e enchei-os do espírito do vosso temor (RC 32).

Orações neste mesmo tom podem ser encontradas já na *TA* de Hipólito e em numerosas liturgias orientais.²¹ A menção do Espírito septiforme e dos seus sete dons parece ser um elemento característico do Ocidente.²²

Pela imposição das mãos entende-se também, num sentido mais geral, a bênção, a comunicação de uma graça ou de uma força. Nos documentos antigos, *benedictio* quer dizer muitas vezes *imposição das mãos.* "O que é a imposição das mãos senão uma invocação sobre o homem?"²³

De modo análogo ao que ocorre no rito das ordenações, da mesma forma aqui a imposição das mãos pode significar, além disso, transmissão de poder e autoridade, comunicação da força necessária para cumprir a missão que está sendo conferida. Ainda,

---

¹⁹ Cf. Br. KLEINHEYER, Handauflegung zur Geistmitteilung oder: Der Geis weht, wo die Kirche feiert, *LJ*, 30, 1980, 154-173.

²⁰ "[...] Impõe-se-nos as mãos invocando e convidando o Espírito por meio de uma bênção": *De bapt.,* 8,1: CCL 1, 283.

²¹ Podem ser vistos vários exemplos em L. LIGIER, *La confirmation,* passim.

²² Cf. AGOSTINHO, *Serm.* 249, 3: PL 38, 1162D-1163A; AMBRÓSIO, *Sacr.*, III, 2, 8: SCH 25bis, 96.

²³ AGOSTINHO, *De bapt.* 3, 16, 21: CSEL 51, 213.

em alguns casos, representa tomada de posse. Nenhuma dessas significações está fora de lugar no caso do sacramento do qual estamos nos ocupando.

c) *A signação (signatio, consignatio)*, quer dizer, o sinal-da-cruz na fronte do confirmando, supõe-se que deixe na alma uma *marca* (*sphragis, signum, signaculum, sigillum*). Somos orientados a buscar o simbolismo deste rito acima de tudo na relação com Cristo e, mais concretamente, na linha da configuração do confirmado com Cristo no mistério de sua morte. Todavia, não se descarta a idéia de consagração e pertença a Cristo: como sinal de reconhecimento desta pertença.

Esse simbolismo primordialmente cristológico não exclui uma significação adicional pneumatológica: a marca impressa na alma é atribuída à ação do Espírito Santo.

Por último, a presença do inciso *in vitam aeternam* em algumas fórmulas orientais e ocidentais nos leva a atribuir-lhe também um sentido escatológico.

IV. Tipologia bíblica dos sacramentos da iniciação[24]

O procedimento tipológico está apoiado na convicção de que a história da salvação é uma só e há relação, analogia e correspondência entre as distintas etapas dessa história. A tipologia é precisamente a ciência dessas correspondências: primeiramente das correspondências entre os dois Testamentos (tipologia bíblica), passando depois às correspondências entre os acontecimentos do AT e do NT e os sacramentos cristãos (tipologia bíblico-sacramental, que é a que aqui nos interessa).

A tipologia cria uma credibilidade entre os acontecimentos salvíficos das distintas etapas da história da salvação. Os acontecimentos do AT e do NT ilustram a significação soteriológica dos sacramentos cristãos. Nos acontecimentos salvíficos das duas primeiras etapas da história da salvação, Deus esboçou profeticamente alguns traços dos mistérios cristãos.

---

[24] Cf. J. Daniélou, *Sacramentos y culto*, 167-185.

PARTE SISTEMÁTICA

Sempre que Deus está para realizar algo de grandioso entre os homens, antecipa-se e esboça de antemão uma sombra do mesmo, para que, quando chegue a verdade (*he aletheia*), não lhe neguem a fé, para que, tendo feito preceder a imagem (*eikonos*), não deixem de prestar sua fé à verdade [...].[25]

A tradição explorou esta pedagogia de Deus em sua mistagogia. A tipologia faz parte do depósito da tradição; permite-nos escutar uma voz muito poderosa da tradição. Muito cedo aparece na história, sendo bastante desenvolvida desde o princípio. O tratamento das principais figuras é idêntico nas distintas regiões, com significativas coincidências entre Igrejas distantes entre si no espaço e no tempo. A surpreendente coincidência das distintas tradições na enumeração das figuras e em sua interpretação prova que estamos diante de um ensinamento comum que remonta às próprias origens da Igreja.

1. Figuras bíblicas do batismo[26]

Os primeiros vestígios de tipologia bíblico-sacramental aplicada ao batismo podem ser encontrados já no NT. Segundo 1Cor 10,1-6, a passagem do Mar Vermelho e a água da rocha do Horeb foram figuras (*typoi*) do batismo cristão.[27] A interpretação da circuncisão como figura do batismo aparece, velada ou abertamente, em muitos textos do NT (Rm 4,11; Gl 6,14-15). O dilúvio foi também figura

---

[25] Ps. João Crisóstomo, *De beato Abraham hom.* 3: PG 50, 741D.

[26] Cf. F. Bourassa, Themes bibliques du baptême, *SE*, 10, 1958, 393-450; J. Daniélou, *Sacramentum futuri*. Études sur les origines de la typologie biblique (Études de Théologie biblique), Paris, 1950; id., *Sacramento y culto*; A. Feuillet, La prefiguración del bautismo, *Studia Montis Regis*, 8, 1965, 110-112; P. Lundberg, *La typologie baptismale dans l'ancienne Église* (Acta Seminarii neotestamentici Upsalensis, 10), Leipzig-Upsala, 1942; M. Magrassi, La tipologia biblica del battesimo, *Parole di vita*, 10, 1965, 401-420; A. Manrique, *Teologia bíblica del bautismo*. Formulación de la Iglesia primitiva, Madrid, 1977, 59-114; I. Oñatibia, *Vidi aquam... Materiales para una catequesis bíblica del bautismo* (Ecclesia in Altum 12), 3. ed., Vitoria, 1965; C. Rocchetta, *I sacramenti della fede*. Saggio di teologia biblica sui sacramenti quali "meraviglie della salvezza" nel tempo della chiesa (Nuovi saggi teologici, 19), Bologna, 1985, 280-288; R. Swaeles, Tipologia del bautismo cristiano, *Asambleas del Señor*, 42, 1968, 53-77.

[27] Embora alguns exegetas vejam aqui nada mais do que uma exemplaridade moral, e não uma interpretação tipológica em sentido estrito.

(*antitypos*) do batismo segundo 1Pd 3,18-21.[28] A liturgia e os Padres da Igreja se encarregarão de desenvolver e ampliar essa tipologia batismal embrionária.

a) As figuras do batismo no ciclo da criação: as águas primordiais, princípio do cosmo, águas vivificantes, princípio da vida (*produz todo tipo de seres vivos*) e de fecundidade: tudo em virtude do Espírito; a criação do universo; a criação do primeiro homem; o paraíso.[29]

b) O dilúvio, *batismo do mundo* (Tertuliano): o tema batismo-juízo, juízo de condenação e salvação, nova humanidade. Elementos acessórios que complementam a apresentação do batismo: a arca (a Igreja), a pomba (o Espírito Santo).[30]

c) A circuncisão: os temas da purificação (*circuncisão espiritual*), da incorporação ao verdadeiro Israel, o selo da aliança com Deus.[31]

d) As figuras do ciclo do êxodo:[32] a passagem do Mar Vermelho foi um batismo (passagem através da água): o tema do batismo como libertação da escravidão, como vitória sobre Satanás (Faraó). Elementos acessórios: a coluna de nuvem; a coluna de luz.

O relato do êxodo de Israel refere-se aos que se salvam pelo batismo [...]. O mar foi um batismo figurativo (*typikos*): libertou do Faraó como este banho, que nos livra da tirania do diabo. Aquele matou o inimigo que levava dentro; aqui morre nossa inimizade com Deus. O povo saiu do mar são e salvo; nós saímos também da água vivos dentre os mortos, salvos pela graça com a qual ele nos chamou.[33]

---

[28] Cf. M.-E. BOISMARD, La typologie baptismale dans la premiere épître de saint Pierre, *VS*, 94, 1956, 339-352.

[29] Cf. J. DANIÉLOU, Catechese pascale et retour au Paradis, *LMD*, 45, 1956, 99-119.

[30] Cf. id., Deluge, baptême, jugement, *Dieu Vivant*, 8, 1947, 97-112.

[31] Cf. M. CARREZ, Quelques réflexions sur le baptême et la circoncision dans l'Église primitive, *Rencontre*, 8, 1974, 31-38; A. COLUNGA, La circuncisión y el bautismo, in VV.AA., *XIX Semana bíblica*, Madrid, 1962, 293-303; J. DANIÉLOU, Circoncision et baptême d'apres l'Écriture, in VV.AA., *Theologie in Geschichte und Gegenwart*. FS M. Schmaus, München, 1957, 755-776.

[32] Cf. J. DANIÉLOU, Traversée de la mer rouge et baptême aux premiers siecles, *RechSR*, 33, 1946, 402-430; F. J. DÖLGER, Der Durchzug durch das Rote Meer als Sinnbild der christlichen Taufe, *AC*, 2, 1930, 63-69.

[33] BASÍLIO, *De Sp. S.*, 14: SCH 17, 164.

e) Alguns acontecimentos ocorridos durante a travessia do deserto: as águas amargas de Mara que se tornam doces em virtude do madeiro (a cruz); a água que brota da rocha do Horeb (as *fontes de águas vivas*; água que mata a sede do povo; água = Espírito: cf. Jo 4,14; 7,37-39).

f) A passagem do Jordão:[34] Jordão, fronteira entre o deserto e a terra prometida (a Igreja, o Reino dos céus: dimensão eclesial e dimensão escatológica do batismo).

g) As figuras do ciclo de Elias e Eliseu, nas imediações do Jordão: a passagem do Jordão e o arrebatamento de Elias ao céu (o *carro de fogo*: batismo como iluminação; dimensão escatológica); saneamento das águas de Jericó (da morte e da esterilidade para a vida e a fecundidade); o machado que flutua no Jordão (a associação batismo-cruz); a cura de Naamã (batismo como purificação e como regeneração).

h) As figuras neotestamentárias: o batismo de Jesus; a cura do paralítico de Bezata (Betesda)[35] e do cego de nascença;[36] o lava-pés; a água (e o sangue) do costado de Cristo na cruz.

2. Figuras bíblicas da confirmação

Embora santo Tomás tenha argüido que, por se tratar do *sacramento da plenitude da graça*, a confirmação pode não ter tido no AT – lei imperfeita – figuras que a anunciassem,[37] a verdade é que a catequese patrística pensou encontrar algumas, citadas em dois dos três ritos a ela relacionados.

a) A imposição das mãos é vista prefigurada tanto na bênção de Jacó aos filhos de José (Gn 48,14-20)[38] quanto em Moisés sobre

---

[34] Cf. F. J. Dölger, Der Durchzug durch den Jordan als Sinnbild der christlichen Taufe, *AC*, 2, 1930, 70-79.

[35] Cf. M. Balagué, El bautismo como resurrección. El tullido de Betesda (Jn 5,1-16), *Cultura Bíblica*, 18, 1961, 103-110; M. Mees, Das Wunder am Bethesdateich, Joh. 5,1-18 und seine Folgen nach Zeugnissen der frühen Christenheit, *Lateranum*, 51, 1985, 181-192.

[36] Cf. S. Sabugal, La curación del ciego de nacimiento (Jn 9,1-41). ¿Catequesis bautismal o cristológica?, in VV.AA., *Segni e Sacramenti nel Vangelo di Giovanni* (StA, 66 = Sacramentum 3), Roma, 1977, 121-164.

[37] Cf. *STh* III, q.72, a.1 ad 2m.

[38] Cf. Tertuliano, *De bapt.*, 8, 2: BM 99.

Josué (Dt 34,9).[39] Essa tipologia nos orienta a perceber neste gesto um símbolo de bênção e de comunicação do Espírito.

b) A unção com o crisma conta, segundo a tradição patrístico-litúrgica, com um grande número de prefigurações: a unção de Aarão,[40] a de Salomão,[41] a dos sacerdotes, reis e profetas,[42] a vinda do Espírito sobre Jesus no Jordão. Essa tipologia permite insistir, sobretudo, nas funções que derivam deste sacramento.

Graças ao duplo procedimento do simbolismo e da tipologia bíblica, a teologia é capaz de oferecer-nos, em vez de explicações metafísicas e abstratas, imagens bíblicas e litúrgicas concretas, gestos simbólicos cheios de vida. É a linguagem que melhor anda em compasso com a história na qual nos introduzem. Em razão disso, a referência a essa história, tão importante na teologia dos sacramentos, é garantida graças a tal procedimento. Além do mais, a grande riqueza de imagens e de figuras disponíveis e sua complementaridade permitem ao teólogo incontáveis aproximações ao mistério. Ao uso deste método deverá ser atribuído, sem dúvida, o caráter *totalitário* do pensamento teológico dos Padres da Igreja.

---

[39] Cf. Cirilo de Jerusalém, *Cat.* XVI, 26: PG 33, 956B (embora não se especifique o momento dessa imposição das mãos).

[40] Cf. Tertuliano, *De bapt.*, 7,1: CCL 1, 282; Cirilo de Jerusalém, *Cat. myst.*, III, 6: SCH 126, 128; ritual armênio: cf. G. Winkler, 144.

[41] Cf. Cirilo de Jerusalém, *Cat. myst.*, III, 6: SCH 126, 128.

[42] Essa tipologia é encontrada em Tertuliano, Cirilo de Jerusalém, João Crisóstomo e Efrém, *Const. Apost.*, bem como na consagração do crisma de diferentes liturgias.

Primeira seção

O sacramento do batismo

Capítulo VI
As dimensões histórico-salvíficas do sacramento do batismo

Bibliografia

AUBIN, P., *Le Baptême*. Enfants et adultes, même baptême? Le Baptême, initiative de Dieu, engagement de l'homme? (Croire aujourd'hui), Paris, 1980; BASURKO, X., Catequesis bautismales y Trinidad en la Iglesia primitiva, *ET*, 26, 1992, 275-307; BOBRINSKOY, B., Le mystere pascal du baptême, in VV.AA., *Baptême, sacrement d'unité*, Tours, 1971, 85-144; BOROBIO, D., Bautismo-Fe trinitaria-Sociedad secularizada, *ET*, 26, 1992, 389-409; id., *Iniciación*, 327-357; BOTTE, B., Les rapports du baptême avec la communauté chrétienne, *QL*, 34, 1953, 112-125; BOUYER, L., Baptême et le mystere de Pâques, *LMD*, 2, 1945, 29-51; BROCK, S. P., *The Holy Spirit in the Syrian Baptismal Tradition*, Kottayam, 1979; CALVO ESPIGA, A., El Bautismo, signo productor de la pertenencia a la Iglesia-una, *Scriptorium Victoriense*, 37, 1990, 155-174; CAMELOT, P.-Th., Le baptême, sacrement de la foi, *LMD*, 76, 1947, 820-834; CODA, P., Bautismo y Misterio Pascual. Reflexión teológica sobre el bautismo y su contenido trinitario, *ET*, 26, 1992, 411-440; CODINA, V., Dimensión social del bautismo, *EE*, 52, 1977, 521-554; DANIÉLOU, J., Baptême, Pâque, Eucharistie, in VV.AA., *Communion Solennelle et Profession de Foi* (Lex orandi, 14), Paris, 1952, 117-134; DIDIER, J. C., *Faut-il baptiser les enfants?*, Paris, 1967; DITTOE, J., Sacramental Incorporation into the Mystical Body, *The Tomist*, 9, 1946, 469-514; DONDAINE, H.-P., Le Baptême est-il encore le "sacrement de la foip"?, *LMD*, 6, 1946, 76-87; DUPLACY, J., Le salut par la foi et le baptême, *LV*, 27, 1956, 291-340; FINN, Th. M., Baptismal Death and Resurrection. A Study in Fourth Century Eastern Baptismal Theology, *Worship*, 43, 1969, 175-189; FLORISTÁN, C., Misterio trinitario y celebración del bautismo en la liturgia actual, ET, 26, 1992, 371-388; GONZÁLEZ, J., Fe y salvación en el bautismo, *Studium*, 12, 1972, 271-290; GOOSSENS, A., Baptême et Église. Une rélecture, *QL*, 72, 1991, 142-158; GRAMAGLIA, P. A., *Un problema: il battesimo dei bambini*, Torino, 1974; GRASSO, D., *¿Hay que seguir bautizando a los niños?*, Salamanca, 1973; GUILLET, J., Baptême et Sainte Trinité, *Christus*, 23, 1959, 296-308; GUTIÉRREZ VEGA, L., El Bautismo, sacramento de la fe, in VV.AA., *Bautizar en la fe de la Iglesia* (col. Christus Pastor), Madrid, 1986; KASPER, W., Glaube und Taufe, in VV.AA., *Christensein*, 129-159; KUEN, A., *Le Saint-Esprit, baptême et plénitude*, St. Léger, 1976; LANGEVIN, W. J., Le Baptême dans la Mort-Résurrection, *SE*, 17, 1965, 19-66; MANDERS, H., Qual é a relação entre o nosso batismo e a nossa fé?, *Concilium*, 2, 1967, 7-16; MARINELLI, F., Battesimo e Trinità, *Divinitas*, 15, 1971, 644-698; MIRANDA, M. M. M. de, Uma reflexão pastoral do Batismo à luz da Trindade, *REB*, 48, 1988, 604-623; NEUNHEU-

SER, B., Taufe im Geist. Der Heilige Geist in den Riten der Taufliturgie, *ALw*, 12, 1970, 268-284; OÑATIBIA, I., Cristo y el Espíritu Santo en los sacramentos de la iniciación cristiana, in VV.AA., *El Espíritu Santo y su acción santificadora en la Iglesia* (Pastoral Litúrgica, 240-241), Madrid, 1997, 105-128; RICHARD, L., Una these fondamentale de l'oecuménisme: le baptême, incorporation visible à l'Église, *NRTh*, 74, 1952, 485-492; SCHOONENBERG, P., El bautismo con Espíritu Santo, *Concilium*, 1974, 59-81; SILANES, N., La Santísima Trinidad en las fuentes de la liturgia, *ET*, 2, 1968, 143-225; SMULDERS, P., La foi et le baptême, sceau de la foi, in VV.AA.., *Les sacrements d'initiation et les ministeres sacrés*, Paris, 1974, 13-58; STASIAK, K., *Return to Grace:* A Theology for Infant Baptism, Collegeville MN, 1996; STOOKEY, L. H., *Baptism.* Christ's Act in the Church, Nashville, 1982; VAGAGGINI, C., La perspectiva trinitaria en la liturgia del bautismo y de la confirmación antes del Concilio de Nicea, *ET*, 7, 1973, 3-24; VILETTE, L., *Fe y sacramentos*, 2 vv., Barcelona, 1969; VV.AA., Le Baptême des petits enfants, *LMD*, 89, 1967, 3-117; VV.AA., *Christsein ohne Entscheidung*; VV.AA., Le Baptême entrée dans le Peuple de Dieu, *LMD*, 32, 1952, 3-166; VV.AA., Eingliederung in die Kirche, *Lebendige Seelsorge*, 29, 1978, 195-208; VV.AA., Taufe und Kirchengemeinschaft, *Una Sancta*, 48, 1993, 3-83.

A força simbólica do rito batismal permite-lhe significar e atualizar em toda sua pluridimensionalidade a obra salvífica realizada por Deus em Cristo. Como as diferentes dimensões histórico-salvíficas do Mistério redentor são significadas e postas ao alcance do crente no batismo? Eis a primeira tarefa que cabe ao teólogo afrontar.

Essas dimensões podem ser consideradas a *res et sacramentum* do batismo; por um lado, são o efeito (*res*) primário *produzido* pelo simbolismo batismal; por outro, no entanto, significam e anunciam os efeitos salvíficos (a *res tantum*) que esta experiência multiforme do mistério produzirá no sujeito. Todas essas dimensões aparecem essencial e mutuamente relacionadas entre si e implicadas.

I. A dimensão cristológica do batismo

O primeiro e principal referencial do batismo, segundo a tradição, é Cristo e seu mistério. Isso já o indicava a expressão mais arcaica relativa ao batismo cristão que chegou até nós: *batizar em nome de Cristo*. O batismo representa, antes de qualquer outra coisa, o meio decisivo para entrar pela primeira vez em comunhão com Cristo e seu mistério salvador. Esta dimensão apresenta várias facetas, mas a principal, sem dúvida, é a relação do batismo com o mistério pascal. É à luz da Páscoa do Senhor que o mistério do batismo revela as suas riquezas.

É clara a intenção da Igreja de organizar uma representação dramática da morte e ressurreição do Senhor. O simbolismo do ato central batismal, reforçado por outros símbolos secundários convergentes e por algumas figuras bíblicas, faz referência direta ao mistério pascal da morte e ressurreição de Cristo. A fé da Igreja acreditou, desde as origens, que na celebração batismal é atualizado o mistério pascal, de sorte que os batizados "unem sua existência com a de Cristo numa morte como a sua e são sepultados com ele na morte e vivificados e ressuscitados juntamente com ele, passando da morte do pecado à vida" (RICA e RBC, obs. ger., 6).

1. No batismo morremos e ressuscitamos com Cristo simbolicamente

Argumentando aos destinatários de sua carta provavelmente a partir de uma concepção familiar, são Paulo interpretou o rito batismal como representação sacramental (*homoioma*) da morte e ressurreição de Cristo: ritualmente reproduzimos os passos que levaram Cristo da morte-sepultura à ressurreição (Rm 6,2-6; Cl 2,13-15; cf. 1Cor 1,13). É a unidade do mistério pascal, a qual pretende expressar o simbolismo duplo da imersão-emersão.

Essa capacidade de evocar o mistério pascal viu-se reforçada quando os Padres da Igreja descobriram prefigurações do batismo nas figuras bíblicas do dilúvio, da passagem do Mar Vermelho e do batismo de Jesus no Jordão, que já eram figuras da Páscoa do Senhor.

Embora alguns afirmem que a interpretação paulina sofreu um eclipse durante o séc. II, seu eco voltou a ser ouvido de imediato por alguns escritores do séc. III.[1] Mas foi certamente a mistagogia dos sécs. IV-V a que fez amplo e brilhante uso deste simbolismo. Oferecemos aqui só dois exemplos significativos:

> Depois fostes conduzidos pela mão à santa piscina do divino batismo, como Cristo da cruz ao sepulcro [...]. Fostes submersos três vezes na água e emergistes de novo, significando tam-

---

[1] Cf. cap. IV, notas 34 e 35, deste livro.

bém aqui simbolicamente (*dia symbolou ainittomenoi*) a sepultura de três dias de Cristo. Pois assim como nosso Salvador passou três dias e três noites no seio da terra, também vós, na primeira imersão, imitastes (*emimeisthe*) o primeiro dia de Cristo na terra, e, na imersão, à noite; porque do mesmo modo que aquele que está na noite não vê e que, pelo contrário, aquele que está no dia caminha na luz, assim vós, na imersão como na noite não víeis nada, mas na emersão vos encontrastes de novo com o dia.[2]

Nosso Senhor, para levar a cabo a economia de nossa salvação, desceu à terra, para dela fazer brotar a vida. Nós, ao receber o batismo, o fazemos em imitação (*eis mimesin*) de nosso Senhor e Mestre, mas não somos sepultados na terra (esta é, efetivamente, a morada de nosso corpo uma vez morto); nós descemos à água, o elemento afim à terra. E ao fazer isso três vezes, imitamos (*exeikonizomen*) a graça da ressurreição.[3]

Expressões lapidares como *anamnesis tou pathou, mimesis tou thanatou kai taphou, symbola tou thanatou kai anastaseos, sacramentum baptismi passionis mortis crucis, sacramentum passionis, sacramentum crucis* e outras semelhantes refletem a mesma concepção. Idêntico pensamento se sustenta sob os nomes de *stauros, taphos, sepulchrum*, que com freqüência são aplicados ao batismo (ou à piscina batismal) na Antigüidade.[4] Essa interpretação encontrou ressonância na eucologia antiga[5] e se manteve muito viva na Idade Média.[6]

Já pudemos observar que muito cedo essa referência do rito essencial à Páscoa viu-se reforçada por certos detalhes complemen-

---

[2] Cirilo de Jerusalém, *Cat. myst.* 2,4: SCH 126, 110-112.

[3] Gregório de Nissa, *In diem luminum*: PG 46, 585AB. Cf. também, entre outros, Ambrósio, *De sacr.* II, VI, 19 e VII, 20: SCH 225bis, 84-86; Teodoro de Mopsuéstia, *In Jo* 3, 5; Vosté, 47; Leão Magno, *Sermo* 70, 4: PL 54, 382B: "A tríplice imersão imita por semelhança o tríduo da morte do Senhor".

[4] Cf. W. M. Bedard, op. cit., 1-16.

[5] Cf. *CA* VII, 43, 5; outros textos podem ser encontrados em W. M. Bedard, op. cit., 49-51.

[6] Cf. Teodulfo de Orleans, *De ord. bapt.*, 13: PL 105, 232D; Tomás de Aquino, *STh* q.66, a.7 ad 2; q.73, a.3 ad 3.

tares simbólicos; por exemplo, repetindo-o três vezes (em clara alusão ao Tríduo pascal); situando-o na noite pascal;[7] fazendo que o candidato atravesse a piscina na direção do Ocidente ao Oriente; dando forma cruciforme às piscinas; pondo três degraus para descer e subir de novo...[8]

Alguns ritos complementares foram interpretados nesse mesmo sentido; por exemplo, a denudação e a subseqüente unção de todo o corpo com óleo imitariam o despojamento de Jesus e seu vitorioso combate na cruz contra as potências diabólicas.

São Basílio revela-nos, para além dos raciocínios ascéticos, a razão profunda desta *imitação* de Cristo em seus mistérios:

> A economia de Deus nosso Salvador sobre o homem consiste em levantá-lo de sua queda, em fazê-lo voltar do estado de inimizade, conseqüência de sua desobediência, à intimidade (*oikeiosin*) de Deus. A permanência de Cristo na carne, o exemplo de sua vida segundo os evangelhos, a paixão, a cruz, a sepultura e a ressurreição não tiveram outra finalidade; de modo que o homem, salvo, pode recuperar, através da imitação (*dia mimeseos*) de Cristo, a antiga adoção filial. É necessária, portanto, a imitação de Cristo (*he Christou mimesis*) para alcançar a vida perfeita; e imitá-lo não só nos exemplos de doçura, humildade e paciência, que ele deu durante a sua vida, mas também em sua morte, como o disse Paulo, o *imitador* de Cristo (cf. 1Cor 11,1; Fl 3,17), "tornando-me semelhante a ele na sua morte, para ver se chego até a Ressurreição dentre os mortos" (Fl 3,10-11). Como, então, assemelharnos a Cristo na morte? Por nossa sepultura com ele por meio do

---

[7] "Para o batismo o dia da Páscoa impõe-se como o mais solene, quando se realiza a Paixão mesma do Senhor na qual somos submersos": TERTULIANO, *De bapt.* 11,1: BM 106. "Que dia pode ser mais normal para o batismo do que o dia da Páscoa? Pois nesse dia comemora-se a ressurreição, e o batismo é uma energia com vistas à ressurreição. Recebei, portanto, nesse dia, a graça da ressurreição": BASÍLIO, *Hom.* 13,1: PG 31, 424D-425A.

[8] Às vezes, cai-se em alegorismos de gosto duvidoso, como quando o missal romano de 1570 prescreve que na bênção da água batismal se divida a água em forma de cruz, sopre-se sobre ela três vezes em forma de cruz e se faça o Círio pascal submergir três vezes; ou quando o ritual armênio dispõe que a água seja vertida na piscina em forma de cruz e depois se derrame o óleo sobre ela também em forma de cruz, tendo sido esta já abençoada; cf. G. G. WINKLER, *Das armenische Initiationsrituale*, 203 e 213.

batismo. Entretanto, como sepultar-nos e qual é a vantagem de tal imitação (*mimesis*)?[9]

2. No batismo se faz presente o mistério pascal

A Igreja desde o princípio está convencida de que o recurso a símbolos alusivos ao acontecimento pascal no coração do rito batismal não seja uma simples representação teatral com vistas a pura dramatização. Os termos por ela empregados, a partir de são Paulo, para significar essa referência (*anamnesis, mysterion, symbolon, eikon, mimesis, typos, antitypos, sacramentum, signum, figura, similitudo...*) são os mesmos usados em sentido realista em outros âmbitos da vida sacramental. Na mente dos autores que os usam na Antiguidade, trata-se de categorias de atualização: entre a ação simbólica e o Acontecimento salvífico não há distância, mas identidade; ambos formam um todo, constituem uma unidade, isto é, o sacramento. Na celebração simbólica da Igreja se faz presente o mistério salvador comemorado; concretamente, "o batismo comemora e *atualiza* o mistério pascal" (RICA 6).

Na ação eclesial-sacramental, que é o batismo, faz-se presente o acontecimento histórico da Páscoa de Cristo. E se faz presente de uma forma sacramental ou *mística*, mas se faz presente realmente (*místico* e *sacramental* não se opõem a *real*). De fato, se o batizado participa efetivamente da morte-ressurreição de Cristo, como veremos no próximo ponto a ser tratado, é preciso que aquele acontecimento salvífico se torne realmente acessível a ele no sacramento. Dificilmente poderia morrer com Cristo e ressuscitar com ele se Cristo não morresse e ressuscitasse com o batizado. Todavia, dada a unidade orgânica que ocorre entre todos os acontecimentos da história da salvação, podemos afirmar com santo Tomás que "neste sacramento está contido (*comprehenditur*) todo o mistério de nossa Redenção".[10]

Com base nisso, o batismo pertence à categoria de acontecimento salvífico; é história da salvação em ato; é mistério atualizado: como revelação e oferta.

---

[9] *De Spir. Sancto*, 15, 35: SCH 17bis, 364-366.
[10] *STh* III, q.83, a.4.

Uma decorrência importante daquilo que dissemos é que o batismo, a partir desta perspectiva, é ação de Cristo, porque ele é o protagonista do Acontecimento pascal que se atualiza neste sacramento; ele é o sujeito principal do sacramento neste nível (o da *res et sacramentum*), no qual agora nos encontramos.[11] Este é um tema forte da catequese mistagógica dos Padres da Igreja. Quem inicia os candidatos no Mistério salvador é, na verdade, o próprio Cristo; ele é o verdadeiro *mystagogos*.

Essa dimensão cristológico-pascal ajuda a compreender o batismo como ação soberana do Senhor ressuscitado. Distanciamo-nos radicalmente da postura de K. Barth, o qual, na linha de uma justificação só pela fé, defende que o batismo nada mais é do que comunicação *cognitiva* da obra salvífica de Deus.

3. No batismo, o batizado associa-se ao mistério pascal

É o momento de repassar as afirmações essenciais de são Paulo em Rm 6,3-8; Cl 2,12; 3,1.3; Gl 2,19-20; Ef 2,5-6.[12] A reiterada presença da partícula *syn* nos textos batismais paulinos expressa com suficiente força essa experiência do mistério pascal que Cristo e o batizado vivem em comum. A imagem *symphytoi (complantati)* de Rm 6,5 (Cristo e o batizado "sepultados conjuntamente em/pela imagem da morte de Cristo") vem acrescentar uma nota mais realística ainda.

Os Padres da Igreja repetem com ênfase e numa variedade de registros as afirmações paulinas. O vocabulário por eles empregado para expressar essa participação no mistério redentor é muito variado e de sentido realista. Recorrem sobretudo à categoria de *participação-comunhão (koinonia)*, mas utilizam também expressões como *conjunção (synapheia, copulatio)*, *familiaridade (oikeiosis)*, *semelhança (omoiotes, similitudo)*. "É lógico que a exaltação de Jesus

---

[11] Seria fácil citar textos do NT e dos Padres da Igreja nos quais Cristo aparece como o sujeito agente de operações salvadoras que se realizam no batismo.

[12] Também segundo 1Cor 1,13, *ser batizado no nome de Cristo* e *ser associado à crucifixão de Jesus Cristo* são equivalentes. Embora seu contexto imediato seja escatológico, Ap 7,13-14 também parece fazer alusão a essa experiência pascal do batismo.

ocorra para cada um dos crentes no momento no qual ele ou ela realiza o mistério do batismo."[13]

Cirilo de Jerusalém fala de "participar por imitação (*en mimesei ten koinônian*) na verdadeira paixão de Cristo".[14]

No momento da iniciação lhes foi dada parte nos sofrimentos de Cristo.[15]

O que dizer, portanto? Só morremos com Cristo e só nos associamos (*koinonoumen*) a ele nos acontecimentos tristes? Na verdade, tampouco há tristeza em comungar (*koinonesai*) na morte do Senhor. Por outro lado, tem paciência e verás que serás associado (*koinonounta*) a ele nos acontecimentos felizes. "E, se já morremos com Cristo, cremos que também viveremos com ele" (Rm 6,8). Porque no batismo há ao mesmo tempo sepultura e ressurreição.[16]

Aqui há uma morte; todavia, não a realidade de uma morte física, mas na semelhança. Pois quando és submerso, recebes a semelhança da morte e da sepultura; recebes o sacramento daquela cruz (*crucis illius accipis sacramentum*), porque Cristo esteve pendurado na cruz e seu corpo foi crucificado com pregos. Portanto, és crucificado com ele.[17]

O batismo nos torna co-participantes da morte e ressurreição de Cristo.[18]

Santo Tomás entende esta experiência como uma *incorporação* do crente à paixão e morte de Cristo.[19]

---

[13] Orígenes, *In Jo hom.* 4,2: SCH 71,150.
[14] *Cat. myst.* II, 6: SCH 126,116.
[15] Gregório Nazianzeno, *Or.* 40, 31: SCH 358, 268.
[16] João Crisóstomo, *Cat. baut.* II, 5: SCH 366, 182.
[17] Ambrósio, *Sacr.* II. VII, 23: SCH 25bis, 86-88.
[18] Teodoro de Mopsuéstia, *In Rom* 6, 3 e 6, 5: Staab 121; cf. *Hom.* XV, 6; Tonneau 471.
[19] Cf. *STh* III, q.69, a.2 c e ad 1.

O Vaticano II, portanto, torna-se eco de uma longa tradição quando afirma:

Assim, pelo batismo os homens são inseridos (*inseruntur*) no mistério pascal de Cristo: com ele mortos, com ele sepultados, com ele ressuscitados (SC 6).

Os crentes são unidos (*uniuntur*) a Cristo, morto e glorificado, de modo misterioso e real [...]. Esse rito sagrado [do batismo] significa e realiza a participação na morte e ressurreição de Cristo (*consociatio cum morte et resurrectione Christi repraesentatur et efficitur*) (LG 7).

Existe, neste ponto, grande consenso entre as Igrejas, como se pode deduzir do n. 2 do acordo ecumênico *Batismo, Eucaristia, Ministério*:

A participação na morte e na ressurreição de Cristo é o significado central do batismo. O batismo que o próprio Jesus recebeu (Mc 10,38) nos dá a chave para uma compreensão comum. Esse batismo começou com a aceitação por Cristo da solidariedade com os pecadores, quando foi batizado no Jordão. Prosseguiu quando Cristo assumiu o caminho de Servo Sofredor através de sua paixão, morte e ressurreição. O Espírito que veio sobre Jesus em seu batismo vem sobre a Igreja e une o Povo de Deus com Cristo, em sua morte e ressurreição, por meio da ação batismal. Nosso batismo nos une com Cristo, que tomou sobre si nossos pecados e os do mundo inteiro, para que sejam perdoados e apagados; abre-nos à vida nova.

O sacramento introduz o crente na dinâmica redentora do acontecimento pascal. O batizado vive, como experiência pessoal, a morte-ressurreição do Senhor. Ele se transforma em co-ator daquele acontecimento central da história da salvação. A *koinonia* resultante é uma comunhão ontológico-místico-real, e indica a participação real no mistério salvador.

II. Batismo e Igreja

Vamos nos ocupar da dimensão eclesiológica do batismo, que é inseparável da dimensão cristológica: o batismo é ação de Cristo, mas na Igreja. Trata-se de duas faces de um único mistério.

A dimensão eclesiológica é também um aspecto importante da teologia do batismo. Entre o batismo e a Igreja há relações de interdependência. A Igreja é, ao mesmo tempo, sujeito agente e sujeito passivo do batismo.

"Um sacramento é sempre um acontecimento na Igreja, pela Igreja e para a Igreja, pois exclui tudo o que isola da ressonância eclesial".[20] O batismo realiza-se também em primeiro lugar na Igreja e pela Igreja. O batismo nunca é um ato privado entre Cristo e o catecúmeno; é sempre celebração da Igreja. A salvação de Cristo chega até o homem com a mediação da Igreja. É no batismo que a Igreja mostra mais claramente sua maternidade, sua função mediadora, dando à luz novos filhos e acrescentando-os como novos membros a seu Corpo.

Ao fazê-lo, ela mesma revive o mistério de seu nascimento e vai crescendo no tempo. Esse efeito se dá primeiro na intenção de Cristo. O batismo concerne à comunidade antes que ao indivíduo; antes de ser o meio de assegurar a salvação do indivíduo, é acontecimento salvífico que interessa e afeta primariamente à Igreja. Constitui, antes de mais nada, dom de Deus à Igreja: Deus "abriu a fonte do batismo para a Igreja" (RBC 217).

Podemos dizer, parafraseando um conhecido aforismo teológico, que *Ecclesia facit baptismum. Baptismus facit Ecclesiam.*

No desenvolvimento desses pontos, partiremos também do *signum tantum* para passar ao nível intermediário da *res et sacramentum*, mas desta vez visto a partir da perspectiva da Igreja.

1. A Igreja, sujeito integral da celebração batismal

O ritual do batismo põe claramente em evidência a significação eclesial de acontecimento que está sendo celebrado. Começa já estabelecendo que toda a comunidade local participe ativamente (cf. RICA 7-17.41-48; RBC 10-30), para que se veja que ela é o sujeito integral de toda a celebração, e que esta se apresente como uma verdadeira *celebração da Igreja*, como *ação da Igreja*. Busca-se também essa finalidade quando se dá preferência à celebração comunitária em *dias batismais.*[21]

---

[20] P. Evdokimov, *Sacrement de l'Amour*, Paris, 1980, 172.
[21] Cf. D. Borobio, *Iniciación*, 283-286.

O SACRAMENTO DO BATISMO

Tal preocupação ficou clara desde o início no catecumenato antigo: durante todo o percurso, ao longo de cada uma das etapas, até sua culminação na eucaristia batismal, a comunidade inteira se sentia fortemente interessada e responsável pela preparação adequada dos novos membros. A Igreja era vista verdadeiramente como *iniciadora*, como *Ecclesia Mater*.

A celebração batismal em seu conjunto, considerada do ponto de vista simbólico, mostra-se como um progressivo ingresso no mistério da Igreja e constitui toda uma *mystagógia*. Indício disso são os deslocamentos simbólicos: primeiro do exterior para o interior do templo, seguido dos deslocamentos no interior até chegar à frente do altar. Os ritos iniciais (a apresentação do candidato à Igreja, a acolhida por parte da comunidade, a degustação do sal como rito de hospitalidade, a inscrição do nome no livro da Igreja) definem desde o começo o sentido do processo que é posto em movimento. Virão, a seguir, a signação (ou as signações) e a unção pré-batismal como o estabelecimento de uma marca de propriedade e pertença (ao rebanho, ao exército de Cristo). Depois "a Igreja lhes entrega com amor os documentos que desde a Antiguidade constituem um compêndio de sua fé e oração" (RICA 181). O rito essencial da passagem pelo *seio materno* da piscina batismal marca o momento culminante da geração da Igreja. A celebração irá culminar com a acolhida jubilosa dos novos membros por parte da comunidade.

Ao longo da celebração do batismo a Igreja vai se auto-revelando aos candidatos e ao mundo (e a si mesma) como sacramento da redenção universal, como comunidade de salvação, como lugar de encontro com a salvação histórica em Cristo, como *sacramento da Páscoa*, como Povo de Deus da nova Aliança. A celebração do batismo é uma autêntica epifania da Igreja. Por isso, não é conveniente dizer que as distintas formas de celebrar esse sacramento podem revelar diferentes modelos de Igreja.

Algumas das figuras bíblicas tradicionais do batismo nos ajudam a delinear melhor a dimensão eclesial desse sacramento. Assim, a criação, o paraíso, o dilúvio, a circuncisão, a libertação do Egito, a passagem do Jordão, o batismo de Jesus, a água e o sangue que brotaram do lado aberto de Cristo crucificado, apresentam-nos a Igreja que nasce do batismo (ou a Igreja à qual o batismo nos agrega) como uma nova criação, como o paraíso perdido, como a nova

163

humanidade, como o povo da nova aliança, como a terra prometida, como o novo povo messiânico, como a nova Eva...

2. Pelo batismo, a Ecclesia Mater *dá à luz novos filhos*

A representação da Igreja como *mãe* aparece já em Gl 4,26 e encontrará ampla ressonância na literatura patrística, sobretudo em contexto batismal.[22] Do conceito de Igreja-Mãe que gera filhos no batismo passou-se logo para a consideração da piscina batismal (o batistério) como o seio materno da Igreja.[23] A origem remota de ambas as metáforas está na concepção do batismo como novo nascimento (cf. Jo 3,5; Tt 3,5).

O tema da Igreja-Mãe aparece na literatura patrística com Tertuliano.[24] Os primeiros a relacionar explicitamente a maternidade da Igreja com o batismo foram Cipriano, na África, e Metódio de Filipo, no Oriente.[25] Esta relação posteriormente se converterá em lugar-comum na catequese patrística, na eucologia litúrgica e até mesmo em algumas inscrições de batistérios.

A Igreja de Deus alegra-se por causa de seus filhos. Assim como uma mãe amorosa rodeada de seus filhos se alegra, exulta e não pode conter seu gozo, da mesma forma a Igreja, mãe espiritual, quando contempla seus filhos, sente uma alegria exuberante, pois vê a si mesma como campo fértil, transbordante de espigas espirituais. Considera, querida, a plenitude da graça: eis que, numa só noite, esta mãe espiritual deu à luz tantos rebentos.[26]

---

[22] Em relação à época pré-nicena, cf. J. C. PLUMPE, *Mater Ecclesia*. An Inquiry into the Concept of the Church as Mother in Early Christianity (The Catholic University of America. Studies in Christian Antiquity, 5), Washington DC, 1943; K. DELAHAYE, *Ecclesia Mater chez les Peres des trois premiers siecles* (Unam Sanctam, 46), Paris, 1964.

[23] Cf. W. M. BEDARD, op. cit., 17-57: "The font as the Mother or as Womb of the Church".

[24] Cf. *Adv. Marc.*, V, 4, 8: CCL 1, 673.

[25] Cf. CIPRIANO, *Ep.* 74, 6, 1-2: BAC 241, 697-698; METÓDIO DE OLIMPO, *Symp.*, III, 8, 71-72: GCS 27, 35-36.

[26] JOÃO CRISÓSTOMO, *Cat. baut.* 4, 1: SCH 50, 181-183.

Os pequenos são apresentados para que recebam a graça espiritual [...]. É a Igreja-Mãe, presente nos santos, que faz isso, porque é a Igreja inteira que gera os cristãos e a cada um deles.[27]

Nasce para o céu um povo de raça divina, / gerado pelo Espírito fecundador destas águas. / A Mãe Igreja dá à luz nestas águas / ao fruto virginal concebido por obra do Espírito. / [...] Não há diferença entre os que renascem: / são um só pelo único banho, pelo único Espírito, pela única fé. / Tu, que foste gerado nestas águas, vem à unidade / à qual o Espírito Santo te chama para comunicar-te seus dons.[28]

Efrém chama os batizados de *filhos da Igreja*.[29] É bastante freqüente a idéia de que no novo nascimento o cristão tem Deus por Pai e a Igreja por mãe: "O primeiro nascimento, de varão e fêmea; o segundo nascimento, de Deus e da Igreja".[30]

O testemunho mais antigo que nos fala da água batismal como *útero materno* nos vem de Clemente de Alexandria.[31] Mais tarde encontraremos a mesma imagem em Dídimo, o Cego, Cirilo de Jerusalém, Efrém, Teodoro de Mopsuéstia, Narsés, Pseudo-Dionísio Areopagita, Filoxeno de Mabbug e nas diferentes liturgias.

Às vezes eles se detêm na analogia entre a geração natural e a geração sacramental:

Da mesma maneira que na geração carnal o seio materno recebe um gérmen, mas é a mão divina que o forma segundo o decreto dado desde o princípio, assim também, no batismo, a água é como um seio para aquele que nasce, mas é a graça do

---

[27] AGOSTINHO, *Ep. 98 ad Bonifatium*, 5: CSEL 34, 526.

[28] Inscrição que se encontra no frontispício do batistério lateranense de Roma, provavelmente obra de SÃO LEÃO MAGNO.

[29] Cf. *Carm. Nis.*, 27-28; ver E. BECK, Le baptême chez saint Ephrem, *OS*, 1, 1956, 120; cf. também AGOSTINHO, *Serm.* 223, 1: PL 38,1092B.

[30] AGOSTINHO, *Serm.* 121, 4: SCH 116, 230; cf. *Serm.*, 57, De oratione dom. ad competentes, 2: PL 38, 387B. Cf. CIPRIANO, *De lapsis*, 9: BAC 241, 176; *Ep.* 73, 19, 2 (687); *Ep.* 74, 6-7 (697-698). "Desse modo Deus se converte em pai dos homens; desse modo a santa Igreja se converte em mãe": OPTATO DE MILEVI, *Contra Parmenianum Donatistam*, 2, 10: CSEL 26, 45.

[31] "Deus nos gerou no seio da água *(gegennesen ek metras hydatos)*": *Strom.* 4, 25: CGS Clem. 2, 319.

Espírito que o forma para o segundo nascimento e o transforma totalmente. E da mesma maneira que no seio materno cai um gérmen que não tem nem vida, nem alma, nem sensação, mas que, transformado pela mão divina, sai feito um homem vivo, dotado de alma e sensação, com natureza capaz de toda operação humana, assim também ocorre aqui: a água é como uma espécie de seio materno onde cai aquele que é batizado, como um gérmen que não tem aparência alguma de signo de natureza imortal; mas quando é batizado e recebe a graça divina e espiritual, converte-se em outro totalmente distinto: de mortal que era se transforma em natureza imortal, de corruptível em incorruptível, de mutável em imutável, numa natureza totalmente diferente segundo o (poder) soberano daquele que o forma.[32]

Também aqui se recorre à tipologia: vêem uma figura da fecundidade da Igreja em certas mulheres do AT, algumas delas estéreis, que milagrosamente geram filhos, como Eva, Sara, Rebeca, Raquel e Ana.

Empregando uma outra linguagem, mais conceitual, a escolástica continuará afirmando a maternidade da Igreja no batismo, atribuindo papel ativo nesta fecundidade à *fides Ecclesiae*. O Vaticano II também recolhe essa doutrina em LG 64.

3. O batismo, agregação à Igreja

Na medida em que o batismo une com Cristo, une também os batizados entre si na Comunhão dos Santos; não pode haver comunhão com Cristo sem comunhão com os irmãos. No batismo a incorporação a Cristo e a incorporação à Igreja são inseparáveis: num mesmo e indivisível ato a pessoa se torna membro de Cristo e membro do Corpo de Cristo, que é a Igreja única de Deus. "Falar da incorporação à Igreja é falar da incorporação em Cristo, dado que a Igreja é a comunidade dos que são 'edificados juntamente'

---

[32] TEODORO DE MOPSUÉSTIA, *Hom. cat.* XIV, 9: TONNEAU 421-423; cf. *In Jo 3,5*: VOSTÉ, 47. A idéia perdura na Idade Média; cf. TOMÁS DE AQUINO, *STh* III, q.68, a.9 ad 1.

com Cristo".[33] Pertencer à Igreja é a forma concreta de pertencer a Cristo.

No NT,[34] a primeira narração batismal apresenta como efeito inicial do batismo a agregação dos três mil à Igreja nascente (cf. At 2,41). Essa idéia aparece repetidas vezes nos escritos de são Paulo expressa com maior profundidade teológica, embora de forma apenas implícita.[35] Lemos em 1Cor 12,13: "Fomos batizados num só Espírito, para formarmos um só corpo (*eis hen soma*)".[36] Na Carta aos Efésios, o projeto de Deus de reunir os homens dispersos num *único corpo* (homem, templo, morada de Deus: Ef 2,13-22) se torna realidade graças ao *único Espírito*, à *única fé* e ao *único batismo* (Ef 4,3-6). Conforme Jo 3,3.5, o batismo é condição para *entrar no Reino de Deus* (e, portanto, na Igreja, na medida em que esta é sinal daquele).

A tradição patrística expressou essa idéia com linguagens distintas. Às vezes em linguagem direta:

> Renovado pelos mistérios salvíficos, passaste a fazer parte do corpo da Igreja, não visivelmente, mas pela fé.[37]

> Foram reunidos num só quando, por meio da fé que receberam no batismo, foram agregados ao Corpo da Igreja.[38]

A catequese sobre o batismo como *sphragis*, muitas vezes a partir da interpretação simbólica das unções batismais, serviu-lhes para sublinhar essa dimensão eclesial: o batizado fica marcado como ovelha do rebanho de Cristo ou como soldado de seu exército.

---

[33] D. STANILOAE, cit. em GH. SAVA-POPA, op. cit., 145. Não tem sentido dizer que a incorporação à Igreja é conseqüência da incorporação a Cristo ou vice-versa.

[34] Cf. G. R. BEASLEY-MURRAY, op. cit., 279-284.

[35] Cf. J. GIBLET, *Le baptême, sacrement de l'incorporation à l'Église selon saint Paul*: LV 27, 1956, 53-79.

[36] Cf. id., pp. 22-23, quanto às dúvidas dos exegetas sobre o sentido cristológico ou eclesiológico de *soma* nesta passagem.

[37] FAUSTO DE RIEZ, *Ep.* 38, 3: PL 30, 272C.

[38] CESÁREO DE ARLÉS, *Exp. in Apoc.*, visio 3: PL 17, 850A. Cf. TEODORETO DE CIRO, *In Cant.*, 1, 3: PG 81, 141AB. Cf. L. VELA, *La incorporación a la Iglesia por el bautismo en San Augustin*, *EE*, 46, 1971, 169-182.

Eles se serviram também da tipologia: tal como a circuncisão para os judeus, o batismo é para os cristãos o sinal de sua incorporação ao povo da nova Aliança.

Essa doutrina foi recolhida pela Escolástica, embora de maneira um tanto dispersa. Quando se afirma que o batismo é *ianua sacramentorum*, já está sendo declarado implicitamente que ele nos introduz na Igreja (porque somente na Igreja nos são dados os sacramentos). Mas não faltam afirmações explícitas, como estas de Tomás de Aquino: "Pelo batismo a pessoa se torna partícipe da unidade eclesiástica".[39] "O dilúvio foi figura (*signum*) de nosso batismo quanto à salvação dos fiéis na Igreja".[40]

Dois Concílios da Idade Média, um no começo, o de Valência (a. 855), e o outro no final, o de Florença (a. 1439), reproduziram essa doutrina.[41] Entre os protestantes do séc. XVI, Calvino entendeu o batismo como ingresso na Igreja em sentido realista;[42] seu pensamento exerceu uma influência considerável na teologia protestante moderna.

A recuperação dessa dimensão do batismo pela teologia católica contemporânea representou um passo importante na renovação da doutrina batismal em nossos dias e teve uma ressonância autorizada nos documentos do Concílio Vaticano II em AG 15:

> O Espírito Santo [...], quando gera os que crêem em Cristo para uma nova vida no seio da fonte batismal, os congrega num único Povo de Deus que é "a gente escolhida, o sacerdócio régio, a nação santa, o povo que ele conquistou" (1Pd 2,9).

Para o batizado, o batismo é um acontecimento salvífico por ser sua primeira experiência da Igreja como comunidade de salvação. É uma vivência especificamente diferente das que ele tiver em outros momentos de sua vida cristã, porque é incorporado à

---

[39] *STh* III, q.67, a.2.

[40] *STh* III, q.66, a.11 ad 3.

[41] Cf. Concílio de Valência, cân. 5, DS 632; Concílio de Florença, *Decretum pro Armenis*: DS 1314: "[...] per ipsum [baptisma] enim membra Christi et de corpore efficimur Ecclesiae".

[42] Cf. *Inst. de la rel. chrét.*, IV, 15, 1: ed. C. de Valera, 1967, 1028.

Igreja no ato mesmo em que esta atualiza sua condição de *Ecclesia Mater* e de *sacramentum paschalis*.

Por outro lado, mediante o batismo o indivíduo encontra Cristo na comunidade; é da comunidade que entra em comunhão com o mistério de Cristo, pois passa a fazer parte de uma história que é, ao mesmo tempo, história pessoal de Cristo e história comum de um povo.

4. O batismo edifica a Igreja (Baptismus facit Ecclesiam)

No NT e na tradição, batismo e nascimento da Igreja aparecem num mesmo patamar: o nascimento da Igreja é atribuído, de alguma forma, ao batismo.

Os relatos batismais dos Atos são, acima de tudo, narrações sobre o nascimento e crescimento da Igreja. Em At 2,41, os verbos estão na forma passiva (*passivo divino*) para indicar que não é o crente o princípio ativo do crescimento da Igreja, mas Deus, presente e ativo na comunidade (cf. At 2,47). Deus congrega os homens na nova comunidade messiânica, para fazer deles o novo Israel (At 2,41-47; 5,14; 11,24).

São Paulo contempla essa relação batismo/Igreja sob diferentes ângulos. Em Ef 4,3-6, entre os agentes e sinais da unidade da Igreja menciona-se *um só batismo*, na relação com *um só Espírito* e *um só corpo*. Em outro lugar da mesma Carta (5,25-27), o batismo é o banho nupcial com o qual o Esposo purifica e adorna a sua Esposa. Numa passagem da Primeira Carta aos Coríntios (12,13), que os especialistas discutem se devem interpretar cristológica ou eclesiologicamente, a idéia do Apóstolo parece ser a seguinte: ao entrar pelo batismo na comunhão com o Corpo do Ressuscitado, são superadas todas as diferenças e divisões entre eles e passam a fazer parte do *único Corpo*, a Igreja.

Segundo a Primeira Epístola de Pedro, o rito batismal é propriamente o princípio da assembléia cristã (cf. 1,3-11.25; 3,18-22); a ele o Povo de Deus deve a existência e a vida, a estrutura e o crescimento; e tanto em sua doutrina quanto em sua parênese, o autor está tão dominado por este tema que não duvida em definir inclusive os efeitos individuais do rito como a elevação do crente à condição de membro da comunidade.[43]

Na água que brotou do lado aberto do Crucificado (Jo 19,33-35), o quarto evangelista viu, ao que parece, o símbolo do batismo, que por conseguinte intervém na criação da nova Eva. A literatura cristã começou muito cedo a repercutir essa doutrina. Hermas a expressou brilhantemente com sua metáfora das pedras que vão sendo tiradas do fundo da água para serem incorporadas no edifício da torre, que é a Igreja.[44]

Sem abandonar o filão paulino do *único corpo*, a tradição comparou o nascimento da Igreja como fruto do batismo com a elaboração do pão. Segundo santo Irineu, os grãos de trigo só se convertem em pão pela ação da água; assim, os crentes só se tornam realidade graças ao Espírito, que é a água celestial: a Igreja se torna una, corporalmente pela água batismal e espiritualmente pela efusão batismal do Espírito.[45]

O primeiro efeito do batismo é a própria Igreja, da mesma forma como da experiência salvífica do êxodo surgiu a primeira *ekklesia*, a do deserto. O que a Igreja deve ser o é fundamentalmente pelo batismo. O batismo faz nascer e crescer a Igreja no mesmo momento e pela mesma ação pela qual vai incorporando novos membros ao corpo cuja cabeça é Cristo. A comunidade se renova, regenera e desenvolve, aprofundando-se em suas próprias raízes, quer dizer, entrando novamente em contato com o acontecimento do qual extrai a sua origem, o acontecimento salvífico fundante da Igreja. A realidade que emerge do acontecimento batismal transcende as dimensões do indivíduo que é batizado e agregado à Igreja. "[...] Procuras o crescimento da santa Igreja e (a) enches com a luz de inumeráveis redimidos [...]".[46]

Podemos afirmar que o batismo é *ato* da Igreja, no sentido forte da palavra *ato* (passou de potência a ato); no batismo, a Igreja se auto-realiza como o âmbito da realização histórica do mistério

---

[43] J. SCHMITT, Baptême et communauté d'apres la primitive pensée apostolique, *LMD*, 32, 1952, 53-73 (esp. 53-54).
[44] Cf. *Simil*. IX, 16, 11-4: BAC 65, 1071; comparar com *Vis*. III, 3,3 (952).
[45] Cf. *AH*, III, 17, 2: SCH 211, 330-332.
[46] *Ritual armênio*, in G. WINKLER, op. cit., 229.

de Cristo, como *sacramentum Paschae*, como o lugar da efusão do Espírito, como presença antecipada do Reino.

Das fontes batismais nasce o único Povo de Deus da nova Aliança, que transcende todos os limites naturais ou humanos das nações, das culturas, das raças e dos sexos: "[...] fomos batizados num só Espírito para formarmos um só corpo" (1Cor 12,13). Os batizados tornam-se "pedras vivas" para a "edificação de um edifício espiritual, de um sacerdócio santo" (CIC 1267-1268).

A comunidade que nasce do batismo é uma fraternidade *(adelphotes)*. Seguindo Paulo, que afirma que no Corpo de Cristo não há desigualdades nem divisões (cf. Gl 3,26-28; 1Cor 12,1.12-13; Cl 3,9-11), alguns Padres da Igreja insistem com singular força na radical igualdade que nasce da comum imitação. Dentre todos se destaca João Crisóstomo, que a transformou num dos temas favoritos de sua pregação.

Na Igreja não há diferença entre o escravo e o homem livre, entre o estrangeiro e o cidadão, entre o ancião e o jovem, entre o sábio e o ignorante, entre o homem comum e o príncipe, entre a mulher e o varão. Todas as idades, condições e sexos entram da mesma forma na piscina das águas (batismais). Seja o imperador, seja o pobre, ambos participam da mesma purificação. Aqui está o sinal mais palpável da nobreza que distingue a Igreja: da mesma forma é iniciado o mendigo e quem carrega o cetro.[47]

Todos os iniciados recebem idênticos dons e têm tudo em comum:

Deus chamou todos aos mesmos bens. Não deu mais a um do que a outro. A todos concedeu imortalidade, a todos a vida eterna, a todos a glória, a todos a fraternidade, a todos a herança. Converteu-se em Cabeça comum de todos, fê-los ressuscitar e entronizou-os todos juntos.[48]

Observa bem este ponto: tudo é dado a todos em comum, para que o rico não despreze o pobre, nem o pobre pense possuir menos do que o rico, porque em Cristo Jesus não há varão

---

[47] *In 1 Cor hom.* 10,1: PG 51, 2247AB; cf. *Cat. baut.* I, 27: SCH 50, 122.
[48] *In Eph.*, 11: PG 62, 79D-80A.

nem mulher, nem cipriota nem bárbaro, nem judeu nem grego: desaparece não só a desigualdade de idade e de natureza, mas qualquer outra condição; uma mesma dignidade para todos, um mesmo dom, os mesmos laços de afeto fraterno, a mesma graça.[49]

Essa igualdade, em última instância, deriva da comum experiência sacramental:

Se Cristo é o Filho de Deus e vós fostes revestidos dele, posto que o levais convosco e fostes tornados semelhantes a ele, todos tendes entrado na mesma relação e forma. "Não há mais judeu nem grego, escravo ou livre, homem ou mulher, pois todos vós sois um em Cristo Jesus". [...] Todos vós tendes a mesma forma e imagem de Cristo. Aquele que antes era grego, judeu ou escravo vai andando por aí com a forma do mesmíssimo Senhor do universo, mostrando em si mesmo Cristo.[50]

Semelhantes considerações certamente não deixariam de causar forte impacto numa sociedade que acabava de sair do paganismo e cujas estruturas sociais repousavam na desigualdade de classes. Idéias semelhantes podem ser encontradas também em outros autores da Antigüidade.[51] O Vaticano II soube recolher bem este veio da tradição:

Os membros possuem a mesma dignidade por seu novo nascimento em Cristo, a mesma graça de filhos, a mesma vocação à perfeição, uma mesma graça, uma mesma fé, um amor sem divisões. Na Igreja e em Cristo, portanto, não há nenhuma desigualdade por razões de raça ou nacionalidade, de sexo ou condição social (LG 32).

---

[49] *Cat baut.* III, 4: SCH 366, 228-230. Cf. também *Jo hom.* 10, 2: PG 59, 75CD; *Cat. baut.*, 1, 27: II, 13: SCH 50, 122 e 140-141.

[50] *In Gál.*, 3: PG 61, 656CD. Cf. *In Mt hom.* 19, 4: PG 57, 278D-279B; *In Rom hom.* 1,3: PG 60, 399BC; 2, 6; *In Eph hom.* 11, 1: PG 62, 80CD; *Cat. Baut.* III, 4: SCH 366, 228-230.

[51] Cf. CLEMENTE DE ALEXANDRIA, *Ped.* I, 6, 28-29; I, 106,30-107,26; CIPRIANO, *Ep.* 69, 13,3-14,2: BAC 241, 658-659; GREGÓRIO NAZIANZENO, *Or.* 40, 8.25.27: SCH 358, 212-214.254.258; QUODVULTDEUS, *De symb.* I, 1,8: CCL 60,305.

5. O batismo, vínculo sacramental de unidade entre cristãos[52]

O *um só batismo* de Ef 4,5 encontrou ressonância inesperada na tradição, começando pelos primeiros símbolos de fé. A expressão tem sido interpretada em sentido duplo: *a*) na Igreja há um só batismo (unicidade); *b*) o batismo só se recebe uma vez (irreiterabilidade). Em nosso estudo, interessa-nos a primeira interpretação. É o sentido dado, segundo o contexto, pelo próprio são Paulo. A insistência dos símbolos da fé no *unum baptisma*[53] seria também uma espécie de reação contra a pluralidade de batismos que os heterodoxos defendiam: batismos de fogo, água e Espírito, segundo alguns judeo-cristãos; batismos dos *pneumáticos*, dos *psíquicos* e dos *hílicos*, segundo alguns gnósticos; duplo batismo: de água para os psíquicos (imperfeito) e do Espírito para os pneumáticos (perfeito), segundo outros.[54]

Contra as alegações e práticas dos gnósticos, Irineu e Clemente de Alexandria reivindicam a unicidade e a perfeita suficiência e perfeição (*teleion*) do batismo em água e Espírito da Grande Igreja.[55]

Na controvérsia batismal do séc. III, ambos os contendentes coincidiam em afirmar o princípio da unicidade do batismo *legítimo e verdadeiro* na Igreja; sobre isso havia consenso geral entre as Igrejas. A diferença encontrava-se no fato de que os mal-afamados

---

[52] Cf. G. Cereti, Il battesimo, vincolo di unità, *RL*, 61, 1984, 445-462; A. Descamps, Le baptême, fondement de l'unité chrétienne, in VV.AA., *Battesimo e giustizia in Rom 6 e 8*, Roma, 1974, 203-234; E. F. Fortino, Il Battesimo nella ricerca dell'unità dei cristiani, *RL*, 61, 1984, 471-491; P. J. Jagger, Christian Unity and Valid Baptism, *Theology*, 74, 1971, 404-412; D. Moody, *Baptismal Fondation for Christian Unity*, Philadelphia, 1967; L. Richard, Une these fondamentale de l'oecuménisme: le baptême, incorporation visible à l'Église, *NRTh*, 74, 1952, 485-492; G. Rondepierre, Le baptême, lien sacramentel d'unite, *LMD*, 153, 1983, 7-45.
[53] Cf. DS 3, 4, 41, 42, 43, 46, 48, 51, 150.
[54] Cf. BM 62, 68, 69, 126-127.
[55] Cf. Clemente de Alexandria, *Paed.*, I, 6, 25,1–32,4: SCH 70, 156-170.

rebatizadores negavam que o batismo dos hereges fosse *legitimus et verus et unicus Ecclesiae baptismus*.[56]

Se aquele que vem dos hereges não foi batizado antes na Igreja, mas chega sendo totalmente estranho e profano, deve ser batizado para que seja ovelha do redil, porque na Igreja santa há uma só água, que converte em ovelhas do rebanho [...].[57]

Se a fé é uma só para nós e para os hereges, pode haver também uma só graça. Se confessam juntamente conosco o mesmo Pai, o mesmo Filho, o mesmo Espírito Santo, a mesma Igreja, os patripasianos, os antropianos, os valentinianos, os apeletianos, os ofitas, os marcionitas e demais pragas, briguentos e peçonhas heréticas que subvertem a verdade, pode neles ser também um só o batismo, se uma só for a fé.[58]

A afirmação da unicidade do batismo cristão não é motivo para que esses mesmos autores falem do *batismo de sangue* ou martírio[59] (e mais tarde também do *batismo de desejo*).

Aos poucos foi sendo abandonada a postura rígida e demasiadamente jurídica de são Cipriano. Impôs-se a doutrina e prática romana, que deixa mais claro o princípio da unicidade do batismo na Igreja. Acabam encontrando uma explicação satisfatória, por todos aceita, para explicar a validade do batismo dos hereges e cismáticos: nele cumprem-se dois dos três componentes do *corpo* do batismo (na linguagem de Optato de Milevi), ou seja, o protagonismo da Trindade e a fé correta na Trindade (embora falhe o terceiro componente, o menos importante, o do ministro, que é só servidor do mistério). A razão última desta validade é que o

---

[56] CIPRIANO, *Ep.* 69, 1: BM 182. As Igrejas da África, Antioquia, Síria, Capadócia e Cesaréia, que durante algum tempo seguiram a prática contrária à da Igreja romana batizando os que já haviam sido batizados por hereges ou cismáticos, não tinham a intenção de *rebatizá-los*, mas simplesmente de batizá-los verdadeiramente pela primeira vez. Da abundante bibliografia, destacamos somente: G. BARDY, Baptismale controverse, *Catholicisme* I, Paris, 1948, 1232-1234; F. CARDMAN, Cipriano e Roma: A controvérsia em torno do batismo, *Concilium*, 1982/8, 37-45; M. LAMBROUSSE, Le baptême des hérétiques d'apres Cyprien, Optat et Augustin; influences et divergences, *REA*, 42, 1996, 213-222.

[57] CIPRIANO, *Ep.* 71, 2, 3: BM 189.

[58] Id., *Ep.* 73, 4, 2: BM 192.

[59] Cf. ORÍGENES: BM 135.

batismo é obra da Trindade. Quem batiza é a Trindade. Os dons de salvação conferidos pelo batismo provêm, em última instância, da Trindade. A fé correta na Trindade garante esta intervenção da Trindade. As três Pessoas da Trindade são as Testemunhas divinas que certificam a validade do ato batismal.[60]

Apesar da heresia ou do cisma, o batismo dos hereges e cismáticos é também *baptismus Ecclesiae*, batismo da Igreja-Mãe que gera e dá à luz filhos, a todos em igual medida. O batismo é celebrado sempre *na Igreja*, nesse organismo místico cujas fronteiras carismáticas não coincidem com os limites canônicos.

O batismo confere ao batizado sempre a mesma salvação, a mesma graça, seja qual for a Igreja na qual se é batizado.

Começa-se a ver o batismo como um vínculo de união entre todos os batizados, acima das separações causadas por heresias e cismas. Dirigindo-se aos arianos, Anfilóquio de Icono afirma:

> Somos irmãos, não inimigos. Um mesmo batismo nos gerou, embora vós tenhais desonrado as dores da vossa mãe [...]. Não desonreis as dores da vossa mãe, nem negueis a nobre raça de vossos irmãos; comprovemos juntos como irmãos que somos servidores de um mesmo Rei, e não de muitos que colocam armadilhas para si mesmos.[61]

A mesma convicção reaparece no Ocidente na polêmica com os donatistas:

> Não podeis deixar de ser irmãos vós que uma mesma mãe gerou nas entranhas dos sacramentos e Deus Pai recebeu de idêntica forma como filhos adotivos.[62]

---

[60] Cf. *Tratado tripartito*, 127: BM 60; Optato de Milevi, op. cit., V, 1: CSEL 26, 118. A tríplice imersão, a tríplice invocação trinitária e a intervenção das três Pessoas divinas não dariam como resultado três espécies distintas de batismo? Teodoro de Mopsuéstia e Ambrósio de Milão colocam-se a questão e a resolvem quase da mesma forma; cf. Teodoro de Mopsuéstia, *Hom.* XIV, 20-21, in Tonneau 443-447; Ambrósio, *De Sp. S.*, III, 4, 28: CSEL 79, 181.

[61] Cit. in Timoteo I, patriarca dos nestorianos, *Ep.* I, *ad Salomonem*: CSCO Syri, 67, 16.

[62] Optato de Milevi, op. cit., 4, 2 (103). "São irmãos nossos sem dúvida, embora não bons [...]. Estamos efetivamente unidos por um mesmo nascimento espiritual" (3, 8): CSEL 26, 92.

O SACRAMENTO DO BATISMO

Olhe, irmão Parmeniano, entre nós não podem chegar a se romper totalmente os vínculos de uma santa fraternidade.[63]

Santo Agostinho tinha idéias claras a respeito: separados na comunhão eclesial, mas unidos num único batismo.

[A Igreja] está dividida quanto ao vínculo da caridade e da paz, mas está unida no único batismo. Por isso a Igreja é una e só ela pode ser chamada de "católica". O que ela tem em comum com as partes que se separaram da unidade é ela a que o gerou, e não eles, porque não se trata de algo que a divisão originou, mas de algo que eles conservaram da Igreja.[64]

Agostinho gosta de enumerar os bens que os católicos compartilham com os donatistas: "Batismo comum, evangelho comum, sacramentos comuns, escrituras comuns".[65]

É o caso de assinalar, na concepção de alguns Padres da Igreja, alguns matizes que hoje em dia poderiam parecer um tanto rigorosos. Por exemplo, que o batismo "só produz fruto de salvação e de paz no seio da Igreja";[66] ou que o batizado na heresia ou no cisma "fica gravemente ferido pelo cisma";[67] ou que este não tem acesso aos bens interiores da Igreja etc.

Essa doutrina sofreu um longo eclipse nas Idades Média e Moderna. Os encontros ecumênicos indubitavelmente contribuíram em nossos dias para recuperar e para esclarecer as idéias neste campo.

Os documentos do Vaticano II proclamam diversas vezes que o batismo é o fundamento do ecumenismo, pois constitui o vínculo sacramental de unidade entre os fiéis de todas as confissões. Esse vínculo é, ao mesmo tempo, institucional e interior. O esforço ecumênico deveria partir das premissas que iremos lembrar brevemente. Onde há verdadeiro batismo, há incorporação à única Igreja de Cristo, não em sentido burocrático e social (simples constatação de um vínculo de sociedade), mas em virtude do dom do Espírito.

---

[63] Id., op. cit., 4, 2: CSEL 26, 104.
[64] *De bapt.* 1, 10, 14: CSEL 51, 158.
[65] *De bapt.* 4, 17, 24: CSEL 51, 251; cf. *Ep.* 89, 7: CSEL 34, 424; *De cons. evang.*, 4, 6, 7: CSEL 43, 402.
[66] AGOSTINHO, *Contra Crescon.*, 1, 34: PL 43, 463-464.
[67] AGOSTINHO, *De bapt.*, 1, 6: PL 43, 115.

Radicalmente, a unidade prevalece sobre a divisão: a unidade em seu germe, em seu momento inicial e fundacional, na qual já se encontra tudo aquilo que deverá desenvolver-se. Da parte de Deus, a unidade é sempre dada, pelo menos em seu fundamento, que é a graça batismal. Aqui estão as bases para um saudável movimento ecumênico.

O princípio é estabelecido em toda sua amplidão nos documentos do Vaticano II:

Pelo sacramento do batismo, sempre que for retamente (*rite*) conferido segundo a instituição do Senhor e recebido com a devida disposição de ânimo, o homem é verdadeiramente incorporado a Cristo crucificado e glorificado [...]. Por conseguinte, o batismo constitui um vínculo sacramental de unidade entre todos os que foram regenerados por ele (UR 22).

A Igreja se sente unida por muitas razões (*plures ob rationes*) com todos os que se honram com o nome de cristãos por causa do batismo (*baptizai*), embora não professem a fé em sua integridade ou não conservem a unidade da comunhão sob o sucessor de Pedro (LG 15).

Aqueles que agora nascem nestas Comunidades [separadas da comunhão plena] e são instruídos na fé de Cristo, não podem ser acusados do pecado da separação e a Igreja Católica os abraça com respeito e amor fraternos. Com efeito, os que crêem em Cristo e receberam devidamente (*rite*) o batismo estão numa certa comunhão, embora não perfeita, com a Igreja católica (*in quadam cum Ecclesia catholica communione, etsi non perfecta*) [...]. Justificados pela fé no batismo (*ex fide in baptismate*), foram incorporados a Cristo; portanto, com todo direito, sentem-se honrados com o nome de cristãos e são reconhecidos com razão pelos filhos da Igreja Católica como irmãos no Senhor (UR 3).[68]

---

[68] Esse princípio é reiteradamente proposto nos documentos que derivam do diálogo ecumênico; ver as principais referências em P. LLABRÉS, La Iniciación Cristiana en el diálogo ecuménico, in VV.AA., *Fundamentos teológicos de la Iniciación Cristiana* (Culmen et Fons, I), Madrid, 1999, 57-59.

Aquela unidade "que Cristo concedeu desde o princípio à Igreja [...] acreditamos subsista de modo indefectível na Igreja Católica e esperamos que ela cresça até à consumação dos tempos" (UR 4). Cristo dá permanentemente à sua Igreja o dom da unidade (CIC 820).

A relação entre as Igrejas não pode ser formulada simploriamente como a relação "Igreja verdadeira/Igrejas falsas", "Igreja santa/Igrejas não-santas". Com efeito,

[...] fora de sua estrutura visível podem ser encontrados muitos elementos de santificação e de verdade, que, como dons próprios da Igreja de Cristo, empurram em direção à unidade católica (LG 8).

Em LG 15 mencionam-se a Sagrada Escritura, outros sacramentos, comunhão na oração e em outros bens espirituais, uma verdadeira união no Espírito Santo, que "atua, sem dúvida, também neles e os santifica com seus dons e graças e, a alguns deles, deu forças inclusive para derramar seu sangue".

Além disso, entre os elementos ou bens que conjuntamente edificam e dão vida à própria Igreja, podem-se encontrar alguns, ou melhor, muitíssimos e muito valiosos, fora do recinto visível da Igreja Católica: a Palavra de Deus escrita, a vida da graça, a fé, a esperança, a caridade e outros dons interiores do Espírito Santo, bem como os elementos visíveis; todas essas realidades, que procedem de Cristo e a ele conduzem, pertencem por direito à única Igreja de Cristo (UR 3).

A vida cristã destes irmãos se nutre da fé em Cristo e é fomentada pela graça do batismo e pela escuta da Palavra de Deus. Manifesta-se na oração particular, na mediação bíblica, na vida da família cristã, no culto da comunidade congregada para louvar a Deus (UR 23).

O único batismo, onde ele for devidamente celebrado, *já* funda o Reino de Deus, embora toda a comunidade de salvação deva reconhecer que *ainda não* é *o* Reino de Deus. Por isso o batismo recebido (ou, se quisermos, o caráter batismal) é, em cada um dos batizados e no seio de todas as confissões, uma espécie de chamado à comunhão plena: um chamado perene a reconstruir a unidade entre todos os membros do Cristo único e total. A graça batismal deve despertar e alentar em todo batizado a aspiração à comunhão plena (para si e para todos os cristãos); deve ser uma provocação à ação ecumênica. Pelo dom comum do batismo, as Igrejas cristãs são chamadas a viver na tensão para um futuro que expresse melhor o significado da salvação que nos é outorgada no batismo.

O batismo, por si mesmo, é só um princípio, um começo, porque todo ele tende a alcançar a plenitude de vida em Cristo. Assim, portanto, o batismo ordena-se à profissão íntegra da fé, à incorporação plena no organismo da salvação, como o próprio Cristo o quis, e finalmente à plena participação na comunhão eucarística (UR 22).

O Espírito suscita em todos os discípulos de Cristo o desejo de trabalhar para que todos se unam em paz, da forma querida por Cristo, sendo um só rebanho sob um só Pastor. A Mãe Igreja não deixa de orar, de esperar e de trabalhar para consegui-lo e anima os seus filhos a se purificarem e se renovarem para que a imagem de Cristo brilhe com mais clareza no rosto da Igreja (LG 15; cf. AG 6).[69]

O reconhecimento deste ato de fé tem importância ainda maior na situação atual de uma cristandade fragmentada.

III. Batismo e mundo vindouro[70]

Segundo santo Tomás, "a glória celestial é o fim universal dos sacramentos".[71] E o é especialmente do batismo por ser sacramento

---

[69] Encontramos uma ressonância dessas idéias no Documento de Lima, *Batismo, Eucaristia, Ministério*, da Comissão *Fé e Constituição* do Conselho Ecumênico das Igrejas, n. 5: "Pelo único batismo, os cristãos são conduzidos à união com Cristo e à de uns com os outros; são introduzidos na vida da Igreja universal tanto quanto na comunidade da Igreja local. Nosso batismo comum, que nos une a Cristo mediante a fé, é, por isso mesmo, um laço essencial de unidade: impele-nos a confessar e a servir o único Senhor, como um povo só, em todo lugar e no mundo inteiro. Assim, nossa união batismal em Jesus Cristo constitui um chamado às Igrejas a superar suas divisões e a chegar à união visível total".

[70] Cf. R. FABRIS, Il senso escatológico del Battesimo, *Parole di vita*, 4, 1973, 281-290.

[71] *Sth.* III, q.66 ad 1.

de iniciação por excelência:[72] na origem das coisas já está inscrito o fim; o *alpha* da inserção em Cristo já está anunciando o *omega* da plena identificação com ele.

"O batismo, porta da Vida e do Reino" (RICA e RBC 3), é *sacramento da glória, sacramento do futuro*. *Sacramenta caelestia* é o nome dado aos sacramentos da iniciação por Ambrósio.[73] A faceta escatológica constitui um aspecto importante da teologia do batismo; afirmá-la, como veremos, é muito mais do que considerar o sacramento como apólice de seguro para a vida eterna.

1. *A celebração batismal, "signo escatológico"*

O ritual do batismo está recheado de ritos e símbolos que fazem referência à consumação escatológica; pode-se dizer que todo ele é quase um *signo escatológico*. A catequese mistagógica dos Padres da Igreja foi sensível a essa significação proléptica dos ritos batismais.[74]

Já o rito da inscrição do nome do candidato nos livros da Igreja equivale a registrar-se como cidadão do céu.[75] O catecumenato é concebido como um tempo de aprendizagem dos costumes vigentes

---

[72] Essa dimensão escatológica já ocorria nas iniciações antigas; por exemplo, nos gnósticos, sobretudo entre os marcosianos e no hermetismo, em Salústio e em Plutarco; cf. Y. VERNIERE, Iniciación y escatología en Plutarco, in VV.AA., *Los ritos de iniciación* (Col. Teshuva, 4), Bilbao, 1994, 143-155; R. TURCAN, verbete "Initiation", in *RAC*, 154-155.

[73] Cf. *De Abr.* 1, 59: CSEL 32/1, 540; *In ps.* 118, prol., 2: CSEL 62, 4; *De sacr.*, I, II, 6; IV, II, 7: SCH 25bis, 64 e 104.

[74] Isso ocorreu particularmente com Teodoro de Mopsuéstia; cf. P. BRUNS, *Den Menschen mit dem Himmel verbinden. Eine Studie zu den katechetischen Homilien des Theodors von Mopsuestia* (CSCO, 549), Louvain, 1995, 328-344; I. OÑATIBIA, La vida cristiana, tipo de las realidades celestes. Un concepto básico de la teología de Teodoro de Mopsuestia, *Scriptorium Victoriente*, I, 1954, 100-133 (esp. 11-118); id., El misterio del bautismo en la catequesis de Teodoro de Mopsuestia, *Teología y Catequesis*, 18, 1986, 217-240 (esp. 230-234).

[75] Porque a Igreja é "uma imagem das realidades celestiais neste mundo": TEODORO DE MOPSUÉSTIA, *Hom.* 12, 11-14: TONNEAU 339-345. "Inscrito neste livro, tu o estarás também no de cima": BASÍLIO, *Hom.* 13: PG 31, 440A. "Dai-me os vossos nomes para que eu os escreva com tinta; o Senhor os gravará em lâminas incorruptíveis, esculpindo-os com seu próprio dedo, como o fez outrora com a lei dos hebreus": GREGÓRIO DE NISSA, *Adv. eos qui differunt bapt.*: PG 46, 417B.

no céu.[76] As unções estão ligadas ao combate na milícia celestial na esperança do prêmio no céu;[77] outras vezes são símbolos da veste de imortalidade.[78] As palavras do pacto do catecúmeno com Deus no rito da renúncia a Satanás e adesão a Cristo estão registradas no céu.[79] O voltar-se para o Oriente para aderir a Cristo é interpretado como um desejo de retornar ao Paraíso.[80] As próprias vestes do pontífice refletem o esplendor do mundo novo ao qual o batismo introduz.[81] O batistério (com sua decoração e com sua estrutura freqüentemente octogonal; o número oito, de fato, é símbolo do mundo futuro) é, por si só, um símbolo do Paraíso, cujas portas são abertas pelo batismo.[82] O próprio ato batismal, enquanto travessia de uma margem à outra e sobretudo imersão no (eis) nome da Trindade, para a tradição é sinônimo da entrada na glória.[83] A veste branca colocada no candidato, *veste de imortalidade*, lembra-lhe a glória da ressurreição que o espera.[84] O *orarium* ou lenço de linho que o padrinho estendia sobre a cabeça do candidato era sinal da condição livre à qual é chamado quem se torna cidadão do céu.[85] A entrega do círio aceso depois do batismo foi entendida também

---

[76] Cf. TEODORO DE MOPSUÉSTIA, *Hom.* XII, 15-16: TONNEAU 345-349.

[77] Cf. AMBRÓSIO, *De sacr.* I, 2, 4 e 6: SCH 25bis, 52-62.

[78] Cf. TEODORO DE MOPSUÉSTIA, *Hom.* XIII, 17-18: TONNEAU 395-399;

[79] Cf. JOÃO CRISÓSTOMO, *Cat. baut.* II, 17 e 20; IV, 31: SCH 50, 143, 145 e 198; AMBRÓSIO, *De sacr.* I, II, 6; *De myst.* I, II, 5: SCH 25bis, 62-64 e 158.

[80] Cf. CIRILO DE JERUSALÉM, *Cat. myst.* I, 9: SCH 126, 98; ver J. DANIÉLOU, *L'entrée dans l'histoire du salut: baptême et confirmation* (Foi Vivante 36), Paris, 1967, 25-29.

[81] Cf. TEODORO DE MOPSUÉSTIA, *Hom.* XIII, 17: TONNEAU 395-397; XIV, 14 (431).

[82] Cf. L. DE BRUYNE, La décoration des baptisteres paléochrétiens, in VV.AA., *Miscellanea Mohlberg* I, Roma, 1948, 189-220; F. J. DÖLGER, Zur symbolik des altchristlichen Taufhauses, *AC*, 4, 1934, 153-187; A. KHATCHATRIAN, *Origine et typologie des baptisteres paléochrétiens*, Paris, 1982; C. SCORDATO, "Ogdoas", in VV.AA., *Gli spazi della celebrazione rituale*, Milano, 1984, 245-269; P. VAN DAEL, Purpose and Function of Decoration Schemes in Early Christian Baptisteries, in VV.AA., *Fides sacramenti. Sacramentum fidei.* FS P. Smulders, Assen, 1981, 113-135.

[83] Deve-se destacar a menção à *vida eterna* na própria fórmula batismal, nas liturgias hispânica e galicana. A saída das águas lembra a ressurreição final: nesse momento, "a voz dos sacerdotes é como o som da trombeta que será ouvida no final dos tempos" (NARSÉS, *Hom.* 21: Lettr. Chrét., 7, 201); cf. também TEODORO DE MOPSUÉSTIA, *Hom.* XIV, 5: TONNEAU 411-413.

[84] Cf. TEODORO DE MOPSUÉSTIA, *Hom.* XIV, 26: TONNEAU 455-457.

[85] Cf. id., *Hom.* XII, 19 (401); XIV, 1 (405).

como uma referência à vida eterna. Enfim, o cortejo dos neófitos que se encaminham à assembléia eucarística é, da mesma forma, interpretado em sentido escatológico:

> Imediatamente depois do vosso batismo vos colocareis de pé, diante do meu trono elevado, prefigurando a glória que tereis no céu. A salmodia vos acolherá como um prelúdio do concerto lá de cima. As tochas que mantereis acesas representarão a procissão celestial de luzes na qual lá iremos ao encontro do Esposo.[86]

Várias figuras bíblicas do batismo forneciam aos mistagogos antigos a ocasião para insistir nesse simbolismo escatológico: os quatro rios do paraíso; o dilúvio, juízo de Deus que destrói um mundo de pecado, evoca o juízo escatológico (cf. Mt 24,37ss) e dá início a um mundo novo;[87] a passagem do Mar Vermelho, que segundo os profetas anunciava um novo êxodo no final dos tempos; a travessia do Jordão que abriu passagem para a terra prometida; o carro de fogo que arrebatou Elias ao céu;[88] o batismo de Jesus no Jordão, com os *céus abertos*.

Sintetiza bem este primeiro ponto um testemunho que temos do séc. V:

> Se o único sentido do batismo fosse o perdão dos pecados, por que batizar crianças recém-nascidas, que ainda não experimentaram o pecado? Mas o mistério do batismo não se limita a isso; é uma promessa de dons maiores e mais perfeitos. Nele estão as promessas dos gozos futuros; é figura da ressurreição futura, comunhão com a paixão do Senhor, participação em sua ressurreição, manto de salvação, túnica de alegria, veste de luz, ou melhor, luz ele próprio.[89]

---

[86] Gregório Nazianzeno, *Or.* 40, 45: SCH 358, 308.
[87] Cf. J. Daniélou, Déluge, baptême, jugement, *Dieu Vivant*, 8, 1947, 97-111.
[88] Cf. id., Le symbolisme baptismal du véhicule, *SE*, 10, 1958, 127-138.
[89] Teodoreto de Ciro, *Haereticarum Fabularum Compendium*, V, 18: PG 83, 512AB.

2. O batismo, antecipação da salvação plena

Por se fazer uso de símbolos que são categorias de antecipação, na celebração batismal o futuro simbolizado por eles se torna realmente presente: a plenificação escatológica da salvação é nela antecipada sacramentalmente.

O NT se serve de diferentes recursos para relacionar (e identificar) o batismo com os *últimos tempos*. A primeira pregação do batismo cristão, tanto em conexão com o batismo de João como com Pentecostes, o vincula com a purificação escatológica e com a efusão do Espírito anunciada para os *últimos tempos* (cf. Mt 3,11; Lc 3,16; At 1,5; 2,16-21). As alusões à *herança* em contexto batismal relacionam também claramente o batismo com a vida futura (cf. Rm 8,17; Gl 4,7; Ef 1,13-14; Tt 3,7; 1Pd 1,3-4). O conceito de *arras* (*arrabon*) usado em conexão com o batismo faz pensar neste como uma espécie de adiantamento, antecipação, entrada ou fiança da ressurreição futura, como uma participação antecipada da glorificação final (cf. Rm 8,23; Ef 1,14; 2Cor 1,22; 5,5). A *marca (sphragis)* impressa no batismo é concebida como uma defesa para a crise final (cf. Ef 4,30). Por fim, as alusões à nova criação (nova humanidade, novos céus e nova terra) em relação ao batismo referem-se ainda ao futuro escatológico.

A tradição dos Padres da Igreja não se alinhou com o parecer exagerado do gnóstico Menandro, o qual sustentava que os batizados, em virtude da ressurreição recebida no batismo, não poderiam mais morrer,[90] mas afirmou desde o começo, em termos mais comedidos, a dimensão escatológica do batismo. Irineu, parafraseando Ef 1,14, fala do batismo como *selo da vida eterna*.[91] Para Clemente de Alexandria, a graça que Deus dá ao neófito no batismo já é a salvação perfeita; ele concebe o dom batismal como algo homogêneo e essencialmente idêntico à salvação que nos será comunicada mediante a intuição de Deus.[92]

A catequese patrística gostava de apresentar aos neófitos o momento do batismo como o de sua solene entrada no Reino ou

---

[90] Cf. Irineu, *Adv. Haer*, I, 23, 5: SCH 264, 320.
[91] *Demonstr.*, 3: BM 37.
[92] Cf. *Paed.* I, 25,3–26,1: SCH 70, 158; ver A. Orbe, Teología bautismal de Clemente Alejandrino según Paed. I, 26,3–27,2, *Greg*, 36, 1955, 410-448 (esp. 423-425).

no palácio do Rei celestial.[93] Narsés dirá que os neófitos, que partilharam da morte-ressurreição de Cristo no batismo, "percorrem com ele o caminho novo da ressurreição dos mortos e imitam aqui embaixo a conduta dos habitantes do céu".[94] Eles explicavam a presença dos anjos na celebração batismal como uma demonstração de que o acontecimento que está sendo vivido na Igreja já se situa no céu. O batismo marca o início da *vida angélica* (*bios angelikos*), uma vida de autêntica convivência com os habitantes do céu. Afirma-se certa conaturalidade entre a existência inaugurada pelo batismo e a vida eterna.

A razão profunda da dimensão escatológica do batismo nos foi dada por Narsés no texto que acabamos de citar. Nada mais é do que a sua dimensão cristológico-pascal: ao colocar-nos em comunhão com a Páscoa de Cristo, introduz-nos na glória com ele. Pois o final da história já foi inaugurado na ressurreição de Cristo, primogênito dentre os mortos, "primícias dos que morreram" (1Cor 15,20; Cl 1,15-20). A história humana foi recapitulada na ressurreição de Cristo. O futuro da salvação se fez presente na ressurreição de Cristo. *Passio Christi regni fuit imago caelestis.*[95] A glória do Ressuscitado já é *a glória*; o mistério pascal abriu-nos o acesso ao mundo futuro desde agora. A humanidade pascal de Cristo é "o caminho novo e vivo, [...] passando pela cortina" (Hb 10,20). "Graças a ti, [ó Páscoa], romperam-se as portas do inferno [...] o povo de baixo ressuscitou dos mortos e aos exércitos de cima juntou-se um coro da terra".[96]

O futuro da salvação se faz presente antecipadamente no batismo, porque já está ocultamente presente na Páscoa do Senhor. No batismo já temos uma participação real na ressurreição de Cristo (com todas as limitações inerentes ao modo sacramental); há, portanto, uma primeira comunhão real com o *eschaton*, com a glória. O batismo é profecia do Reino, porque é anamnese da Páscoa. O mundo futuro não é distinto do mundo novo ao qual nos introduz o

---

[93] "Começamos a franquear as portas da Jerusalém celestial quando fomos iluminados nos sacramentos da salvação": Máximo de Turim, *Serm. de Epiph.*, 11: PL 57, 283C; cf. João Crisóstomo, *Cat. baut.* I, 2: SCH 366, 114-116; Ambrósio, *Expl. ps.* 118, 16, 21: CSEL 62, 364.

[94] *Hom.* 21: Lettr. Chrét., 7, 204.

[95] Ambrósio, *In ps.* 118, XIV, 43: CSEL 62, 328.

[96] Ps. Hipólito, *Hom. sobre la Pascua*, 62: SCH 27,191.

batismo; a vida eterna não é distinta da vida nova do Ressuscitado que o batismo nos comunica. A diferença reside unicamente no modo de possuir e de gozar.

A primeira experiência do mistério pascal e a primeira pregustação do Reino coincidem no tempo.

3. O batismo, uma primeira pregustação do Reino

Apoiando-se no significado da expressão *arras*, Teodoro de Mopsuéstia afirma que o batismo nos proporciona uma real participação nos bens celestiais.[97] Pode-se aplicar aos neófitos o que em RICA 27 se afirma em relação aos que participam da primeira eucaristia: que "[...] são introduzidos no tempo do pleno cumprimento das promessas e saboreiam de antemão o Reino de Deus"; lhes é dado contemplar os primeiros fulgores do *eschaton* luminoso e pregustar a plenitude da salvação. Com razão esse mesmo ritual chama os sacramentos da iniciação cristã de *sacramentos que dão a vida eterna* (RICA 377).

Os Padres da Igreja também falam, partindo de diferentes pontos de vista, de participação antecipada. Teodoro de Mopsuéstia, por exemplo, referindo-se à dimensão eclesial do batismo e comentando Mt 16,18, afirma:

Diz isso porque a Igreja tem a chave do Reino dos céus. Qualquer pessoa que tenha relação com ela terá essa mesma relação com as realidades celestiais. Ou seja, quem pertence à Igreja e é incorporado a ela é partícipe (*merites*) e herdeiro do céu.[98]

Todavia, essa participação, que é real, é só *participação*. Por definição, não se possui *tudo*, mas só uma parte. Somente primícias (*arrabon*), não ainda a plenitude do dom. Realidade celestial, sim, carregada de futuro, mas realidade germinal. Participação real, sim, mas não participação plena. A participação nas realidades celestiais que o batismo outorga é de caráter embrionário: em grau limitado, na obscuridade da fé, como corresponde ao estágio da Igreja.

Agora recebemos uma participação parcial do Espírito de Deus, como antecipação e preparação da incorruptibilidade,

---

[97] Cf. TEODORO DE MOPSUÉSTIA, *Hom.* XIV, 6: TONNEAU 414-416.
[98] *Comm. in Mt fragm.*: REUSS, 129.

habituando-nos pouco a pouco a apreender e carregar Deus. É o que o Apóstolo denomina "penhor", porque é uma parte dessa glória que Deus nos promete. Esse penhor que habita em nós já nos torna espirituais; o elemento mortal é assumido pela imortalidade e o espírito que está em nós nos faz gemer e clamar ao Pai. Se, portanto, desde já, por ter recebido esse penhor, clamamos: Abba, Pai!, o que acontecerá quando, ressuscitados, o virmos face a face?[99]

Teodoro de Mopsuéstia serve-se de duas analogias para sublinhar esse caráter embrionário da participação conferida pelo batismo: a diferença existente entre uma criança e um adulto no que diz respeito ao exercício de suas faculdades e entre o sêmen e o organismo já desenvolvido.[100]

O batismo nos faz viver já na plenitude escatológica, mas com conotação de futuro, como algo que nos é dado, mesmo que em plenitude só o recebamos na outra vida. Esse fato destina-se a curar nossa auto-suficiência.

Em vez das coisas que são imagens da vida futura, experimentaremos plenamente sua realidade. Em vez da unção, participaremos do senhorio; em lugar da veste branca, a alegria (escatológica); em lugar do ósculo dos batizados, a paz bendita (que significa) que solidariamente temos comunhão na vida verdadeira no mundo futuro; em vez de encontrarmo-nos na igreja, seremos considerados dignos de ser da casa de Deus na revelação dos mistérios espirituais; em vez do brilho das lâmpadas, a luz do conhecimento; em lugar do pão de seu Corpo e do cálice de seu Sangue, a comunhão com ele em seu Reino na vida dos séculos dos séculos, cujo domínio não passa [...].[101]

IV. Batismo e Espírito Santo

Desde os primeiros testemunhos, batismo e Espírito Santo aparecem estreitamente ligados. Indício claro disso é a freqüên-

---

[99] IRINEU, *Adv. Haer*, V, 8, 1: SCH 153, 93-97.
[100] Cf. *Hom.* XIV, 10 e 28: TONNEAU 423 e 459-461.
[101] JOÃO DE APAMEA, *Ep.* 1, cit. em A. GRILLMEIER, "Die Taufe Christi...", in VV.AA., *Fides sacramenti. Sacramentum fidei*, op. cit., 166 (n. 166).

cia com a qual encontramos no NT a expressão *batizar no Espírito Santo* (Mt 3,11; Mc 1,8; Lc 3,16; Jo 1,33; At 1,5; 11,16) e o binômio *água-Espírito* como os dois elementos constitutivos do batismo. Sua relação com o Espírito Santo aparece como uma nota característica do batismo cristão e como a razão de sua superioridade sobre todos os demais batizados. A dimensão pneumatológica é peça-chave na teologia do batismo.

Da mesma forma que na realização histórica da salvação, também em sua atualização sacramental (concretamente no batismo) o papel do Espírito Santo é duplo: é agente principal e, ao mesmo tempo, dom do acontecimento salvífico. Por um lado, o batismo é obra do Espírito Santo, e, por outro, a *efusão do Espírito* é efeito do batismo.

1. O Espírito Santo, agente do mistério batismal

Comecemos observando desde já que no NT o Espírito aparece como sujeito agente de operações que têm lugar no batismo: Rm 8,2 (libertação do pecado); Jo 3,5.6.8 (novo nascimento); Tt 3,6 (novo nascimento e renovação); Gl 4,4-6 (filiação divina); Rm 8,9 (pertença a Cristo); 1Cor 12,13 (incorporação à Igreja); 1Cor 6,11 (santificação e justificação); 1Pd 1,2 (santificação); Ef 1,13; 4,30 (selo).[102]

A tradição dos Padres da Igreja é unânime em afirmar que no batismo a eficácia vem do Espírito Santo. A vinda do Espírito invocada na bênção da água informa, abençoa e consagra as águas batismais comunicando-lhes a força de regenerar. "Se há uma graça na água, esta não lhe vem de sua natureza, mas da presença do Espírito".[103]

Os Padres atribuem ao Espírito Santo praticamente a totalidade dos efeitos que emanam do batismo. É como água purificadora ou fogo escatológico que destrói tudo quanto leva o signo de pecado.[104] A regeneração espiritual é também obra sua; Teodoro de Mopsuéstia

---

[102] A autoria do Espírito Santo algumas vezes é expressa, nesses textos, mediante o uso do genitivo subjetivo e, noutras, com as preposições *en* e *ek*.

[103] Basílio, *De Sp. S.*, 15,35: SCH 17bis, 368.

[104] Cf., entre outros, CLEMENTE DE ALEXANDRIA, *Ecclogae propheticae*, 8, 2; 25, 4: GCS 17, *Clem.* 3, 139 e 144; cf. C. NARDI, *Il battesimo in Clemente Alessandrino* (Studia Ephemeridis Augustinianum, 19), Roma, 1984, 84-86; 226-231.

contempla o Espírito Santo como a mão divina que, no seio materno da Igreja, vai modelando e formando a nova criatura imortal.[105] O *homem novo*, com a imagem divina restaurada que surge do banho batismal, deve-se também à sua ação.[106] A adoção filial resultante do batismo é uma conseqüência da efusão do Espírito sobre o batizado.[107] O mesmo diga-se da configuração a Cristo mediante a *sphragis*.[108] Enfim, a constituição da *koinonia* de todos na unidade da Igreja pelo batismo é também obra do Espírito.[109] Dídimo, o Cego, sintetiza assim a pluriforme atividade do Espírito no batismo:

> O Espírito Santo, como Deus, juntamente com o Pai e o Filho, nos renova no batismo: do estado de deformidade em que nos encontramos, devolve-nos à beleza originária; enche-nos de sua graça de forma que desse momento em diante nada possamos ter que não seja apetecível; livra-nos do pecado e da morte; de terrenos que somos, isto é, de terra e cinza, nos torna espirituais e participantes da glória divina, filhos e herdeiros de Deus Pai, conformes à imagem do Filho e co-herdeiros com ele; em troca pela terra, devolve-nos o céu e nos outorga generosamente o paraíso; torna-nos mais gloriosos do que os

---

[105] Cf. *Hom.* XIV, 9: Tonneau 421-423. "O Espírito Santo é o princípio dessa regeneração": Agostinho, *Ep. 98 ad Bonif.*, 2: CSEL 34, 521. Eles o relacionam com a ação do mesmo Espírito na Encarnação do Verbo; cf., entre muitos outros, Leão Magno, *Ep.* 31,3: PL 54, 792B, e Filoxeno de Mabbug, *Com. al pról. de Juan*: CSCO 381, 37-38.

[106] "Agora também a água empresta a matéria (como na primeira criação), mas tudo é feito pela graça do Espírito": João Crisóstomo, *In Jo. hom.* 25, 2: PG 59, 156A. "Hoje não é com argila, mas com o Espírito Santo, que cria e modela o homem, como criou e modelou Cristo no seio da Virgem": id., *In ep. ad Col. comm. hom.*, 6, 4: PG 62, 342C.

[107] "Sendo criaturas, não se teriam tornado filhos se não houvessem recebido o Espírito daquele que é real e verdadeiramente Filho por natureza": Atanásio, *Contra Ar.*, 2, 59: PG 26, 273A; cf. Basílio, *De Sp. S.*, 15, 36: SCH 17, 171-172; Teodoro de Mopsuéstia, *Hom.* XI, 7: Tonneau 296-297.

[108] "O Espírito é quem ainda hoje marca as almas, como com um selo, no batismo": Cirilo de Jerusalém, *Cat. baut.* XVI, 24: PG 33, 952B.

[109] "Nessa verdade cremos, nela somos batizados e constituímos todos um só corpo segundo a operação do Espírito Santo, no momento do batismo. Por essa mesma ação do Espírito, somos filhos de Deus e formamos o único corpo de Cristo, Senhor nosso [...]": Teodoro de Mopsuéstia, *Hom.* XIV, 21: Tonneau 447.

anjos; com as águas da piscina divina apaga o fogo tão grande e inextinguível do inferno.[110]

A catequese patrística viu refletido antecipadamente este protagonismo do Espírito em algumas das tradicionais figuras bíblicas do batismo: no Espírito de Deus que pairava sobre as infecundas e desordenadas águas primordiais da criação, para fecundá-las (como princípio animador da nova criação, como fonte da nova vida);[111] na pomba que, depois do dilúvio, retorna à arca de Noé (o Espírito que traz à Igreja a reconciliação operada por Cristo);[112] na nuvem que acompanhava o povo israelita em sua travessia do deserto; no anjo que todas as tardes movia as águas da piscina de Bezata (Betesda); mas especialmente no Espírito que, em forma de pomba, pousou sobre Jesus no batismo do Jordão.

Aprofundando um pouco esse protagonismo do Espírito Santo no acontecimento batismal, precisamos dizer que, se o batismo comporta uma comunhão real com o mistério pascal de Cristo e com a salvação plena escatológica, isso se deve ao fato de ambos os momentos da história da salvação se tornarem realmente presentes na celebração da Igreja graças à ação do Espírito.

Com toda justiça, portanto, pode-se afirmar que o batismo é também ato do Espírito Santo (da mesma forma que é ação de Cristo).

2. O Espírito Santo, dom do batismo

"O Espírito Santo não só nos dá os dons divinos, mas ele próprio é o dom supremo que procede do amor comum do Pai e do Filho e com razão é considerado e chamado de 'Dom do Deus Altíssimo'".[113] Isso se cumpre também no sacramento do batismo. Independentemente daquilo que iremos dizer mais adiante sobre o sacramento

---

[110] Dídimo de Alexandria, De Trin. 2, 12: PG 39, 668A-669A.

[111] Cf. Tertuliano, De bapt. 4, 1: BM 94; cf. B. Bernardo, op. cit., 244-249. Ver também Dídimo de Alexandria, De Trin.: PG 39, 692C. Essa tipologia era conhecida por Cirilo de Jerusalém, João Crisóstomo, Narsés e, no Ocidente, por Ambrósio e Agostinho, entre outros.

[112] Cf. Dídimo de Alexandria, De Trin. 2: PG 39, 697AB; Cirilo de Jerusalém, Cat. XVII, 10: PG 33, 982; João Crisóstomo, Hom. in Laz., 6: PG 48, 1037-1938; Ambrósio, In Lc. 2,92: CCL 14, 73-74.

[113] Leão XIII, Enc. Divinum illud munus: DS 3330.

da confirmação como o sacramento da comunicação do Espírito Santo, a Igreja professou desde as origens que no batismo se dá também uma real comunicação do Espírito Santo.

Nos Atos dos Apóstolos o batismo aparece desde o começo em estreita relação cronológica e conceitual com o mistério de Pentecostes: Pentecostes foi o batismo da Igreja; o batismo é Pentecostes para o cristão. Ambos os acontecimentos – Pentecostes e batismo – são apresentados como o cumprimento das promessas do AT que anunciavam para a era messiânica uma grande efusão do Espírito (cf. At 2,15-21). Algumas vezes a comunicação do Espírito acontece antes de se conferir o batismo (At 10,44); noutras é atribuída à imposição das mãos (At 8,17; 9,17; 19,6), mas em geral está relacionada diretamente ao batismo (At 2,38). Essa diversidade demonstra a soberania que Deus Pai reserva para si de enviar o seu Espírito quando quer e como quer.

Em Paulo encontramos afirmações claras e diretas de que o cristão recebeu o dom do Espírito Santo, obviamente no batismo (Rm 5,5; 1Ts 4,8); outras vezes ele utiliza expressões metafóricas: "Todos nós bebemos de um único Espírito" (1Cor 12,13); o Espírito *habita* no cristão (Rm 8,9.11; Gl 4,6).[114]

Já vimos que com a expressão *batizar no Espírito* se quis significar a indissociável conexão entre o batismo cristão e a comunicação do Espírito Santo.

Ao longo da história tem sido doutrina comum que já no batismo ocorre uma comunicação real do Espírito Santo.[115] Esse sentimento geral reflete-se claramente nestas duas frases de Cipriano: "Por meio do batismo se recebe o Espírito Santo";[116] "Não há batismo onde não há Espírito, porque não pode haver batismo sem o Espírito";[117] ou esta outra de são Jerônimo: "É nulo o batismo da

---

[114] Provavelmente se entende a mesma idéia quando se fala da *unção* com a qual foram ungidos os cristãos (2Cor 1,21-22; cf. 1Jo 2,26-27). Talvez se queira identificar com o próprio Espírito Santo a *sphragis* da qual se fala em Ef 1,13; 4,30 e 2Cor 1,21.

[115] De tempos em tempos foram ouvidas na história vozes discordantes como a de Tertuliano, nos sécs. II-III, e de G. Dix, no séc. XX. Cf. G. W. H. Lampe, *The Seal*, 7-14 e 18-162.

[116] *Ep* 63, 8, 3: BAC 241, 604.

[117] *Ep.* 74, 5, 4: BAC 241, 697.

Igreja sem Espírito Santo".[118] Embora não fique claro que esse efeito é atribuído especificamente ao banho batismal e não ao conjunto dos ritos da iniciação (em alguns casos denominado de *batismo[119]*), com freqüência isso é afirmado de forma enfática.[120] Em suas catequeses, os Padres da Igreja recomendam aos competentes ou eleitos que purifiquem suas almas para receber o Espírito Santo em moradas aptas,[121] em recipientes limpos,[122] em odres novos.[123] Na linha de são Paulo, a tradição continua afirmando que o Espírito Santo vem ao batizado para fixar nele sua morada e transformá-lo em seu templo[124] e em *pneumatóforo*.[125] O Espírito comunicado no batismo é concebido pela tradição como um germe de vida implantado na alma.[126] Cirilo de Jerusalém compara a vinda do Espírito Santo sobre o batizado com sua vinda sobre o pão e o vinho na eucaristia.[127]

O dom do Espírito Santo, no batismo, representa algo como a síntese de todos os bens messiânicos, de todos os frutos da redenção, o dom perfeito no qual Deus se dá por inteiro:

---

[118] *Altercatio Luciferiani et orthodoxi*, 6: PL 23, 161B. Cf. AFRAATES, *Demonstr.* VI. *De monachis*: PS 1, 291 e 294.

[119] Cf. J. YSEBAERT, op. cit., 72-74.

[120] Cf., por exemplo, CIRILO DE JERUSALÉM, *Cat.* 3,3: PG 33, 429A; *Cat. myst.* II, 6: SCH 126, 114; JOÃO CRISÓSTOMO, *Cat. baut.* II, 25: SCH 50, 147; MÁXIMO DE TURIM, *Serm.* 35, 3: CCL 23, 138.

[121] Cf. ORÍGENES, *In Lev. hom.*, 6, 2.

[122] Cf. CIRILO DE JERUSALÉM, *Cat.* 1,5; 3,2: PG 33, 377A e 425B.

[123] Cf. MÁXIMO DE TURIM, *Serm.* 28, 3; 65, 1: CCL 23, 109 e 273.

[124] Limitamo-nos aos Padres pré-nicenos, cf. NOVACIANO, *De Trin.* XXIX, 169: CCL 4, 71; CIPRIANO, *Ep.* 69, 15, 2: BAC 241, 660; ORÍGENES, *In Lev. hom.* 6, 2 e 5: SCH 286, 275. "Por essa razão batizamos as crianças: para que lhes seja concedido [...] converter-se em morada *(katoiketerion)* do Espírito": JOÃO CRISÓSTOMO, *Cat. baut.* III, 6: SCH 50, 154.

[125] "A água batismal produz [...] pneumatóforos": JOÃO CRISÓSTOMO, *In Jo. hom.* 26, 1: PG 59, 153C.

[126] Cf. IRINEU, *Adv. haer.*, IV, 31, 2: SCH 100, 792. "[...] A semente de Cristo, isto é, o Espírito de Deus, produzida pelas mãos do sacerdote no homem novo concebido no seio da Mãe e nascido da fonte batismal graças à fé [...]": PACIANO, *Sermo de bapt.*, 6: SCH 410, 158.

[127] Cf. CIRILO DE JERUSALÉM, *Cat. myst.* V, 19: SCH 126, 168.

O SACRAMENTO DO BATISMO

O dom do Espírito Santo valia mais do que todas as outras coisas; era a meta à qual tudo se dirigia. Posto o principal, portanto, todo o restante estava nele compreendido: a vitória sobre a morte, a destruição do pecado, o desaparecimento da maldição, o fim das guerras perpétuas, o ingresso no paraíso, a subida ao céu, a convivência com os anjos, a participação nos bens imperecíveis. Porque, com efeito, de tudo isso é penhor o Espírito Santo. Tendo-se falado nele, portanto, ficam ditos a ressurreição dos mortos, os milagres que o Senhor realizaria, a participação no Reino dos céus e aqueles bens, enfim, que nem olho viu, nem ouvido ouviu, nem o coração do homem pressentiu (cf. 1Cor 2,9). Tudo isso, de fato, nos foi dado pelo carisma do Espírito Santo.[128]

A mistagogia patrística vê prefigurado o Espírito Santo, desta vez como dom, em algumas das figuras bíblicas do batismo: no Espírito de Deus que sobrevoava as águas primordiais da criação (Ambrósio); na criação do homem (João Crisóstomo); na pomba mensageira da paz, no dilúvio (Ambrósio, Dídimo); na nuvem que guiava e protegia os israelitas em sua travessia do deserto (Orígenes, Basílio, Efrém); na água que brotou da rocha no Monte Horeb (Tertuliano); na água e fogo do sacrifício de Elias (Gregório de Nissa); na chuva fecundante que o mesmo Elias obteve de Deus (Máximo de Turim); e, sobretudo, na pomba que pousou sobre Jesus no Jordão (João Crisóstomo, Ambrósio, Hilário, Jerônimo e Máximo de Turim) e nas línguas de fogo de Pentecostes (Cirilo de Jerusalém).

São interpretados como símbolos de comunicação do Espírito a unção com óleo (algumas vezes) e, em particular, a crismação. Também as unções, tanto a que precede como a que segue o rito central, tanto a que se faz com óleo ordinário como a que se faz com óleo perfumado (independentemente da evolução do pensamento sobre o sacramento da confirmação), muitas vezes foram interpretadas pela tradição como símbolos de comunicação do Espírito no batismo. Essa associação da unção com a comunicação do Espírito tem raízes veterotestamentárias: a unção de reis e sacerdotes comporta a comunicação do Espírito (cf. 1Sm 10,10; 16,13). "O óleo é como o amigo do Espírito Santo e seu servidor; mas também o

---
[128] João Crisóstomo, *In ev. Mt. hom.* 11, 6: BAC 141, 213.

anuncia e o acompanha".[129] Na tradição cristã essa interpretação da unção seria mais antiga do que a catártico-apotropaica.

Desde que a água foi concebida como símbolo do Espírito, a expressão neotestamentária *ser batizados no Espírito* foi interpretada no sentido de *ser submersos no Espírito* e, portanto, encharcados, envoltos e *revestidos do Espírito*.[130]

Desse enfoque nascem algumas relações estreitas entre o Espírito Santo e o batizado; para evidenciá-las, alguns autores antigos não titubeiam em recorrer ao vocabulário nupcial.[131] Nessa mesma linha, santo Tomás fala em *possuir* e *gozar* da Pessoa divina.[132]

Conseqüentemente se pode considerar o batismo como uma prolongada epíclese da Igreja. Em todas as liturgias batismais, a invocação a Deus para que envie seu Espírito sobre os batizados aparece na bênção da fonte batismal; nela, em todas as tradições litúrgicas mais variadas, a Igreja quis expressar claramente, recorrendo sobretudo à linguagem da tipologia, o que espera do sacramento. Sua epíclese, todavia, não se limita a esse momento central, mas é repetida várias vezes ao longo da celebração, com mais insistência em algumas tradições litúrgicas do que em outras.[133] A invocação da Igreja é indiscutivelmente ouvida, e em cada batismo se dá uma vinda (*epiphoitesis*) do Espírito; atualiza-se o mistério de Pentecostes.

Como protagonista do batismo, o Espírito atua como testemunha do amor e da misericórdia de Deus (em sentido descendente) e como alma da resposta do homem à ação de Deus (em sentido

---

[129] Efrém, *De oleo*, 7, 6.

[130] Cf. Lc 24,49. Ver Cirilo de Jerusalém, *Cat.* 17, 12 e 14; PG 33, 984C, 985C; *Cat. myst.* III, 4: SCH 126, 126; Dídimo de Alexandria, *De Trin.*, II, 12: PG 39, 671B; João Crisóstomo, *In ev. Mt. hom.* 10, 4: BAC 141, 207-208. Afraates, *Demonstr.* VI. De monachis: PS I, 291 e 294. Sobre a afinidade entre *submergir-se e revestir-se*, cf. Tertuliano, *De fuga in persecutione*, 10, 2: CCL 2, 1147.

[131] Cf. Tertuliano, *De anima*, 41, 4: CCL 2, 844. "Em vossos templos pula de alegria o Espírito. Deveis ser para sempre uma câmara nupcial para ele": (Ps.?) Efrém, *Hymn. de epiph.*, III, 15: CSCO 187, 137.

[132] Cf. *STh* I, q.43, a.3: *In I Sent.*, d.14, a.2 ad 2.

[133] Cf., por exemplo, S. P. Brock, *Epiklesis in the Antiochene Baptismal Ordines* (OCA 197), Roma, 1974, 183-218; R. Schwager, El bautismo como oración en el nombre de Jesús, *Selecciones de Teología*, 75/19, 1980, 213-219.

ascendente). Mas como dom, utiliza o batismo como uma forma de canal para se comunicar com os crentes.

Essa dimensão pneumatológica do batismo poderia muito bem ser considerada corolário das dimensões pascal e eclesial, já que por um lado a efusão do Espírito Santo faz parte da plenitude do mistério pascal com o qual o batismo nos faz comungar, e, por outro, a Igreja à qual nos incorpora é, ela própria, sacramento da efusão do Espírito Santo.

V. Batismo e Trindade

A confissão de fé trinitária no coração mesmo da celebração batismal, formando uma única ação sacramental com o gesto da imersão, por si só indica que a dimensão trinitária pertence à própria essência do batismo. Comprovaremos que a tradição considera, por um lado, a Trindade como agente principal do evento batismal, e, por outro, o batismo como porta de acesso à comunhão trinitária. Isso quer dizer que a Trindade é, ao mesmo tempo, origem e meta desse sacramento.

1. A Trindade, agente principal do evento batismal

Essa afirmação deveria ser considerada óbvia, uma vez que a economia da salvação, que o batismo atualiza, é obra conjunta do Pai, do Filho e do Espírito Santo, e mais concretamente a paixão é a revelação suprema da Trindade. Mas a Escritura e a tradição se encarregam de fazê-lo de modo explícito.

O papel ativo desempenhado no batismo por Cristo e pelo Espírito Santo ficou suficientemente documentado nas seções em que deles nos ocupamos. Recolheremos aqui somente os testemunhos que afirmam explicitamente o protagonismo de Deus Pai e, sobretudo, os que contemplam a ação da Trindade em seu conjunto.

Segundo o NT, *Deus Pai* escolhe e chama os que serão batizados (Cl 3,12; At 2,19); os faz participar na ressurreição de seu Filho (Rm 6,4; Cl 2,12; Ef 2,4-6); os confirma, unge e sela, dando-lhes como garantia o Espírito (2Cor 1,21-22); cf. At 5,32; 11,17; Gl 3,5; 4,6); que é *seu* Espírito (1Cor 6,11; Rm 8,9.11.15).

A tradição continua também lhe reconhecendo este protagonismo. Nos primeiros séculos era normal contemplar na figura do bispo a imagem do Deus onipotente que, de seu trono, preside e dirige toda a celebração.[134] Entre outras coisas, é ele quem inscreve os candidatos ao batismo[135] e quem os unge pela mão do sacerdote.[136]

Além disso, no entanto, deve-se dizer que desde o começo teve-se consciência clara de que o batismo é *obra conjunta do Pai, do Filho e do Espírito Santo*. Comprovam-no, em primeiro lugar, as passagens batismais do NT que mencionam as três Pessoas divinas. Destaca-se dentre todas Tt 3,4-7, em que a iniciativa é atribuída ao Pai, a mediação a Jesus Cristo e uma intervenção ativa ao Espírito Santo. 1Cor 12,12-13, lido em seu contexto (cf. vv. 4-6), define a função de cada uma das Pessoas da Trindade no batismo (ver também At 2,32-33.37-38). Embora não sejam textos diretamente batismais nem rigorosamente trinitários, convém mencionar aqui, além dos acima citados, Gl 4,4-6; 1Cor 6,11.19; Ef 2,18-22; 4,3-7; 2Ts 2,13-14; 1Pd 1,2; 1Jo 5,6-10.

A menção das três Pessoas divinas no momento da ablução batismal forneceu a catequistas e teólogos ocasião para insistir no protagonismo da Trindade no evento batismal.[137] O mesmo significado tem a atribuição dos efeitos do batismo à confissão trinitária, ou seja, à "fé selada no Pai e no Filho e no Espírito Santo".[138] Às vezes sublinha-se com ênfase que se trata de uma obra *conjunta* das três

---

[134] Cf. INÁCIO DE ANTIOQUIA, *Magn.* 6, 1; *Trall.* 3, 1: BAC 65, 462, 469; *Didascalia Apostolorum*, II, 11: FUNK I, 46; Ps. CLEMENTINO, *Hom.* 3, 62: PG 2, 152A; ORÍGENES, *Enarr. in Job*, 20, V, 25: PG 14, 76CD; JOÃO CRISÓSTOMO, *In 2 Tim*, 2, 2: PG 62, 548B; MÁXIMO CONFESSOR, *Ep.* 21: PG 91, 604CD.

[135] Cf. CIRILO DE JERUSALÉM, *Cat. baut.*, 4, 37: PG 33, 504A.

[136] Cf. JOÃO CRISÓSTOMO, *Cat. baut.*, III, 7: SCH 366, 236.

[137] Limitando-nos aos testemunhos mais antigos: IRINEU, *Demonstr.*, 7: "O batismo, que é nosso novo nascimento, se realiza por meio desses três artigos; ele nos concede a graça de renascer por Deus Pai, por meio de seu Filho e em virtude do Espírito Santo"; cf. também ibid., 3: BM 37; TERTULIANO, *De bapt.*, 6, 1: "Isso pode ser deduzido das próprias palavras daquele que batiza, que não diz: 'Eu batizo fulano', mas 'Fulano é batizado', mostrando que ele é só ministro da graça. [...] Quem tudo realiza é o Pai e o Filho e o Espírito Santo, a indivisível Trindade" (BM 97). ORÍGENES: "O batismo é, por si mesmo, primícias e fonte de graças divinas pela força das invocações *(epikleseon)* da Trindade adorável" (BM 165).

[138] Cf. TERTULIANO, *De bapt.*, 6, 2: BM 97; cf. JOÃO CRISÓSTOMO, *Cat. baut.* II, 26: SCH 50, 148; ver B. BOBRINSKOY, Confession trinitaire et consécrations baptismales et eucharistiques dans les premiers siecles, in VV.AA., *La liturgie, expression de la foi* (BEL, Subsidia, 16), Roma, 1979, 57-67.

O SACRAMENTO DO BATISMO

Pessoas divinas.[139] Tertuliano as considera *garantes* (*sponsores*) da salvação que o batismo nos promete.[140] O simbolismo da tríplice imersão e a presença da fórmula trinitária em alguns ritos (como a adesão a Deus, a bênção da água, a unção pré-batismal) permitem que se insista ainda mais no tema.[141]

Os Padres da Igreja viam reproduzida no batismo cristão a manifestação da Trindade que se deu no batismo de Jesus no Jordão. A afirmação de Irineu, referida ao batismo de Jesus: "É o Pai quem ungiu, mas o Filho quem foi ungido no Espírito Santo, que é a unção",[142] Basílio a repete literalmente, aplicando-a ao batismo dos cristãos.[143] Idêntica *praesentia Trinitatis* é descoberta por santo Ambrósio em ambos os eventos;[144] Máximo de Turim, por sua vez, concede certa vantagem neste ponto, na comparação, ao sacramento cristão: no batismo cristão dá-se a *Trinitas perfecta, gratia plenior*.[145]

Contando com tais apoios, não é de estranhar que essa doutrina se tenha convertido num dos temas obrigatórios da catequese dos sécs. IV-V.[146] Com razão Dídimo de Alexandria conclui que "a

---

[139] Cf. Teodoro de Mopsuéstia, *Hom. cat.* XIV, 17 e 20: Tonneau 437-441 e 443-444.

[140] Cf. *De bapt.* 6, 2: CCL 1, 282.

[141] Cf. João Crisóstomo, *In Jo. hom.* 25, 2: PG 59, 150C-161B; *Cat. baut.* III, 7: SCH 366, 236; Teodoro de Mopsuéstia, *Hom. cat.* XIII, 15 e 17; XIV, 18-20: Tonneau 393, 397 e 441-445. "Deus Pai te selou, Cristo Senhor te confirmou e o Espírito Santo foi dado como garantia aos vossos corações, como ensina o apóstolo": Ambrósio, *De Myst.* VII, 42: SCH 25bis, 178. Cf. B. Bobrinskoy, Onction baptismale et Trinité dans la tradition syrienne ancienne, in VV.AA., *Mens concordet voci.* FS A. G. Martimort, Paris, 1983, 559-568.

[142] *AH* III, 18, 3: PG 7, 934AB.

[143] Cf. *De Spir. S.*, 12, 28: SCH 17bis, 344; cf. também Teodoro de Mopsuéstia, *Hom.* XIV, 24-25; Tonneau 451-455; Efrém, *Hymn. de fide*, 51, 7 e 8: CSCO 155/Syr. 74, 136.

[144] Cf. *De Sacr.* I, V, 18-19: SCH 25bis, 70. Semelhantes reflexões são feitas pelo autor a respeito de outra figura do batismo, a cura do paralítico de Bezata (Betesda): cf. *In Lc 2,92-94*: CCL 14, 73-75.

[145] Cf. *Sermo* 13,2-3: CCL 23,51-52; também *Sermo* 64, *de Epiph.*, 1, 2: ibid., 269.

[146] Cf. Cirilo de Jerusalém, *Procat.* 15; *Cat. baut.* 4, 37; 7,7: PG 33, 357B-359A, 503A e 613AB; Dídimo de Alexandria, *De Trin.*, II, 12: PG 39, 668A; Gregório de Nissa, *Or. magna cat.*, 39, 1: PG 45, 100B; João Crisóstomo, *In Jo. hom.* 25,2: PG 59, 150C-151B; Ambrósio, *Expl. symb.*, 5: CSEL 73, 8; *De Sacr.*, II, VII, 22; VI, II, 5: SCH 25bis, 86 e 148; Optato de Milevi, *Contra Parm.*, V, 4: CSEL 26,126.

piscina batismal é a oficina (*esgasterion*) da Trindade para a salvação de todos os homens".[147] Santo Tomás, por seu lado, condensa toda uma longa tradição nesta frase lapidar: *"Trinitas est sicut agens principalis in baptismo"*.[148] No batismo se concentra e se recapitula toda a ação dispensada pela Trindade ao longo de toda a história da salvação.

2. Batismo e comunhão trinitária

O final dessa ação da Trindade no batismo não pode ser senão aquele que é proposto ao longo de toda a economia da salvação: introduzir o batizado na comunhão trinitária. O batismo representa efetivamente uma primeira tomada de contato com a vida do Pai, do Filho e do Espírito Santo.

Isso parece transparecer já na própria formulação do *mandato* de batizar em Mt 28,19. Se considerarmos a água batismal como símbolo da Trindade (*fontes Ecclesiae, Patrem et Filium et Spiritum Sanctum*)[149] e prestarmos atenção ao acusativo regido pela preposição *eis* (que indica movimento em direção a uma meta) e ao termo *onoma* (equivalente a *pessoa*), o mínimo que se pode afirmar é que o batizado é posto numa relação profunda com o Pai, o Filho e o Espírito Santo. Mas a fórmula pode ser legitimamente interpretada num sentido mais forte, o de *ser submerso na Trindade*, ou seja, ser introduzido no mistério trinitário, na comunhão de vida com as Pessoas divinas. Assim parece tê-lo entendido Tertuliano, que usa expressões tão diretas como *tinguerent in Patrem et Filium et Spiritum Sanctum* e *in personas singulas tinguimur*.[150] Segundo Cirilo de Alexandria, a "comunhão (*koinonia*) com a natureza divina" (cf. 1Pd 1,4) é conseqüência direta desta primeira experiência trinitária, pois supõe *participação no Espírito Santo* e põe em jogo "a mediação do Verbo, unido à natureza humana que ele assumiu

---

[147] *De Trinit.*, 2, 13: PG 39, 692B.
[148] *STh* III, q.66, a.8 ad 1.
[149] Cf. Jerônimo, *In ps. 41 ad neophytos*: CCL 78, 542.
[150] *Adv. Prax.* 26, 9: BM 118. "O rito essencial do sacramento [...] significa e realiza [...] a entrada na vida da Santíssima Trindade através da configuração com o mistério pascal": CIC 1239; cf. RICA e RBC, n. 5.

e ao mesmo tempo substancialmente unido ao seu Pai enquanto Deus por natureza".[151]

Leva-nos à mesma conclusão a consideração do batismo como incorporação a "um povo que está unido pela unidade do Pai, do Filho e do Espírito Santo".[152] A Igreja é *ícone da Trindade* ou *o Corpo dos Três*, segundo a conhecida expressão de Tertuliano;[153] entrar na comunidade eclesial equivale a entrar no âmbito do mistério trinitário.

A tradição serve-se de diversas chaves de leitura para definir as estreitas relações entre o batizado e as Pessoas da Trindade, que nascem da experiência batismal: o batizado é introduzido no palácio do Rei celestial;[154] transforma-se em templo ou morada da Trindade;[155] mais adiante poderá coabitar com ela;[156] é consagrado à Trindade,[157] por meio de um pacto ou compromisso de fidelidade;[158] contrai um matrimônio espiritual com Deus;[159] de certo modo torna-se posse da Trindade[160] e fica marcado pelo *signaculo Trinitatis*, que o coloca sob a proteção da Trindade.[161]

---

[151] Cf. *In Lc 22,8*: PG 72, 904D: *In Jo.* 1,13: PG 73, 156CD.

[152] Cipriano, *De orat. dom.*, 23: BAC 241, 218.

[153] Cf. *De bapt.*, 6, 2: CCL 1, 282.

[154] Cf. Cirilo de Jerusalém, *Procat.*, 1: PG 33, 332A-333A; João Crisóstomo, *Cat. baut.*, II, 19: SCH 50, 144.

[155] Cf. Ps. Barnabé, *Ep.* 16, 8: BM 13; João Crisóstomo, *Cat. baut.* II, 12: SCH 50, 140.

[156] Cf. Gregório Nazianzeno, *Or.* 40, 16: SCH 358, 230-232; Cirilo de Alexandria, *In Luc 22,8*: PG 72, 904D.

[157] Cf. Orígenes, *Comm. in Rom.*, VI, 33, 166: BM 165; Gregório Nazianzeno, *Or.* 40, 40: SCH 358, 290-292; *Eucológio de Serapião*, II, 8.

[158] Cf. Teodoro de Mopsuéstia, *Hom. cat.*, XIII, 13-16: Tonneau 391-395.

[159] Cf. Orígenes, *In Ex. hom.* 8, 5: BM 142.

[160] "Dá ao teu filho a Trindade, grande e formoso talismã!": Gregório Nazianzeno, *Or.* 40, 17: SCH 358, 234; cf. Cirilo de Alexandria, *Thesaurus sobre la Trinidad*, 13: PG 75, 225D-228B.

[161] Cf. *Liturgia de Santiago de Sarug*: DS 347; RICA e RBC 6.

3. Fórmula trinitária[162]

Hoje todas as Igrejas a empregam na hora do batismo, mas sua origem é bastante obscura. Os exegetas não chegam a um acordo quando se trata de definir se, nos tempos apostólicos, havia a possibilidade de usar alternativamente a fórmula cristológica (*em nome de Cristo*) ou uma fórmula trinitária inspirada em Mt 28,19; ou se a fórmula cristológica teria sido sucedida pela fórmula trinitária (da mesma forma que, paralelamente, os primeiros símbolos de fé cristológicos se transformaram em símbolos de estrutura trinitária); ou então se, em relação ao NT, pode-se falar ainda de *fórmula* batismal.[163]

Hipólito, na descrição por ele dada do ato batismal em sua *TA* (ca. 318), é o primeiro a dar testemunho de uma prática que foi largamente difundida:

Que desça à água, e que aquele que batiza lhe imponha a mão sobre a cabeça dizendo: "Crês em Deus Pai todo-poderoso?" E aquele que é batizado responde: "Creio". Que então o batize uma vez, tendo a mão posta sobre sua cabeça. Que depois disso, diga: "Crês em Jesus Cristo, o Filho de Deus que nasceu pelo Espírito Santo da Virgem Maria, que foi crucificado nos dias de Pôncio Pilatos, morreu e foi sepultado, ressuscitou ao terceiro dia vivo dentre os mortos, subiu aos céus, está sentado à direita do Pai e virá para julgar os vivos e os mortos?" E quando ele tiver dito: "Creio", que o batize pela segunda vez. Que diga outra vez: "Crês no Espírito Santo e na santa Igreja e na ressurreição da carne?" Que aquele que é batizado diga: "Creio". E que o batize pela terceira vez (c. 21).

---

[162] Cf. X. Basurko, op. cit.; P. De Clerck, Les origines de la formule baptismale, in VV.AA., *Rituels*. P.-Mélanges Gy, Paris, 1990, 199-213; J. C. Didier, La formule du baptême et son histoire, *L'Ami du Clergé*, 68, 1958, 445-449; P.-M. Gy, La formule "Je te baptise" (Et ego te baptizo), in VV.AA., *Communio Sanctorum*. Mélanges J.-J. von Allmen, Genéve, 1982, 65-72.

[163] H. F. von Campenhausen e L. Hartmann, dentre outros, são partidários dessa última afirmação. Contrariamente a tal posição, são muitos os exegetas que detectam no NT a presença das duas fórmulas anteriormente mencionadas (G. Barth, E. Cothenet e L. Abramowski, por exemplo). A propósito da *Didaqué*, o problema está nos próprios termos, pois curiosamente são mencionadas as duas *fórmulas* (7,1; 9,5). Cf. P. De Clerck, op. cit., 200.

O SACRAMENTO DO BATISMO

Esta forma de realizar o ato batismal estava em uso também em muitos outros lugares.[164] Não há nenhuma indicação de que o ministro pronuncie uma fórmula enquanto batiza. O rito sacramental (do qual o ministro certamente participa ativamente) é acompanhado apenas pela confissão de fé da pessoa. A confissão de fé e o gesto ritual da imersão-emersão são os dois únicos elementos constitutivos do signo sacramental (a *forma* e a *matéria* essenciais, como diriam os escolásticos); a resposta de fé da pessoa é parte integrante do signo sacramental. O candidato faz sua profissão de fé respondendo a perguntas do ministro da Igreja; a fé por ele professada é a fé que ele recebeu da Igreja no catecumenato; seu conteúdo coincide com o do símbolo da fé (aqui, concretamente, com o símbolo romano).[165] À luz do que foi dito, pode-se compreender que Irineu tenha dito que "o batismo, que é nosso novo nascimento, se faz por meio desses três artigos":[166] são os três artigos do símbolo ou *regra da fé*. Explica-se também a expressão *symbolo baptizare*, que encontramos em são Cipriano:[167] com o mesmo direito com que falamos em *batizar na água*, podemos falar de *batizar no símbolo* (já vimos que estes são os dois elementos constitutivos do rito batismal). Esta forma de batizar sublinha a importância da fé no batismo. O batismo aparece realmente como o *sacramento da fé*.

Em algumas Igrejas, a cada uma das três perguntas, respostas e imersões o ministro começou a acrescentar uma fórmula de estrutura trinitária na qual se fazia referência explícita ao ato de batizar.[168] A fórmula aparece ainda em Igrejas que não conheceram o costume das três perguntas-respostas ou que o haviam perdido. Chega um momento em que a fórmula trinitária se torna universal.

---

[164] Ver os testemunhos de TERTULIANO (*De bapt.* 2, 1: CCL 1, 277) e AGOSTINHO em relação à África do Norte; de AMBRÓSIO (*De sacr.*, 2, 7, 20: SCH 25bis, 84-86) para Milão; do *Sacram. Gelas.*, 44 e 75 (MOHLBERG, 74 e 95-96), para Roma; de CROMÁCIO, provavelmente, para Aquiléia; de CIRILO DE JERUSALÉM (*Cat. myst.* II, 4: SCH 126bis, 111) para Jerusalém; de PROCLO para Constantinopla e de DIONÍSIO (*Ep. a Sixto*: EUSÉBIO, *HE* VII, 9; SCH 41, 124) para Alexandria.

[165] Cf. P.-TH. CAMELOT, Profession de foi baptismale et symbole des Apôtres, *LMD*, 134, 1978, 1930.

[166] *Demonstr.*, 7: SCH 406, 92; cf. também ibid., 6 e 100 (91-92 e 220).

[167] Cf. *Ep.* 69, 7: BM 183. Ver E. DEKKERS, Symbolo baptizare, in VV.AA., *Fides sacramenti-Sacramentum fidei*. FS P. Smulders, Assen, 1981, 107-112.

[168] Cf. *Cânones de Hipólito*: PO 31/2, 381.

Nos autores da época que comentam a fórmula percebe-se que esta responde a três preocupações: a de assegurar maior fidelidade ao mandato do Senhor em sua expressão evangélica;[169] a de explicitar a natureza do ato sacramental que está sendo realizado; e a de proclamar a Trindade como origem e causa do batismo.

A fórmula é apresentada sob duas formas: ativa (*Eu te batizo...*) e passiva (*Fulano é batizado...*). Em termos gerais pode-se afirmar que a forma passiva é característica das liturgias orientais, e a forma ativa, das ocidentais.[170] A diferença tem um fundo teológico:

Quando o sacerdote pronuncia sobre o interessado: "Fulano é batizado no nome do Pai e do Filho e do Espírito Santo...", não é só o sacerdote quem toca a sua cabeça, mas também a mão direita de Cristo. Isso resulta das próprias palavras daquele que batiza; ele não diz: "Eu batizo fulano", mas: "Fulano é batizado", mostrando assim que ele é só o ministro da graça e que nada mais faz do que emprestar a mão, pois foi ordenado pelo Espírito Santo para esta função. Quem tudo realiza é o Pai, o Filho e o Espírito Santo, a Trindade indivisível.[171]

Embora tenha desaparecido a tríplice profissão de fé do batizado, a fórmula trinitária continua assegurando, no momento mesmo do batismo, a presença de uma profissão de fé (*os três artigos* compendiam todo o símbolo da fé cristã; o mistério trinitário, mistério fundamental do credo). Teodoro de Mopsuéstia dirá que toda a instrução batismal se resume nos três Nomes.[172] Só que já não é o batizado quem faz a profissão, mas o ministro. Teríamos aqui outro caso de clericalização da liturgia?

---

[169] Talvez tivesse a mesma finalidade que o *embolismo institucional* tem na economia da oração eucarística e de outras peças da eucologia principal: a de "autorizar" a ação que, em nome do Senhor, a Igreja se atreve a realizar.

[170] Contudo, também encontramos a forma ativa no Oriente; cf. *Atos de Paulo e Tecla*, 34: Lipsius & Bonnet I, 260 (meados do séc. II); *Atos de Xantipe e Polixeno* (meados do séc. III), cit. em P. DE CLERCK, op. cit., 201. Alguns crêem que, no Ocidente, a fórmula teria tido origem na Espanha (o primeiro testemunho seria o de Ildefonso de Toledo, em meados do séc. VII) e que daí tenha passado para as Gálias e para Roma.

[171] JOÃO CRISÓSTOMO, *Cat. baut.*, 2, 26: SCH 50, 147-148; cf. *Comm. in Act.*, 1, 5: PG 60, 21. Ver também TEODORO DE MOPSUÉSTIA, *Hom.* 14, 14: TONNEAU 431.

[172] Cf. *Hom.* IX, 18: TONNEAU.

Por último convém notar que os Padres da Igreja, quando se referem à menção das três Pessoas da Trindade no momento do batismo, falam freqüentemente de *invocações*: invocações à Trindade.[173] Considera que esses apelos desempenham o papel de uma oração. Quando o sacerdote diz: "Em nome do Pai", na realidade está dizendo: "Concede, Pai, estes dons tão sublimes reservados a este que agora é batizado". E quando diz: "E do Filho", a mesma coisa: "Concede, ó Filho, o dom dos bens do batismo". Enfim, quando diz: "E do Espírito Santo": "Realiza, ó Espírito Santo, no batismo, os desejos de quem se aproxima para ser batizado" [...]. A expressão "em nome do Pai e do Filho e do Espírito Santo" designa aquele que concede os bens do batismo: o novo nascimento, a renovação, a imortalidade, a incorruptibilidade, a impassibilidade, a libertação da morte, da servidão e de todos os males, o gozo da liberdade e a participação nos bens futuros e sublimes. Vê por que se batiza. Invoca-se, pois, o Pai, o Filho e o Espírito Santo, para que se conheça a fonte dos bens do batismo".[174]

No momento decisivo a Igreja se dá conta de que, em última instância, o batismo, como todo sacramento, é uma humilde epíclese à Trindade, origem e causa de todos os dons. A atitude que corresponde ao batizado neste instante é expressa pelo próprio Teodoro de maneira muito sugestiva:

> Inclina também a fronte, para com esse gesto indicar que aprovas e confessas que é o Pai quem te dá os bens do batismo, segundo a palavra do sacerdote. Se pudesses falar neste momento, dirias: "Amém" [...]. Como não podes falar no momento do batismo e tens que aceitar em silêncio e temor a renovação pelos mistérios, expressas realmente tua aprovação àquilo que o sacerdote diz baixando a cabeça ao mesmo tempo que te submerges.[175]

---

[173] Cf. Orígenes, *In Joh.*, VI, 33, 166: GCS Orig., 4, 142; Basílio, *De Sp. S.*, 15: SCH 17bis, 369; Teodoro de Mopsuéstia, *Hom.*, IX, 5-6; XIV, 3.13.15-17: Tonneau 221-225.437-441; Narsés, *Hom.* 21: Lettr. Chrét. 5, 201; Martinho de Braga, *De trina mersione*: PL Suppl. IV/4, 1393-1395.

[174] Teodoro de Mopsuéstia, *Hom.* XIV, 17: Tonneau.

[175] *Hom.* XIV, 18: Tonneau. Aqui se pode entender que o batizado submergia-se inteiramente na água.

VI. A resposta humana no batismo

Uma vez estudados os valores objetivos do sacramento, nossa atenção agora se dirige aos aspectos subjetivos. A generalização da prática do batismo de crianças tomada como ponto de partida para a reflexão teológica em algumas épocas acabou desviando a atenção dos teólogos a este respeito. Os delineamentos feitos possuem grande base teológica; de fato, estão relacionados com a tese principal do protestantismo, com a justificação só pela fé; com a concepção do sacramento como uma ação mágica que dispensa o sujeito de toda intervenção ativa; com a legitimidade do batismo de crianças incapazes de um ato livre consciente. Tem incidência direta também na pastoral sacramental.

1. A ação de Deus e a ação do homem no batismo[176]

O que dissemos até agora serviu para pôr em evidência a primazia absoluta da ação de Deus e a total gratuidade do dom que livremente ele outorga no sacramento. Na ação batismal, Deus (Cristo, o Espírito) aparece como o grande protagonista que tudo realiza de forma soberanamente gratuita.[177] Lembremos os *passivos divinos* dos textos batismais do NT: trata-se de um recurso gramatical que traduz um fato dogmático. O mesmo pode-se deduzir do fato de que o batismo cristão, por descartar o autobatismo, tenha sido, desde sempre, um *gesto ministerial*: o ministro é um representante de Deus; o próprio candidato nunca poderá sê-lo. A catequese patrística inculcou esse protagonismo de Deus no batismo ensinando que no novo nascimento, diferentemente do primeiro, tudo acontece *sem esforço, nem dor, nem lágrimas*.[178] Em sua vertente descendente, o batismo aparece acima de tudo como ação de Deus.

---

[176] Cf. P. AUBIN, *El bautismo, ¿iniciativa de Dios o compromiso del hombre?*, Santander, 1987.

[177] *Salvos por pura graça*: Ef 2,8. "O sacramento não se realiza pela justiça do homem que confere ou recebe o batismo, mas pela virtude de Deus": TOMÁS DE AQUINO, *STh* III, q.68, a.8.

[178] Cf. CIRILO DE JERUSALÉM, *Cat. mist.* II, 5: SCH 126,114; GREGÓRIO NAZIANZENO, *Or.* 40, 4.27.43: SCH 358, 202, 260 e 248-300; JOÃO CRISÓSTOMO, *Cat. baut.* I, 11: SCH 366, 134; I, 30; IV, 6: SCH 50, 123 e 185-186; EFRÉM, *Hymn. de Virginitate*, 7, 7: CSCO 224, 26.

A este respeito precisamos dar conta da postura radical de Karl Barth. Partindo de sua extrema sensibilidade à transcendência absoluta de Deus e à eficácia soberana de sua Palavra, ele descarta como blasfêmia toda possibilidade de *sinergismo* entre a ação divina e a ação humana. Conseqüentemente, a seu ver, o *batismo do Espírito* (o único com valor salvífico) é só ação de Deus; pelo contrário, o *batismo com água* é pura ação do homem em resposta à palavra/ação de Deus e não tem valor soteriológico algum (não é *mistério* ou *sacramento*; não é acontecimento de salvação).[179]

A teologia católica, pelo contrário, apoiando-se no testemunho do NT e da tradição, afirma que a gratuidade soberana de Deus respeita a liberdade do homem, a quem oferece a salvação; e mais do que isso, sua *condescendência* leva-o a solicitar-lhe, como condição, seu consentimento, a aceitação livre, seu compromisso pessoal; no batismo, portanto, intervém também a ação do homem, a resposta plenamente humana, que também faz parte do sacramento.

Nos textos batismais neotestamentários, junto a verbos na forma passiva, encontramos outros na forma ativa referidos à fé e à conversão do sujeito. A própria celebração, com sua linguagem simbólica, fazendo com que o candidato intervenha em momentos-chave,[180] dá a entender que este participa ativamente no processo de sua própria justificação. A tradição teológica, por sua vez, ao descobrir o sacramento como pacto com Deus (aliança, compromisso, diálogo, encontro, comunicação), quis sugerir a presença dos interlocutores, ambos ativos. Tudo isso nada mais é do que um corolário da lógica da aliança que preside toda a história da salvação em cada uma de suas etapas. Deus quis que o homem fosse de algum modo *artífice de sua semelhança com Deus e progenitor de si mesmo.*[181] "Tudo depende da vontade daquele que se apresenta e da graça de Deus."[182]

---

[179] Ver *Dogmatique* IV: *La doctrine de la réconciliation*, 4. *La vie chrétienne*, Genéve, 1969, 153. Cf. os estudos de H. KÜNG e WINGK WONG LO, citados anteriormente, no Capítulo 4, nota 50.

[180] Cf. J. M. HANSSENS, La concélébration du catéchumene dans l'acte de son baptême. Note de théologie liturgique, *Greg*, 27, 1946, 417-443.

[181] Expressões de GREGÓRIO DE NISSA em seu *De vita Moysis*: SCH 1bis, 32.

[182] JOÃO CRISÓSTOMO, *In 1 Cor 3,3*: PG 61, 26B.

Da parte do homem, o batismo é um ato livre. À sua regeneração espiritual, diferentemente do seu primeiro nascimento, caracterizado *pela necessidade e pela ignorância*, ele precisa dar seu consentimento livre e consciente.[183] Mas se espera dele, além disso, que contribua desenvolvendo em si disposições interiores e hábitos de conduta ajustados às exigências do ideal cristão; essa era uma das finalidades perseguidas pelo catecumenato. Uma das preocupações do catequista era que, tal como a noiva com seu dote,[184] os candidatos contribuíssem para o seu batismo *com o que lhes cabia oferecer*.[185]

A relação entre a ação de Deus e a ação do homem não é de oposição nem de autonomia ou autarquia, mas de *synergeia* ou *cooperatio*. Da perfeita conjugação dessas duas operações depende a eficácia do sacramento. Os sacramentos são ações *teândricas*. Contudo, os dois agentes operam em níveis distintos. O agente humano atua na medida em que participa da energia do outro agente e colabora com ela. Por isso a própria ação humana no sacramento é graça e dom de Deus. "O sacramento não age em virtude da justiça do homem que o dá ou recebe, mas pelo poder de Deus."[186] Primordial, no sacramento, não é a fé (por mais importante que esta seja para uma recepção frutuosa do sacramento), porém a ação de Deus.

2. A fé do batismo

A participação humana no batismo está alicerçada sobretudo na fé. A fé entendida nesta seção da nossa análise é a fé pessoal do sujeito que é batizado: sua adesão pessoal e livre à Palavra de

---

[183] "Somos filhos da liberdade e do conhecimento": JUSTINO, *Apol.* I, 61, 10: BAC 116, 251. *Anima enim non lavatione, sed responsione sancitur*: TERTULIANO, *De carnis res.*, 48, 11: CCL 2, 989. "O nascimento espiritual depende da vontade daquele que foi gerado [...] põe sua força na disposição interior daquele que se aproxima da graça do sacramento": GREGÓRIO DE NISSA, *Or. magna cat.*, 39, 1: PG 45, 97D; cf. id., *De vita Moysis*: SCH 1bis, 32; GREGÓRIO NAZIANZENO, *Or.* 40, 2: SCH 358, 200.

[184] Cf. JOÃO CRISÓSTOMO, *Cat. baut.* I, 16: SCH 50, 116-117: III, 6: SCH 366, 234-235.

[185] *Ta par' eauton eispherein*, conforme a expressão favorita de JOÃO CRISÓSTOMO, *Cat. baut.*, I, 19, 1; II, 1; IV, 6.10.11.31; V, 19.24; VII, 4.6.24.28: SCH 50,118 etc. Para a catequese patrística, o centurião Cornélio é um exemplo de preparação ao batismo: cf. JOÃO CRISÓSTOMO, *Cat. baut.*, VII, 27-29: SCH 50, 243-244.

[186] TOMÁS DE AQUINO, *STh* III, q.68, a.8.

salvação que lhe é oferecida pela mediação da Igreja no sacramento do batismo. Não a entendemos como uma acepção meramente intelectual de uma série de proposições doutrinais, mas como a adesão de toda a pessoa (mente, coração e vontade) à Pessoa de Jesus Cristo.

Este caráter pessoal não é pretexto para a considerarmos como a fé da Igreja; isto porque a fé chega aos indivíduos pela mediação da Igreja; tem a Igreja como intérprete; incorpora-nos à Igreja, comunidade de fé; não encontra âmbito mais adequado para sua proclamação do que o interior da comunidade eclesial. Todavia, não tratamos aqui diretamente da fé da Igreja.

a) A relação fé/batismo na história

O ensinamento constante, do NT e da tradição, afirmou a estreita relação existente entre a fé e o batismo.

Afirma-se, em primeiro lugar, a necessidade da fé para a salvação: "Sem a fé é impossível agradar a Deus" (Hb 11,16); sem fé não há justificação possível: "[Jesus Cristo,] por seu próprio sangue, [foi] instrumento de expiação mediante a fé" (Rm 3,25); "a pessoa é justificada pela fé" (Rm 3,28).

A fé também é necessária no batismo. Fé e batismo aparecem indissoluvelmente unidos entre si, ao ponto de que, quando no NT se fala de um deles, o outro é pressuposto, embora não seja mencionado expressamente. As narrações batismais do NT seguem uma esquematização muito constante: pregação → fé (acrescida de arrependimento e conversão) → batismo (At 2,41; 8,12.35-38; 10,44-48; 11-17; 16,14-15.31-33; 18,8; 19,5-6). Os três elementos do tríptico aparecem também com toda clareza no mandato batismal segundo Mc 16,15-16 (no texto paralelo de Mt 28,19-20 falta a menção à fé).

Encontramos ainda esses três elementos juntos nos escritos paulinos: Ef 1,13; 4,5; 1Cor 15,14.29; Hb 6,1. A fé aparece como resposta à Palavra: supõe a proclamação da Palavra (cf. Rm 10,17), sua escuta e aceitação, e pede para ser *confessada* (cf. Rm 10,9). Segundo a prática da Igreja apostólica, não há batismo sem a fé em Jesus Cristo; por outro lado, aquele que crê em Jesus Cristo deve receber o batismo.

O SACRAMENTO DO BATISMO

Algumas vezes os mesmos efeitos salvíficos são atribuídos simultaneamente à fé e ao batismo: Mc 16,16 (a salvação); Rm 6,4-8.11 e Cl 2,12 (a configuração com a morte e ressurreição de Cristo). Em certas ocasiões os mesmos dons de graça são associados algumas vezes com a fé, noutras com o batismo. Desse modo, o perdão e a purificação em At 2,38; 15,9; 22,16; Rm 6,6-7; 1Cor 6,11 e Cl 2,12-13 são atribuídos ao batismo, enquanto em Rm 4,5-8 e 1Jo 1,9, à fé; a união com Cristo em Gl 3,27 é efeito do batismo, e em Ef 3,17, da fé; a comunhão com a morte e ressurreição de Cristo em Rm 6,3-9 e Cl 2,11-12 está relacionada ao batismo, e em Gl 2,16-20, à fé; o dom do Espírito em At 2,38 e 1Cor 12,13 é fruto do batismo, e em Gl 3,2.5.14 e Ef 1,13, da fé; a vida nova (a justificação, a salvação), que segundo Rm 6,4; Tt 3,5 e Jo 3,5 nos é dada no batismo, de acordo com Gl 2,15; Rm 1,16-17; 3,21-31; 5,1; 10,9-13; 2Tm 3,15 e Jo 3,36 nos é comunicada também pela fé; a entrada no Reino, que Jo 3,5 atribui ao batismo, em Mc 10,15; Jo 3,14-18; 5,24 e 20,31 é atribuída à fé. Enquanto 1Pd 3,21 afirma peremptoriamente que *o batismo te salva*, Ef 2,8 sentencia que "é pela graça que fostes salvos, mediante a fé". Diante desses textos, o paralelismo entre a fé e o batismo é inegável: apresentam-se quase como intercambiáveis. No entanto, nem a fé nem o batismo são auto-suficientes. Em nenhum lugar são Paulo afirma que somos justificados *sola fide*.

A tradição afirmou firme e constantemente a conexão fé/batismo. Há uma série de dados de índole geral que afiança esta convicção. É o caso da existência mesma do catecumenato, encarregado de preparar de modo cuidadoso a profissão de fé batismal. Todo o ritual do batismo em seu conjunto apresenta-se como uma grande celebração da fé; já vimos que particularmente o ato central é como uma profissão de fé (daí a expressão *symbolo baptizare*).[187] Os primeiros exegetas viram um indício da necessidade da fé anterior ao batismo na ordem com a qual o Senhor apresenta em seu *mandato batismal* os atos principais: primeiro *ensinar* (*fazer discípulos*) e segundo *batizar*.[188] A mesma convicção pode ser deduzida de alguns

---

[187] Os primeiros símbolos da fé têm origem no contexto batismal; a história da sua elaboração está estreitamente ligada à história do batismo.

[188] "O Salvador não mandou só batizar; ele primeiro diz: 'ensinai', e depois 'batizai', a fim de que do ensinamento nasça uma fé reta, e com a fé sejamos iniciados pelo sacramento": ATANÁSIO, *Or. II adv. Arianos*, 42: PG 26, 237AB. "É preciso crer primeiro e depois ser selado com o batismo": BASÍLIO, *Adv. Eunom.* III, 5: PG 29, 665C.

nomes tradicionais dados ao batismo, como *sacramentum fidei, baptismus fidei* e *illuminatio*. Na controvérsia batismal do séc. III, ambas as partes em confronto coincidiam na exigência da fé para o batismo. A catequese patrística ponderava a importância da fé no batismo pelo nome *fideles* (*crentes*), recebido pelos batizados.

> Teria sido fácil para Deus fazer-te nascer da água e do Espírito sem a fé; contudo, ele não te faz nascer no segundo nascimento antes que tenhas recitado o símbolo da fé. Poderia renovar-te, e de velho tornar-te novo. Contudo, ele não te transforma nem te renova antes de ter recebido de ti em penhor a fé. Sem a fé tudo é vulgar; vem a fé, e as coisas se tornam gloriosas. O batismo sem fé é água [...]. Sem o olho da fé que o vê, o homem velho aparece tal qual ele é. Os mistérios são vulgares e os prodígios do Espírito são vis sem o olho da fé que os vê [...].[189]

A generalização da prática do batismo de crianças trouxe consigo certo obscurecimento desse nexo entre fé e batismo. A Escolástica, no entanto, soube recolher e apresentar de forma mais sistemática a doutrina dos Padres da Igreja nesta matéria. Lutero continuou atribuindo grande importância à fé no batismo. O Concílio de Trento, entre as causas da justificação, como causa instrumental menciona "o sacramento do batismo, que é sacramento da fé sem a qual não é possível a justificação" (cf. DS 1531-1533). A polarização do interesse dos teólogos da Contra-reforma na eficácia sacramental (*ex opere operato*) os fez esquecerem um pouco essa conexão entre a fé pessoal e o sacramento.

Em nossos dias, em parte por causa de certas correntes personalistas do pensamento filosófico contemporâneo, a teologia presta maior atenção à consciência individual e à liberdade e responsabilidade pessoais, também no terreno dos sacramentos, e conseqüentemente a questão da relação *fé/batismo* adquiriu atualidade.[190]

---

[189] Filoxeno de Mabbug, *Hom.*: SCH 44, 72.

[190] Merecem ser mencionadas três posturas radicais no campo protestante. K. Barth não introduz a fé, como elemento ativo e constitutivo, no *batismo do Espírito* (que é o que realmente vale); faz parte do *batismo com água*, ao qual ele não reconhece nenhum valor salvífico. R. Bultmann, pelo contrário, atribui a salvação exclusivamente à fé pessoal, como aceitação da mensagem de salvação; ele também nega toda eficácia salvadora ao batismo. Em contrapartida, O. Cullmann reconhece no batismo apenas os efeitos de salvação, sendo a fé unicamente uma conseqüência do evento sacramental.

b) Reflexão teológica sobre a natureza da relação "fé/batismo"

A meta da fé, exigida no batismo, é definida de diversas maneiras nas fontes. O candidato deve crer em Cristo, em cuja morte e ressurreição irá participar no batismo (fé cristã). Deve crer na Trindade, em cujo nome será batizado e em cuja comunhão irá entrar (fé trinitária); a profissão de fé trinitária no momento do batismo é uma espécie de compêndio do credo cristão (*verbum fidei*). Deve crer na Igreja, que confere o batismo e o acolherá como novo membro em seu corpo. Deve crer em tudo aquilo que acontece no sacramento e nos bens espirituais, presentes e futuros, que lhe serão comunicados (*fides baptismi*).

A necessidade da fé nos sacramentos fica evidente quando estes são considerados acontecimentos salvíficos na era da Igreja: os acontecimentos salvíficos em qualquer etapa da história apresentam uma estrutura dialogal; os gestos salvíficos de Deus sempre esperam como resposta a adesão do homem.

A tradição não se limitou a afirmar a conexão necessária entre fé e batismo; tratou também de definir a natureza dessa conexão. A fé é o *fundamento* do batismo, seu *penhor*. Por seu lado, o batismo é o *selo* (*sphragis, signaculum*) da fé,[191] selo de autenticidade; apresentam-se como garantes a Igreja e as três augustas Testemunhas invocadas no momento decisivo. É também sua *perfeição* (*teleiosis*), seu *ornamento*, sua *recompensa*.

Nesse ponto, todavia, divergências profundas separam católicos e protestantes devido à diversa concepção teológica que as duas partes têm da fé, do batismo e da função de ambos quando o assunto é a salvação. Esta questão, que representa um aspecto particular das relações entre fé e sacramentos, põe em jogo diversos fatores chamados a encontrar um equilíbrio entre si: Revelação/ Encarnação, liberdade/graça, imanência/transcendência, história/escatologia... Fé e batismo não são duas opções ou caminhos de salvação, autônomos, distintos, alternativos, que se refletiriam no

---

[191] Em TERTULIANO encontramos as seguintes expressões: *signaculum fidei, fides obsignata, lavacrum illud obsignatio est fidei*: *De spect.*, 24, 2: CCL I, 248; *De bapt.*, 6, 1 (282); *De Paenit.*, 6, 16 (331). BASÍLIO chama o batismo de *sphragis tes pisteos*: *Adv. Eunom.*, III, 5: PG 29, 665C. Cf. também CIRILO DE JERUSALÉM, *Cat. baut.*, V, 6: PG 33, 513A. EFRÉM fala da *fé selada*.

dilema: ou fé ou batismo. Nem sequer são dois momentos cronologicamente sucessivos do itinerário rumo à salvação. Constituem dois aspectos inseparáveis do único caminho de salvação, dinamicamente relacionados entre si. Longe de se oporem, exigem-se e se complementam mutuamente. O texto clássico a este respeito continua sendo o seguinte, de são Basílio:

A fé e o batismo são dois modos de salvação, unidos um ao outro e inseparáveis. Pois se a fé encontra sua perfeição (*teleioutai*) no batismo, o batismo, por sua vez, se fundamenta (*themelioutai*) na fé. Ambos recebem sua perfeição dos mesmos Nomes divinos [...]. A profissão de fé que leva à salvação vem primeiro e o batismo que sela (*episphragizon*) nossa adesão a segue bem de perto.[192]

A realização da fé pessoal não se circunscreve ao momento batismal. É preciso considerá-la o âmbito no qual se desenvolve todo o processo. Precisamos falar, pois, da fé antes, durante e depois do batismo propriamente dito.[193]

c) A fé prévia ao batismo

O adulto precisa crer primeiro para depois ser batizado. É a ordem (*taxis*), cronológica e lógica, pressuposta pelos relatos batismais e pelo próprio *mandato batismal*, no NT, bem como por toda a tradição catecumenal da Igreja. O batismo exige a presença prévia da fé; não pode haver batismo sem fé.

Essa fé prévia é resposta de acolhida à oferta de salvação que lhe vem de Deus; é adesão à Palavra de Deus. Tem sua origem na iniciativa livre de Deus e é um dom gratuito dele. Apoiando-se em textos do NT, a tradição a concebe como efeito da *unção* do Espírito Santo, que já se encontra em ação neste estágio do proces-

---

[192] *De Sp. S.*, 12, 28: SCH 17bis, 346.

[193] "Os sacramentos [...] não só supõem a fé, mas a alimentam, a fortalecem e a expressam com palavras e ações; por isso são chamados de sacramentos da fé": SC 59.

so;[194] uma resposta de fé à Palavra à margem da ação do Espírito é inimaginável.

Trata-se já de um encontro pessoal com o Deus vivo, uma primeira inserção na economia da salvação, uma incorporação à Igreja: é o que se pode deduzir do tratamento especial que a Igreja tem dispensado sempre aos catecúmenos (cf. LG 14; CDC, cân. 206). Não é só condição necessária para o batismo; é, além disso, disposição positiva (DS 1526). A fé autêntica inclui o desejo do batismo e exige ser expressa no ato batismal, que se apresenta como a *meta da fé*, como sua expressão externa indispensável, sua culminação.

d) A fé concomitante ao batismo

A fé adquire maior relevo ainda no ato mesmo do batismo. Desde os tempos de Hipólito, a tríplice profissão de fé do candidato, juntamente com a tríplice imersão-emersão, constitui o rito central do batismo: a *protestatio fidei* e o gesto simbólico formam um único ato sacramental. O ato de fé é indispensável para compor o signo sacramental; sem essa fé, que é a fé da Igreja, o gesto simbólico não teria valor de sacramento. "Batismo e fé são o exterior e o interior de uma mesma realidade."[195] O símbolo resultante expressa resumidamente todo o conteúdo da fé professada pelo candidato; é objetivamente a concreção do querigma em símbolo (*the embodiment of the kerygma*: W. P. Flemington); representa a forma expressiva mais plena e perfeita da fé.

A fé colabora com o sacramento na realização dos efeitos atribuídos ao batismo: a salvação batismal é obra conjunta da fé e do sacramento. Não há por que distinguir entre efeitos atribuíveis a um e a outro.

A fé torna possível a comunicação com o mistério redentor no ato mesmo do batismo, porque só os *olhos da fé* podem perceber quanto de salvífico acontece no sacramento. Segundo são Paciano,

---

[194] É a interpretação dada por muitos Padres da Igreja à unção pré-batismal; cf. J. Daniélou, Chrismation prébatismale et divinité de l'Esprit chez Grégoire de Nysse, *RSR*, 56, 1968, 177-198.

[195] J. Denney, *The Death of Christ*, 1902, 185, cit. por P. Henry, *Leçons sur le baptême*, Paris, s.d., 85.

a fé atua como *pronuba* (madrinha) nas núpcias com Cristo, que é o batismo para o novo cristão.[196]

3. O batismo de crianças

A resposta pessoal como ato consciente e livre se dá claramente no batismo de adultos. Por isso este tem sido o nosso ponto de referência essencial até agora. Contudo, as reflexões sobre a relação fé/batismo levam inevitavelmente a colocar o problema do batismo de crianças. A criança é incapaz de ter fé pessoal e de exteriorizá-la. O problema dogmático que se apresenta é sério: pode haver um *sacramento da fé* sem fé pessoal?[197]

A decisão tomada pela Igreja antiga em favor do batismo de crianças a ponto de transformá-lo em prática generalizada e em batismo típico foi, segundo U. von Balthasar, "a opção de maiores conseqüências dentre todas na história da Igreja". Por muitos séculos representou a peça mestra no projeto pastoral da Igreja, condicionando a imagem da Igreja e, até mesmo, do batismo e dos sacramentos.

Em nossos dias deu origem a acaloradas polêmicas.[198] O estopim foi a alegação de K. Barth em 1943. Também contribuíram, todavia, a nova sensibilidade pela liberdade pessoal e a resistência a tudo aquilo que possa parecer coação ou manipulação vinda de fora, bem como a nova situação da Igreja numa sociedade secularizada e descristianizada.

Alguns protestantes negam a legitimidade e a validade do batismo dado a crianças; tratar-se-ia de "uma ferida purulenta no costado da Igreja" (K. Barth). Outros, até mesmo alguns católicos, consideram-no um *semi-sacramento* ou sacramento incompleto. Muitos outros discutem sua oportunidade pastoral, especialmente em sua forma generalizada e, sobretudo, indiscriminada: da

---

[196] Cf. *Sermo de bapt.*, 6, 3: SCH 410, 158.

[197] Já Santo Agostinho considerava esta uma *obscurissima quaestio*; cf. *De quantitate animae*, 36, 80: PL 32, 1080A.

[198] Cf. C. Floristán, Controversias sobre el bautismo de niños, *Phase*, 10, 1870, 39-70; H. Hubert, *Der Streit um die Kindertaufe*, Berna-Frankfurt, 1972; L. Ligier, Débat sur le baptême des petits enfants. Motivations doctrinales et expériences actuelles, *Greg*, 67, 1976, 613-657.

legitimidade teórica não se pode deduzir, sem mais nem menos, a aprovação da prática generalizada.

Os aspectos históricos do problema já foram apresentados na primeira parte, por épocas. Aqui nos interessa exclusivamente a questão dogmática: a justificação do batismo de crianças pela teologia. Forneceremos as linhas gerais dos argumentos que em geral são aduzidos, com base nos principais fatores que entram em jogo.

a) A partir da ação soberana de Deus no batismo

1) O batismo é, primordialmente, sinal da ação salvífica de Deus, que vai ao encontro do homem para salvá-lo, antes de ser expressão da resposta do homem que aceita a salvação: a graça divina precede sempre a sua aceitação por parte do homem. Ora, a falta de cooperação pessoal por parte da criança (sua passividade) põe em destaque, mais do que no batismo de adultos, a absoluta gratuidade da salvação ofertada pelo sacramento; faz ressaltar melhor a iniciativa divina, o caráter definitivo e incondicional (sem arrependimento possível) de sua oferta (não limitada pelas possibilidades do homem).

Partindo-se da perspectiva da ação de Deus, não se vê nenhuma razão para que a criança não possa ser sujeito do batismo. Todavia, objeta-se: como é possível comunicar a salvação a uma pessoa que naquele momento não está em condições de conhecer a oferta que lhe é feita, nem de acolhê-la positivamente? O. Cullmann e outros respondem recorrendo a analogias: *a*) A obra expiatória histórica da Cruz alcançou a humanidade inteira "sem a cooperação e ainda contra a vontade, o conhecimento e a fé daqueles que iriam beneficiar-se dela". *b*) Aquele que, sem culpa pessoal, viu-se prejudicado pelo pecado original, pode muito bem ver-se livre dele sem ter de recorrer a um ato pessoal. *c*) O procedimento seguido para obter a nacionalização produz efeitos reais, mesmo quando o beneficiário ignora isso.

2) Sem contato com Cristo não é possível a salvação, nem mesmo para as crianças (cf. At 4,12). O batismo de crianças expressa assim, com mais clareza, o universalismo da salvação, que chega até a crianças que ainda não podem colaborar em sua própria salvação.

3) Cristo, que ao encarnar-se assumiu a humanidade plenamente e em cada uma de suas manifestações e se submeteu a cada fase da existência humana, santificou todas as idades do homem, incluída a infância.

Cristo veio salvar por si mesmo a todos [os seres humanos]; refiro-me a todos os que renasceram em Deus: recém-nascidos e crianças, jovens, adultos e anciãos. Por essa razão viveu ele todas as idades [da vida]; se fez recém-nascido por causa dos recém-nascidos, criança por causa das crianças, santificando os dessa idade e dando-lhes um exemplo de devoção, candor e obediência; se fez jovem por causa dos jovens, propondo-se para eles como modelo e santificando-os para Deus.[199]

b) A partir da ação da Igreja no batismo

O batismo é ação da Igreja, auto-realização da Igreja. Como em todo sacramento, o diálogo no batismo é antes de mais nada entre Deus e seu povo. A oferta de salvação é dirigida em primeiro lugar à Igreja, encarnação histórica dessa salvação; chega até o homem individual, todavia não individualmente, mas no interior da comunidade.

A criança também tem direito a fazer parte desde já, pelo segundo nascimento do batismo, dessa comunidade de fé (da mesma forma que faz parte, pelo nascimento, da família humana); uma Igreja formada só por adultos, da qual estivessem excluídas as crianças, não se enquadraria na idéia bíblica de Povo de Deus. Elas precisam poder fazer parte dessa comunidade. O sinal de sua pertença a essa comunidade é o batismo, rito constituinte da Igreja. Pelo batismo a criança é situada na Igreja como num âmbito biológico de fé; neste ambiente despertará para a vida de fé, irá desenvolver-se e tomará gradualmente consciência por meio da experiência íntima.

c) A partir da liberdade da criança[200]

Contra o batismo de crianças costuma-se objetar que constitui uma espécie de imposição, como um fato consumado, contra o

---

[199] IRINEU, Adv. Haer., II, 22, 4: SCH 294, 220-222.
[200] Cf. J. M. OCHOA, Bautismo de niños y libertad (Lumen, 34), Vitoria, 1985, 22-50.

qual não há recurso possível. Entram em jogo aqui dois mistérios: o mistério da graça divina e o mistério da liberdade humana. O batismo de criança deve ser considerado como um sinal da escolha divina, como a manifestação da oferta de salvação que chega até ela da parte de Deus através da Igreja e que deverá ser assumida pela criança livremente no futuro. É preciso dizer que um batizado em idade precoce que, sem culpa de sua parte, não é devidamente catequizado e não chega a assumir seu batismo, não está em pior condição do que um que não foi batizado sem ter tido culpa.

d) A partir da fé necessária

Como responder à principal dificuldade contra o batismo de crianças, ou seja, a impossibilidade que estas têm de fazer um ato consciente e livre de fé?

Uma das pistas – a mais percorrida desde os tempos de santo Agostinho – leva-nos a buscar a solução numa *fides aliena* – concretamente, na *fides Ecclesiae* –, que garanta a necessária relação *fé/sacramento*. As crianças são batizadas *na fé da Igreja*; portanto, não recebem o sacramento independentemente de toda fé. Na verdade, o principal e fundamental no sacramento, numa perspectiva humana, é a fé da Igreja; a resposta da Igreja a Deus é o que conta acima de tudo. "O batismo é o sacramento da fé de toda a Igreja" (santo Agostinho). O fator subjetivo determinante da eficácia do sacramento é a fé da Igreja. Graças a essa fé, o batismo de crianças é também *símbolo da fé, sacramentum fidei*. A profissão de fé de pais e padrinhos e a adesão da comunidade através do seu ministro expressam a solidariedade na fé em cujo seio é recebida a criança. Para embasar o argumento recorre-se à ação do Espírito Santo, que torna possível essa *comunicação de bens* no interior da Igreja:

> Aquele que é apresentado ao batismo pode ser regenerado pela mediação da vontade de outro *por obra do único Espírito*, principalmente desta regeneração [...]. O Espírito que regenera é comum aos que apresentam a criança e à criança que é apresentada e regenerada; dessa forma, a vontade dos que apresentam é útil à criança apresentada graças a esta comunhão (*societas*) no único e idêntico Espírito [...]. As crianças são apresentadas para receber a graça do Espírito não só pela mão dos que as levam, mas pela universal comunhão (*universa societas*) dos santos e fiéis [...]. A caridade destes, santa e

indisível, as ajuda a entrar na comunhão do Espírito Santo e tudo é realizado pela *Ecclesia Mater*, a que está nos santos, porque ela mesma é, em sua integridade, a que gera todos os fiéis e cada um deles [...].[201]

A outra saída para solucionar a questão, que também remonta a santo Agostinho, não renuncia a fazer com que a fé da própria criança desempenhe um papel na realização do sacramento do seu batismo.

Se os sacramentos não tivessem certa semelhança com as realidades das quais são sacramento, não seriam sacramento em absoluto. Em virtude desta semelhança, a maior parte dos sacramentos toma o nome das mesmas realidades. Assim como o sacramento do Corpo de Cristo é, de certa forma, o Corpo de Cristo, e assim como o sacramento do Sangue de Cristo é o Sangue de Cristo, assim também o sacramento da fé é a fé. Ora, crer é o mesmo que ter fé. Por isso, ao responder que uma criança crê, quando na realidade não tem ainda o sentimento (*affectum*) da fé, está afirmando-se que ela tem a fé do sacramento da fé [...]. Se ainda não tem a fé em sua mente, pelo menos não lhe coloca o obstáculo de um pensamento contrário, o que é suficiente para receber como fruto o sacramento.[202]

Os escolásticos e o magistério da Igreja também irão explorar este filão, afirmando que o batismo infunde na alma da criança a virtude sobrenatural da fé, o *habitus fidei*, o qual, embora não lhe permita realizar atos de fé enquanto não chegar ao uso da razão, a insere desde o primeiro momento na comunidade dos *fiéis*.[203]

A psicologia moderna nos permite avançar um pouco mais nesta linha.[204] Precisamos, em primeiro lugar, recuperar a noção bíblica

---

[201] AGOSTINHO, *Ep. 98 ad Bonif.*, 2 e 5: CSEL 34, 521.522.526. *Fides autem unius, imo totius Ecclesiae, parvulo prodest per operationem Spiritus Sancti, qui unit Ecclesiam et bona unius alteri communicat*: TOMÁS DE AQUINO, *STh* III, q.68. a.9 ad 2; cf. a.6 ad 3.

[202] *Ep. 98 ad Bonif.*, 9-10: CSEL 34, 530-532.

[203] Cf. CONCÍLIO DE VIENA (1311-1312): DS 483; CONCÍLIO DE TRENTO: DS 800.

[204] Cf. A. D. THOMPSON, Infant Baptism in the Light of the Human Sciences, in VV.AA., *Alternative Futures for Worship*. II. Baptism and Confirmation, Collegeville MN, 1987, 55-102.

da fé, que não é só questão de mente. Não nos basta uma concepção puramente cognoscitivo-intelectual da fé, que consiste simplesmente em aceitar verdades. Falamos de uma fé que afeta a todo o ser do homem, na totalidade de um compromisso que não conhece limitações, e alcança toda a vida, em todos os seus aspectos, desde o seu primeiro momento. Uma característica da existência humana é precisamente a de ser a existência de um ser em desenvolvimento. Ora, a criança é um ser humano de pleno direito, ainda que à sua maneira, como uma criança. Entre a mãe e a criança dá-se, desde o primeiro momento, um encontro de amor, um diálogo, uma afinidade, uma reciprocidade profunda e inefável. Deve-se descartar também a idéia de que, em relação à fé, a criança é um ser puramente passivo, como pensavam os escolásticos. O batismo cria nela uma base existencial que tornará possível o desenvolvimento de uma série de relações com Deus, de total dependência de Deus, muito antes daquilo que poderíamos imaginar. A criança pode levar uma vida individual de fé, esperança e caridade, enquanto criança; no começo será uma fé embrionária, feita de solidariedades vividas com os crentes, que se irá tornando cada vez mais ela mesma, cada vez mais consciente e rica.

Capítulo VII
Os efeitos do batismo no cristão

Bibliografia

Boismard, M. E., Baptême et renouveau, *LV*, 27, 1956, 103-118; Donahue, J. M., Sacramental Character: The State of the Question, *Thomist*, 1967, 445-465; Durst, B., De characteribus sacramentalibus, *Xenia Thomistica*, 2, 1925, 541-581; Fernández, A., *Munera Christi et munera Ecclesiae*. Historia de una teoría, Pamplona, 1982; Fuchs, J., Origines d'une trilogie ecclésiologique à l'époque rationaliste de la théologie, *RSPhTh*, 53, 1969, 185-211; Harnack, A. von, *Die Terminologie der Wiedergeburt und verwandter Erlebnisse in der alten Kirche* (TU 42/8), Leipzig, 1918; Lengeling, J. E., Die Salbung der christlichen Initiation und die dreifache Aufgabe der Christen, in VV.AA., *Zeichen des Glaubens*, 429-453; Mersch, E., Filii in Filio, *NRTh*, 65, 1938, 551-582; 681-701; 809-839; Philippon, M., Notre regénération dans le Christ, *VS*, 65, 1941, 208-218; Ramos, F., La nueva creación, *Studium Legionense*, 1, 1970, 9-93; Rigaux, B., Création et récréation du monde et de l'homme, *Humanités chrétiennes*, 5, 1962, 415-431; 6, 1963, 29-42; Roguet, A.-M., La théologie du caractere et l'incorporation à l'Église, *LMD*, 32, 1952, 744-789; Ruffini, E., O caráter como visibilidade concreta do sacramento em relação à Igreja, *Concilium*, 1, 1968, 91-102; Savoia, L., La funzione ecclesiale del carattere sacramentale, *SD*, 12, 1967, 106-112; Schick, L., *Das dreifache Amt Christi und der Kirche*. Zur Entstehung und Entwicklung der Trilogie (Europäische Hochschulschriften. Reihe XXIII Theologie, Bd. 171), Frankfurt/M.-Berna, 1982; Tremblay, R., La relation filiale de l'homme avec Dieu et son impact sur la morale chrétienne selon F.-X. Durrwell, *SM*, 35, 1997, 233-246; Ysebaert, J., *Greek Baptismal Terminology*. Its Origins and Early Development (Graecitas Christianorum Primaeva, 1), Nimega, 1962, 87-154; id., op. cit., 87-154.

Passamos a analisar a incidência que tem, na estrutura sobrenatural do sujeito, a experiência do Mistério, vivida no batismo. Entramos no nível da *res sacramenti* (ou *res tantum*): a *graça do batismo*; em outras palavras, do *efeito, fim* ou *fruto* do sacramento do batismo. Referimo-nos aos efeitos que perduram no sujeito na forma de estados, situações e novas relações.

A tradição se mostra de certa forma deslumbrada pela variedade e riqueza desses efeitos. "Não há dom ou força que os documentos apostólicos não atribuam ao batismo" (A. Schlatter). Não esqueçamos que "todo o organismo da vida sobrenatural do cristão tem sua raiz no santo batismo" (CIC 1266). Para avaliar essa riqueza, como costuma fazer também em outros campos, a mistagogia patrística começa recorrendo a vários procedimentos retóricos: algumas vezes irrompe com exclamações ponderativas; noutras, na impossibilidade de expressar com um só vocábulo toda essa riqueza, menciona diversos nomes, um após outro, que a tradição foi dando a esse sacramento. Por exemplo:

> Assim como Cristo, que é o doador, também o dom recebe muitos e variados nomes; talvez isso ocorra pelo gozo ilimitado que este nos proporciona – com efeito, os que estão muito enamorados gostam de galantear o objeto amado dando-lhe vários apelidos – ou porque a variedade de benefícios nos sugere muitos nomes. Nós o denominamos Dom, Graça, Batismo, Iluminação, Unção, Veste de imortalidade, banho do novo nascimento, selo; enfim, tudo aquilo que é excelente.[1]

Outras vezes enumera cumulativamente os efeitos que lhe são atribuídos. Assim, por exemplo:

> O batismo (*photisma*) é resplendor das almas, mudança de vida, "compromisso da consciência com Deus" (1Pd 3,21); o batismo é ajuda para nossa debilidade; o batismo é renúncia à carne, docilidade ao Espírito, comunhão com o Verbo, restauração da criatura, purificação do pecado, participação na luz, desaparecimento das trevas; o batismo é veículo que nos conduz até Deus, morte com Cristo, sustento da fé, perfeição do espírito, chave do Reino dos céus, transmutação da vida, supressão da escravidão, ruptura das correntes, transformação dos costumes; o batismo – e precisa continuar essa enumeração? – é o mais belo e magnífico dos dons de Deus.[2]

---

[1] Gregório Nazianzeno, *Or.* 40, 4: SCH 358, 202. Ver também Clemente de Alexandria, *Paed.* I, 26, 2: BM 74; *Tractatus tripartitus (I, 5)*, 129: BM 60; João Crisóstomo, *Cat. baut.* I, 8: SCH 366,126-128.

[2] Gregório Nazianzeno, *Or.* 4,3: SCH 358, 200-202. Ver também Clemente de Alexandria, *Paed.* I, 26, I: BM 74; Basílio, *De bapt.*, I, 2, 17: SCH 357, 158-160; *De Sp. S.*, 15: SCH 17, 171-172; *In sanctum baptisma*, 5: PG 31, 433AB; Cirilo de Jerusalém, *Procat.*, 16: PG 33, 360A-361A; Dídimo de Alexandria, *De Trin.*, 2, 12 e 14: PG 39, 667A-669A e 712AB; Gregório de Nissa, *In diem luminum*: PG 46, 580A; Ps. Hipólito, *Sermón sobre la Epifanía*, 10: PG 10, 861A; João Crisóstomo, passim; Nicetas de Remesiana, *Líber I ad competentes*; Gamber, I, 17; Optato de Milevi, *Adv. Parmenianum*, V, 1: CSEL 26, 121.

Os diversos efeitos estão estreitamente relacionados entre si; é preciso haver entre eles certa dependência mútua e certa hierarquia.[3] É função do teólogo inventariar os efeitos e apresentá-los em forma sistemática, articulada e ordenada, procurando aprofundar seu significado teológico. A integração de todos esses efeitos parciais nos dará a *graça do sacramento do batismo*.

I. Perdão dos pecados

A eficácia do batismo quanto a destruir em nós o pecado representa um dos elementos primordiais e essenciais da teologia batismal de todos os tempos. Trata-se de uma reação a certa convicção que em determinadas épocas conseguiu polarizar demasiadamente a atenção de teólogos e pastores. Em sua formulação aparentemente negativa, apresenta-se como sinônimo de redenção sem rodeios (cf. Ef 1,7; Cl 1,14). Dada a variada simbologia do pecado na tradição judeo-cristã, nada há de estranho que sejam extremamente ricos também o imaginário e o vocabulário com o qual se descreve esse efeito do batismo: perdão, morte, lavagem ou purificação, libertação e vitória, cura, despojamento, extirpação, destruição, cancelamento (da dívida, da culpa), filtração...

A conexão entre batismo e perdão dos pecados já estava presente no precedente mais próximo do batismo cristão, isto é, no batismo de João: tratava-se, no mínimo, de um gesto de conversão pessoal com vistas à purificação dos pecados (cf. Mc 1,4-5; Lc 3,3). Essa conexão é evidente desde o começo no batismo cristão. Ao caracterizá-lo com o simbolismo do fogo ("Ele vos batizará com o Espírito Santo e com fogo": Mt 3,11; Lc 3,16), o Batista está indiscutivelmente lhe atribuindo esse efeito da purificação dos pecados. Rm 6,2-6 e Ef 5,26-27 interpretam neste sentido o duplo simbolismo do rito batismal: imersão (sepultura) e lavagem (*loutron*) dos pecados. Os primeiros relatos batismais vinculam expressamente o batismo cristão com o perdão dos pecados (relação causal ou simples sucessão temporal? Cf. At 2,38; 22,16.) A causalidade sacramental é afirmada em outros textos abertamente, através de várias ima-

---

[3] Já entre os gnósticos do séc. II discutia-se sobre a ordem dos vários efeitos do batismo. Não tentaremos elucidar qual deles é o efeito formal primeiro do batismo, se é o perdão dos pecados, como queria Tomás de Aquino, ou se é a configuração com a morte e ressurreição de Cristo, ou ainda algum outro.

gens: 1Cor 6,10-14; Ef 5,26; Tt 3,5; Hb 10,22 e 1Pd 3,21 (lavação); Rm 6,2.6.10-11 (morte ao pecado, libertação); Cl 2,11 (circuncisão e despojamento). O batismo, nesses textos, é apresentado como um acontecimento de libertação do pecado (cf. Rm 6,6; Cl 1,13; Gl 5,1).[4] A atribuição da purificação dos pecados ao batismo continuará sendo uma das peças mestras da teologia e da catequese batismais da *época patrística*. Encontramos afirmações inequívocas nos escritos dos Padres apostólicos e apologistas.[5] O nome de *katharmos (katharsion, katharsis)* pelo qual o batismo é conhecido desde essas épocas remotas é indicador de uma consciência clara a este respeito. Os grandes teólogos dos séculos II e III irão especificar melhor e enriquecer a doutrina tradicional, aprofundando-se nos seus fundamentos teológicos (simbolismo e tipologia).[6] A reflexão teológica e os debates dos séculos IV a VI contribuirão para que seja definitivamente fixada em seus pontos fundamentais a doutrina católica nesta matéria, notando-se, sobretudo no Ocidente, uma tendência mais forte, à medida que o tempo avança, de dar a primazia a tal aspecto sobre os outros e a entendê-lo cada vez mais num sentido formal, jurídico e extrínseco.

Formularam-na sucintamente os símbolos: "Confessamos um só batismo para o perdão dos pecados".[7] O simbolismo da água como elemento purificador lhes serve de ponto de partida para aprofundar-se na purificação da alma como efeito do batismo. Há uma consciência cada vez mais clara do caráter absoluto da purificação realizada pelo sacramento; afirma-se enfaticamente que são apagados *todos* os pecados, seja qual for seu número, gênero e gravidade; empregam-se adjetivos e advérbios que sublinham a radicalidade dessa ação do sacramento (*total, inteiramente, radicalmente* etc.).

---

[4] Cf. H. Schlier, verbete "Eleutheria", in *TWNT* II, 1935, 484-500.

[5] Cf. Ps. Barnabé, *Ep.* 11, 1.8 e 11: BAC 65, 793-795; Hermas, Pastor de, *Mandato* IV, 3, 1-2: BAC 65, 978; Justino, *Apol.* I, 61, 10; 66, 1: BAC 116, 251 e 257; id., *Dial.*, 44, 4; ibid., 375.

[6] Cf. Irineu, *Dem. Apost.*, 3: SCH 406, 88; Clemente de Alexandria, *Pedag.*, I, 6, 25; 28,1: SCH 70, 158 e 163; *Excerpta ex Theodoto*, frag. 81: SCH 23, 204; *Eclo. Proph.* 7, 2; 8, 2: GCS Clem. 3, 108; Tertuliano, *De bapt.* 7, 2: CCL 1, 282; Orígenes, *In Ex hom.* 5,5: BM 140; Cipriano, *Ep.* 27, 3: BAC 241, 442.

[7] Cf. DS 42, 48 e 150.

Mesmo que o indivíduo seja afeminado, fornicador ou idólatra; mesmo que tenha cometido qualquer ação má; mesmo que se aninhasse nele toda a perversidade do mundo, ao descer à piscina das águas, do manancial divino, de lá sobe mais puro do que os raios do sol [...]. Tal como uma pequena centelha que, caindo no imenso oceano, se apaga imediatamente e desaparece absorvida pela massa das águas, assim também toda maldade humana: quando cai na piscina onde correm as águas consagradas, afoga-se e desaparece mais rápida e facilmente do que aquela centelha.[8]

Afirma-se que desaparecem inclusive as *marcas* e as *cicatrizes* dos pecados;[9] a inocência do batizado é comparada à de uma criança recém-nascida:

Aquele que tempos atrás estava manchado pelos pecados e pelos maus hábitos, voltou à inocência da infância por uma graça real. Assim como uma criança recém-nascida está isenta de toda culpa e castigo, da mesma forma o filho do novo nascimento, por um dom real, já não tem responsabilidades nem contas para prestar.[10]

Tais convicções apóiam-se no simbolismo da imersão completa do sujeito na água[11] ou do forno no qual age o fogo purificador do Espírito,[12] na tipologia de algumas figuras bíblicas (como o dilúvio e a passagem do Mar Vermelho) e na aplicação ao batismo de alguns textos bíblicos, tais como Sl 50,9; Is 1,18; 4,4; Zc 3,1-10. Irá acabar se tornando um *teologumenon* na tradição a convicção de que, "se emigrasse desta vida imediatamente após o batismo, não

---

[8] João Crisóstomo, *Cat. baut.* I, 10-11: SCH 366, 130-137. Cf. também Gregório Nazianzeno, *Or.* 39, 20: SCH 358, 195; 40, 7, 8 e 11 (210, 212 e 220); Gregório Magno, *Ep.* XI, IV, 45: PL 77, 1162B.

[9] Cf. Cirilo de Jerusalém, *Cat.* 18,20: PG 33,1041A; *Cat. myst.* II, 3: SCH 126, 108.

[10] Gregório de Nissa, *In diem luminum*: PG 46, 580D-581A. Cf. Efrém, *Hymn. De Virginitate*, VII, 7: CSCO, 224, 26-27; Nicetas de Remesiana, *Instructio V, de Symbolo*, 10.

[11] Cf. Gregório Nazianzeno, *Or.* 39, 15: SCH 358, 182.

[12] Cf. Basílio, *De bapt.*, I, 2, 10: SCH 357, 132-134; Cirilo de Jerusalém, *Procat.*, 9: PG 33, 348A-349B; Gregório de Nissa, *Magna or. cat.*, 35, 45: PG 45, 91C; João Crisóstomo, *Cat. baut.*, I, 13: SCH 366, 138; Narsés, *Hom.* 21: *Let tres chrét.* 7, 198.

precisaria prestar contas de nada, pois teriam sido saldadas todas as dívidas".[13]

A raiz dessa eficácia purificadora do batismo é encontrada no mistério da morte redentora de Cristo, que atua no sacramento. Todavia, isso não impede que esse efeito sacramental seja atribuído também à intervenção do Espírito Santo (muitas vezes, a partir de seus símbolos: água e fogo) e à "potência da invocação da Trindade adorável" (Orígenes).

No Ocidente, a teologia e o magistério continuarão, na *Idade Média e na Idade Moderna*, afirmando a doutrina do *batismo para o perdão dos pecados*, na maioria dos casos mencionando expressamente o pecado original. O progresso da ciência moral permitia especificar que o efeito do sacramento atinge não somente todo o *reatus culpae*, mas também todo o *reatus poenae*, tanto eterna quanto temporal, de sorte que o batizado fica isento da obrigação da satisfação pelos pecados perdoados no batismo. Uma amostra dessa doutrina dos teólogos podemos encontrar nesta passagem de santo Tomás:

> A todo batizado é administrada (*communicatur*) como remédio a paixão de Cristo, como se ele mesmo tivesse padecido e morrido. Ora, a paixão de Cristo [...] é satisfação para todos os pecados de todos os homens. Por conseguinte, aquele que é batizado liberta-se do reato de toda a pena contraída com seus pecados, como se ele mesmo tivesse satisfeito suficientemente por todos os pecados.[14]

Não faltaram pronunciamentos do magistério nessa matéria.[15] Os rituais, ao longo da história, expressaram também com sufi-

---

[13] Agostinho, *De pecc. mer.*, II, 28, 46: PL 44, 179A.

[14] *STh* III, q.69, a.2.

[15] Cf. Conc. Romano (a. 862), c.9 (4): DS 637; Inocêncio III, *Prof. fidei Waldensibus praescripta* (a. 1208): DS 794; II Conc. de Lyon, *Prof. fidei Michaelis Palaeologi* (a. 1274): DS 857; Clemente VI, *Ep. "Super quibusdam"* (a. 1351): DS 1076; Conc. de Florença, *Decr. pro Armenis* (a. 1439): DS 1316; sobretudo os do Conc. de Trento: DS 1514, 1515, 1543 e 1672. Esse magistério é recolhido fielmente em CIC 1263-1264.

ciente clareza esse efeito do batismo; não era de esperar menos dos rituais produzidos pela recente reforma.[16]

II. Novo nascimento, filiação divina, divinização

Uma vez eliminado o obstáculo representado pelo pecado, o batismo infunde um começo de vida nova. O batismo é *a Porta da Vida*, conforme uma expressão tradicional na teologia ocidental (cf. RICA e RBC 3). Na Igreja siríaca, é chamado *Sinal de vida* e *Fonte de vida* desde a Antigüidade.[17] Ocorre que o batismo é um novo nascimento, segundo uma analogia que nos vem do NT. *Nascidos de Deus*, os batizados têm direito a falar de filiação divina e a serem chamados de *filhos de Deus*, e inclusive a reivindicarem certa divinização.

No NT, ponto de partida e texto capital nesta matéria é Jo 3,3-7.[18] O próprio Jesus falou a Nicodemos da necessidade de *nascer de novo* (*gennethenai anothen*) como condição para entrar no Reino de Deus.[19] Jesus identifica *nascer de novo* com *nascer da água e do Espírito Santo* (v. 5), texto cuja referência ao batismo parece ser inevitável. *Nascer de novo* e *nascer do Espírito* são sinônimos de *nascer de Deus*, expressão freqüente na pena joanina (cf. Jo 1,13; 1Jo 2,29;

---

[16] Cf. D. Borobio, *Iniciación*, 303-304.

[17] Cf. E. J. Duncan, *Baptism in the Demonstrations of Aphraates the Persian Sage*, Washington, 1945, 27-31.

[18] Da abundante bibliografia existente a esse respeito, citamos alguns títulos que nos parecem úteis e acessíveis: F. M. Braun, La vie d'en haut (Jn 3,1-5), *RSPhTh* 40, 1956, 3-24; P. Coda, Rinascere dall'acqua e dallo Spirito. Evento pasquale e sacramento del battesimo nella prospettiva del vangelo di Giovanni, *Nuova Umanità*, XII/71, 1990, 29-56; I. De La Potterie, Nacer del agua y nacer del Espíritu. El texto bautismal de Jn 3,5, in *Nacer del Espíritu*, Salamanca, 1967; F. di Felice, La nascita dall'acqua e dallo Spirito (Giov. 3,5), *Asprenas*, 17, 1970, 301-316; A. Ibáñez Arana, La entrevista de Jesús con Nicodemo, *Lumen*, 10, 1961, 428-437; B. Prete, Nascere dall'alto (Giov. 3,3), *SD* 12, 1967, 435-455; G. Richter, Zum sogennanten Tauftext Joh. 3.5, *MThZ*, 26, 1975, 101-125; F. Roustang, L'entretien avec Nicodeme, *NRTh*, 63, 1956, 337-358.

[19] A pergunta de Nicodemos a Jesus no v. 5 nos leva a traduzir o advérbio *anothen* por *de novo* e não *de cima* (como, em si, seria possível). Cf. Büchsel, verbete "Anothen", in *TWNT* I, 378; Ysebaert, op. cit., 142: "Primeiramente em sentido temporal ('segunda vez'), sem excluir o sentido local ('de cima')".

3,9; 4,7; 5,1.4.18) para significar a raiz da nova condição na qual se encontra o batizado. Concordam com ele Tiago, quando afirma que Deus Pai "de livre vontade nos gerou (*apekyesen*), pela Palavra da verdade" (Tg 1,18), e Pedro, quando assevera que "Deus, o Pai de nosso Senhor Jesus Cristo [...] nos gerou (*anagennesas*) para uma esperança viva [...]. Nascestes de novo (*anagegennemenoi*), não de uma semente corruptível, mas incorruptível, mediante a palavra de Deus, viva e permanente" (1Pd 1,3.23).

A partir destas premissas, tanto Paulo quanto João se sentem legitimados para chamar os cristãos de *filhos de Deus* (cf. Rm 8,14-17.19.21.29; Gl 3,26 – num contexto batismal; 4,6-7; Ef 5,1; Jo 1,12; 1Jo 3,1-2.10; 5,1-2: "porque nasceram de Deus, são filhos de Deus"; cf. Hb 12,5-9). É neste contexto que precisamos situar e avaliar a expressão *huiothesia*, a qual, referida aos cristãos em relação com Deus, pode ser encontrada em Rm 8,23, Gl 4,5 e Ef 1,5. Traduz-se geralmente por *adoção filial*. Trata-se de um termo de uso comum na jurisprudência do mundo greco-romano e semítico; neste caso a ação jurídica significada não afeta intrinsecamente aquele que é objeto da adoção; é pura denominação extrínseca.[20] Por outro lado, o contexto no qual o encontramos no NT e a menção da potência criadora do Espírito, ocorrida em alguns textos, obriga-nos a traduzi-lo com o termo mais expressivo de *filiação* (*divina*), atribuindo-lhe significação e consistência ontológicas. Não se trata de uma ficção jurídica, mas pressupõe a comunicação real de uma vida nova. Essa vida é a vida nova comunicada pelo Espírito a Cristo em sua ressurreição. Já é a vida imutável, incorruptível, imortal, eterna. É a vida mesma de Deus, na medida em que esta é participável por parte das criaturas. Aqui se encaixa a afirmação capital de Pedro (2Pd 1,4): "Vós vos tornastes participantes da natureza divina (*theias koinonoi physeos*)", sem dúvida no batismo. "Aquele que nasce assim é mais filho de Deus do que dos seus próprios pais."[21] Essa filiação divina, que segundo são Paulo constitui a meta a que Deus se propôs com seu projeto salvífico (cf. Rm 8,29; Gl 4,6; Ef 1,5), é efeito do batismo e capacita o cristão para *viver em Deus* (Rm 6,9-11), para *viver em Cristo Jesus* (Fl 1,21; Rm 8,10), para *viver no Espírito*

---

[20] Cf. A. Oepke, Adoption, *RLACh*, 1, 1941, 105-107; W. H. Rossel, New Testament Adoption: Graeco-Roman or Semitic?, *JBL*, 71, 1952, 233-234.

[21] F.-X. Durrwell, *Nuestro Padre*. Dios en su misterio (Verdad e imagen, 110), Salamanca, 1990, 81-84.

(Rm 8,13-14; Gl 5,18.25). O batismo introduz o cristão numa densa rede de relações com as Pessoas da Trindade.

Tal concepção do batismo como novo nascimento irá se consolidando, tornando-se mais precisa e se enriquecendo com o passar dos tempos, e cada vez irá adquirindo maior relevância no pensamento teológico da *tradição*. Nos escritos apologéticos do séc. II, os termos *anangenesis* e *palingenesia* se impuseram como nomes técnicos para designar o batismo. O mesmo conceito encontrou amplo eco em quase todos os grandes escritores da época pré-nicena.[22] Justino, por exemplo, afirma que "Cristo se converteu em princípio de uma nova linhagem, regenerada por ele mediante a água, a fé e o madeiro".[23] Os escritores dos sécs. IV-VII o desenvolveram com mais amplitude e brilhantismo, bem como de maneira mais especulativa. Aqui forneceremos somente alguns eixos principais do rico pensamento patrístico sobre essa matéria.

Eles procuram tirar partido da analogia com o *nascimento segundo a carne*.[24] Consideram a filiação divina como o objetivo perseguido por Deus com seu projeto salvífico.[25] Estão atentos ao protagonismo de cada uma das Pessoas da Trindade:[26]

a) A filiação adotiva tem origem na livre iniciativa do Pai[27] e nele também tem seu destino.

---

[22] Cf. Justino, *I Apol.*, 61, 3.4.10: BM 21; *Ep. a Diogn.* XI, 2: BAC 65, 858; Teófilo de Antioquia, *Ad Autol.*, II, 16: BAC 116, 806; Taciano, *Or ad Graec.*, 5, 2: BAC 116, 579; Irineu, *Demonstr.*, 3: SCH 406, 88; *Adv. Haer*, III, 19, 1: SCH 211, 372-374; IV, 33, 4, 11: SCH 100, 813; V, 1, 3: SCH 153, 24-28; *Didasc. Apost.*, 9; Metódio de Olimpo, *Symp.* I, 4; III, 8; VIII, 6: SCH 95, 62-64, 108 e 216; sobre Clemente de Alexandria e Tertuliano, cf. C. Nardi, *Il battesimo in Clemente Alessandrino*, 157-176 e E. E. Karlic, *El acontecimiento salvífico del bautismo según Tertuliano* (Victoriensia, 27), Vitoria, 1967, 156-165, respectivamente.

[23] *Dial.*, 138, 2: BM 30, em clara alusão ao dilúvio, figura do batismo.

[24] Cf. Basílio, *De bapt.*, I, 2, 20: SCH 357, 168; Cirilo de Jerusalém, *Cat.* I, 2: PG 33, 371C.

[25] Cf. Irineu, *Adv. Haer*, III, 19, 1: SCH 211, 372-374; Basílio, *De Sp. S.*, XV; Narsés, *Hom. 22*: OS 1, 1956, 190-191; Leão Magno, *Ep.*, 16,3: PL 54, 693BC.

[26] Sendo essa filiação obra comum da Trindade, não vem ao caso pedir-lhes uma coerência total no momento de atribuir seu papel específico a cada Pessoa.

[27] Cf. Clemente de Alexandria, *Paed.*, I, 21, 2; 41, 2: SCH 70, 148 e 184-186; Orígenes, *In Jer.*, IX, 4: PG 13, 357A; Cirilo de Alexandria, *In Jo.*, IV, 3: PG 73, 585CD.

b) A peça-chave, todavia, é a mediação do Filho em sua humanidade. A filiação adotiva é obra do Verbo, de Cristo.[28] Os Padres da Igreja a contemplam na perspectiva da geração eterna do Filho, como um prolongamento seu; independentemente desta, a filiação adotiva não poderia ser sequer imaginada: os batizados são *filii in Filio*. A filiação adotiva surge, no batismo, pela incorporação do batizado a Cristo em sua humanidade (a humanidade de Cristo desempenha um papel insubstituível); mas isso porque, em última instância, o batismo assegura uma participação real na morte-ressurreição de Cristo; da mesma forma que a ressurreição significou para Cristo um *novo nascimento* (Rm 1,4),[29] assim ocorre com o batismo para o cristão.[30] Mas eles não deixam de ressaltar muito bem as diferenças: a filiação adotiva não pode ser equiparada à filiação natural do Filho, que é única; ele é o Filho de pleno direito, por natureza; o batizado o é por adoção, por graça.[31]

c) É também muito grande o papel ativo que os Padres da Igreja atribuem ao Espírito Santo. Santo Agostinho o denomina *Princípio da regeneração* e *Espírito regenerador*.[32] Para Teodoro de Mopsuéstia é a mão que modela a nova criatura no seio materno da Igreja;[33] ele mesmo é a *semente de vida* que torna possível o novo nascimento e lhe dá consistência.[34]

Como se pode ver, é perceptível o esquema clássico: *do* (ek) *Pai, por meio* (dia) *do Filho, no Espírito Santo, de novo ao* (eis) *Pai*. Desse protagonismo derivam especiais relações ontológicas do batizado com cada uma das Pessoas da Trindade, sobretudo a *semelhança*

---

[28] Cf. Justino, *Dial.*, 138, 2: BM 30; *Ep. a Diogn.*, XI, 2: BAC 65, 858; Clemente de Alexandria, *Paed.* I, 49, 3; II, 118, 5; *Protr.*, 117, 4; *Strom.* 4, 25; Cirilo de Alexandria, *Hom. pasch.*, 27, 4: PG 77, 948; *Adv. Nestorium*, I, 1: PG 76, 17.

[29] "A ressurreição é o mistério eterno da geração do Filho que se manifesta no mundo", in F.-X. Durrwell, op. cit., 15.

[30] Cf. Ambrósio, *De sacr.*, III, 1, 1-2: SCH 25bis, 90; Teodoro de Mopsuéstia, *Hom. XIV*, 6: Tonneau 415; Leão Magno, *Ep.* 16, 3: PL 54, 698C.

[31] Cf. Orígenes, *In Jo.* V, fragm: PG 14, 195D-196D: *natura, semper, inseparabiliter Filius*; Atanásio, *Contra Ar.*, 2, 59: PG 26, 273AB; Cirilo de Alexandria, *In Jo.*, 1, 12: PG 73, 153ABC; Agostinho, *In Ps.*, 88, 7: CCL 39, 1225.

[32] *Ep.* 98, 5: CSEL 34, 526. Ambrósio, por sua vez, chama-o de *Autor da regeneração espiritual*: *De Sp. S.*, II, 7, 64: CSEL 79, 111.

[33] Cf. *Hom.* XIV, 9: Tonneau 421

[34] Cf. ibid.

com Deus (homoiosis Theo), de grandes ressonâncias platônicas, que abre espaço para a *familiaridade (oikeiosis)*.

A filiação divina, com seu corolário da participação na natureza divina, conduziu os Padres da Igreja pela mão para que afirmassem a doutrina da *divinização* do cristão pelo batismo. Esse ensinamento ocupará a parte central da teologia patrística, sobretudo na teologia oriental,[35] começando com santo Irineu. Já em Clemente de Alexandria percebe-se que o batismo, ao tornar-nos participantes da imortalidade, que se identifica com a vida mesma de Deus, nos deifica.[36] Eles consideram lógico pensar que o batismo, que nos confere a vida eterna (que é a vida mesma de Deus) e nos torna participantes da natureza divina, nos transforma também em deuses; "tornar alguém filho (de Deus: *huiopoiein*)" equivale a *divinizá-lo (theopoiein)*.[37] Repetem o dito: "Deus se fez homem, para que os homens se tornassem deuses",[38] obviamente através do batismo. A divinização do cristão pelo batismo lhes parece ser tão evidente que eles a utilizam como argumento para provar a divindade do Espírito Santo, autor da mesma.[39] Da mesma forma, aqui a mediação de Cristo é fundamental: o batizado, ao participar da filiação natural de Cristo, toma parte da *plenitudo divinitatis* que reside nele (cf. Jo 1,16-17; Cl 2,9-10).[40] Contudo, não deixam de reafirmar ainda neste ponto a diferença: o Filho possui a divindade por natureza; o batizado, só por graça.[41] Isso não os impede de entender a divinização do cristão em sentido realista, e não no sentido metafórico no qual o AT fala dos filhos de Israel como *filhos de Deus* (no Sl 81,6, por exemplo).

---

[35] Cf. J. Gross, *La divinisation du chrétien d'apres les Péres grecs*, Paris, 1938; B. Studer, verbete "Divinización", in *Diccionario Patrístico y de la Antigüedad Cristiana* II, Salamanca, 1991, 621-623.

[36] Cf. *Paed.* I, 26, 1: SCH 70, 158.

[37] Cf. Atanásio, *Ad Serapionem*, I, 25: PG 26, 589B.

[38] Cf. Basílio, *Contra Eunom.*, II, 4 e III, 5: PG 29, 580B e 605B; Efrém, *Hymn. de virg.*, 46, 39-42. Disso fará eco Tomás de Aquino, *Opusc. 57 in festo Corporis Christi*, 1.

[39] Cf. Gregório Nazianzeno, *Or.* 40, 42; 41, 9: SCH 358, 296 e 334.

[40] Cf. Hilário, *De Trin.*, IX, 8: PL 10, 287AB; também ibid., 9 e 10 (289AB). Cf. A. Fierro, *Sobre la gloria en San Hilario* (Analecta Gregoriana, 144), Roma, 1964, 267-270.

[41] Cf. Basílio, *Contra Eunom.*, III, 5: PG 29, 665B.

Os teólogos medievais procuraram expressar de forma coerente e sistemática essas idéias herdadas do passado analisando com maior precisão a natureza dessa filiação/divinização do cristão, sobretudo em relação à filiação estrita do Filho.[42] Os documentos do magistério mantiveram viva a consciência dessa doutrina ao longo dos séculos, sem maiores desenvolvimentos.[43] Os livros litúrgicos de todas as Igrejas e idades também a recolhem.[44]

III. Renovação (nova criação)

Para expressar a novidade[45] da situação criada pelo batismo, Paulo emprega o verbo *anakainoun* (com seu derivado *anakainosis*), seu sinônimo *ananeoun* e o substantivo *palingenesis*.[46] Assim, em Tt 3,5 ele define o batismo como *banho de regeneração e renovação* (*loutron palingenesias kai anakainoseos*: dois genitivos de finalidade, que são sinônimos). Como resultado da transformação batismal emerge um *homem novo* (*kainos anthropos*: Ef 2,15; 4,24; cf. Cl 3,10: *ton neon ton anakainoumenon*), que a partir do batismo pode viver *em novidade de vida* (Rm 6,6), *em novidade de Espírito* (Rm 7,6). Modificando um pouco a imagem, do batismo tem origem a *criação nova* (*kaine ktisis*: 2Cor 5,17; Gl 6,15; cf. Ef 4,24).[47] Aqui parece

---

[42] Para citar só o mais representativo, Tomás de Aquino, *In Jo. Exp.*, c. 1, lect. 6; *In ep. ad Rom. exp.*, c. 8, lect, 3, 6 e 9; *In ep. ad Gal.*, c. 4, lect. 2; *Compendium theol. ad Reginaldum*, II, 5; *Expositio super symbolo. Credo in Spiritum Sanctum*; *In III Sent.*, dist. X, q.3; sol. 3; *STh* III, 1 ad 2; 23 c e ad 3; 32, 3 ad 33, 3 c, ad 1 e ad 2; 45, 4, c; etc. Cf. P. Garrigou-Lagrange, La Grâce est-elle une participation à la déité telle qu'elle est en soi?, *RTh*, 19, 1936, 470-485.

[43] Cf. Conc. Cartaginense (a. 418), cân. 2: DS 223; *Indiculus* (a. 431?), c. 9: DS 247; Conc. Valentinum (a. 855), c. 5: DS 632; Conc. Florentinum (a. 1439), *Decr. pro Armenis*: DS 1310; Conc. Tridentinum, sess. XXI (a. 1562), c. 4: DS 1730; Conc. Vaticanum I, esquema *De doctrina catholica* (que não chegou a ser definido): Mansi, LIII, 292-293, e Conc. Vat. II, LG 40, 64; GD 2. Ver também CIC 505 e 1265.

[44] Limitando-nos só ao RICA, cf. os nn. 95, 122, 124, 131, 149, 187, 192, 207, 215, 230.

[45] O cristianismo primitivo tinha uma consciência muito viva da *novidade* que o cristianismo havia implantado no mundo; cf. K. Prümm, *Christentum als Neuheitserlebnis*, Freiburg, 1939.

[46] Em Ef 3,5 ainda não se encontra a conotação de *novo nascimento* que aparecerá na literatura mais tardia; cf. J. Ysebaert, op. cit., 131-136.

[47] Cf. P. Bonnard, Création et nouvelle création dans le Nouveau Testament, *FV*, 57,

fazer-se referência à criação, em especial à criação de Adão, como figura do batismo cristão. A renovação afeta o homem em seu ser mais profundo: a *mente* (*nous*: Rm 12,2), o *espírito da mente* (Ef 4,23), o *homem interior* (2Cor 4,16). O Apóstolo a atribui ao Espírito Santo (Tt 3,5).

Os autores cristãos seguirão as linhas demarcadas por Paulo: enriquecerão o vocabulário com novos termos: *kainopoiein* (renovar), *epanorthein* (re-endereçar), *metaplassein* (transformar), *metarrythmizein* e *palin rythmizein* (reordenar), *anaplassein* (refazer), *anaktizein* (recriar)... Fiéis à sua metodologia, irão recorrer, com mais ou menos sucesso, a várias similitudes para explicar o alcance da transformação batismal. 1) A comparação com a mudança de cor experimentada por um pano na tinturaria, insuficiente à primeira vista, eles a reforçam observando que neste caso o tintureiro é Deus, que usa tintas que determinam cores imperecíveis. 2) Um tanto claudicante é também a comparação com a reconstrução de um edifício derrubado. 3) Pelo contrário, com maior enraizamento bíblico e com um viés teológico mais profundo, temos a metáfora da restauração da imagem de Deus, impressa no homem pelo Criador e desfigurada pelo pecado: trata-se de resposta a uma idéia capital da teologia patrística, relacionada ao tema paulino do batismo como nova criação. Tiveram especial relevância na catequese dos Padres da Igreja as duas imagens seguintes, extraídas do mundo da indústria. 4) Inspirando-se em Jr 18,1-6, eles comparam a ação do batismo com a do oleiro, o qual, quando o vaso que ele está modelando não sai como queria, se a argila ainda for moldável, ele volta a colocá-la na água e a remodela de acordo com o seu desejo. 5) Por fim, mais expressiva e citada, há a comparação com o forjador (inspirado em Sl 66[65],10; Is 1,25; 48,10; Ez 22,18-22): uma estátua desfigurada pela ferrugem ou pela má conservação volta a ser colocada por ele no crisol, recuperando sua forma e brilho originais.

Eles tinham consciência de que tais comparações não faziam justiça à absoluta novidade da situação resultante da experiência batismal. Por isso se viram na necessidade de enfaticamente sublinhar sua relevância. Dirão que não se trata de uma simples restauração, de um mero retorno à situação anterior, mas da elevação da ordem

---

1959, 19-32; B. Rey, *Créès dans le Christ Jésus. La création nouvelle selon saint Paul*, Paris, 1966. Em 1Cor 5,7 fala-se de *massa nova (neon phyrama)*.

natural para a ordem sobrenatural:[48] *para uma condição superior;*[49] *o resultado é um homem novo mais brilhante do que o anterior.*[50] O autor desta *nova criação* outro não pode ser senão o próprio Criador da primeira,[51] ou a Trindade, [52] ou, sobretudo, o Espírito Santo.

Essa doutrina será professada pela teologia posterior, sem grandes mudanças, até nossos dias.

IV. Santificação, justificação, consagração

A *santificação* e a *justificação* são duas realidades afins, quase sinônimas, que no NT aparecem formando dupla em 1Cor 6,11 (*hagiasthete, edikaiothete*), em contexto batismal. Em Ef 5,26-27 é a Igreja que sai santificada (*hagiase, hagia*) do banho batismal. Em Rm 8,30, sem referência explícita ao batismo, afirma-se que Deus justificou (*edikaiosen*) os que chamou.[53] Os batizados são chamados, sem titubeios, de *santos*.[54]

A *catequese patrística,* ao enumerar cumulativamente os efeitos do batismo, também menciona esses dois efeitos, muitas vezes formando quase um binômio.[55] Tertuliano chama o batismo de *sacramento da santificação.*[56] Uma vez esvaziada dos males, a alma deve encher-se de santidade.[57] Efrém compara a santificação operada no seio das águas batismais com a santificação de alguns profetas no seio materno.[58] Fala-se de *receber* a santificação, de *revestir-se* de

---

[48] Cf. R. Schulte, *El bautismo como sacramento de conversión* (MS V), Madrid, 1984, 145-146.

[49] Teodoro de Mopsuéstia, *Hom. cat.*, XIV, 15: Tonneau 435.

[50] João Crisóstomo, *Cat. baut.*, I, 13: SCH 365, 138.

[51] Cf. Teodoro de Mopsuéstia, *Hom. cat.* IV, 11: Tonneau 89.

[52] Cf. ibid., X, 14.

[53] "Aos que chamou, a estes também os justificou *(edikaiosen)*; aos que justificou, também os glorificou." O contexto não é diretamente batismal.

[54] Cf. a nota a At 9,13, na *Bíblia de Jerusalém.*

[55] Limitando-nos a João Crisóstomo, cf. *Cat. baut.*, I, 11: SCH 366, 134; III, 5 e 5: SCH 50, 153 e 154.

[56] Cf. *De bapt. 4*: CCL I, 280.

[57] Cf. Clemente de Alexandria, *Ecclogae propheticae*, 12, 9: GCS 17, 140.

[58] Cf. *Hymn. in festum Epiph.*, VIII, 9: Lamy, I, 80.

santidade. Trata-se da razão que, segundo João Crisóstomo, justifica o batismo de crianças: "Embora não tenham pecados, para que lhes sejam outorgadas a santidade e a justiça (*hagiasma, dikaiosyne*)".[59] A santidade recebida no batismo dará direito aos batizados de participar da eucaristia, para ele o *Sancta sanctis*.[60] Para dar a entender que essa *santidade* é mais do que uma simples purificação de manchas, referem-se ao brilho e resplendor emanados pelos neófitos ao saírem da piscina batismal.[61]

Para eles, a santidade deriva, como de uma fonte, da santidade que enche a alma de Cristo ressuscitado, com quem o batismo põe o crente em comunhão:[62] é uma participação da santidade da Cabeça. A causalidade deste efeito é atribuída de forma muito peculiar ao Espírito Santo, convencidos como estão de que ele é, por excelência, o *sanctificationis attributor et creator*:[63] "Tudo aquilo que é tocado pelo Espírito Santo fica santificado e transformado".[64] "Aqueles a quem o Espírito Santo se digna encher, ele os santifica."[65] É freqüente a concepção de que a água batismal, santificada pelo Espírito, recebe dele a capacidade de santificar por sua vez.[66] A santidade conferida pelo batismo é uma participação (*metoche*) da

---

[59] Cf. *Cat. baut.*, III, 6: SCH 50, 154.

[60] Cf. Cirilo de Jerusalém, *Cat. myst.*, V, 19: SCH 126, 168; Teodoro de Mopsuéstia, *Hom. cat.*, XVI, 22: Tonneau 565.

[61] "Sai do batismo refulgente como o sol e lançando clarões de justiça", in Hipólito, *Sermo de Epiph.*: PG 10, 862. "Entrareis como astros da Igreja, resplandecentes em vosso corpo e em vossa alma", in Cirilo de Jerusalém, *Procatequesis*, 15: PG 33, 360A. Cf. Gregório Nazianzeno, *Or.* 40, 37: SCH 358, 284; João Crisóstomo, *Cat. baut.* I, 10; III, 1-4; IV, 3-4: SCH 366, 132, 151-152 e 184.

[62] Cf. Cirilo de Jerusalém, *Cat. myst.*, 3, 6: SCH 126, 128-130.

[63] Dídimo de Alexandria, *De Sp. S.*, 13: SCH 386, 154.

[64] Cirilo de Jerusalém, *Cat. myst.*, V, 7: SCH 126, 154.

[65] Dídimo de Alexandria, *De Sp. S.*, 236: SCH 386, 356.

[66] Cf. Tertuliano, *De bapt.*, 4, 1: CCL 1, 279; Cirilo de Alexandria, *In Jo.*, 3, 5: PG 73, 244C-245A.

mesma santidade do Espírito Santo[67] e, em última instância, uma conseqüência da comunhão com a Trindade.[68]

Em virtude dessa ação santificadora de Deus, o batismo vem a ser como uma *consagração*: o batizado é transformado em *templo santo, objeto consagrado* a Deus.[69] Ambrósio chega inclusive a comparar essa consagração com a consagração eucarística.[70] O *selo* (*sphragis, character*) ficará como prova desta pertença a Deus.[71]

V. Iluminação

O NT[72] concebe como uma *iluminação* (*photismos*) a vocação ao cristianismo (cf. 2Cor 4,4.6; Ef 1,18; 2Tm 1,10) e aos cristãos denomina *luz* (Ef 5,8; cf. Mt 5,14-16), *luzeiros* (Fl 2,15), *filhos da luz* (Ef 5,9; 1Ts 5,5: cf. Lc 16,8; Jo 12,35-36), *iluminados* (Hb 6,4; 10,32). Essa condição é adquirida obviamente no batismo, que marca o momento da passagem do reino das trevas para o Reino da luz (cf. Cl 1,12-13; 1Pd 2,9). Em Hb 6,4 e 10,32 a expressão *iluminados* aparece em contexto batismal.

A *tradição* não tardará em atribuir expressamente essa iluminação ao batismo e inclusive a convertê-la num dos termos técnicos para significar esse sacramento (*photismos, photisma*).[73] A cura do cego de nascença (Jo 9), figura tradicional do batismo

---

[67] Cf. Cirilo de Jerusalém, *Cat. myst.*, V, 19: SCH 126, 168; Dídimo de Alexandria, *De Sp. S.*, 20: SCH 386, 160; ibid., 78 (216-218): "[...] habebit quoque consortium sanctitatis in Patre et Filio et Spiritu Sancto"; Efrém, *Comm. in ep. Pauli*: Mequitaristas, 185-186 e 197: "O Espírito Santo inscreveu em minha fé sua santidade", in ibid., *Hymn. de Fide*, 13, 2: CSCO 155, 44.

[68] Cf. Dídimo, ibid., 27 (168).

[69] Cf. Tertuliano, *De res. mort.*, 8, 3: "[...] caro ungitur, ut anima consecretur": BM 115; Cirilo de Jerusalém, *Cat. myst.* IV, 7: SCH 126, 140. O simbolismo da unção preparou o caminho para essa concepção.

[70] Cf. *De sacr.*, IV, 4, 16: SCH 25bis, 110.

[71] Tal é a doutrina de santo Agostinho; cf. R. Schulte, op. cit., 178.

[72] Sobre a questão de saber se essa concepção que abordamos aqui se inspirou mais nas religiões de mistérios do que no NT, cf. J. Ysebaert, op. cit., 159-162.

[73] Limitando-nos aos primeiros testemunhos, cf. Justino, *I Apol.* 61, 12 e 13; 65, 1; Clemente de Alexandria, *Protr.*, 94, 2; *Paed.*, I, 26, 1 e 2; 27, 3; 28, 1; 29, 2; II, 79, 3; *Strom.*, 5, 15.

cristão, permite-lhes falar deste efeito batismal.[74] Embora às vezes se utilizem expressões menos fortes como *receber* ou *revestir-se de luz*, no batismo a luz divina penetra profundamente no ser do cristão transformando-o em *luz no Senhor*.[75] Os recém-batizados são normalmente chamados *recém-iluminados (neophotistous)* e são saudados como *astros resplandecentes*.[76] A fonte da qual emana essa iluminação algumas vezes é identificada com o próprio Deus (*luz inacessível*), outras com Cristo (*brilhantíssimo Iluminador*: Agostinho), outras ainda com o Espírito Santo (*luz e doador de luz*: Dídimo de Alexandria).

Para o conjunto da tradição antiga, toda a realidade salvífica é comunicada no batismo (vida nova, graça...) e contemplada sob a metáfora da luz. Contudo, em alguns círculos, como o alexandrino, tende-se a interpretar a iluminação batismal preferencialmente (quando não exclusivamente) em termos gnosiológicos aplicados à fé. De modo contraditório, a fé, que exerce, como acabamos de ver, uma função ativa no batismo, vê-se por sua vez afetada pela ação do sacramento. É o caso de falar da fé como efeito do batismo.

No horizonte do NT, que só contempla diretamente batismos de adultos convertidos, não se vislumbra a hipótese do batismo conferindo a primeira infusão da fé (como no caso do batismo de crianças); todavia, atribui-se ao batismo, isso sim, pela graça de Deus e pelo dom do Espírito por ele comunicado, o fortalecimento da fé, sua consagração (*selo*), sua eficácia; reconhece-se ao batismo certa anterioridade em relação ao desenvolvimento da fé (cf. 1Cor 12,9-13; 2Cor 1,20-22.24; Gl 3,26-27; Ef 1,13; Hb 6,4; 10,19-23).[77]

A tradição expressou esta idéia de muitas maneiras. Chega-se a afirmar que no batismo outorga-se a fé. "Pelo batismo [...] uma luz pura e celestial brilha nas almas daqueles que se comprome-

---

[74] Cf. GREGÓRIO NAZIANZENO, *Or.*, 40, 34: SCH 358, 276; AMBRÓSIO, *De sacr.*, III, 11-15: SCH 25bis, 98-100.

[75] "Convertamo-nos em luz [...]. Convertamo-nos em lâmpadas no mundo (cf. Fl 2,15-16), isto é, em potência vivificadora *(zotike dynamis)* para os outros. Recebamos a divindade, recebamos a luz primeira e mais pura": GREGÓRIO NAZIANZENO, *Or.* 40,37: SCH 358, 284.

[76] Cf. CIRILO DE JERUSALÉM, *Procat*. 15: PG 33, 360A; JOÃO CRISÓSTOMO, *Cat. baut.*, III, 1-4; IV 3-4: SCH 50, 151-152 e 184.

[77] Ver comentário em L. VILLETTE, op. cit., 46-53.

teram, por causa de sua fé na Trindade."[78] Seria possível dizer que o batismo é *sacramentum fidei* em sentido análogo ao da eucaristia como *sacramento do Corpo e do Sangue de Cristo*. À pergunta "O que pedes à Igreja?", alguns rituais respondem: "A fé"; outros, "O batismo". *Sacramentum fidei, fidei est*.[79] O recurso à categoria de *virtude infusa da fé* permitiu à teologia escolástica afirmar como um dos efeitos do batismo, inclusive no caso dos infantes, a infusão da virtude da fé.[80]

A metáfora do *selo* sugere a idéia de que no batismo a fé é autenticada, atestada e confirmada, como um documento que recebeu a assinatura da Igreja e das três Pessoas da Trindade. A fé seria informe e vaga enquanto não tivesse sido fixada e corroborada pelo batismo. Segundo santo Efrém, o batismo é para a fé o que o nascimento é para a concepção.[81] Graças ao batismo, a fé passa a ter um tipo de complemento: "Nossa fé, que até agora era uma fé despida, pelo selo do batismo recebe uma espécie de vestimenta".[82] "A fé recebe do batismo sua perfeição (*teleioutai*)".[83]

VI. "Vida em Cristo"

A experiência de comunhão com Cristo vivida no batismo não pode deixar de estabelecer vínculos e relações profundas entre o batizado e a Pessoa de Cristo. Aqui se encontram as bases sacramentais da *Christusmystik*; o batismo inaugura uma nova *vida em Cristo*, que apresenta distintas facetas:

a) O tema da *incorporação a Cristo* em virtude do batismo está implícito na expressão *batizar-se em* (*eis*) *Cristo*: a preposição *eis* sugere um movimento de incorporação. A idéia aparece já em são Paulo (1Cor 12,13): "[...] fomos batizados [...] para formarmos um só

---

[78] Basílio, *His qui differunt bapt.*, 3: PG 31, 429A.
[79] Essa identificação já aparece em Tertuliano, *De pud.* 18: CCL 2, 1317-1319.
[80] Cf. A. M. Landgraf, Kindertaufe und Glaube in der Frühscholastik, *Greg*, 9, 1928, 512-529. Ver também o Concílio de Trento: DS 1530.
[81] Cit. em E.-P. Siman, *L'expérience de l'Esprit par l'Église d'apres la tradition syrienne d'Antioche* (Théologie historique, 15), Paris, 1971, 53, n. 167.
[82] Tertuliano, *De bapt.*, 13,2: CCL 1, 289.
[83] Basílio, *De Sp. S.*, 12: SCH 17, 157.

corpo". A alegoria da oliveira e do enxerto (cf. Rm 11,17-24) permitirá à tradição continuar aprofundando esse efeito do batismo:

Fostes ungidos com o óleo exorcizado desde os cabelos da cabeça até os pés, e vos tornastes participantes (*koinonoi*) da boa oliveira que é Jesus Cristo. Cortados da oliveira silvestre, fostes enxertados (*enekentrizesthe*) na oliveira boa e tornados participantes (*koinonoi*) da abundância da oliveira boa. O óleo exorcizado era símbolo da participação na abundância de Cristo.[84]

Estás crucificado com ele; aderes a Cristo; aderes aos cravos de nosso Senhor Jesus Cristo, para que o diabo não consiga separar-te dele. Que os cravos de Cristo te mantenham amarrado quando a debilidade da condição humana te distanciar.[85]

A idéia da incorporação a Cristo passou a ser peça importante da teologia batismal.[86]

b) O batizado passa para o *domínio de Cristo*, torna-se sua propriedade: "Vós sois de Cristo" (cf. Gl 3,29); mas isso ao mesmo tempo quer dizer que ele fica sob o amparo e a proteção do Senhor. Nesse sentido, com freqüência foram interpretadas simbolicamente a unção, a signação e a *sphragis*.

c) Pela força dessa comunhão, o batizado fica *configurado* com Cristo morto e ressuscitado.[87] O mistério pascal atua em forma de selo que deixa sua marca no batizado. O neófito fica marcado por essa experiência.

"Batizados em Cristo [...] fostes feitos semelhantes à imagem do Filho de Deus" (cf. Rm 8,29). O Deus que nos predestinou de antemão para a adoção (cf. Ef 1,5), fez-nos conformes ao corpo glorioso de Cristo. Tendo vindo a ser participantes de Cristo (cf. Hb 3,14), vos chamais "cristos", não sem razão [...]. Sois verdadeiramente imagens (*eikones*) de Cristo.[88]

---

[84] Cirilo de Jerusalém, *Cat. myst.* II, 3: SCH 126, 107-108.
[85] Ambrósio, *Sacr.* II, VII, 24: SCH 25bis, 88.
[86] Cf. Tomás de Aquino, *STh* III, q.68, a.4 c; Concílio de Trento: DS 1530.
[87] Cf. Tomás de Aquino, *STh* III, q.49, a.3 ad 2; q.66. a.2c; q.66, a.11; q.80, a.10 ad 1.
[88] Cirilo de Jerusalém, *Cat. myst.* III, 1: SCH 126, 120.

O batismo faz de nós imagens do arquétipo, que é o Filho natural de Deus.[89] Máximo de Turim usa uma expressão mais forte ainda: "O batismo faz com que possamos ser o que Cristo é".[90] Não estamos longe da expressão cunhada pelos Padres da Igreja: *christianus, alter Christus*. Trata-se de uma configuração real, ontológica, mística.

d) Uma nova expressão dessa relação surgida entre o batizado e Cristo é esta metáfora empregada por são Paulo: "Vós todos que fostes batizados em Cristo vos revestistes de Cristo" (Gl 3,27; cf. Rm 13,14; Cl 3,9). A metáfora deu origem provavelmente ao rito da vestição do batizado com uma roupa branca. Metáfora e rito foram interpretados pela tradição como expressão da profunda e íntima relação que o batismo estabelece entre o batizado e Cristo, que chega à participação na glória do Ressuscitado.[91] Nesse contexto, a unção de todo o corpo é interpretada também como um revestir-se de Cristo, o Ungido por antonomásia.

e) A nova relação que surge entre o neófito e Cristo foi interpretada pela tradição também em termos de pacto, aliança e, inclusive, de aliança nupcial. A alegoria nupcial, que em são Paulo é entendida muito mais como referência a toda a Igreja (cf. Ef 5,25-27; 2Cor 11,2), será aplicada a cada cristão.[92]

VII. Selo e caráter

Desde quando se começou a falar de batismo, costuma-se vinculá-lo a expressões como *sphragis, sigillum, character*..., que indicam que no batismo o batizado fica como que assinalado com uma marca. Essa conexão entre o batismo e a idéia de marca teve, ao longo da história, uma longa e profunda evolução; no Ocidente, cristalizou-se na doutrina do *caráter sacramental*, que tem sido obje-

---

[89] Cf. Cirilo de Alexandria, *In Rom.*, 1,3: PG 74, 776A.
[90] *Serm.* 13: CCL 23, 14-15; cf. *Serm.* 33,3 (129).
[91] Cf. Ambrósio, *Myst.*, VII, 34-35: SCH 25bis.
[92] Por exemplo, "a catequese batismal de João Crisóstomo é construída ao redor desse tema profundamente bíblico das núpcias com o Esposo divino", in J.-P. Cattenoz, *Le baptême, mystere nuptial. Théologie de saint Jean Chrysostome*, Venasque, 1993, 13.

to de profundas reflexões teológicas e de solenes pronunciamentos do magistério da Igreja.

A metáfora do *carimbo ou marca* já aparece no AT com sentido religioso. Em Gn 4,15 e Ez 9,4 é apresentada como garantia da proteção divina (cf. Ap 9,4). Nesse mesmo sentido será interpretado pela tradição cristã o sinal do sangue do cordeiro nos vãos e nas soleiras das portas das casas dos hebreus, pertencente a uma das figuras veterotestamentárias do batismo cristão: o êxodo do Egito. Pelo contrário, a *marca* (*semeion* e *sphragis*) da circuncisão foi interpretada sempre como sinal de pertença ao povo da Aliança. No NT o verbo *sphragizo* aparece em contexto batismal em 2Cor 1,22; Ef, 1,13; 4,30 e Ap 7,2-8. Devem ser levados em conta também Rm 4,11 e Cl 2,11.13, que interpretam a circuncisão como figura do batismo cristão. A referência é sempre ao batismo como tal e não a um efeito concreto próprio. Nos três primeiros casos, o selo aparece em conexão com o Espírito Santo. A função do *selo* parece ser a de garantir a proteção de Deus e a de manifestar a pertença a Deus e à Igreja (a tipologia da circuncisão), embora não se descarte até mesmo a de insinuar a indelebilidade do batismo. Seu autor é o próprio Deus (2Cor 1,22; cf. Ef 1,13 e 4,30: passivo divino?). Sobre a configuração do selo (se é a imagem de Deus ou seu nome que fica impresso), nada dizem os textos. A doutrina teológica posterior de um *caráter indelével impresso na alma* encontra, nesses textos, um fundamento objetivo, mas só implícito e remoto.

A tradição continua falando de *sphragis* até convertê-lo num dos nomes do batismo. Na época dos Padres da Igreja,[93] numa primeira etapa, antes de santo Agostinho, notamos falta de precisão nas colocações e formulações. A expressão refere-se ao batismo em seu conjunto (e mesmo à iniciação globalmente considerada), não tanto como rito, mas como acontecimento salvífico irreversível, porquanto depende da vontade salvífica irrevogável de Deus (cf. Rm 11,19).

Pouco a pouco, todavia, começa-se a distinguir no batismo essa realidade, que é indestrutível, dos efeitos da graça, que podem,

---

[93] Cf. J. Daniélou, *Sacramentos y culto según los Santos Padres*, Madrid, 1962, 85-105; F. J. Dölger, *Sphragis*. Eine altchristliche Taufbesprechung in ihren Beziehungen zur profanen und religiösen Kultur des Altertums (Studien zur Geschichte und Kultur des Altertums, 3/4), Paderborn, 1911.

estes sim, acabar. Essa realidade indestrutível é identificada com a *sphragis* e relacionada com algum rito ou momento particular do ritual da iniciação cristã: a signação, a unção... Isso leva a combinar a metáfora do *selo* com a metáfora da *unção*[94] (ambas com imediatas conexões com o Espírito Santo) e a considerar a *sphragis* um dos efeitos particulares do batismo. Nessa etapa ainda não é clara a distinção entre a *graça* do batismo e essa realidade interior permanente.

A *marca divina*, além da idéia de *referendar, autenticar* ou *autorizar* implícita no termo *sphragis*, é acima de tudo sinal de escolha e de pertença, garantia da proteção de Deus e manifestação da irreiterabilidade do batismo. Em tais termos, estamos diante de uma doutrina comum, universal e constante. Nessa fase da reflexão teológica nada há ainda da doutrina específica do *caráter sacramental* que encontraremos na Idade Média.

Com santo Agostinho o panorama muda profundamente. A controvérsia com os donatistas deu-lhe a ocasião para analisar mais de perto a natureza dessa realidade ontológica e aprofundar-se nas razões da irreiterabilidade do batismo. A partir do batismo celebrado pelos hereges e, mais em geral, a partir da suposição de um sacramento válido, mas infrutuosamente celebrado, ele chegou a distinguir um duplo efeito do sacramento do batismo: 1) a plena animação pelo Espírito, a graça, efeito que pode ser frustrado; 2) o fato de ter sido consagrado a Deus e incorporado à Igreja pelo sacramento, efeito imarcescível. Conclui que o efeito permanente pode existir sem os demais efeitos do batismo. Algumas vezes chamou-o de *sacramentum*, outras de *character*.[95] Agostinho vê a essência desse caráter batismal numa consagração que incorpora o batizado ao corpo de Cristo – o qual é a Igreja –, imprime nele uma marca indelével, impressa por Cristo (*character dominicus*), que o autentica como tal membro, e o dispõe para alcançar o efeito da graça sacramental. O substancial de sua doutrina sobre o *character* continua sendo a salvaguarda da irreiterabilidade do batismo.[96] Com isso, embora não tenha desenvolvido um sistema

---

[94] A conexão *selo–unção* já pode ser encontrada em 2Cor 1,21-22.

[95] Ainda não havia sido fixada a terminologia; cf. N. M. HARING, St. Augustine's Use of the Word Character, *Mediaeval Studies*, 14, 1952, 79-97.

[96] Cf. *Contra ep. Parmen.*, II, 28: PL; BAC 1, 98.

doutrinal, estabelece as bases da teologia medieval sobre o *caráter sacramental*.

Na Idade Média, o desejo de definir com maior precisão a natureza do *caráter* sacramental levou os escolásticos a formular uma grande variedade de teorias.[97] Foram eles que começaram a empregar o termo *caráter* em seu sentido técnico moderno: como um sinal espiritual indelevelmente impresso na alma pelo sacramento. Todos eram unânimes em contemplá-lo a partir de uma perspectiva pessoal e individual (a visão eclesial dos Padres da Igreja havia sido deixada de lado). Suas opiniões divergiam muito quando se tratava de determinar a faculdade da alma em que se imprime o caráter, sua natureza e a função por ele desempenhada. Iremos nos limitar aqui a apontar algumas linhas gerais da síntese de santo Tomás,[98] que acabou impondo-se quase universalmente. O caráter é *signum gratiae* (*ius* ou *dispositio ad gratiam*), título indispensável para receber (ou, no caso dele, recuperar) a graça batismal. Ele o considera sobretudo como uma *potentia*, que se insere na alma; reconhece-lhe uma entidade espiritual ontológica. É, ao mesmo tempo, um *signum distinctivum et configurativum* e constitui a causa da irreiterabilidade do batismo. O fundamental e mais original em sua síntese, no entanto, é a conexão estabelecida entre o caráter e o culto, e, conseqüentemente,[99] entre o caráter e o sacerdócio de Cristo. O caráter capacita para participar do culto divino nas ações sacramentais. Tudo isso porque se trata de uma participação ontológica no sacerdócio de Cristo.[100] Tomás de Aquino considera o

---

[97] Cf. J. GALOT, *La nature du caractere sacramentel*. Étude de théologie médiévale (Museum Lessianum, sect. théol., 52), Bruges, 1957; N. M. HARING, Character, signum et signaculum, *Schol* 30, 1955, 481-512; 31, 1956, 41-69.182-212; R. MASI & V. LAURO, *La natura del carattere sacramentale nella teologia medievale*, *Euntes Docete*, 12, 1959, 212-222.

[98] Cf. P. BLÁZQUEZ, El carácter como disposición a la gracia sacramental según Santo Tomás, *Studium*, 13, 1973, 321-335; B. D'ARGENLIEU, La doctrine de S. Thomas sur le caractere sacramentel, *RTh* 12, 1929, 219-233; A. HUERGA TERUELO, La teología aquiniana de los caracteres sacramentales en la perspectiva eclesiologica contemporánea, *RET*, 33, 1973, 213-243; I. G. LUCZYNSKI, Le caractere sacramentel comme pouvoir instrumental selon S. Thomas d'Aquin, *DTh*, 1965, 3-15.

[99] Já que "totus ritus christianae religionis derivatur a sacerdotio Christi": *STh* III, q.63, a.3.

[100] "Sacramentales characteres nihil aliud sunt quam quaedam participationes sacerdoti Christi ab ipso Christo derivatae": *STh* III, q.63, a.3. Sem caráter sacramental, as ações

caráter batismal preferencialmente uma *potentia passiva*, ou seja, uma capacidade para participar em e dos sacramentos da Igreja (ao contrário do caráter sacerdotal, que é ativo).

Os documentos do magistério[101] não quiseram tornar seus os rigorismos dos teólogos medievais sobre o *caráter* e se mantiveram numa linguagem bastante indeterminada. Depois de séculos de imobilismo nos quais predominaram as idéias de Tomás de Aquino pudemos assistir, nos últimos 150 anos, a um processo de renovação levado adiante principalmente por M. J. Scheeben, E. Schillebeeckx e K. Rahner,[102] sob diferentes pontos de vista. O mais notável foi a recuperação da perspectiva eclesial e a correção do reducionismo ao aspecto cultual de que padecia a concepção comum do caráter desde os tempos de santo Tomás. A revalorização da doutrina do *triplex munus*, isto é, das três funções, profética, sacerdotal e real, referida tanto a Cristo como à Igreja (Povo de Deus) e a seus ministros ordenados, que tão determinante revelou-se no Vaticano II, deveria levar com força a uma concepção mais aberta e equilibrada (menos exclusivamente cultural) do caráter.

VIII. Sacerdotes, reis e profetas

O povo saído das águas batismais é designado pela Primeira Carta de Pedro e pelo Apocalipse com predicados que o AT (Ex 19,6; Is 61,6) reservava ao povo judaico: "sacerdócio santo (*hierateuma hagion*), a fim de oferecerdes sacrifícios espirituais"; "sacerdócio régio" (*basileion hierateuma*) para anunciar os louvores de Deus (cf. 1Pd 2,5.9); "reino de sacerdotes" (*basileian kai hiereis*: Ap 1,6; 5,10;

---

sacramentais da Igreja não seriam verdadeiros sacramentos, isto é, não constituiriam celebração do mistério de Cristo.

[101] Falam do *caráter* no sentido moderno da palavra a carta *Maiores Ecclesiae causas*, de Inocêncio III (a. 1201: DS 781), o *Decretum pro Armenis* (a. 439), do Concílio de Florença (DS 1313), e o Concílio de Trento (DS 1609).

[102] Ver um rápido resumo dos contributos de cada um desses autores em R. ARNAU, *Tratado general de los Sacramentos*, cit., 328-337. Alguns desses pontos de vista da teologia renovada do caráter encontraram eco nos documentos mais recentes do magistério, como a *Mediator Dei*, de Pio XII (DS 3851), a LG 11, 14, 26, 44; CIC 698 e 1274.

20,6).[103] Desponta aqui um tema importante da teologia batismal: o batismo como capacitação para as três funções messiânicas.

A tradição não tardará em atribuir aos batizados condição de sacerdotes, reis e profetas[104] e a considerá-la efeito de uma unção (mesmo antes que aparecesse nos rituais do batismo a unção material com óleo ou crisma). Ao ser introduzida, a unção foi relacionada com esse efeito. Por um lado, tal fato convidava a sublinhar o protagonismo do Espírito Santo na emergência dessa tríplice missão: ele está na origem de toda missão na Igreja; ele mesmo é a unção com a qual são ungidos os cristãos; ele os capacita para o cumprimento das tarefas que lhes são encomendadas, dotando-os de toda a armadura necessária.[105]

Por outro lado, ficava aberto o caminho para recorrer, a título de ilustração, à tipologia veterotestamentária das unções de sacerdotes, reis e profetas da antiga Aliança e à da *unção* de Jesus pelo Espírito no Jordão. Os Padres da Igreja e as diferentes liturgias (estas especialmente nas orações de bênção do óleo ou do crisma) utilizaram amplamente, nesse campo, o procedimento tipológico.

Tal perspectiva os orientava a ver essa missão do cristão como fruto de uma comunicação de energia por parte do Espírito. Mesmo assim João Crisóstomo preferia considerá-la acima de tudo como honra, dignidade ou cargo honorífico (*arche, time, axioma*).[106]

Eles se detêm também em explicar a natureza das três funções:

O que significa "Quem ungiu marcou também com seu selo" (2Cor 1,21-22)? Refere-se àquele que deu o Espírito pelo qual realizou ambas as coisas, isto é, tornando ao mesmo tempo profetas, sacerdotes e reis, já que todas essas classes de pessoas eram ungidas antigamente [...]. Também tu foste feito rei,

---

[103] Cf. S. Cipriani, I fondamenti biblici della triplice dignità dei laici, *Tabor*, 39, 1966, 20-32; P. Grelot, Le sacerdoce commun des fideles dans le Nouveau Testament, *Esprit et Vie*, 94, 1984, 138-144.

[104] Cf. Irineu, *Demonstr.*, 47: SCH 406, 152.

[105] Ibid.; Cirilo de Jerusalém, *Cat.* 3, 13-14: PG 33, 444A; *Cat myst.*, 3,4: SCH 126, 126; Efrém, *De virginitate*, VII, 6: CSCO 224, 26; Leão Magno, *Serm.* 4,1: PL 54, 149AB.

[106] Cf. *Cat. baut.* I, 1 e 2: SCH 366, 113 e 116. Beda, o Venerável, fala também em termos de *testimonium laudis*; cf. *Comm. in 1 Petri, 2*: PL 93, 50D.

sacerdote e profeta pelo batismo: rei pela vitória sobre todas as tuas más ações e pela destruição dos pecados; sacerdote pela oferenda de ti mesmo a Deus, pela imolação de teu corpo e de tua pessoa; profeta pelo conhecimento do futuro de graças para a inspiração e a consignação [...].[107]

A todos os que nasceram de novo [...] a unção do Espírito consagra como sacerdotes, a fim de que [...] todos os cristãos espirituais e com uso da razão se reconheçam membros desta raça de reis e participantes da função sacerdotal. De fato, que há de mais régio, para uma alma, do que governar seu corpo na submissão a Deus? E o que há de mais sacerdotal do que consagrar a Deus uma consciência pura e oferecer no altar de seu coração as vítimas sem mancha da piedade?[108]

Assim como o Salvador, que depois do batismo e da vinda do Espírito Santo saiu e derrotou o inimigo, da mesma forma também vós, depois de receber o santo batismo e o místico ungüento, revestidos de toda a armadura do Espírito Santo, deveis resistir ao poder inimigo e derrotá-lo.[109]

Os batizados devem sua condição de sacerdotes, reis e profetas ao batismo, principalmente porque por ele são incorporados a Cristo, Sacerdote, Rei e Profeta, como também porque o batismo os torna membros da Igreja, corpo sacerdotal. Cairíamos em anacronismo se, a propósito dos testemunhos da Igreja antiga, nos puséssemos uma pergunta que os seus autores não se fizeram: esse efeito deve ser atribuído ao batismo ou à confirmação? Os Padres da Igreja falam de tal efeito referindo-se tanto à unção pré-batismal quanto à pós-batismal, em alguns casos relacionando-o com o batismo, mas sem especificar muito.

---

[107] João Crisóstomo, *In 2 Cor hom.*, 3, 5; 4, 7: PG 61, 411 e 417; cf. A. Nocent, Il sacerdozio dei fedeli secondo Giovanni Crisostomo, *Vetera Christianorum*, 7, 1970, 305-324. Em L. Schick, op. cit., e em J. E. Lengeling, op. cit., 44-51, encontram-se abundantes testemunhos patrísticos e litúrgicos.

[108] Leão Magno, *Serm.* 4, 1: PL 54, 149AB; cf. Pedro Crisólogo, *Serm.*, 126: PL 52, 548AB.

[109] Cirilo de Jerusalém, *Cat. myst.* 3, 4: SCH 126, 126; cf. também *Cat.* 3, 13-14.

Na época patrística ainda não há indícios de uma tendência a reduzir o campo da missão do cristão ao puramente cultual; eles prestam atenção equilibrada às três funções.[110] Já vimos na seção anterior que a teologia escolástica relaciona tudo o que se refere às funções messiânicas do batismo com a doutrina do *caráter* batismal, todavia, entendendo-o num sentido bastante jurídico, personalista, passivo e cultual.[111] Em nossos dias, começando já *na época racionalista da teologia*, houve uma recuperação da trilogia das funções messiânicas. O magistério recente fez-se eco da rica tradição patrístico-litúrgica nesse campo, mantendo a mesma amplitude de visões, sem cair em reducionismos empobrecedores:

[...] Os cristãos são incorporados a Cristo pelo batismo, formam o Povo de Deus e participam das funções de Cristo, Sacerdote, Profeta e Rei. Realizam, de acordo com sua condição, a missão de todo o povo cristão na Igreja e no mundo.[112]

IX. Segurança e otimismo

O batismo coloca o crente numa situação privilegiada de segurança e otimismo. Viver, "na alegria e na intimidade com Deus, uma vida sem medos [...], na franca liberdade":[113] assim santo Atanásio resume alguns dos aspectos da nova condição criada pelo sacramento.

---

[110] É verdade que o recurso à tipologia das unções veterotestamentárias os levou a falar preferencialmente em termos de *duplex munus* (de sacerdócio e realeza).

[111] "No batismo o homem recebe o poder *(potestatem)* de realizar ações que pertencem à sua própria salvação [...]; recebe o direito *(ius)* a aceder à mesa do Senhor": Tomás de Aquino, *STh* III, q.72, a.5; q.67, a.2.

[112] Concílio Vat. II, LG 31; cf. também LG 10, 11, 17, 26, 33, 34, 35; PO 2; AA 2; cf. J. Arrieta, *Pueblo de Dios sacerdotal*: El sacerdocio común de los fieles. A propósito de la Constitución *Lumen Gentium*, nn. 10-11, *EE*, 46, 1971, 303-338; I. Perolli, *Il sacerdozio comune nell'insegnamento del Concilio Vaticano II*, Roma, 1977. Ver, além disso, João Paulo II, *Christifidelis laici*, 14, 23 (passim); RICA 129 = RBC 129; CIC 783-786; 1546; CDC cân. 204, 211, 214, 216.

[113] Atanásio, *Contra gentes*, 2: SCH 18, 112-113.

1. A parresia *do batizado*

Talvez este seja o traço mais destacado na catequese patrística. Por sua riqueza, o termo *parresia* é difícil de ser traduzido nas línguas latinas com um só vocábulo. Etimologicamente vem de *pan-resis* = declarar tudo. No grego clássico aplicava-se em especial ao direito democrático, reservado ao cidadão, de expressar-se de modo livre na assembléia do povo. Na linguagem cristã significa principalmente a segurança de que goza o cristão na relação com Deus (confiança e familiaridade), com os inimigos de sua salvação (imunidade e valentia), com o testemunho de sua fé (liberdade e ousadia), com sua sorte última (garantia e tranqüilidade).

A idéia, e inclusive a própria palavra, já aparece no NT,[114] sobretudo em seu sentido de confiança nas relações com Deus. Sua nova condição de filho de Deus, uma vez expulso um dos antônimos da *parresia*, o temor (Rm 8,14-15; 1Jo 4,18), e afastado todo perigo de condenação (Rm 8,1-2), dá direito ao batizado de aproximar-se, "seguro e confiante, do trono da graça" (Hb 4,16), e "ousadia de entrar no Santuário" (Hb 10,19-22). Ele é equipado com a *armadura* necessária para defender-se do inimigo (Ef 6,11-17; 1Ts 5,8) e pode afrontar o futuro, até mesmo o tribunal de Deus, com esperança (Hb 3,6; 10,35; 1Jo 2,28; 3,21; 4,17).

Os Padres da Igreja vêem na *parresia* um traço que distingue os batizados dos que não o são.[115] Concebem o batismo como uma couraça que torna o cristão invulnerável aos dardos incendiários do inimigo;[116] seu resplendor afugenta o demônio.[117]

---

[114] Deixamos de lado aqui as passagens que se referem à *parresia* de Jesus (cf. Mc 8,32) e dos apóstolos e demais pregadores do Evangelho (cf. At 2,29; 4,13.29.31; 9,27; 13,46; 14,3; 18,26; 19,8; 28,31; 2Cor 3,12; Ef 3,12; 6,19-20; 1Tm 3,13).

[115] O não-batizado é um *aparresiastos*; cf. CIRILO DE JERUSALÉM, *Procat.*, 13: PG 33, 353BC; JOÃO CRISÓSTOMO, *Cat. baut.*, 3, 5: SCH 50, 153; 33, 10: SCH 366, 242.

[116] Cf. INÁCIO DE ANTIOQUIA, *Pol.* 6, 2: BM 16; CLEMENTE DE ALEXANDRIA, *Exc. ex Theod.*, fragm. 85, 3: BM 71; CIRILO DE JERUSALÉM, *Cat.* 17, 36: PG 33, 1012A.

[117] Cf. JOÃO CRISÓSTOMO, *Cat. baut.*, 4, 5.22; 5, 27: SCH 50, 185, 194, 213-214. LEÃO MAGNO o considera *incomparável proteção da salvação verdadeira*: *Ep.* 16,5 (PL 54, 701A).

O SACRAMENTO DO BATISMO

Atribuem concretamente este poder dissuasivo à *sphragis* que o batismo imprime no cristão,[118] à unção batismal,[119] ao nome (*cristão*) por ele recebido,[120] à presença de Cristo[121] e do Espírito Santo[122] no batizado e inclusive à própria Trindade, *grande e formoso talismã*,[123] que além disso representa um baluarte e um escudo,[124] e protege os que foram marcados como ovelhas de seu rebanho.[125] Essa segurança (*asphaleia, securitas*) liberta o cristão do medo, infundindo-lhe valor diante do demônio.[126] Acompanha-o para além da morte, até o tribunal de Deus.[127] Eles vêem uma figura profética de tudo isso no sinal do sangue que salvou do anjo exterminador os primogênitos dos israelitas no Egito.[128] Este aspecto *profilático* da *parresia* talvez seja aquele que com mais força foi evidenciado pelos Padres da Igreja (na linha de Ef 6,11-17). Alguns o apresentaram como razão válida para justificar o batismo de crianças.[129]

---

[118] É "a proteção *(phylakterion)* perfeita" (CLEMENTE DE ALEXANDRIA, *Quis dives*, 42, 4: BM 85), a mais bela e sólida das defesas (GREGÓRIO NAZIANZENO, *Or.* 40, 15: SCH 358, 228). Cf. também *Acta Pauli*, 25: BM 47; CIRILO DE JERUSALÉM, *Cat.* 17,35: PG 33, 1009B; TEODORO DE MOPSUÉSTIA, *Hom.* XIII, 18: TONNEAU 399; *Eucológio de Serapião*, IV, 16: FUNK II, 187.

[119] Cf. CIRILO DE JERUSALÉM, *Cat. myst.* 2, 3; 3, 4.7: SCH 126, 108, 127, 134; JOÃO CRISÓSTOMO, *Cat. baut.* 2,24: SCH 50, 147.

[120] Cf. *Ev. Philippi*, 62: BM 61.

[121] Cf. TERTULIANO, *De fuga in persecutione*, 10, 2: CCL 2, 1147; GREGÓRIO NAZIANZENO, *Or.*, 39, 10: SCH 358, 168.

[122] Cf. CIRILO DE ALEXANDRIA, *Comm. in ev. Io.*, 16,6-7: PG 74, 434BC; CIRILO DE JERUSALÉM, *Cat.*, 16, 19; 17, 37: PG 33, 945AB e 1012 AB; GREGÓRIO NAZIANZENO, *Or.*, 40, 10.15: SCH 358, 216, 228.

[123] GREGÓRIO NAZIANZENO, *Or.* 40, 17: SCH 358, 234.

[124] Cf. id., *Or.*, 40, 10: SCH 358, 218; NARSÉS, *Hom.* 22: OS 1, 1956, 204, 206, 207.

[125] Cf. id., *Or.* 40, 15: SCH 358, 228.

[126] Cf. CIRILO DE JERUSALÉM, *Cat. myst.*, 1, 4: SCH 126, 88.

[127] Cf. CIPRIANO, *Ad Demetr.* 22: BAC 241, 291; GREGÓRIO NAZIANZENO, *Or.* 40, 15: SCH 358, 228; JOÃO CRISÓSTOMO, *Cat. baut.*, I, 35: SCH 50, 126; *Eucológio de Serapião*, IV, 16: FUNK II, 187; AGOSTINHO, *Ep. ad Boniph.*, 3 e 10: CSEL 34, 523-524 e 531-532; LEÃO MAGNO, *Ep.* 16,5; ritual armênio, uma das orações depois do batismo: WINKLER, 22.

[128] Cf. CIPRIANO, *Ad Demetr.*, 22: BAC 241, 291; GREGÓRIO NAZIANZENO, *Or.*, 40, 15: SCH 358, 228; JOÃO CRISÓSTOMO, *Cat. baut.* 3, 12-15: SCH 50, 158-160.

[129] Cf. GREGÓRIO NAZIANZENO, *Or.*, 40, 17: SCH 358, 324; AGOSTINHO, *Ep. 98 ad Bonif.*, 10: CSEL 34, 531-534.

O SACRAMENTO DO BATISMO

Em relação a essa doutrina dos Padres da Igreja convém recordar aqui alguns erros ocorridos pelo excesso: Joviniano,[130] na época de santo Agostinho, Lutero,[131] no séc. XVI, e P. Quesnel,[132] no séc. XVIII, defenderam a tese da impossibilidade de o batizado perder a graça batismal.

Os Padres da Igreja atribuem grande importância a outra significação da *parresia* que é fruto do batismo: confiança e familiaridade (*oikeiosis*) com Deus. No batismo o cristão recupera a relação de intimidade com Deus que os primeiros pais perderam com seu pecado.[133] Está diretamente relacionada à filiação divina e ao parentesco (*syngeneia*) com Deus que dela resulta. Permite ao batizado aproximar-se de Deus com o *rosto descoberto*, sem ter de se envergonhar, numa total confiança.[134] Dá-lhe o direito de chamá-lo com o nome de Pai[135] e dirigir-lhe a oração do pai-nosso.[136] Concede-lhe grande crédito e influência diante de Deus em suas missões e intercessões em favor próprio ou dos irmãos.[137]

---

[130] *A diabolo non posse tentari* (JERÔNIMO); *non posse peccare* (AGOSTINHO).

[131] Cf. *De capt. babyl. praeludium*: Opera omnia, VI, 529. Ver a condenação do Concílio de Trento: DS 1619.

[132] Cf. DS 2443.

[133] Aparece aqui o tema do batismo como retorno ao Paraíso. Cf. GREGÓRIO DE NISSA, *In ps. inscript.*; *Or. cat.* VI, 10: PG 45, 29BC.

[134] Ver um exemplo em W. C. VAN UNNIK, *Parresia* in the Catechetical Homilies of Theodore of Mopsuestia, in VV.AA., *Mélanges offerts à Chr. Mohrmann*, Utrecht, 1963, 12-22.

[135] Cf. BASÍLIO, *De Sp. S.*, 15, 36: SCH 17, 171-172; CIRILO DE ALEXANDRIA. *Comm. ev. Io.*, 16,5-6: PG 74, 434B; GREGÓRIO DE NISSA, *De or. dom.*: PG 44, 1140C, 1141D e 1152A; JOÃO CRISÓSTOMO, *In Mt hom.* 19,4: PG 57, 278BC; TEODORO DE MOPSUÉSTIA, *Comm. in Mal.*, I, 6: PG 66, 601B; *Hom. cat.* XI, 7: TONNEAU 297; AGOSTINHO, *Ench.*, 71: CCL 46, 88; AMBRÓSIO, *Sacr.* V, 19: SCH 25bis, 128-130.

[136] É oração própria e exclusiva dos batizados. Cf. ORÍGENES, *De or. dom.*, 15, 4: GCS 3, *Orig.* 3, 335; GREGÓRIO DE NISSA, *De or. dom.*: PG 44, 1143D; JOÃO CRISÓSTOMO, *In 2 Cor. hom.* 2, 5 e 6; PG 61, 399D e 404D; TEODORETO DE CIRO, *Hist. de las herejías*, 5, 28: PG 83, 552; TEODORO DE MOPSUÉSTIA, *Hom.* XI, 7: TONNEAU 297.

[137] Cf. JOÃO CRISÓSTOMO, *Cat. baut.*, 2,10; 3,9: SCH 366, 206-208, 238-240; 2,29: SCH 50, 150.

2. A alegria do batizado

Lucas menciona expressamente a alegria nas narrações do batismo do eunuco etíope (At 8,39) e do carcereiro de Filipos e sua família (At 16,34). O verbo usado no segundo caso, *agalliaomai*, tem no NT uma conotação claramente escatológica.[138] Em At 13,52, 1Ts 1,6 e Rm 14,17, a alegria (*khara*) é associada ao Espírito Santo;[139] é um dos *frutos do Espírito* (Gl 5,22). Constitui, por isso, uma alegria *espiritual* e escatológica.

A alegria está ostensivamente presente na práxis, na teologia e nas catequeses batismais da Igreja antiga. Para Gregório Nazianzeno a explicação da variedade de nomes dados ao batismo está "na grande alegria (*dia to perikhares*) que experimentamos ao recebê-lo".[140] Na verdade, a consideração de qualquer um dos benéficos efeitos atribuídos ao batismo constitui um convite à alegria.

"Convém ir ao batismo com alegria", aconselha Clemente de Alexandria.[141] *Feliz sacramentum aquae nostrae*, define Tertuliano o batismo;[142] referindo-se às águas batismais, algumas liturgias falam das *águas da alegria e da exultação*.[143] No batismo, "Deus e a Igreja geram para a felicidade, para a alegria e para a vida".[144] Por essa razão só os batizados podem entoar o *cântico novo*.[145] Na origem dessa alegria está, como era de esperar, o Espírito Santo:

> Quando o Espírito de Deus desce sobre o homem e o cobre com a plenitude de sua efusão, então a alma humana trans-

---

[138] Em Rm 14,17, "o Reino de Deus [...] é alegria no Senhor". Também na iniciação antiga, segundo Fílon de Alexandria, a alegria dos iniciados era considerada como uma pregustação da felicidade por contemplar Deus na outra vida; cf. *Leg. all.*, 3, 219.

[139] Cf. também Pastor de Hermas, *Sim.* IX, 24, 2: BAC 65, 1078.

[140] *Or.* 40, 4: SCH 358, 202.

[141] *Excerpta ex Theod.*, fragm. 83: SCH 23bis; cf. João Crisóstomo, *Cat. baut.*, II, 31: SCH 50, 150: "[...] prepara-os com alegria e gozo [...]"; Ps. Dionísio Areopagita, *Eccl. Hier.* 22, 3, 6: PG 3, 404A.

[142] *De bapt.*, I, 1: CCL 1, 277.

[143] Cf. a bênção da água do ritual siríaco do batismo: Denzinger, RO I 275.

[144] Agostinho, *Serm.*, 216, 8: PL 38, 1081B.

[145] Cf. Orígenes, *In Ex. hom.*: SCH 321, 167. Outros testemunhos patrísticos, em X. Basurko, *El canto cristiano en la tradición primitiva* (Victoriensia, 59), Vitoria, 1991, 224-227.

borda de alegria indizível, porque o Espírito de Deus converte em alegria tudo aquilo que toca.[146]

As fontes falam da alegria da comunidade ao receber novos membros, primeiro como catecúmenos, depois como neófitos.[147] É um lugar-comum das catequeses batismais, sobretudo as mistagógicas, expressar a alegria exultante da *Ecclesia Mater* e de seus ministros diante do nascimento de novos filhos:

> Tempo de gozo e de alegria espiritual é o momento presente! Vede que chegaram os dias das núpcias espirituais que tanto ansiávamos e desejávamos. Pode-se chamar efetivamente de núpcias aquilo que está acontecendo hoje [...]. A fé é que há gozo hoje no céu e na terra. Pois se se alegram tanto por um pecador que se converte, como por uma multidão grande que, libertando-se das redes do demônio, se apressa a inscrever-se no rebanho de Cristo, não haverá mais alegria entre os anjos e os arcanjos e as potências celestes e todos os habitantes da terra?[148]

Comparam-na com a alegria e o regozijo que se seguiram ao retorno do filho pródigo.[149] Três dos famosos *convites* de Zenão de Verona começam com o verbo *exsultare*.[150] Em alguns casos convidam-se os anjos presentes no acontecimento a se associar a essa alegria.[151]

Realmente o cristão começa sua caminhada num clima otimista.

---

[146] São Serafim de Sarov († 1833), cit. em J. Tyciak, *La vida sacramental* (Cristianismo y hombre actual, 29), Madrid, 1969.

[147] Cf. Gregório de Nissa, *Adv. eos qui differunt baptisma*: PG 46, 425B: "Todos os conhecidos e familiares recebem extrema alegria e gozo": João Crisóstomo, *Cat. baut.*, I, 3: SCH 358, 118; Ps. Dionísio Areopagita, *Eccl. Hier.* 2, 2, 3: PG 3, 393C.

[148] João Crisóstomo, *Cat. baut.* I, 1,1-2: SCH 50, 108-109. "Vejo a Igreja exultante por causa de seus filhos: como uma mãe que ama e que se vê rodeada de seus filhos e se regozija, pula de alegria e não cabe em si de felicidade [...]", ibid., 4,1 (182). Cf. Cirilo de Jerusalém, *Cat.* 3, 1: PG 33, 425A.

[149] Cf. Narsés, *Hom.* 21: *Lettr. Chrét.*, 7, 203-204; *Hom.*, 22: OS 1, 1956, 197 e 198.

[150] Cf. *Serm.* I, 32; I, 42; II, 23: CCL 22, 83, 113 e 198.

[151] Cf. Efrém, *Hymn. in Epiph.*, VI, 7: CSCO 187, 148: Narsés, *Hom.*, 22: OS 1, 1956, 197 e 198.

Capítulo VIII
As exigências éticas do batismo

Bibliografia

Cipriani, S., L'iniziazione cristiana come impegno di vita, in VV.AA, Evangelizzazione e Sacramento, Napoli, 1975, 101-125.

"Esta é a eficácia própria do sacramento da vida nova: começa pelo perdão de todos os pecados, mas só terminará na ressurreição dos mortos."[1] O batismo não é uma experiência momentânea isolada; ele se projeta para a vida futura do batizado, incluindo sua consumação na glória; como ação protetora de Deus, não só projeta sua benéfica sombra sobre o restante da existência do cristão, como acabamos de ver no capítulo anterior, mas apela para a sua responsabilidade e colaboração a fim de que não sejam frustradas as expectativas que criou. As implicações éticas do dom recebido no batismo também pertencem à teologia desse sacramento. A ação salvadora de Deus não é considerada concluída enquanto não for dada a resposta total do homem. Só então o sacramento alcançará sua *verdade* plena.

Abordamos diretamente a *espiritualidade do batismo*. Explicar as *exigências éticas* do batismo significa estabelecer as bases de uma espiritualidade cristã a partir da teologia do batismo. Poderemos ver até que ponto a ética cristã está fundamentada no batismo. O *homem novo* requer uma antropologia nova. "Pelo batismo recebemos uma doutrina de vida nova."[2] Desde os tempos dos Padres da Igreja, *viver segundo o batismo* é um começo completo de vida espiritual.

As exigências do batismo vão numa dupla direção: no sentido de assegurar o devido desenvolvimento das virtualidades contidas no batismo em vista da auto-realização do cristão e no sentido das responsabilidades que derivam do batismo na Igreja e no mundo.

---

[1] Agostinho, *Ad neoph.*, 1: PL 46, 838D.
[2] Teodoro de Mopsuéstia, *Hom. cat.* VI, 13: Tonneau 155.

O SACRAMENTO DO BATISMO

I. "Conservar o batismo"

A primeira exigência de um dom como o do batismo é a de não perdê-lo, mas conservá-lo intacto. Essa é também a ordem que, quase como uma obsessão, regularmente volta nos documentos batismais dos primeiros séculos. As expressões variam: *guardar o batismo, manter intato o selo, conservar o perdão, a vida, a saúde, a santidade, a brancura, o brilho e o esplendor da veste batismal,*[3] *manter limpo o templo de Deus, conservar a* parresia, *a alegria, não perder o Espírito recebido no batismo, perseverar na santificação, conservar a inocência.* A exortação é repetida insistentemente[4] e em forma de obrigação.[5] Para conservar o dom recebido é necessário o mesmo esforço empregado em alcançá-lo.[6] O rito da veste branca se presta para uma metáfora à qual se recorre com muita freqüência: é preciso conservar até a morte a brancura, o brilho e o esplendor da veste batismal.[7] Recorda-se que no batismo nos foi dado tudo em depósito; que algum dia teremos de prestar contas de nossa gestão e que a fidelidade será recompensada com novos favores.[8]

Essa obrigação de *conservar o batismo* foi assumida em *promessas, pactos* e *contratos* solenemente contraídos no batismo;

---

[3] Cf. Cirilo de Jerusalém, *Cat. myst.* IV, 8: SCH 126, 142; João Crisóstomo, *Cat. baut.* I, 15: SCH 366, 142; IV, 17-19.22.32: SCH 50, 191-192; 193-194; 245-246.

[4] Limitando-nos aos Padres pré-nicenos, aos numerosos textos citados por Ysebaert, op. cit., 77, poder-se-ia acrescentar ainda Pastor de Hermas, *Simil.* VIII, 6, 3: BAC 65, 1041; *2Clem.* VI, 8; VII, 6: BAC 65, 360-361; Irineu, *Demonstr.*, 42: BM 38; Clemente de Alexandria, *Ecclogae proph.*, 12, 9: GCS 17; Tertuliano, *De Spect.* 24, 1: CCL 1, 248; Ps. Clementino, *Recogn.* IV, 35-36: BM 57; *Didascalia Apost.* III, 12, 3: Funk, I, 210; Orígenes, *In Iesu Nave hom.* 4,2: BM 150; *In lib. Iud. hom.* 7, 2: BM 153; *In Luc. hom.* 24, 2: BM 161; Cipriano, *De or. dom.*, 12: BAC 241, 208; *Testim.* III, 27: BAC 241, 89; Conc. de Elvira, cân. 38: BM 213.

[5] "Eu o desejo, o espero, peço-lhes e lhes suplico": Agostinho, *Sermón a los recién bautizados*, 4: PL 46, 840D. "Exsultate, fratres in Christo, acceptaeque indulgentiae regale beneficium diligenter, fortiter ac fideliter custodite": Zenão de Verona, *Tract.* I, 42: CCL 22, 113.

[6] Cf. Gregório Nazianzeno, *Or.* 40, 22.31: SCH 358, 246.268.

[7] Cf. Cirilo de Jerusalém, *Cat. myst.* IV, 8: SCH 126, 142; João Crisóstomo, *Cat. baut.* I, 15: SCH 366, 142; IV, 17-19.22.32: SCH 50, 191-192.193-194.245-246.

[8] Cf. João Crisóstomo, *Cat. baut.* V, 22-23: SCH 50, 211-212; II, 8; IV, 11: SCH 50, 137-138.188; Agostinho, *Ad neoph.*, 3: PL 46, 838ABC.

não cumpri-los seria faltar à palavra dada.[9] A irreiterabilidade do batismo é um motivo a mais para insistir na fidelidade ao *unum baptisma*.[10]

Aos batizados recomendam-se vários meios para garantir essa fidelidade: a vigilância, a oração, as obras de misericórdia, a integridade...[11] Mas, desde os tempos de Irineu, "a fé nos recomenda em primeiro lugar que lembremos que fomos batizados":[12] a comemoração da data do batismo (a devoção ao batismo, o *reditus ad baptismum*), como meio para manter viva a consciência batismal, conheceu grande diversidade de formas ao longo da história,[13] dentre as quais se destacam as que são propostas pela própria liturgia: a celebração da quaresma e particularmente da vigília pascal, com a renovação das promessas batismais, a liturgia da semana da Páscoa, bem como a aspersão com água no começo da eucaristia dominical.

II. O combate cristão

A participação sacramental na morte e ressurreição de Cristo significou para o batizado a vitória sobre Satanás e a libertação da escravidão do pecado. O homem que surgiu das águas batismais era livre, como era livre o povo que emergiu das águas do Mar Vermelho. Mas para ambos aquele foi só o *início*: a libertação plena viria depois de muito caminhar e brigar.

Também para o batizado, o combate contra as forças do mal deve continuar, porque o inimigo permanece à espreita. Os Padres da Igreja afirmam inclusive que, depois do batismo, ele reforça seus

---

[9] Cf. Basílio, *De Sp. S.*, 10: SCH 17, 152; João Crisóstomo, *Cat. baut.* IV, 31-32: SCH 50, 198-199; Teodoro de Mopsuéstia, *Hom.* XIII, 12: Tonneau 289.

[10] Cf. Paciano, *Sermo de Bapt.* 7, 6: SCH 416, 163-164.

[11] Cf. João Crisóstomo, *Cat. baut.* IV, 18, 19.20, 21.32; VII, 24-25.27.32: SCH 50, 192-193.198-199.241-243.245-246.

[12] *Demonstr.*, 3: SCH 406, 86.

[13] Cf. H. Bremond, La dévotion de l'ancienne France au baptême, *VSSuppl.*, 27, 1931, 129-173; R. Daeschler, verbete "Baptême (Commémoration du)", in *Dictionnaire de Spiritualité I*, Paris, 1937, 1230-1242; B. Fischer, Formes de la commémoration du baptême en Occident, *LMD*, 58, 1959, 111-134; J. Rotelle, The Commemoration of Baptism in the Life of a Christian, *EL*, 86, 1972, 474-485.

O SACRAMENTO DO BATISMO

ataques, "pois fica cheio de inveja ao ver a beleza do homem novo, que se encaminha para a cidade celestial da qual ele fora expulso".[14] Assim como aconteceu com Jesus, que depois do seu batismo foi tentado,[15] no cristão o batismo inaugura também uma vida de luta contra o pecado, que só cessará com a morte.

O ideal para um batizado é viver sem pecar.[16] "Se fomos configurados com a morte de Cristo, de agora em diante o pecado está absolutamente morto em nós."[17] Como expressão desse ideal, a catequese patrística propunha aos neófitos as palavras de Jesus dirigidas ao paralítico miraculosamente curado, figura do cristão batizado: "Não peques mais" (Jo 5,14).[18] Partindo da perspectiva do batismo como um matrimônio espiritual entre Deus e a alma, o pecado do cristão reveste-se da gravidade de um adultério.[19] A estratégia de Satanás descrita por Jesus em Mt 12,43-45 e Lc 11,24-26 é usada por Gregório Nazianzeno, entre outros, para pôr em guarda seus catecúmenos contra os redobrados assaltos do demônio.[20]

A conversão, requisito para a plena eficácia do batismo, não é uma ação momentânea interrompida pelo sacramento, mas um processo de mudança total de estilo de vida, que deve continuar inspirando toda a existência do cristão até sua morte. Ele deverá ir se despojando do homem velho dia após dia, combatendo o demônio sem parar, *morrendo cada dia* (cf. 1Cor 15,32). Aquilo que aconteceu no batismo uma vez para sempre, o paradoxo cristão exige que volte a acontecer a cada dia. A ascética cristã é o batismo continuado e vivido na cotidianidade.

O combate do cristão contra Satanás depois do batismo, todavia, apresenta um viés muito diferente devido à *parresia* de que goza o

---

[14] GREGÓRIO DE NISSA, *In diem luminum*: PG 46, 596B; cf. DIADOCO DE FÓTICE, *Oeuvres spirituelles*, 76: SCH 5bis, 134.

[15] Cirilo de Jerusalém, *Cat.* 3, 13.

[16] Cf., por exemplo, a insistência com a qual TEODORO DE MOPSUÉSTIA recorda isso aos seus neófitos *(Hom. cat.* I, 4; VI, 13; XI, 8.10.11.12; XII, 14.15; XII, 27; XIII, 1; XVI, 23.31.32-33...

[17] GREGÓRIO DE NISSA, *In diem luminum*: PG 46, 597C.

[18] Cf. CIPRIANO, *De hab. virg.*, 2: BAC 241, 24: Ps. CIPRIANO, *De centesima*, 32: PLS 1, 62D; GREGÓRIO NAZIANZENO, *Or.* 40, 33: SCH 358, 274.

[19] Cf. ORÍGENES, *In Ex. hom.*, 8,5: BM 142.

[20] Cf. *Or.* 40, 35: SCH 358, 278-280.

batizado: desenvolve-se sob o signo da vitória, porque é participação no combate vitorioso de Cristo e conta com sua cumplicidade:

Na luta contra o demônio, Cristo [o árbitro da contenda] não tem uma posição de neutralidade: ele se coloca do nosso lado. Para convencer-te disso, lembra-te de que nos ungiu com o óleo da alegria e que arma ciladas ao demônio para que ele se perca. Se quer que o demônio caia em combate, ele grita para nós: "Pisai nele" (Lc 10,19). Se nos vê vacilar, levanta-nos com sua mão.[21]

A vida sacramental, sobretudo a eucaristia e o sacramento da reconciliação (*paenitentia secunda, segundo bautismo, segunda tábua de salvação*) periodicamente servirão para ratificar e renovar esse efeito do batismo.

III. Viver em Cristo

Aquela primeira experiência do mistério de Cristo no batismo, pela qual "os batizados uniram sua existência à de Cristo numa morte como a sua" (RICA e RBC 6), deixa-os marcados para a vida com um carimbo *cristológico*; a referência fundamental da vida cristã será, de agora em diante, a relação a Cristo e a seu acontecimento. A espiritualidade do batizado precisa ser acima de tudo *cristã*: inteiramente sob a influência de Cristo, de sua vida, graça, seu Espírito e sua missão.[22] Isso quer dizer que o traço principal da vida cristã deriva da experiência batismal. O mistério pascal vivido pela primeira vez no batismo transformou-se no fundamento da vida cristã.

Os dois textos paulinos sobre o batismo como participação na morte e ressurreição de Cristo (Rm 6,2-6 e Cl 2,9-15) são seguidos por duas exposições do código de vida cristã (Rm 8,1-39 e Cl 3,1–4,6). A configuração ontológica e objetiva com a morte-ressurreição de Cristo no batismo deve ir se consolidando, reforçando e enriquecendo progressivamente pela participação na vida sacramental

---

[21] Ps. João Crisóstomo, *Ad illum. catech.*, 2,1: PG 49, 232.

[22] Ver em S. Gamarra, *Teología espiritual* (Sapientia Fidei, 7), Madrid, 1994, 53-58: "La vida cristiana. La vida en Cristo".

da Igreja, sobretudo na eucaristia,[23] e pela prática da vida cristã pela qual "levamos em nosso corpo o morrer de Jesus" (2Cor 4,10). Supõe-se que o batizado vive a Páscoa de Cristo cada vez mais real e plenamente.

Aqueles que no batismo *foram revestidos de Cristo* (cf. Rm 13,14; Gl 3,27) têm a obrigação de segui-lo e imitá-lo. No batismo a pessoa "se comprometeu, por meio de um pacto inviolável, a seguir em tudo o Senhor".[24] O seguimento de Cristo, a imitação de Cristo, é uma exigência do batismo. Cada um dos seus membros deve apropriar-se da transformação paradigmática operada pelo Espírito na humanidade de Cristo. "Precisamos viver conforme os costumes que convêm à nossa condição de membros de nosso Senhor Jesus Cristo."[25] Alguns Padres da Igreja, que distinguem entre a *imagem* (*eikon*) e a *semelhança* (*omoiosis*) de Gn 1,26, ensinam que o batizado é chamado a passar, mediante o combate espiritual, da *imagem* restaurada no batismo para uma *semelhança* cada vez maior.[26]

Pelo batismo nossa vida passou a ser propriedade de Cristo: libertados da escravidão do pecado, temos sido postos sob o domínio de Cristo, a quem reconhecemos como Senhor; nossa vida está inteiramente a seu serviço: "Devemos servir àquele a quem já começamos a pertencer".[27]

IV. Viver segundo o Espírito[28]

Desde o batismo, quando fomos *batizados no Espírito*, o Espírito habita em nós como num templo, para animar a nossa vida a partir de nosso interior. Daquele momento em diante a vida do cristão está sob a lei do Espírito, porque, segundo santo Agostinho, a lei

---

[23] "Per omnia sacramenta Ecclesiae homo Christo configuratur": TOMÁS DE AQUINO, *STh* III, q.72, a.1 ad 4.
[24] BASÍLIO, *De bapt.*, II, 1, 2: SCH 357, 206-208.
[25] TEODORO DE MOPSUÉSTIA, *Hom. cat.* XIII, 12: TONNEAU 389.
[26] Cf. GH. SAVA-POPA, *Le Baptême*, 102-105.
[27] CIPRIANO, *De hab. virg.*, 2: BAC 241, 123.
[28] Cf. I. DE LA POTTERIE & S. LYONNET, *La vida según el Espíritu*, Salamanca, 1967.

do Espírito nada mais é do que *ipsa praesentia Spiritus Sancti*:[29] o Espírito em pessoa, convertido em norma de vida dos cristãos.

Essa lei exige dele que viva toda a vida sob a orientação do Espírito, que se deixe conduzir por ele ao Pai. Em termos paulinos: obriga-o a *viver e operar segundo o Espírito* (cf. Gl 5,25). Ou, ainda, a viver do Espírito, porque "o Corpo de Cristo deve viver do Espírito de Cristo";[30] por conseguinte, isso deve ocorrer também com os membros do Corpo de Cristo. "Aos que receberam o Espírito Santo e devem esperar a imortalidade, convêm-lhes viver pelo Espírito, conformar-se ao Espírito e ter uma consciência que seja uma resposta à nobreza de ser do número dos que são governados pelo Espírito Santo."[31]

Tomás de Aquino, por sua vez, ensina que "a lei nova é a graça do Espírito Santo":[32] o Espírito não só propõe a norma de conduta, mas ajuda a cumpri-la.

De acordo com essa mesma lei do Espírito, o batizado deve permitir que ao longo de toda a sua vida continue modelando-o a mesma *mão de Deus* que o modelou no seio materno da piscina batismal e que o renove continuamente, configurando-o cada vez mais segundo a imagem de Cristo (cf. 2Cor 3,18).

As *arras* ou *primícias* do Espírito nos foram confiadas no batismo em depósito, para que as negociemos e as façamos produzir *frutos do Espírito* (cf. Gl 5,22).

Uma das maiores responsabilidades do cristão originadas no batismo provém da fé que lhe foi outorgada naquela ocasião como uma luz que ele não deve deixar jamais se extinguir, mas fazer que cresça sempre mais. Para isso conta com a assistência do Espírito, que naquela oportunidade veio como *Iluminador*: "Veio para salvar, curar, ensinar, advertir, fortalecer, consolar e iluminar a inteligência".[33] Sua missão conosco é a de revelar-nos os mistérios de Deus, conduzir-nos até a verdade plena e facilitar-nos a experiência pessoal de Deus e de sua salvação ao longo de nossa

---

[29] Cf. *De Sp. et litt.*, 21, 36: PL 44, 222.
[30] AGOSTINHO, *In Jo. tr.*, 26, 13: PL 35, 1612D-1613D.
[31] TEODORO DE MOPSUÉSTIA, *Hom.* XI, 8: TONNEAU 297-299.
[32] *STh* II^a-II^{ae}, q.106, a.1.
[33] CIRILO DE JERUSALÉM, *Cat.* 16, 16: PG 33, 940-941.

existência, até a contemplação de Deus, porque "o Espírito faz de nós contempladores de Deus".[34]

V. Viver na Igreja (para a Igreja)[35]

O batismo nos fez membros da Igreja, células do Corpo de Cristo que é a Igreja. "Cada fiel tenha sempre viva a consciência de ser um 'membro da Igreja', a quem foi confiada uma tarefa original, insubstituível e indelegável, que ele deve levar a cabo para o bem de todos".[36] É a primeira obrigação de todo membro da Igreja: manter viva a consciência de sua pertença à Igreja.

Vinculado pela vida à Igreja, o batizado é chamado a estreitar e fortalecer ainda mais seus vínculos de pertença a ela; dentre outros meios, pelo serviço fraterno e pelos sacramentos, sobretudo pela eucaristia. "Exorto-vos a levardes uma vida digna da vocação que recebestes: com toda humildade e mansidão, e com paciência, suportai-vos uns aos outros por amor, solícitos em guardar a unidade do Espírito pelo vínculo da paz" (Ef 4,1-3). "Regenerados pelo Espírito, converteste-vos num só; guardai intacta esta unidade, unidos uns aos outros pela paz e pela caridade."[37]

Agostinho exorta o cristão a "não se separar do organismo do corpo; a não ser um membro podre que seja necessário amputar, um membro deforme do qual se tenha de ter vergonha; que seja membro belo, proporcionado, saudável; que permaneça unido ao corpo; que viva para Deus e de Deus".[38] Espera-se dele que participe ativamente na vida da Igreja, em suas atividades, especialmente na assembléia eucarística.[39]

Assim como o nascer no batismo como membro da Igreja contribuiu para o seu crescimento, em todo o restante da sua existência ele deve continuar sentindo-se obrigado a colaborar em sua

---

[34] Tomás de Aquino, *Contra gentes*, IV, 22.
[35] Cf. B. Botte, Les relations du baptisé avec la communauté chrétienne, *QLP*, 34, 1953, 115-126.
[36] João Paulo II, Exortação Apostólica *Christifideles laici*, n. 28.
[37] Teodoro de Mopsuéstia: H. B. Swete II, 164.
[38] *In Jo. tr.* 26, 13: PL 35, 1613B.
[39] Cf. *Did. Apost.*, 13: Connolly, 124-125.

edificação. Pôr os carismas a serviço do crescimento da Igreja (Rm 12,4-8; 1Cor 12,4-26) não é incumbência exclusiva dos ministros ordenados, mas de todo membro vivo da Igreja, que é chamado a se interessar pelos problemas que possam surgir em sua Igreja particular e a unir suas forças às dos demais nas iniciativas que venham a ser propostas.[40] "Na santa Igreja cada um sustenta os outros e é sustentado pelos outros."[41]

VI. Comprometidos na missão de Cristo e da Igreja[42]

Ao mesmo tempo que é capacitação para o serviço, o batismo representa um chamado ao serviço, a *participar ativa, consciente e plenamente* (cf. SC 14) nas funções messiânicas de Cristo e da Igreja, como protagonistas e agentes dessas funções (não como sujeitos meramente passivos). Em virtude do *batismo*, o batizado tem o direito e o *dever* de participar na missão de Cristo e da Igreja. Na origem desse chamado está sua condição de membro de Cristo Sacerdote, Rei e Profeta, e da Igreja, povo de sacerdotes, reis e profetas. A missão do cristão não tem, por conseguinte, outra fonte a não ser a comunhão, estabelecida uma vez por todas no batismo, com o mistério de Cristo e da Igreja. Tal vocação pertence à identidade do cristão, da mesma forma que pertence à de Cristo e à da Igreja.

No *grande chamado* que o batismo sempre é, todos os batizados são convocados a participar na totalidade da missão de Cristo e da Igreja, isto é, em sua tríplice função messiânica *(triplex munus)*, sem reducionismos (embora posteriormente a vocação pessoal ou as circunstâncias da vida imponham certa especialização). Ou seja, espera-se deles que, em comunhão e dependência de Cristo e da Igreja, colaborem – na medida das suas possibilidades e a partir de seu grau de batizados – no serviço apostólico, participando ativamente na evangelização; no serviço sacerdotal, colaborando pessoalmente nas celebrações litúrgicas; e no serviço da carida-

---

[40] Cf. João Paulo II, *Christifideles laici*, n. 25.
[41] Gregório Magno, *In Ez. hom.* 2, 1, 5: CCL 142, 211.
[42] Cf. P. Th. Camelot, L'engagement chrétien, du baptême au martyre, *Nova et Vetera*, 26, 1949, 326-438; A. Houssiau, L'engagement baptismal, *RThL*, 9, 1978, 138-165.

de, comprometendo-se na luta por uma sociedade mais justa e fraterna.

VII. A lei do crescimento

Está estabelecida pelo batismo no ser do cristão. Como primeiro sacramento de iniciação (*initia*), o batismo é ponto de partida: tudo nele é germinal, requerendo desenvolvimento, crescimento e expansão. É começo de um caminho que deverá ser cumprido em progressão e ascensão constante até a meta; é implantação de uma semente que precisará germinar, crescer e dar frutos; é um cabedal recebido em depósito, que se espera possa ir aumentando. É *vitae spiritualis ianua*:[43] começo de uma história pessoal de salvação. Portanto, a essa primeira etapa de iniciação devem seguir-se outras de amadurecimento, personalização, consolidação e enriquecimento.[44]

O batismo introduz uma tensão (*epektasis*) na vida do cristão, que o faz desejar uma possessão mais plena (*a perfeição*) dos dons e bens recebidos como primícias, não só no final do caminho, mas também ao longo desta vida.

> Para os que trabalham na sabedoria e na gnose, não existe término para os seus esforços [...]. Para os que avançam pela rota da Sabedoria de Deus, Balaão não louva suas moradas (cf. Nm 24,5) [...], mas admira as tendas com as quais eles sempre se deslocam, progredindo sem parar, e, quanto mais progridem, a rota pela qual avançam se alarga mais e tende para o infinito [...]. Por isso, sempre "olhando para a frente" (cf. Fl 3,13), a alma parece avançar como os nômades em suas tendas. Jamais chegará o momento em que a alma, abrasada pelo fogo da Gnose, poderá conceder-se tempo para descansar: sentir-se-á sempre estimulada a passar do bom para o melhor, e do melhor para as alturas sublimes.[45]

---

[43] Expressão tomada de Tomás de Aquino, *De art. fidei et Eccl. sacr.*, e adotada pelo Concílio de Florença: DS 1314.

[44] Nesse processo os mestres da espiritualidade distinguem há muito tempo *etapas, fases* ou *idades*, que não é o caso de estudá-las aqui. Cf. S. Gamarra, op. cit., 247-280.

[45] Orígenes, *In Num. hom.* 17, 4: SCH 29, 348.

O SACRAMENTO DO BATISMO

O batismo foi uma experiência fundante: criou um ser, um organismo, algumas estruturas; imprimiu-lhes o ritmo característico de toda vida cristã: o ritmo pascal (morte–vida, despojamento–revestimento, purificação–iluminação). As linhas de crescimento já foram demarcadas pelo batismo; a fisionomia do cristão ficou configurada num esboço, mas definitivamente, no batismo. Todos os desenvolvimentos posteriores estão inscritos, pré-contidos e como que programados na graça do batismo.

Por isso, o ideal da vida cristã consiste em ser em plenitude o que já se é pelo batismo; em *viver segundo o batismo*. "Exorto-vos a levardes uma vida digna da vocação que recebestes" (Ef 4,1). Expressou-o emblematicamente Tertuliano: "Quanto a nós [...] nascemos na água e não temos outro meio de salvação a não ser permanecer na água saudável".[46]

A tradição também transmitiu essa mesma idéia afirmando que o cristão deve se comportar em tudo de acordo com a dignidade (*axioma*) ou o *nome* de cristão.[47] A oração da Coleta do XV Domingo do Tempo Comum o expressa da seguinte forma: "[...] dai a todos os que professam a fé rejeitar o que não convém ao cristão, e abraçar tudo o que é digno desse nome".

Não devemos esquecer, todavia, que esse desenvolvimento do batismo continuará sendo primordialmente ação e dom de Deus; será sempre efeito do amor gratuito e da ação salvífica de Deus. Não obstante, Deus, em sua misericórdia, conta com a colaboração do sujeito, embora, ao mesmo tempo, lhe conceda a capacidade para prestá-la. Também aqui, como no próprio sacramento, dá-se uma harmônica conjunção (*synergía*) entre os dois agentes. Isso elimina toda suspeita de magia.

Tal necessidade de desenvolver o germe do batismo é afirmada no NT. Muitos dos textos batismais são postos num contexto parenético (como já pudemos observar, em cada caso, no começo do livro): recorrem aos vários significados teológicos do batismo para recomendar diferentes linhas cristãs de comportamento. São exortações éticas a partir do batismo: passam sem dificuldade

---

[46] *De bapt.* 1: CCL 1, 277.
[47] Cf. João Crisóstomo, *Cat. baut.* I, 36: SCH 50, 126: partindo desse princípio ele propõe aos neófitos um programa concreto e completo de vida cristã; cf. ibid., 44-45: ibid., 211.

do indicativo, que constata a transformação ontológica operada pelo sacramento, ao imperativo, que aponta para a exigência ética dessa mudança; os mesmos verbos são usados no indicativo e no imperativo.[48]

A tradição cristã expressou essa mesma lei de crescimento mediante o dito mil vezes e de mil formas repetido: *Implendum est opere quod celebratum est sacramento*.[49] Vale, em primeiro lugar, para o primeiro dos sacramentos: a experiência sacramental do batismo deve encontrar seu prolongamento na vida. Como um modelo: "Revesti-vos na vida de quem vos revestistes no sacramento".[50] Pede-se coerência entre a vida sacramental e a vida cotidiana do cristão.

A vida cristã aparece como a eclosão da graça batismal, como a apropriação progressiva do batismo.

É isto o que impressiona: Deus não só guarda os depósitos para nós, mas inclusive os aumenta ao devolvê-los. É justamente isso que ele vos manda fazer, na medida das vossas possibilidades, com aquilo que vos confiou: aumentar a santidade que tendes recebido, tornar mais resplandecente vossa justiça, tornar mais brilhante vossa graça, tal como Paulo, que com seu zelo e vontade subseqüentes aumentou as bênçãos que havia recebido.[51]

Em última instância, o ideal cristão consiste em aprofundar sempre mais aquela primeira experiência batismal. Todos os aspectos e dimensões do batismo apresentam um caráter dinâmico e progressivo; são suscetíveis de desenvolvimento, ampliação e

---

[48] Percebe-se essa lógica, por exemplo, em Rm 6; 1Cor 1,13-16; 6,11; 10; 12,13; Cl 2,12; 3,1-4; Ef 4,3-6; 5,14; 5,26; Tt 3,5-7; Hb 10,22; 1Pd 1,23; 3,20-21. Cf. G. BARTH, op. cit., 133-141; G. R. BEASLEY-MURRAY, op. cit., 284-290; N. GÄUMANN, *Taufe und Ethik. Studien zu Römer 6* (BEvTh 47), München, 1967; H. HALTER, *Taufe und Ethos. Eine Untersuchung zu den paulinischen Gemeindebriefen im Rahmen der moralphilosophischen Propriumsdiskussion* (*FThSt* 106), Freiburg, 1977; R. SCHNACKENBURG, Taufen und christliches Leben, in *Schriften zum Neuen Testament*, München, 1971, 361-477.

[49] LEÃO MAGNO, *Sermo* 70, 4: PL 54, 382C.

[50] AGOSTINHO, *Serm. in octava Paschae*, 1, 4: PL 46, 838C.

[51] Ps. JOÃO CRISÓSTOMO, *Cat. ad illum.*, 1: PG 49, 232-233. Nesse ponto sobre Paulo como modelo dos batizados, cf. também JOÃO CRISÓSTOMO, *Cat. baut.* V, 19-21: SCH 50, 209-211.

expansão. Os que no começo são *dons de Deus*, transformam-se em *tarefa para o homem*. As virtualidades contidas na graça do batismo devem passar de potência para ato, segundo Máximo, o Confessor.

A *fé* não é uma realidade consumada, nem mesmo a que foi *selada* pelo batismo. Também naquilo que se refere à fé, o batismo representa um novo começo. A fé batismal deve ser cultivada, desenvolvida, personalizada. "Em todos os batizados, crianças e adultos, a fé deve crescer depois do batismo" (CIC 1254). Disso decorre a necessidade de organizar uma catequese ou catecumenato pós-batismal para os que são batizados em idade precoce (e para todos).

A *purificação* não termina no batismo: é a condição permanente do cristão; sua vida é tempo de tentação e de purificação.

A *filiação divina* obriga a regular o comportamento segundo uma lógica bem determinada e admite aprofundamento à medida que a pessoa vai aprofundando-se na semelhança e na intimidade com Deus. Teodoro de Mopsuéstia desenvolve sua doutrina moral como uma exigência da filiação divina: a conduta do batizado, afirma, deverá ajustar-se à nobreza ostentada como filho de Deus; na primeira parte do pai-nosso acha-se um *resumo adequado da doutrina moral do NT*.[52]

A beleza e o esplendor da *graça batismal* admitem crescimento. Também pedem desenvolvimento as virtudes teologais da fé, esperança e caridade, infundidas no batismo. A *iluminação*, a *justificação*, a *liberdade*, a *renovação*, a *santidade*, a *vida nova* etc., comunicadas no batismo, estão igualmente reclamando do beneficiário os devidos cuidados para seu desenvolvimento.

O batismo já é *perfeição* (*teleiosis*), mas, paradoxalmente, constitui uma exigência permanente para buscar maior perfeição em todos os aspectos renovados pelo sacramento.

---

[52] Cf. *Hom.*, XI, 1: Tonneau 283. "Compreendendo que vossa nobreza e a dignidade que tendes apropriado e a grandeza a que vos eleva a chamar-vos filhos do Senhor do universo e vosso, operareis como tais até o fim": *Hom.* XI, 8: ibid., 247-249.

VIII. Tensão escatológica

O batismo coloca a vida cristã, desde o começo, numa tensão escatológica (*epideixis*) ao situar sua meta e seu ideal no além. Estamos diante de uma dimensão importante da vida cristã. O batismo, que nos torna cidadãos do céu, obriga-nos a sentir saudade do gozo pleno dos bens celestiais que antecipada e embrionariamente adianta para nós. Convida-nos a viver com antecedência a vida dos bem-aventurados no céu; a operar em tudo como convém à morada e cidadania do céu; a converter nossa vida aqui embaixo em *bios angelikos*, conformando nossa conduta aos costumes regidos no céu;[53] a realizar obras dignas da nova cidade.

O batismo propõe ao cristão um programa de vida impossível de ser realizado em toda a sua extensão, visto depender unicamente das forças humanas. Sua execução representa, acima de tudo, um dom da graça que é preciso pedir a Deus na oração.[54]

---

[53] Essa perspectiva escatológica é muito relevante na catequese batismal de TEODORO DE MOPSUÉSTIA. Cf. os estudos antes citados, cap. 6, nota 74.
[54] Cf. TEODORO DE MOPSUÉSTIA, *Hom. cat.* XI, 14: TONNEAU 309.

Segunda Seção

O sacramento da confirmação

Capítulo IX
Introdução

Bibliografia

BACON, R., La confirmation précede l'acces à l'eucharistie, *Liturgie et vie chrétienne*, 88, 1974, 117-145; BOROBIO, D., Confirmación e iniciación cristiana, *ET*, 27, 1993, 221-251; BOURGEOIS, H., La place de la confirmation dans l'initiation chrétienne, *NRTh*, 115, 1993, 516-542; BREUNING, W., O lugar da confirmação no batismo dos adultos, *Concilium*, 2, 1967, 87-99; CAMARERO, J., El bautismo y la confirmación, sacramentos de la iniciación cristiana, *Burgense*, 34, 1993, 247-259; FALSINI, R., La Cresima nel quadro dell'iniziazione: rapporto con il battesimo, in VV.AA, *Mysterion*. FS S. Marsili, Torino-Leumann, 1981, 441-456; GOENAGA, J. A., Confirmación-Eucaristía. La aportación del pasado a un problema del presente, *EE*, 48, 1973, 93-97; HAUKE, M., La relazione fra Confermazione ed Eucaristia come problema teologico e pastorale, *Rivista teologica di Lugano*, 3, 1998, 645-658; HERNÁNDEZ MARTÍNEZ, J. M. HERNÁNDEZ, La confirmación en el proceso de la iniciación cristiana, *Lumiera. Revista galega de pastoral*, 10, 1995, 39-57; KÜNG, H., La Confirmación como culminación del Bautismo, *Concilium*, 1974, 99-126; LANNE, E., Lês sacrements de l'initiation chrétienne et la confirmation dans l'Église d'Occident, *Irénikon*, 57, 1984, 324-362; LIGAS, G., L' "intima connessione" della Confermazione con l'iniziazione cristiana: questioni teologiche e loro riflessi nella pastorale sacramentale italiana, *Theologica*, 1, 1992, 101-128; LUYKX, B., Confirmation in Relation to the Eucharist, in VV.AA., *Readings in Sacramental Theology*, Englewood Cliffs, NJ, 1964, 187-209; MASSI, P., Confermazione e partecipazione attiva all'Eucaristia, in VV.AA., *La Confermazione*, Torino, 1967, 52-68; NOCENT, A., La confermazione nell'unità dell'iniziazione cristiana; PERI, V., La collocazione della Confermazione tra i sacramenti dell'iniziazione cristiana, *RL*, 4, 1986, 538-557; id., Una anomalia liturgica: la cresima dopo la prima comunione, *RL*, 73, 1986, 251-291; REVEL, J.-PH., Culminación del Bautismo, *Communio. Revista Católica Internacional*, 4, 1982, 440-462; TABORDA, F., Crisma, sacramento do Espírito Santo? Para uma identificação do Crisma a partir de sua unidade com o Batismo, *Perspectiva Teológica*, 30, 1998, 183-209; TENA, P., La confirmación en el itinerário iniciático. Reflexiones sobre uma tensión pastoral, *Communio*, 4, 1982, 410-421; VV.AA., *La confermazione cristiana*, Torino-Leumann, 1967.

I. Considerações metodológicas

Ao tentar definir a identidade teológica do sacramento da confirmação, precisamos ter consciência de que estamos diante de *um dos problemas mais difíceis da teologia sacramental* (H. Küng). Quase todos os aspectos desse sacramento são problemáticos: sua própria existência como sacramento *autônomo*, o valor do testemunho do NT, a diversidade de tradição a respeito da matéria, da forma e do ministro, sua relação com o batismo, a variedade de interpretações sobre sua finalidade e efeitos... A cautela exige que não se percam de vista alguns dos princípios metodológicos que parecem estar ao abrigo de qualquer suspeita.

a) Aquilo que hoje denominamos *confirmação* faz parte, desde as suas origens, do processo da iniciação cristã e, apesar de todas as peripécias da história, continua conservando com esta uma *conexão íntima* (SC 71). A vinculação dá-se, sobretudo, com os outros dois sacramentos da iniciação cristã. Toda interpretação de nosso sacramento deve manter a salvo a unidade orgânica e o princípio da ordem desses três sacramentos.

Conseqüentemente, a iniciação cristã é o marco obrigatório para a compreensão do sacramento da confirmação. Seu estudo não deve ser isolado do restante das ações que configuram a iniciação cristã; todas juntas constituem um mecanismo unitário e cada peça traz sua contribuição peculiar ao conjunto da ação. A primeira tarefa do teólogo será a de *situar* corretamente a confirmação nesse contexto: como degrau intermediário na corrente iniciática, como o segundo sacramento da iniciação cristã, prolongamento do batismo e ante-sala da eucaristia. Tratando-se de um processo progressivo, é lícito esperar da segunda etapa um *algo mais* em relação à primeira. Deve-se evitar a tautologia, voltando a atribuir à confirmação efeitos que já foram afirmados sobre a primeira justificação batismal.

b) O fato de a tradição universal relacionar a confirmação com o dom do Espírito Santo (*a confirmação, sacramento do Espírito*) não é motivo para aplicar-lhe sem mais nem menos todas as referências à atividade do Espírito que encontramos na Bíblia e na tradição. Muitas vezes o afã de defender a qualquer custo a grandeza desse sacramento conduz a conceder-lhe atribuições que nem a autêntica tradição nem o rigor teológico autorizam.

c) Na hora de interpretar os testemunhos da antigüidade, não se deverá esquecer que, nos primeiros séculos, os sacramentos da iniciação cristã são apresentados formando uma unidade litúrgica compacta e que a teologia demorou vários séculos para tomar consciência clara de que um ou vários dos *ritos pós-batismais* constituem um sacramento autônomo, distinto do batismo. Corre-se o risco de aplicar ao sacramento da confirmação testemunhos que na mente dos seus autores não se referiam a este, mas ao conjunto da iniciação cristã. Deve ficar claro para o teólogo que tal testemunho diz respeito especificamente a este ou àquele *rito pós-batismal*; para tanto, deverá estar atento à época e ao local de proveniência desses documentos.

d) Também aqui a voz da liturgia (os ritos e seu simbolismo; os textos eucológicos que os acompanham; o contexto ritual em que se acham) será de utilidade para contrastar e homologar as interpretações que encontramos. Prestar-se-á a devida atenção ao simbolismo dos diversos ritos que aparecem na história fazendo parte do conjunto ritual que chamamos de *confirmação*, tal como se deduz dos textos eucológicos que os acompanham e da interpretação que deles deram os Padres da Igreja, os teólogos e o magistério.

II. A confirmação, um sacramento[1]

A Igreja Católica afirma que a confirmação é *um verdadeiro sacramento*,[2] um dos sete sacramentos,[3] sacramento autônomo, especificamente distinto do batismo. Todavia, é preciso reconhecer que a sacramentalidade da confirmação constitui sério problema do ponto de vista exegético, histórico-litúrgico, histórico-dogmático e ecumênico. Sua consciência foi amadurecendo na Igreja passo a passo.

Na opinião da maioria dos exegetas, não se pode afirmar categoricamente que a imposição das mãos mencionada em At 8,4-25 e 19,1-7, como sinal de comunicação do Espírito depois do batismo,

---

[1] Cf. M. HAUKE, *Firmung*, 226-240 (bibliogr.).
[2] Cf. CONCÍLIO DE TRENTO: DS 1628; ver também DS 794, 1259, 1317, 1629, 3444.
[3] Cf. DS 860, 1310, 1601, 1864, 2536. Afirmar a sacramentalidade da confirmação não equivale a reconhecer-lhe o mesmo nível do batismo e da eucaristia. *Sacramento* é um conceito analógico: há diferença de níveis entre os sacramentos, segundo o Concílio de Trento (DS 1603). O batismo e a eucaristia são *sacramentos principais (potissima sacramenta*: TOMÁS DE AQUINO, *STh* III, q.62, a.5; q.65, a.3); cf. Y. CONGAR, A noção de Sacramentos Maiores ou Principais, *Concilium*, 1, 1968, 21-31. Para TOMÁS DE AQUINO, a confirmação ocupa um nível intermediário entre os sacramentos *maiores* e os *inferiores*.

já representasse um gesto ritual regular do processo iniciático da época apostólica.[4]

Faz-se necessário registrar aqui o fato, historicamente quase certo, de que algumas grandes Igrejas como a siro-antioquena e a da Capadócia até o séc. V não conheciam nenhum rito *pós-batismal* relacionado com o dom do Espírito Santo. Por outro lado, nas Igrejas onde tais ritos existiam, mesmo havendo consciência de se estar diante de uma unidade litúrgica orgânica, percebe-se imediatamente o interesse em especificar, dentro dessa unidade, a virtualidade própria desses mesmos ritos em comparação com o rito da imersão batismal; busca-se essa virtualidade na linha da comunicação do Espírito Santo.[5] Conseqüentemente se relaciona a imposição das mãos pós-batismal com a imposição das mãos dos apóstolos de At 8,9-17 e/ou 19,1-7.[6] Ao mesmo tempo nota-se cada vez mais claramente no ritual da iniciação a existência de dois núcleos litúrgicos diferenciados entre si; reforçaria isso o fato de que, segundo a *TA*, esses dois núcleos eram celebrados em lugares distintos: no batistério e no local de encontro da assembléia. Cipriano fala inclusive explicitamente de *dois sacramentos* (*utrumque sacramentum*), referindo-se ao banho batismal e à imposição das mãos.[7] A preocupação em suprir os ritos pós-batismais nos casos em que estes haviam sido omitidos[8] denota a autonomia e o valor "sacramental" que lhes era atribuído.

---

[4] A tradição acreditou ver nesses textos a base bíblica de nossa *confirmação*.

[5] Já vimos na parte histórica que Tertuliano, Cipriano e outros, equivocadamente, atribuíram ao batismo o perdão dos pecados e à imposição das mãos (ou a unção) pós-batismal, o dom do Espírito.

[6] Assim Irineu, *Adv. Haer*, IV, 38, 3: SCH 100, 954-956; Orígenes, *De princ.*, I, 3, 7: SCH 252, 158; Cipriano, *Ep.* 73, 9, 1-2: BM 193; o anônimo *De rebaptismate*, 3: BM 202, e Firmiliano de Cesaréia, *Ep. a Cipriano* (75) 8, 1: BM 199, na época pré-nicena. No mesmo sentido falam, depois de Nicéia, João Crisóstomo, Paciano, Jerônimo, Isidoro de Sevilha e o Concílio I de Lyon (DS 831).

[7] Cf. *Ep.* 72, 1, 2: BAC 241, 670; também 73, 21, 3 (689). Mais adiante Paciano falará do *duplo benefício* que corresponde ao duplo rito *(De bapt.*, 6).

[8] A princípio, nos batismos *clínicos*, e depois, no Ocidente, nos batismos presididos por presbíteros; cf. Cornélio, *Ep. ad Fabium*: BM 206; Concílio de Elvira, c. 38 e 77: BM 213; Jerônimo, *Dial. c. Lucif.*, 8: PL 23,164A; Inocêncio I, *Ep. ad Decentium*: DS 215.

A reflexão teológica começa a tomar corpo quando, no Ocidente, se consuma a separação dos sacramentos da iniciação.⁹ Cunha-se um nome (*confirmatio*) para designar esse núcleo batismal e distingui-lo do batismo. Os teólogos começam a se perguntar qual é o efeito específico da confirmação e o que acontece com os batizados que morrem sem tê-la recebido. Começando já em Ps. Dionísio Areopagita, multiplicam-se, sobretudo no Oriente, os elogios do *myron*.¹⁰ A confirmação é citada no mesmo patamar de outros sacramentos, tais como o batismo e a eucaristia, muitas vezes equiparada a estes no que diz respeito à sua eficácia. É freqüente a analogia entre a bênção do crisma e a consagração do pão e do vinho eucarísticos.¹¹ Quando começaram a ser elaboradas *listas de sacramentos* em sentido estrito, a *confirmação* esteve presente nos elencos desde o início.¹² A teologia ortodoxa coincide com a católica nesse ponto, pelo menos a partir do séc. XIII.¹³

Afirmar a sacramentalidade da confirmação significa reconhecer que, graças a ela, no itinerário da iniciação cristã acontece algo de novo na ordem da graça, que não ocorreu no batismo, e que se revela uma nova comunicação sacramental da graça da salvação especificamente distinta da que ocorreu no batismo. Não é suficiente dizer que o essencial do sacramento da confirmação é ser nova expressão litúrgica que dá relevância a um dos aspectos do dom recebido já no batismo (na linha dos chamados *ritos explicativos*),

---

[9] Todavia, não foi o fator determinante. Prova disso é que no Oriente, onde não se deu essa separação, assistimos a uma evolução paralela da teologia da confirmação.

[10] Uma descrição dos principais *tratados e homilias* sobre o *myron* da tradição siríaca pode ser encontrado em B. VARGHESE, *Les onctions baptismales dans la tradition syrienne* (CSCO, 312 = Subsidia, 82), Louvain, 1989.

[11] No séc. X no Oriente se perguntam (por exemplo, Moisés Bar Kepha) se o *myron* não seria nada mais que a própria eucaristia; cf. B. VARGHESE, *Onctions*, 240-241.

[12] Cf. R. ARNAU, *Tratado general de los sacramentos*, cit., 90-108; A. CAPRIOLI, Alle origini della "definizione" di sacramento: da Berengario a Pietro Lombardo, *SC*, 102, 1974, 718-743; J. FINKENZELLER, Die Zählung und die Zahl der Sakramenten, in VV.AA., *Wahrheit und Verkündigung*. FS M. Schmaus II, München, 1967, 1005-1033. Ver CIC 1117.

[13] Cf. M. JUGIE, *Theologia dogmatica christianorum orientalium ab Ecclesia Catholica dissidentium III*, Paris, 1930, 154.

ou que se trata da ratificação pessoal do batismo, outrora recebido sem possibilidade de adesão pessoal.

Sem poder contar com nenhuma ação ou palavra do Senhor que pudesse ser interpretada como expressão de sua vontade de instituir esse sacramento,[14] a teologia recorre, em nossos dias, a outros caminhos para salvar, também nesse caso, o princípio dogmático de que todos os sacramentos foram instituídos por Cristo.[15] A explicação mais generalizada parte da noção da Igreja como proto-sacramento: ao instituir a Igreja, Cristo teria estabelecido, radical e implicitamente, os sete sacramentos, que seriam outros tantos *desmembramentos* do sacramento radical ou original (*Ursakrament*).[16] Independentemente dessa teoria, K. Rahner entende a instituição do sacramento da confirmação como implícita à instituição do batismo:

> Para que Cristo instituísse o sacramento da confirmação era suficiente seu desejo de que existisse na Igreja uma iniciação de índole tangível a qual conferisse aos homens o que é essencial para essa Igreja: a remissão dos pecados e a plenitude do Espírito. Se a Igreja dos apóstolos desdobra de uma vez por todas esta única iniciação em dois atos que se sucedem no tempo e como ritos, então cada um desses atos participa do sentido e da eficácia da única iniciação e é, por conseguinte,

---

[14] Nos escolásticos encontramos toda sorte de teorias, forçadas e, inclusive, algumas peregrinas, sobre a instituição da confirmação. Segundo Alexandre de Hales, a confirmação foi instituída pela Igreja no Concílio de Meaux (a. 845); segundo Rolando de Bandinelli e Boaventura, foram os apóstolos os que a estabeleceram quando impunham as mãos e invocavam o Espírito Santo. A maioria deles atribui a instituição ao próprio Cristo, mas divergem quanto ao momento: no batismo do Jordão (cf. Mc 1,10); em Mt 19,13-15: Jesus com as crianças (Roberto Pullus; Tomás de Aquino num primeiro momento); em Jo 20,22-23 (Alain de Lille); em At 1,4-5; Lc 24,49: entre a ressurreição e a ascensão; At 2,1-4: Pentecostes (Guilherme de Auxerre). Tomás de Aquino, em sua última etapa, contentou-se com uma afirmação mais genérica: Cristo instituiu o sacramento da confirmação *non exhibendo, sed promittendo*: *STh* III, q.72, a.1 ad 1.

[15] "Ninguém, a não ser Deus, pode instituir um sacramento": Tomás de Aquino, *STh* III, q.64, a.2, *sed contra*. Mais diretamente, o Concílio de Trento: DS 1601; cf. também DS 1864.

[16] Cf. R. Arnau, op. cit., 234-244: descreve a teoria de K. Rahner fazendo algumas observações.

sacramento. E assim cada um desses sacramentos que surgem na iniciação única pode dizer-se instituído por Cristo.[17]

O sacramento da confirmação nunca foi considerado um sacramento *necessário para a salvação escatológica*,[18] tampouco se pode dizer que seja só um sacramento opcional, porque *sua recepção é necessária para a plenitude da graça batismal* (CIC 1285) e para garantir, juntamente com o batismo e a eucaristia, as estruturas fundamentais que *constituem* o ser cristão; ou seja, é essencial para a iniciação cristã plena.

III. Lugar da confirmação entre os sacramentos da iniciação

Não pretendemos retomar o que já foi dito na introdução a respeito da unidade e da coordenação dos três sacramentos da iniciação cristã. A este respeito chegou-se a um consenso muito grande no diálogo ecumênico. Cabe-nos aqui apenas determinar rapidamente como a tradição concebeu e expressou "a íntima conexão do sacramento da confirmação com toda a iniciação cristã" (SC 71), concretamente com o batismo e a eucaristia, uma vez que a teologia católica e a ortodoxa começaram a distingui-los e a refletir sobre eles de modo profundo. Nos capítulos que seguem aprofundaremos alguns dos temas antes só acenados.

1. *A relação da confirmação com o batismo*

Definir com exatidão a relação da confirmação com o batismo é uma das tarefas mais delicadas da teologia sacramental e equivale a estabelecer as bases da teologia desse sacramento.

O vocabulário[19] e o imaginário empregados pela tradição nos permitem uma aproximação ao problema.

a) No vocabulário destacam-se, acima de tudo, tanto no Oriente quanto no Ocidente, os verbos e substantivos que denotam fortaleci-

---

[17] *La Iglesia y los sacramentos* (Quaestiones disputatae), Barcelona, 1964, 62-63.
[18] Cf. DS 2523 (Bento XIV).
[19] Cf. B. BOTTE, Le vocabulaire ancien de la confirmation, *LMD*, 54, 1958, 5-22.

mento, confirmação (a ponto de dar origem, no Ocidente, ao nome mais comum com qual se designa esse sacramento: *confirmatio*).

Estão relacionados ao anterior o termo *selo* e seus derivados, que por vezes são aplicados especificamente à confirmação.

Por fim, utilizam-se também vocábulos que expressam a idéia de *perfeição* e *complemento* (*teleiosis*).

Reservando para mais adiante a ilustração e a análise desses termos, vamos aqui simplesmente dizer que esse vocabulário dá a entender, em primeiro lugar, a conexão estreita entre esse sacramento e o batismo, a qual de certa forma faz parte de seus sinais identificadores. Indica ainda eloqüentemente que a confirmação é considerada um robustecimento, uma ratificação, um aperfeiçoamento e um complemento do batismo. Compete à teologia especificar melhor o alcance desses vocábulos.

b) De todas as imagens e analogias de que se serviu a tradição para dar a entender o tipo de relação por ela vista entre o batismo e a confirmação, a que encontrou melhor acolhida no Ocidente foi, sem dúvida, tomada da biologia: a confirmação é, para o batismo, o que o *crescimento* é para o nascimento; confirmação significa *idade adulta* (*aetas perfecta*)*, maturidade*. As raízes dessa analogia podem ser encontradas na época patrística.[20] Essa linguagem terá desenvolvimentos inesperados na Idade Média, sobretudo na teologia de Tomás de Aquino.[21]

Encontramos igualmente outras analogias, mais ou menos felizes. Na criação do homem, o batismo corresponderia ao primeiro momento em que Deus modela Adão com o barro; a confirmação, ao instante em que é infundido o hálito de vida.[22] Segundo Agostinho, a confirmação é para o batismo o que o cozimento é para a massa do pão.[23] No batismo nos alistamos no exército do Senhor, ao passo

---

[20] Já IRINEU, falando da imposição das mãos dos apóstolos que conferia o Espírito Santo, refere-se ao *Espírito que nutre e faz crescer*, in *Adv. Haer*, IV, 38, 3: SCH 100, 952-954. No outro extremo da época patrística, cf. JOÃO DIÁCONO, *Ep. ad Senarium*: PL 59, 406D-408A (com uma referência expressa à relação batismo-confirmação).

[21] Cf. *Compendium theologiae*, 613; *STh* III, q.72, a.1; a.2; a.3; a.5; a.8.

[22] Cf. CIPRIANO, *Ep.* 74, 7, 1-3: BAC 241, 698-699; BM 197.

[23] Cf. *Serm*. 222: SCH 116, 236-238; ver também *Serm*. 227, 229 e 272; ZENÃO DE VERONA, *Tract*. I, 41: CCL 22,112.

que na confirmação nos equipamos para o combate.[24] No batismo *nascemos para a vida*; na confirmação *nos fortalecemos para a luta*.[25] A confirmação é para o batismo o que a assinatura representa na elaboração de um documento.[26]

c) Outro recurso freqüente na tradição para marcar as diferenças entre o batismo e a confirmação é o uso dos adjetivos ou advérbios comparativos e aumentativos; eles situam o sacramento da confirmação sob o signo de um *plus* em relação ao batismo.[27] A mesma comparação, embora dessa vez implícita, é estabelecida quando se afirma que a confirmação é *o sacramento da plenitude da graça*.[28]

De tudo isso se deduz que entre o batismo e a confirmação existe uma conexão orgânica como a que há entre duas etapas de um mesmo movimento; trata-se, todavia, de dois momentos distintos. Em relação ao batismo, de fato, a confirmação representa certa progressão, crescimento, fortalecimento, aprofundamento, complemento e aperfeiçoamento.

2. A relação da confirmação com a eucaristia

O novo Ritual da Confirmação sublinha em vários momentos da celebração a sua conexão com a eucaristia: na homilia (26), na renovação das promessas do batismo (28; cumprindo determinação do SC 71), no comentário prévio à oração que acompanha a imposição das mãos e na própria oração (31 e 32), no *Hanc igitur* da Oração eucarística I (41) e na bênção final (44).

A confirmação (como o batismo) está intrinsecamente orientada para a eucaristia como à sua culminação: é uma preparação *sacramental* para a eucaristia. A relação entre ambas é ontológica; nasce da natureza mesma de um e de outro sacramento.

Por significar uma comunhão mais plena com o mistério de Cristo e da Igreja, a confirmação tende por natureza para o sacra-

---

[24] Cf. Fausto de Riez, *Hom. de Pentecostes:* PLS 3, 615-617.
[25] Ibid.
[26] Cf. Tomás de Aquino, *STh* III, q.72, a.11c.
[27] Exemplo típico dessa linguagem são LG 11 e CIC 1303, em linha com toda uma tradição.
[28] Cf. Tomás de Aquino, *STh* III, q.72, a.1 ad 2.

mento no qual se dá a máxima expressão e realização desse duplo mistério; é como uma *deputatio ad Eucharistiam*. Mais concretamente, se levarmos em conta que a confirmação reforça a configuração do cristão com Cristo Sumo Sacerdote, precisamos dizer que na mesma medida o habilita plenamente para participar ativa e frutuosamente com o Sumo Sacerdote na oferenda do sacrifício da nova Aliança.[29] Nisso a confirmação se assemelha à ordenação presbiterial, feitas as devidas adaptações. É como se fosse uma ordenação ao sacerdócio comum. A esta conclusão nos conduz a doutrina de Tomás de Aquino sobre a índole cultual-sacerdotal do caráter impresso pela confirmação: o caráter como participação no sacerdócio de Cristo (mas cuidando para não reduzi-lo apenas a este aspecto). Como uma espécie de corolário, seria possível acrescentar neste momento aquilo que Leão XIII escrevia, em 1897, em carta ao arcebispo de Marselha: que a confirmação capacita para receber melhor os frutos da eucaristia.[30]

Essa doutrina pode ser posta sob o patrocínio do Concílio Vaticano II:

> A eucaristia se apresenta como a fonte e o ápice de toda evangelização, pois já os catecúmenos são introduzidos pouco a pouco a participar da eucaristia, e os fiéis, uma vez assinalados pelo santo batismo e confirmação, acabam por inserir-se plenamente pela recepção da eucaristia no Corpo de Cristo (PO 5).

O Concílio se manteve fiel a esse princípio; sempre que se refere aos sacramentos da iniciação em seu conjunto os enumera nesta ordem: batismo–confirmação–eucaristia.

Paulo VI, na Constituição Apostólica *Divinae consortium naturae*, reafirma também com clareza o princípio:

> A confirmação está tão vinculada com a eucaristia que os fiéis, já assinalados pelo batismo e pela confirmação, são enxertados de maneira plena no Corpo de Cristo mediante a participação à eucaristia.

---

[29] Cf. S. Fuster, El carácter de la confirmación y la participación de los fieles en el sacrifício cristiano, *TE*, 4, 1960, 7-58.

[30] Em P. Gasparri, *Codicis Iuris Canonici Fontes* III, Roma, 1925, 515-516.

O Ritual da Confirmação, teoricamente, se mantém na mesma linha:

> A confirmação normalmente ocorre dentro da missa, para que se manifeste mais claramente a conexão deste sacramento com a iniciação cristã, que atinge seu ápice na comunhão do Corpo e do Sangue de Cristo. Por essa razão os confirmados participam da eucaristia, que completa sua iniciação cristã (13).
>
> Contudo, no decorrer da celebração, a idéia aparece só implicitamente numa das orações *sobre as oferendas* (40) e em duas *pós-comunhões* (43).

Concluindo, precisamos dizer que

> a eucaristia é a celebração plena do mistério cristão. Quando se participou na morte e ressurreição de Cristo, comungando em seu Corpo e Sangue com os irmãos e irmãs, não há nenhum elemento estrutural novo a acrescentar. Já não há lugar para um sacramento fundamental, iniciático, que institua o ser cristão.[31]

Com razão, portanto, V. Peri definiu como uma *anomalia* dar a primeira comunhão a não-confirmados; não só porque vai na contramão da prática *normalmente* observada pelas Igrejas ao longo dos séculos, mas porque da mesma forma é um atentado contra o significado profundo dos próprios sacramentos e de suas mútuas relações ontológicas.

3. Modelos distintos de articulação dos sacramentos da iniciação

Já vimos que tanto ao longo da história quanto no presente os três sacramentos da iniciação foram articulados de diferentes maneiras.

Nem todas as tradições, bem como nem todas as práticas admitidas, gozam do mesmo valor. Os critérios para o necessário discernimento nós teremos de extrair da história e sobretudo da teologia do sacramento, e não permitir que sejam ditados por ur-

---

[31] P. DE CLERCK, in *Catéchese*, 147, 1997, 39.

gências pastorais conjunturais (que também terão de ser levadas em conta).

Prescindindo do modelo *sírio* (que não conheceu ritos pós-batismais), apresentamos aqui os modelos que ao longo da história gozaram de maior ou menor vigência.[32]

Modelo I: confirmação imediatamente depois do batismo, pelo bispo

É o modelo que foi seguido no Oriente e no Ocidente nos primeiros séculos, até que começou a generalizar-se a prática do batismo de crianças. Adultos e crianças eram iniciados dessa maneira. A unidade da iniciação e a ordem *tradicional*[33] dos sacramentos estão perfeitamente salvaguardados (com a vantagem acrescentada de ter o bispo como ministro). Trata-se de um modelo impossível de ser recuperado (não há bispos disponíveis para todos os batismos).

Modelo II: confirmação imediatamente depois do batismo, pelo presbítero

É o modelo praticado pelas Igrejas orientais entre os sécs. IV e V até hoje[34] e em algumas Igrejas latinas do Ocidente, fora de Roma (especialmente na Espanha), do séc. IV ao VIII (em geral com crianças de pouca idade). Também aqui ficam salvas a unidade dos sacramentos da iniciação e a ordem *tradicional*. É o modelo adotado pelo RICA e pelo ritual da iniciação em idade escolar. Alguns o sugeriram como a solução ideal para as crianças (colocando-o, quem sabe, até a idade de 5-7 anos). Isso nos aproximaria dos irmãos orientais.

---

[32] Para essa classificação e descrição baseamo-nos em M. HAUKE, *Firmung*, 350-362.

[33] A seqüência batismo–confirmação–eucaristia não pode ser chamada estritamente de *tradicional*, nem de *normativa*; talvez o adjetivo que melhor se enquadre seria o de *exemplar*; cf. L. M. CHAUVET, *Dans nos assemblées* II, 287-288.

[34] Embora atualmente a primeira comunhão se deixe para uma celebração comunitária da eucaristia, em algum domingo próximo.

Modelo III: confirmação pelo bispo *quam primum*, depois do batismo pelo presbítero

É o modelo praticado durante mais tempo nas Igrejas ocidentais (aproximadamente até o ano 1000) e na maioria das Igrejas; quase até nossos dias, aparece nos países de influência hispano-portuguesa (e em algumas outras Igrejas do Ocidente latino). Para a confirmação, ou se recorria à sede da diocese, ou se esperava a primeira visita pastoral do bispo à paróquia. Esse modelo resguarda a ordem *tradicional* dos sacramentos, mas não a sua unidade.

Modelo IV: confirmação pelo bispo, até os sete anos, antes da primeira comunhão

Encontramos esse modelo em grande número de Igrejas ocidentais a partir do séc. XIII até nossos dias. Diferencia-se do modelo anterior somente quanto à idade do confirmando; a partir do IV Concílio de Latrão (1215) adquire importância a *idade da discrição*; estabelece-se para essa idade a recepção do sacramento da confirmação (é a preferida do *Catecismo Romano* e dos CDC de 1917 e 1983). Esse modelo respeita a ordem *tradicional* (embora não a unidade) dos sacramentos da iniciação.

Modelo V: confirmação pelo bispo a crianças, jovens ou adultos, depois da primeira comunhão

É o modelo seguido na antigüidade no caso dos batismos *clínicos*. Foi praticado em algumas Igrejas ocidentais durante a Idade Média: os presbíteros davam a comunhão eucarística às crianças que batizavam, sem esperar a sua confirmação.[35] Inclusive alguns bispos confirmavam depois da eucaristia, na qual haviam dado a comunhão aos confirmandos. Com o passar do tempo, em algumas regiões, por razões pastorais, foi sendo atrasada a idade da confirmação (até os 12, 14 ou 16 anos), mas não a primeira comunhão. O decreto *Quam singulari* (1910) contribuiu para que esse modelo se estendesse a muitas Igrejas. Mesmo no caso de batismo de adultos,

---

[35] Cf. P.-M. GY, Die Taufkommunion der kleinen Kinder in der lateinischen Kirche, in VV.AA., *Zeichen des Glaubens*, 485-491 (esp. 485-487).

atualmente em algumas regiões se introduz, depois do batismo e da comunhão, um ano de preparação específica à confirmação.[36] Nesse modelo, a unidade e a ordem *tradicional* saem perdendo, mas mesmo assim encontrou defensores numerosos entre os pastoralistas e até entre alguns teólogos.[37]

Modelo VI: confirmação pelo bispo em idade escolar, antes da primeira comunhão, e um grande rito sacramental para reafirmar o compromisso pessoal no final dos estudos

É a proposição feita pelos bispos franceses em 1951 e que posteriormente foi ventilada em aula conciliar por alguns bispos (por K. Wojtyla, por exemplo) e adotada por diversos autores (Y. Congar, Th. Schnitzler, entre outros). O rito sacramental consiste numa solene profissão de fé que oferece aos jovens ocasião para *um ato pessoal de compromisso* no qual ratificam por si mesmos, uns com os outros, diante da comunidade, o batismo que os pais outrora pediram para eles e afirmam assim uma vida cristã assumida pessoalmente. Com esta celebração busca-se indubitavelmente uma aproximação às posições protestantes.[38]

---

[36] Cf. L.-M. CHAUVET, Note sur la confirmation des adultes, *LMD*, 211, 1997, 58-59.

[37] Ver autores e argumentos em BOROBIO, D., *Iniciación*, 509-530; M. HAUKE, *Firmung*, 355-361.

[38] Cf. P. DE CLERCK, La Confirmation: vers um consensus oecuménique?, *LMD*, 211, 1997, 81-98.

Capítulo X
Dimensões histórico-salvíficas da confirmação

Bibliografia

Arnau, R., La confirmación, sacramento de incorporación a la Iglesia, Anales Valentinos, 5, 1979, 11-34; Baudry, G., La confirmación, sacramento de la comunidad mesiánica, in *El sacramento de la confirmación* (Cuadernos Phase, 82), Barcelona, 1997, 57-64; Borobio, D., *Iniciación*, 492-498, 476-485; Bouhot, J.-P., *La confirmation, sacrement de la communion ecclésiale* (col. Parole et Tradition), Lyon, 1968; Camelot, P.-Th., Confirmación y efusión del Espíritu, *Communio*, 4, 1982, 430-439; Cecchinato, A., *Celebrare la confermazione*, 33-59; 81-101; Collin, L., La Confermazione, elementi per un possibile itinerário a partire del dono dello Spirito Santo, *RL*, 79, 1992, 169-187; Gerardi, R., Il sacramento della confermazione e il dono dello Spirito Santo, *Lateranum*, 47, 1981, 493-506; Hauke, M., *Firmung*, 311-318; Larrabe, J. L., *La Confirmación, sacramento del Espíritu en la teología moderna*, Lumen (Vitoria), 144-175; Triacca, A. M., La confirmación y el don del Espíritu, *ET*, 27, 1993, 163-219.

Começamos constatando que "nenhuma outra ação litúrgica da Igreja provocou mais debates teológicos do que o segundo sacramento da iniciação; nenhuma recebeu maior diversidade de interpretações".[1] Contudo, tratando-se de um verdadeiro sacramento, precisamos supor que nele se dão as mesmas dimensões histórico-salvíficas que encontramos no batismo. Mais do que isso: sendo este sacramento robustecimento e aperfeiçoamento do batismo, podemos pensar que o é também neste nível.

A polarização, por vezes excessiva, na dimensão pneumatológica (*sacramento do dom do Espírito Santo*) pode ter conseguido fazer esquecer outros aspectos também importantes em sua teologia. O reducionismo com certeza conduz ao empobrecimento. Também nesse caso só a devida atenção a todas as perspectivas em jogo irá situá-lo corretamente no interior da economia da salvação e nos dará a imagem teológica completa desse sacramento.

---

[1] A. Schmenann, *Of Water and the Spirit*, 76.

Assim como no batismo, também na confirmação essas dimensões estão relacionadas e implicadas entre si; iluminam-se e se complementam mutuamente.

I. A dimensão cristológica do sacramento da confirmação

Apesar da forte carga pneumatológica que esse sacramento carrega consigo, também neste caso a reflexão teológica precisa começar pela dimensão que é a primordial. A primeira consideração em todo o sacramento é a cristológica: sua referência ao mistério de Cristo, suas raízes cristológicas. A confirmação igualmente, como qualquer outro sacramento, encontra seu fundamento e sua razão de ser no mistério de Cristo.[2] Sem essa referência ao acontecimento central da história da salvação, o sacramento da confirmação seria incompreensível.

Antes de mais nada e acima de tudo, mesmo a confirmação é *sacramento da Páscoa* e, precisamente por essa razão, pode ser, além disso, muitas outras coisas que veremos mais adiante. Uma teologia de certo sacramento que não desenvolva a dimensão cristológica deve ser considerada profundamente deficiente.

A essa dimensão dirigem nossa atenção dois dos símbolos tradicionais da confirmação: a unção e a signação. A ela orienta ainda, mediatamente, a tipologia: a unção de sacerdotes, reis e profetas do AT, que nos remete à unção (unções) de Cristo.

Esses símbolos indicam-nos que também o sacramento da confirmação, como todo sacramento, é celebração comemorativa (memorial) do mistério de Cristo em sua totalidade. A unção pós-batismal, na interpretação da tradição, é contemplada em relação à unção ou às unções de Cristo. Na vida de Cristo os escritos do NT e a tradição assinalam várias unções do Espírito: na encarnação, depois do batismo no Jordão, na ressurreição.

Ora, cada uma dessas unções apresenta dupla vertente: por um lado, em cada uma dessas unções, Cristo em sua humanidade

---

[2] Cf. Tomás de Aquino, *STh* III, q.60, a.3; q.62, a.5. LG 11 passa por cima dessa dimensão no parágrafo, por outro lado, esplêndido, dedicado a esse sacramento.

O SACRAMENTO DA CONFIRMAÇÃO

é gerado pelo Pai (é constituído Filho); nos três casos escuta a voz do Pai: "Hoje te gerei". Mas, da mesma forma, nos três casos é ungido pelo Espírito para sua missão, *ad opus ministerii*, para o cumprimento de sua função messiânica, proclamado e investido como Messias, ungido como Profeta do Altíssimo (Testemunha do Pai), Príncipe da paz, Sumo Sacerdote da nova aliança (as funções profética, sacerdotal e real estão presentes desde o começo de sua existência terrena, como não poderia deixar de ser).

A unção do Jordão foi como uma antecipação figurativa e profética da unção definitiva que Jesus receberia do Espírito na morte-ressurreição: de forma embrionária na encarnação, de maneira figurativa no Jordão, de modo mais pleno na Páscoa. Em cada unção ele é *repleto do Espírito* para que possa ser *dador do Espírito* (como um recipiente que primeiro se enche e depois transborda).

No sacramento da confirmação, a configuração e a participação nas distintas unções de Cristo (e em seu mistério total) são, em sua segunda vertente, relacionadas à missão. Essa segunda vertente aparece claramente, sobretudo, na unção do Jordão. É por essa razão que a tradição sublinha preferencialmente a analogia da confirmação com a unção do Jordão.

> Ele [Cristo], uma vez batizado no rio Jordão e depois de ter comunicado às águas o contato de sua divindade, saiu destas e produziu-se sobre ele a vinda substancial do Espírito Santo, como a de um semelhante sobre seu semelhante. De igual modo para vós, uma vez que saístes da piscina, a crismação foi a figura (*antitypon*) daquela com a qual foi ungido Cristo. Essa realidade é o Espírito Santo, do qual disse o bem-aventurado Isaías profetizando sobre ele e falando da pessoa do Senhor: "O Espírito do Senhor está sobre mim, por isso me ungiu: enviou-me a anunciar a Boa-Nova aos pobres".[3]

A essa última unção faz referência também a signação com o sinal-da-cruz, símbolo da morte redentora.

---

[3] CIRILO DE JERUSALÉM, *Cat. myst.* III, 1: SCH 126, 120-122.

O SACRAMENTO DA CONFIRMAÇÃO

A confirmação é acontecimento salvífico, pois nela atualiza-se o mistério redentor de Cristo e permite-se ao confirmado uma comunhão-participação nesse mistério, ou seja, no mistério total de Cristo, especialmente no mistério pascal de sua morte e ressurreição.[4] Trata-se de nova comunhão com o mistério de Cristo: uma intensificação e um reforço dessa comunhão que já aconteceu no batismo, uma participação mais plena no mistério redentor.

Como resultado dessa nova experiência pascal, produz-se maior união com o Ungido, maior semelhança; os confirmados "são configurados mais perfeita e plenamente a Cristo".[5] Adquirem direito pleno do nome de *cristão* por essa maior configuração com o Ungido por excelência.[6] A imagem de Cristo impressa no batismo destinava-se a ir sendo enriquecida: reforçando os traços, aperfeiçoando as características, melhorando a semelhança. A configuração é suscetível de melhora e de aperfeiçoamento por obra do Artista divino.

A *sphragis* (o *sigillum*) que marca a confirmação é sempre, segundo a tradição, o *sigillum dominicum*, o *signum Christi*, a *eikon Christou*, a imagem de Cristo, a imagem daquele a quem pertencemos, o nome de Cristo, já impressos no batismo, mas que em virtude do novo sacramento ganham em profundidade, parecença e riqueza de detalhes.

A tradição ocidental tematizou essa idéia no conceito de *caráter indelével* impresso na alma pela confirmação. Não temos razão para entendê-lo como um novo caráter, distinto daquele que foi gravado no batismo, mas como uma modificação específica do mesmo: *in melius, in maius*.

---

[4] Não convence a vivissecção introduzida por K. RAHNER no mistério pascal, quando supõe que o batismo relaciona com a morte de Cristo e a confirmação, com a sua ressurreição; cf. *La Iglesia y los sacramentos*, 97-99.
[5] Cf. RC 2, 9, 26.
[6] Cf. CIRILO DE JERUSALÉM, *Cat. myst.*, III, 5: SCH 126, 126.

II. Sacramento do dom do Espírito Santo

Existe na tradição uma concordância básica em relacionar de maneira especial o sacramento da confirmação com o Espírito Santo, a ponto de se acabar denominando-o com freqüência "*o sacramento do Espírito Santo*". Todavia, essa constatação deverá ser harmonizada com este outro dado da tradição, igualmente indiscutível, que afirma já existir uma comunicação do Espírito Santo no batismo.

Coloca-se, pois, a questão: O que tem de específica a comunicação do Espírito Santo no sacramento da confirmação, sobretudo em relação à que se deu no batismo? A diversidade entre essas duas comunicações do Espírito deverá ser explicada, em última instância, à luz da variedade de funções e formas de atuação do Espírito na economia da salvação, em especial no mistério de Cristo, mas apoiando-se na tradição autêntica, tal como a encontramos expressa nas fontes litúrgicas, nas reflexões dos Padres da Igreja e dos teólogos e nos ensinamentos do magistério.

1. "O selo do dom do Espírito Santo"

A tradição expressou com singular insistência a convicção de que, graças aos ritos pós-batismais, no processo da iniciação cristã dá-se uma nova comunicação do Espírito Santo. Desde que apareceram as primeiras notícias sobre tais ritos no Ocidente, sempre foram relacionados com o Espírito.[7] O próprio simbolismo de dois deles – a imposição das mãos e a unção – já apontava nessa direção. É sintomático que Cipriano e Orígenes tenham buscado os antecedentes desses ritos nas passagens dos Atos que falam de comunicação do Espírito a batizados pela imposição das mãos dos apóstolos. Não é menos sintomático que Tertuliano[8] e Cipriano,[9] entre outros, equivocadamente pensavam que, enquanto a imersão batismal apenas apaga os pecados, a imposição das mãos outorga o dom do Espírito. A oração que, nas versões orientais

---

[7] A respeito da imposição das mãos, cf. Tertuliano, *De bapt.* 8, 1: CCL 1, 283; *De res. mort.*, 8, 3: CCL 2, 931; Hipólito, *TA* 21 (pelo menos nas versões orientais). Sobre o *selo do bispo*, cf. Cornélio, *Ep. a Fabio*: BM 206.

[8] Cf. Tertuliano, *De bapt.*, 6, 1: CCL 1, 282.

[9] Cipriano, *Ep.* 74, 1, 1-2: BM 197; Paciano, *Sermo de bapt.*, 6, 4: SCH 410, 158.

da *TA* de Hipólito é intercalada entre a imposição das mãos e a unção, constitui uma invocação para que os que acabaram de ser batizados sejam *plenificados pelo Espírito Santo*.[10] "Impor as mãos para invocar (dar, receber) o Espírito Santo" converte-se, nesse contexto, quase em uma locução estereotipada.[11] Nenhum outro sacramento, com exceção ao da Ordem, foi apresentado desde o começo tão claramente, no aspecto ritual-simbólico, como uma epíclese em sentido estrito.[12]

À medida que foi consolidando-se no Ocidente a dissociação entre *confirmação* e batismo, aumentou o interesse em estabelecer com maior rigor o significado dos ritos que a compõem. A tendência majoritária foi a de atribuir-lhes a comunicação do Espírito; contamos com testemunhos fidedignos de Hilário de Poitiers, Jerônimo, Ambrósio, Agostinho,[13] Inocêncio I e Fausto de Riez. Idêntica linguagem pode ser encontrada em escritores orientais de grande autoridade, como Cirilo de Jerusalém, Teodoro de Mopsuéstia, Cirilo de Alexandria, Ps. Dionísio Areopagita e Severo de Antioquia.

Quando começam a se tornar abundantes as fontes litúrgicas das distintas Igrejas, une-se a esse concerto a linguagem das liturgias tanto orientais como ocidentais. As orações que acompanham os ritos da unção ou a imposição das mãos freqüentemente semeiam autênticas epícleses ou invocações do Espírito Santo sobre o confirmando.[14] Algumas *fórmulas* da unção crismal afirmam de modo

---

[10] Cf. também Tertuliano, *De bapt.*, 8, 2: CCL 1, 283: [...] *advocatus et invocans Spiritum sanctum*.

[11] Cf. Cipriano, *Ep.* 70, 1, 1-2; 73, 6, 2; 9, 1-2; 74, 5, 1; 7, 1; 75, 8, 1 (a carta é de Firmiliano de Cesaréia); Anônimo, *De rebapt.*, 1, 3: BM 202; Agostinho, *In Jo. ev.*, 6, 10: PL 35, 2025C; *De bapt.* III, 16, 21: PL 45, 148C-149A; Hilário de Poitiers, *In Mt.*, 19, 3: SCH 258, 92; Jerônimo, *Dial. contra Lucif.*, 9: Pl 23, 164B; Leão Magno, *Ep.* 166, 2: PL 54, 1194B; Concílio de Arlés (a. 314), cân. 9 (8): DS 123.

[12] A imersão na água é também símbolo do *batismo no Espírito*. Essas exceções nos impedem de ver o específico de tal sacramento, como alguns o pretendem, que reside no fato de a comunicação do Espírito Santo se realizar *vi signi*. Isso não elimina que o simbolismo nos ajude a descobrir alguns traços específicos da confirmação.

[13] A unção algumas vezes é chamada de *sacramentum chrismatis* e, noutras, de *Spiritus Sancti sacramentum*; comparar *Comm. in I Ep. Jo.*, II: PL 25, 2004; *Contra litt. Petil.*, 2, 104, 239: PL 43, 342; com *Serm.* 227: SCH 116, 236.

[14] Cf., por exemplo, no Oriente, *TDNIC* II, 9: Rahmani 131 ([...] *tuo Spiritu Sancto repleantur)*; o ritual armênio (Winkler, 219-221); Renoux, 133-135); o ritual

enfático o dom do Espírito.¹⁵ A idéia aparece também com força nas várias orações de consagração do crisma (*myron*), começando pela que encontramos no *Euchologion* de Serapião.¹⁶ A tradição conta também, além disso, com uma rica série de tratados e homilias sobre o *myron*, que em alguns casos dão fé dessa firme convicção das Igrejas.¹⁷

A Escolástica, preocupada sobretudo em determinar os efeitos particulares desse sacramento (a *gratia creata*), acabou se descuidando demais do *donum Spiritus Sancti* (a *gratia increata*). O magistério manteve-se dentro da linha assinalada pelos teólogos a esse respeito.

A tradição, tanto oriental quanto ocidental, relaciona de forma especial a unção crismal com a unção de Jesus pelo Espírito depois do seu batismo no Jordão (cf. Lc 3,21-22). Cirilo de Jerusalém chama esta de *antitypos* daquela.¹⁸ Concordam com ele, entre outros, Teodoro de Mopsuéstia, Ps. Dionísio Areopagita e Severo de Antioquia, no Oriente;¹⁹ Hilário de Poitiers e Optato de Milevi,

---

bizantino (GOAR); o ritual egípcio do séc. VI (BAUMSTARK: *Oriens Christianus* [1901] 1-45); o ritual maronita (MOUHANNA, 90); o ritual sírio-ortodoxo (atribuído a Severo de Antioquia: VARGHESE, *Onctions*, 301); o ritual sírio-oriental (atribuído a Icho-yahb III; RAES: OS 1 [1956], 246-252; ver o dossiê de orações analisadas por L. LIGIER, *La confirmation*, 51-94. No Ocidente, o *SvG* (MOHLBERG, nn. 451-452).

[15] Por exemplo, a do rito bizantino *(sphragis doreas pneumatos hagiou: selo do dom do Espírito Santo)*, sobretudo se levarmos em conta o contexto da oração que o precede imediatamente; cf. L. LIGIER. op. cit., 65-73. As primeiras notícias remontam ao séc. IV (Astério de Amasea?) ou, no mínimo, ao séc. V (carta a Martyrios); usam-na também nos ritos copta e etíope. A razão que moveu Paulo VI, na Const. Apostólica *Divinae consortium naturae*, a adotar na liturgia romana a fórmula bizantina foi que, em relação à fórmula usada até então no Ocidente, esta expressa com maior clareza que o efeito desse sacramento é *o dom do Espírito*. Merecem atenção também as *fórmulas* dos ritos armênio e maronita.

[16] 4, 16: FUNK, II, 186-189.

[17] Sobre a tradição síria, cf. B. VARGHESE, *Onctions*, passim.

[18] Cf. *Cat. myst.*, III, 1: SCH 126, 120.

[19] Cf. também MOISÉS BAR KEPHA (séc. IX), um ritual armênio também do séc. IX e DIONÍSIO BAR SALIBI († 1171).

no Ocidente. Eles justificam essa tipologia pela função messiânica à qual a efusão do Espírito dá origem em ambos os casos.

Outra corrente prefere vincular o dom do Espírito que tem lugar na confirmação ao mistério de Pentecostes. Essa conexão já pode ser encontrada no *Testamentum DNIC*,[20] no Oriente, e em Fausto de Riez,[21] no Ocidente. Desde o século VIII essa tipologia encontrou eco na liturgia romana graças à oração *Deus, qui Apostolis...* com a qual se conclui ainda hoje (ver RC 55) o rito da confirmação. A Escolástica a tornou sua: "O Espírito Santo é dado nesse sacramento... como foi dado aos apóstolos no dia de Pentecostes".[22] Através de Tomás de Aquino entrou no magistério da Igreja.[23] A teologia católica contemporânea dá ênfase muito maior a essa referência tipológica, a ponto de serem muitos os teólogos que radicam nela a especificidade do sacramento da confirmação.[24]

2. O específico do dom do Espírito na confirmação

Os testemunhos que acabamos de repassar nos permitem falar de uma nova comunicação do Espírito na confirmação, diferente da que já se deu no batismo? Vamos tomar aqui e acolá alguns indícios que nos permitem responder à pergunta afirmativamente. Os autores e textos aos quais fizemos referência atribuem à efusão do Espírito na confirmação uma plenitude que não ocorre no batismo.

---

[20] Cf. TDNIC II, 9: RAHMANI, 131.

[21] Cf. *Hom. de Pent.*, 1: CCL 101, 338; ver também AGOSTINHO, *In Io. ev.*, 6, 10: PL 35, 2025-2026A.

[22] TOMÁS DE AQUINO, *STh* III, q.72, a.7 corp.; cf. também *In articulos fidei et sacramenta Ecclesiae*, ed. de Parma, vol. XVI, 120.

[23] Cf. CONCÍLIO DE FLORENÇA: DS 1319; *Catech. Rom.*, p. II, c. 3, n. 14, 18-20; PAULO VI, Const. Apost. *Divinae consortium naturae*; CIC 1302.

[24] K. RAHNER, seguido por muitos autores de destaque, ao retomar uma opinião já defendida no séc. IX por RABANO MAURO, sustenta que o batismo nos põe em comunhão com o mistério da Páscoa; a confirmação, por sua vez, com o de Pentecostes; com os dois sacramentos garantir-se-ia a nossa participação nos dois componentes do único mistério pascal; o batismo nos relacionaria com a missão do Filho; a confirmação, com a missão do Espírito Santo. RICA 34 considera boa essa especulação. Poderia objetar-se que, deixando de lado sua fraquíssima base de apoio na tradição, Páscoa e Pentecostes pertencem a duas ordens diversas: a Páscoa é mistério pessoal de Cristo (última e definitiva efusão do Espírito sobre ele), enquanto Pentecostes é mistério da Igreja (efusão do Espírito sobre os apóstolos, primícias da Igreja).

Também deste ponto de vista a confirmação se apresenta como uma plenificação do batismo.[25]

Afirmam taxativamente que, à diferença do batismo, na confirmação se confere a *plenitudo Spiritus sancti*.[26] Tomás de Aquino resume uma longa tradição quando conclui dessa forma: "Neste sacramento comunica-se a plenitude do Espírito Santo".[27]

A expressão *derramar* (*ekcheo, effundere*), empregada pela Bíblia para significar a comunicação do Espírito Santo, sugere-lhes espontaneamente a imagem da abundância e eles a aplicam à unção crismal:

A palavra "efusão" significa aqui (Tt 3,5-6) uma abundante comunicação do Espírito.[28]

O Espírito, derramado superabundantemente, não se vê oprimido pelos limites, nem se sente encerrado num estreito espaço que o freie. Flui sem cessar, transborda sua abundância; a única coisa a se fazer é abrir o nosso coração e estar sedento. Quanto mais fé formos capazes de apresentar, maior a abundância de graça que recolheremos.[29]

Tanto nas fórmulas litúrgicas quanto nos escritos dos Padres da Igreja, o verbo *encher* é o termo que melhor qualifica a ação do Espírito nesse sacramento; por um lado, espera-se dele que *encha* o sujeito de sabedoria, ciência, força, virtudes... por outro lado, pede-se a Deus que o *encha de seu Espírito*.

A tradição ocidental expressa essa mesma idéia de forma mais concreta, que se transformou quase em uma característica típica da teologia do Ocidente: no sacramento da confirmação são conferidos

---

[25] É preciso levar em conta também a diferença de finalidade de ambas as efusões do Espírito, mas disso irá se falar expressamente mais adiante, neste mesmo capítulo.

[26] Entende-se em termos relativos. Falando rigorosamente, a *plenitude do Espírito Santo* é um dom escatológico, que só nos será outorgado na outra vida.

[27] *STh* III, q.72, a.2.

[28] Dídimo de Alexandria, *De Sp. S.*, 53: SCH 386, 194; cf. ibid., 52 (192); Cirilo de Jerusalém, *Cat.* 17, 19: PG 33, 992A.

[29] Cipriano, *Ad Donatum*, 5: BAC 241, 110 (embora não se refira diretamente à confirmação, expressa bem a forma pela qual a tradição mais adiante entenderá a atividade do Espírito Santo nesse sacramento).

os (sete) dons do Espírito Santo.³⁰ A idéia pode ser encontrada, no ano 385, em uma carta do Papa Sirício, embora referida à imposição das mãos na reconciliação dos hereges; ele fala da "invocação do Espírito septiforme pela imposição das mãos do bispo".³¹ O testemunho de santo Ambrósio está ligado diretamente à imposição das mãos pós-batismal:

> A perfeição é alcançada quando, pelas invocações do sacerdote, infunde-se o Espírito Santo: espírito de sabedoria e inteligência, espírito de conselho e de virtude, espírito de conhecimento e de piedade, espírito de santo temor, que são as sete virtudes do Espírito.³²

Testemunhos semelhantes podem ser encontrados em outros autores daqueles tempos, tais como Eusébio de Vercelli e Agostinho de Hipona.³³ Mas o interessante é que a idéia foi abrindo caminho também na liturgia. Lemos no OR XI (do séc. VIII), n. 100: "[...] et dat orationem pontifex super eos, confirmans eos cum invocatione septiformis gratiae Spiritus Sancti". Responde a esta descrição a oração que o SvG recolhe neste lugar: "[...] immitte in eos Spiritum sanctum tuum paraclitum; et da eis Spiritum sapientiae et intellectus, Spiritum consilii et fortitudinis, Spiritum scientiae et pietatis. Adimple eos Spiritus timoris Dei [...]".³⁴ Essa oração foi mantida no rito romano até nossos dias (cf. RC 51).

Como era de esperar, essa faceta da teologia da confirmação foi objeto de amplos desenvolvimentos entre os escolásticos; desde os tempos de Rabano Mauro alguns começaram a ver nela a significação específica do *segundo sacramento*. Uma vez introduzida a distinção entre *graça*, *virtudes*, *dons do Espírito* e *frutos do Espírito*, alguns escolásticos, segundo são Boaventura, propõem a teoria segundo a qual o batismo outorga as virtudes, a confirmação os dons

---

[30] A maioria dos teólogos pensa que a graça santificante e os dons do Espírito Santo são conferidos inseparavelmente já no batismo.

[31] Cf. *Ep. a Himerio obispo de Tarazona*, 1, 2: DS 183.

[32] *De sacr.* 3, 2, 8: SCH 25bis, 96; cf. *De Myst.*, VII, 42: ibid., 178.

[33] Cf. EUSÉBIO DE VERCELLI, *De Trin.* VII, 20: CCL 9, 97; AGOSTINHO, *Tract. in I ep. Jo.*, II: PL 25, 2004; *Serm.* 229M, 2 (= *Guelf.* 15): PLS 2, 578; *Serm.* 248, 5; *Serm.* 249, 3.

[34] MOHLBERG, n. 450.

do Espírito, e o sacramento da ordem as bem-aventuranças.³⁵ Os grandes doutores do séc. XIII, como Tomás de Aquino, esforçaram-se em classificar, sistematizar e aprofundar a doutrina dos dons do Espírito, mas não se aventuraram por esses outros caminhos.

A tradição, apoiando-se indubitavelmente no simbolismo do número sete, quis expressar apenas que na confirmação o Espírito Santo derrama seus dons sobre o confirmado, não sem medida como no caso de Jesus no Jordão, mas ainda assim com grande abundância.

A idéia inspira-se obviamente em Is 11,1-2. No texto hebraico são seis os *dons do Espírito* (apresentados em três binômios). A tradução dos Setenta (bem como a Vulgata) acrescenta um dom, a *piedade* (que na realidade é uma duplicação do último dom, o *temor de Deus*), resultando assim o número *místico* de sete.³⁶

III. Confirmação e plenitude escatológica³⁷

Embora não se lhe preste muita atenção nos manuais, a dimensão escatológica constitui também um capítulo importante da teologia da confirmação.³⁸ A unção crismal destina-se a reforçar a orientação escatológica que a vida cristã já recebera no batismo e que a eucaristia se encarregará de alimentar ao longo da existência. Era de esperar que em um sacramento como o da confirmação, que

---

³⁵ Cf. *Sent.* IV, d.7, a.2, q.2, concl. Boaventura comenta que a hipótese é sugestiva, mas falsa, porque as virtudes e os dons não se diferenciam essencialmente. Mais próximo de nós, H. SCHELL, em fins do século passado, propôs uma teoria semelhante: o batismo comunicaria a graça santificante juntamente com a inabitação da Trindade, além das três virtudes teologais; a confirmação outorgaria os dons do Espírito para desenvolver com certa facilidade a nova vida recebida no batismo. A respeito disso tudo, cf. M. HAUKE, op. cit., 322-328.

³⁶ Nesse ponto, seria o caso de estudar a *dimensão trinitária* do sacramento da confirmação, como fizemos com o batismo. Cf. VV.AA., *La Santísima Trinidad y la confirmación* (semanas de Estudios Trinitarios, 27), Salamanca, 1993.

³⁷ Cf. A. CECCHINATO, *Celebrare la confermazione*, 155-165.178-179.

³⁸ Ao ponto de um teólogo protestante, K. BÜRGENER, chamar a confirmação de *Sacramento dos últimos tempos*; cf. M. HAUKE, op. cit., 341.

se apresenta tão estreitamente vinculado ao Espírito Santo, esse aspecto tivesse relevância especial.

Com efeito, por um lado, At 2,17-21 relaciona diretamente o dom do Espírito com os *últimos dias* (cf. Is 32,15; Ez 36,26-27; Jl 3,1-2). Por outro lado, numerosas passagens do NT falam do Espírito Santo dado na Igreja como arras, primícias, promessa ou penhor (cf. Rm 8,11.23; 2Cor 5,2-5; Ef 1,13-14; 4,30). O *selo*, identificado com o Espírito Santo, é impresso na alma como proteção para o último dia (Ef 4,30). Semelhantes textos, ainda que não se refiram explicitamente ao sacramento que estamos estudando, influenciaram na concepção que dele a tradição foi formando.

A confirmação é conferida com vistas à vida eterna. Ambrósio não poderia ter sido mais explícito:

> Deste modo que foste submerso. Te apresentaste ao sacerdote. O que ele te disse? Disse: "Deus, Pai onipotente, que te regenerou pela água e pelo Espírito e te perdoou os pecados, ele mesmo te unge para a vida eterna". Leva em conta para que foste ungido: para a vida eterna, te foi dito.[39]

No *SvG* o inciso *in vitam aeternam* aparece na fórmula da *consignatio* e em um registro referente a ela.[40] Também a fórmula usada para a unção pós-batismal pela Igreja siríaca ortodoxa termina com as palavras: "[...] és assinalado para a vida da eternidade".[41] Leão Magno chama a unção de *signaculum vitae aeternae*.[42] As fontes litúrgicas a contemplam como uma *veste de imortalidade*.[43]

Nos livros litúrgicos de distinta procedência, tanto nas orações que acompanham os diferentes ritos pós-batismais quanto na bênção do crisma (*myron*, no Oriente), como de resto é normal nesse tipo de formulários da eucologia principal, na parte da epíclese, pede-se que, em virtude desse sacramento, permaneçam os bens recebidos no

---

[39] *De sacr.*, II, VIII, 24: SCH 25bis, 88.

[40] *Signum Christi in vitam aeternam* (Mohlberg, n. 450); *iube cum consignari signo crucis in vitam aeternam* (n. 615).

[41] Denzinger, *Ritus Orientalium*, II, 278.

[42] Cf. *Sermo de Nativ.*, IV, 6: PL 54, 207B.

[43] *Tunicam immortalitatis*: *Missale Gothicum*, n. 262: Mohlberg, p. 67; cf. também *Svg*, n. 378.

batismo até sua frutificação plena na outra vida, ou seja, considera-se o dom do Espírito como penhor da consumação final.

[...] *ingrediantur in tabernacula aeterna*.[44]

[...] aos que renasceram da água e do Espírito o crisma de salvação os torne participantes da vida eterna e solidários (*consortes*) da glória celestial.[45]

[...] que caminhe em tua luz; que seja filho da luz e que caminhe em ti e chegue a ti; [...] afiança-o na fé em ti; assegura seus passos pelos caminhos de teus mandamentos vivificantes; faze dele um filho da luz, para que viva sem censura sob o reinado de teu Cristo; torna-o digno de ser teu familiar [...] a fim de que (todos) os que são consagrados e ungidos com este (*myron*) [...] brilhem, quando estiverem diante de ti no dia do juízo, como as estrelas do céu, na glória de teus santos, e recebam as tendas eternas dos santos, segundo tuas promessas verídicas, e sejam contados entre os primogênitos que estão inscritos no céu.[46]

[...] para que o crisma seja para eles [...] alegria eterna, gozo sem fim, selo indelével.[47]

Os escritores eclesiásticos são abundantes nas mesmas idéias:

"Este óleo é o começo de um caminho celestial, a escada que sobe ao céu, a arma contra as forças hostis, o selo infrangível do Rei, o signo que liberta do fogo, o protetor do crente e o afugentador dos demônios [...]": Santiago de Edesa (sécs. VII-VIII). "[...] o *myron* possui a chave do reino do céu": Antônio de Tagrit (séc. IX). "O batizado é selado com o *myron* [...] para que se torne terrível para os demônios; como foi dito, no Egito o exterminador não se aproximou da casa que levava o sinal do sangue": Moisés Bar Kepha (séc. IX).[48]

---

[44] *Testamentum DNIC*, II, 9.

[45] Bênção do crisma do rito romano: *SvG*, nn. 386-388; cf. também a segunda fórmula na liturgia romana atual e RC 40 e 44.

[46] Orações antes e depois da crismação, e consagração do *myron* no ritual sírio-ortodoxo; cf. B. VARGHESE, *Onctions*, 300-301 e 321.

[47] Consagração do *myron* no rito sírio-ortodoxo: DENZINGER, I.

[48] Cit. em B. VARGHESE, *Onctions*, 194-195, 222 e 234.

Serve-lhes de apoio o simbolismo da unção, que se impregna ao sujeito e a ele adere indissoluvelmente,[49] e do aroma, que nunca o abandona.[50] *Veste de imortalidade* é uma denominação que as fontes litúrgicas dão à unção crismal.[51] Segundo Tomás de Aquino, a presença do bálsamo na confecção do crisma deve-se ao fato de que o bálsamo *incorruptionem praestat*.[52]

A *marca* (*sphragis*) estampada com a unção crismal pelo Espírito Santo transforma-se em sinal de reconhecimento e de proteção, não só ao longo da vida, mas sobretudo quando chegar a hora de se apresentar diante do tribunal divino. É tema recorrente nos escritores eclesiásticos e nos documentos litúrgicos.[53]

Os escolásticos tornaram sua a doutrina segundo a qual a confirmação confere o direito a um maior grau de graça e bem-aventurança no céu, que lhes chegava aureolada com o prestígio de Amalário de Metz.[54] "As crianças confirmadas que morrem alcançam maior glória, da mesma forma que aqui obtêm maior graça."[55] Foi um argumento a mais para recomendar que se aproveitasse a primeira visita do bispo para apresentar-lhe as crianças a fim de que fossem confirmadas.[56]

Se um cristão está em perigo de morte, qualquer presbítero deve dar-lhe a Confirmação (cf. CDC, cân. 883, 3). Com efeito, a Igreja não quer que nenhum de seus filhos, inclusive na idade

---

[49] Cf. Teodoro de Mopsuéstia, *Hom. cat.* XIV, 27: Tonneau 457.

[50] Cf. *CA* VII, 44, 2: Funk, I, 450.

[51] Cf. *SvG*, n. 378: Mohlberg.

[52] *STh* III, q.72, a.2c.

[53] Cf. Cipriano, *Ad Demetr.*, 27: BAC 241, 290-291; *Eucológio de Serapião*, 4, 16: Funk, II, 186-189; Rito bizantino, 2ª oração de consagração do crisma: "[...] a fim de que (todos) os que são consagrados e ungidos com este (*myron*) se tornem terríveis e intocáveis para os inimigos [...]": Rito sírio-ortodoxo, consagração do *myron*: Varghese, *Onctions*, 321. É evidente que se inspiram em Ez 9,4-6 e Ap 7,2-4, bem como, algumas vezes, na tipologia do sangue do cordeiro pascal.

[54] Cf. *Liber off.*, I, 27, 7 e 15: ST 139, 141 e 144.

[55] Tomás de Aquino, *STh* III, q.8 ad 4. No entanto, o Doutor Angélico não tornou sua a opinião de Fausto de Riez (a quem ele cita como Papa Melquíades no mesmo artigo, objeção 4), segundo a qual "aquele que chega imaculado à morte depois de ter recuperado a inocência, fica confirmado para a morte, pois já não pode pecar depois de morto": *Hom. de Pent.*, 2: CCL 101, 339.

[56] Cf., por exemplo, R. Pullus, *Sententiarum libri octo*, IV, q.28, m.5, a.1: PL 186, 847AB. E assim foi sendo mantido, por exemplo, na Espanha, praticamente até nossos dias.

mais precoce, saia deste mundo sem ter sido aperfeiçoado pelo Espírito Santo com o dom da plenitude de Cristo (CIC 1314).

O sacramento da confirmação consolida, portanto, a confiança (*parresia*) do cristão e sua esperança na ressurreição gloriosa.

IV. Confirmação e comunidade messiânica

A dimensão eclesial é também importante para uma completa compreensão do mistério do sacramento da confirmação. Apresenta duas vertentes: na relação com a Igreja enquanto tal, em seu conjunto, e na relação com os indivíduos que são confirmados.

1. A confirmação, celebração da Igreja

Como toda ação litúrgico-sacramental, a confirmação é, antes de tudo e sobretudo, "celebração da Igreja [...]; pertence a todo o Corpo da Igreja, influencia-o e o manifesta" (SC 40).

Em termos de celebração, como seu sujeito integral aparece a comunidade local, presidida pelo bispo, o qual é assistido pelos presbíteros e por outros ministros, pelos pais e padrinhos dos confirmandos e pelos fiéis da comunidade (cf. RC 3-8: "Funções e ministérios na celebração da confirmação"). Torna-se assim, já nesse nível, uma das *principais manifestações da Igreja* (cf. SC 40).

A celebração do sacramento da confirmação, no entanto, é também acontecimento eclesial no âmbito profundo do mistério: constitui a auto-realização da Igreja como organismo de salvação animado pela presença e atividade do Espírito. Severo de Antioquia imagina a unção crismal como a unção nupcial com a qual Cristo impregna de seu aroma a sua Esposa.[57] "Toda a Igreja é consagrada com a unção do crisma pela imposição das mãos", afirma um texto catequético do séc. X.[58] A Igreja vai-se construindo, crescendo e estruturando à medida que seus membros, pelo sacramento da con-

---

[57] Cf. *Himno* 61: PO 6/1, 105.
[58] *Sermo generalis de confectione chrismatis*: M. ANDRIEU, *Ordines Romani*, II, 238; "[...] por meio do sacramento do crisma fazes crescer a tua Igreja [...]": segunda oração de consagração do crisma no rito romano atual.

firmação, vão-se integrando mais plenamente em seu organismo. Esse sacramento representa, nas mãos do Espírito, um instrumento privilegiado para levar a cabo sua missão de "fazer progredir todo o corpo da Igreja na unidade e na santidade" (RC 26). Para a própria Igreja significa um momento-chave de seu crescimento.

A celebração do sacramento da confirmação é, portanto, epifania e auto-realização da Igreja em sua dimensão pneumatológica e pentecostal, como já foi para ela o acontecimento de Pentecostes e como foi para Jesus o seu batismo no Jordão.

2. A confirmação, incorporação mais perfeita à Igreja

"O sacramento da confirmação os une [os crentes] mais perfeitamente (*perfectius vinculantur*) à Igreja" (LG 11); "[...] põe em evidência o vínculo mais estreito (*arctius vinculum*) com o qual o une à Igreja" (RC 7); "[...] confirmou hoje como membros mais perfeitos do povo de Deus" (RC 35 e 36): trata-se de expressões autorizadas da segunda vertente da dimensão eclesial da confirmação.

Interessa-nos observar aqui que a exegese atual interpreta o episódio narrado em At 8,14-18 (seja qual for, exegeticamente, sua relação com o sacramento da confirmação) como sinal da preocupação em garantir a vinculação da primeira comunidade cristã que nascia fora da Judéia com a Igreja-mãe de Jerusalém.

O ministério do bispo, que nesse sacramento adquire relevância especial (embora não seja a realidade essencial do sacramento nem constitua um argumento teológico de destaque, como alguns o pretendem),[59] não carece de significação teológica que mereça ser evidenciada. Ele é o *ministro originário* do sacramento da confirmação.[60] Como chefe e máximo representante da Igreja local, a ele foi confiado especialmente o *ministerium unitatis*. Ele, em pessoa, é

---

[59] Para convencer-se disso, basta observar a disciplina vigente nas Igrejas orientais e as exceções à regra geral que foram observadas e continuam sendo seguidas legitimamente no Ocidente.

[60] Como a expressão utilizada por Trento, *ministro ordinário* (DS 1630; cf. também o cân. 782 do CDC de 1917), não refletia a disciplina vigente no Oriente, nem muitas das exceções reconhecidamente em uso no Ocidente, LG 26 preferiu chamar o bispo de *ministro originário* do sacramento da confirmação (terminologia adotada por RC 7 e CIC 1312; tal não acontece em CDC 882, supomos que pelo fato de este referir-se só ao rito latino).

sinal da comunhão eclesial tanto no seio da Igreja local quanto no que diz respeito à relação com a Igreja universal. "A recepção do Espírito Santo pelo ministério do bispo deixa claro o vínculo mais estreito que une os confirmandos à Igreja" (RC 7; cf. CIC 1313). O bispo se torna o garante da autenticidade do testemunho que o confirmado dará.

Como sacramento de iniciação que é, a confirmação continua o processo de iniciar mais profundamente ao mistério e à vida da Igreja. O confirmado adquire novo estatuto social na comunidade cristã, uma mais forte caracterização como membro da Igreja.

Atingindo a maioridade na comunidade eclesial, ele se compromete a empenhar-se mais a fundo e a ser co-responsável pelo crescimento do corpo de Cristo.[61] O sacramento o capacita também para participar, com um título novo, pública e oficialmente, das tarefas messiânicas que competem à Igreja (mas disso nos ocuparemos na próxima seção do livro).

---

[61] "Os apóstolos se encheram do Espírito Santo como doutores da fé; os demais fiéis, por sua vez, como operários naquilo que se refere à edificação dos fiéis": TOMÁS DE AQUINO, *STh* III, q.72, a.1 ad 1. "[...] Fortalecem-se com seu poder [...] para edificar seu corpo na fé e na caridade": RC 2.

Capítulo XI
A graça da confirmação

Bibliografia

Borobio, D., *Iniciación*, 498-505; Cecchinato, A., *Celebrare la confermazione*, 257-273; dos Santos Santos Marto, A., A. *Confirmação, sacramento do testemunho* (Theologia), Braga, 105-120; Fuster, S., El carácter de la Confirmación y la participación de los fieles en el sacrificio eucarístico, *TE*, 4, 1960, 7-57; Hauke, M., *Firmung*, 297-311; Iniesta, A., El testimonio cristiano (confirmados para ser testigos), in VV.AA., *El sacramento del Espíritu*, 87-106; La Verdiere, E., Le caractere de la confirmation: une participacion au sacerdoce prophétique du Christ, *Parole et Pain*, 1, 1964, 216-230; Leal Duque, I. L., *La naturaleza del carácter sacramental reflejada en los documentos del Concilio Vaticano II*. Sacramento de la Confirmación, Madrid, 1970; Lourdusamy, S., Dimensión misionera del Bautismo y de la Confirmación, *Concilium*, 16, 1984, 159-172; Pancheri, F. S., *Cresima*, 9-95; 177-288; Pedrosa, V. M., Confirmación y misión, *Teología y Catequesis*, 21, 1987, 47-75; Zardoni, S., Il carattere della Cresima all'interno di una possibile teologia sul carattere sacramentale, in VV.AA., *Il sacramento della Confermazione*, Bologna, 1983, 171-198.

Da *res et sacramentum* da confirmação passamos agora para a *res sacramenti*, ou seja, da contemplação do acontecimento salvífico seguimos para a consideração de seus efeitos sobre o sujeito que o vive no sacramento. Em outras palavras, vamos descrever a graça do sacramento da confirmação.

A tarefa apresenta dificuldades devido à variedade, dispersão e até mesmo, por vezes, à ambigüidade que detectamos nas interpretações das distintas tradições teológicas.[1] Devíamos contar com isso *a priori*, em vista da multiformidade de que sempre se revestiu a ação do Espírito (cf. Sb 1,7; 1Cor 12,4). Tomás de Aquino tinha consciência dessa multiplicidade de efeitos (e conseqüente multiplicidade de interpretações possíveis) e a atribuía precisamente ao protagonismo do Espírito nesse sacramento.[2]

---

[1] Cf. R. Bastián, *The Effects of Confirmation in Recent Catholic Thought*, Roma, 1962; I. R. Gillis, *The Effect of the Sacrament of Confirmation*, Washington DC, 1940.

[2] Cf. *STh* III, q.72, a.2 ad 2; cf. também *Cat. Rom.*, II, 3,7.

Tais efeitos estão relacionados de modo estreito aos resultados produzidos pelo batismo; agora eles são *confirmados, acrescentados* e *aperfeiçoados*. Um primeiro grupo *afeta a pessoa mesma* do confirmado; o segundo *está ligado à comunidade inteira na qual ele vive*.[3]

A tradição valeu-se de alguns termos muito significativos e de outros meios lingüísticos para definir essa relação entre os efeitos da confirmação e os do batismo.

I. Robustecimento da graça batismal

O verbo *confirmar* deu origem ao nome mais comum usado para designar esse sacramento no Ocidente. O termo já é empregado por Ambrósio a propósito dos ritos pós-batismais em sua relação com o batismo.[4] O substantivo *confirmatio*, enquanto termo técnico utilizado para classificar o rito pós-batismal, aparece pela primeira vez no Concílio de Orange (a. 442).[5] Na homilia de Pentecostes de Fausto de Riez, que tanta influência acabaria tendo sobre a teologia medieval da confirmação, o termo se converte praticamente em peça-chave para interpretar a natureza desse sacramento. Embora em certas ocasiões tenha um sentido puramente ritual e se refira ao rito que põe fim a uma celebração, aplicado à confirmação em geral apresenta um significado teológico.

Considerando-se como esse termo foi interpretado ao longo de toda a tradição, podemos dizer em síntese que, acima de tudo, a função da confirmação é simplesmente a de garantir a permanência das estruturas e dos dons outorgados no batismo; *conferir profundidade à graça batismal* (CIC 1303). A expressão parece ter certo parentesco com a *sphragis*: o sacramento é uma espécie de selo que fecha hermeticamente o vaso para que dele não evaporem as *essências* do batismo; é um tipo de ajuda suplementar

---

[3] Cf. TOMÁS DE AQUINO, *STh* III, q.65, a. 1c.

[4] Cf. *De myst*. VII, 42: SCH 25bis, 178; ver também *OR* XI, nn. 100 e 102: M. ANDRIEU, vol. II, 446.

[5] Cân. 2: CCL 148, 78: *in baptismate [..]. in confirmatione*. Nas *CA* III, 17, 1 encontramos uma expressão análoga: "O *myron* é confirmação *(bebaiosis)* da confissão": FUNK I, 211 (aqui *confissão de fé* é, provavelmente, sinônimo de batismo, *sacramento da fé*; cf. N. BUX, L'unzione del Myron: Bebaiosis tes homologias, *Nicolaus*, 8, 1980, 329-335.

para que o cristão cumpra a primeira exigência do batismo, que é a de conservá-lo.

Mas o termo dá a impressão de sugerir, além disso, a idéia de que esses ritos convalidam, ratificam e autenticam (*selar*) o batismo recebido. Cirilo de Jerusalém serve-se, nesse contexto, do verbo *epaletheuo* (autenticar)[6] e no *OR* XI (meados do séc. VII) um registro recomenda "não descuidar (os ritos da confirmação) em absoluto, pois é assim que todo batismo legítimo fica confirmado com o nome de cristão".[7]

Segue-se a idéia do *robur* como efeito desse sacramento, que acabará adquirindo muita força na Idade Média. Sem renunciar à idéia de que já o batismo confere a autoridade necessária para travar e vencer as batalhas da vida cristã (tal é o simbolismo atribuído à unção pré-batismal), o simbolismo da imposição das mãos (a mão, sede e sinal da força) e da nova unção com o crisma leva a considerar a confirmação de maneira particular como o sacramento da fortaleza cristã. Sem cair em nenhuma contradição, na lógica da confirmação como *reforço* do batismo, tanto no Oriente quanto no Ocidente houve um redirecionamento de simbolismo: o dom da força, que originariamente havia sido associado com a unção pré-batismal, é atribuído agora à unção crismal. "Que a unção seja um escudo de força com o qual se possam extinguir todos os dardos ardentes do maligno."[8] "In baptismo regeneramur ad vitam, post baptismum roboramur ad pugnam."[9]

Não se descarta que o termo *confirmação* queira expressar a idéia de que a graça da confirmação ajudará também o crente a fazer a experiência pessoal e a aprofundar-se na realidade salvífica

---

[6] Cf. *Cat. myst.*, III, 5: SCH 126, 138.

[7] *OR* XI, 102: ANDRIEU, II, 446.

[8] Fórmula de unção pós-batismal no ritual armênio: WINKLER, 225. Cf. também CIRILO DE JERUSALÉM, *Cat. myst.* III, 4: SCH 126, 126; SEVERO DE ANTIOQUIA, *Hom.* 82 e 85: PO 23, 36-37; MOISÉS BAR KEPHA (séc. IX), *Tratado sobre el myron*, cc. 44 e 50: B. VARGHESE, *Onctions*, 241 e 242.

[9] FAUSTO DE RIEZ, *Hom. de Pent.*, 2: CCL 101, 339. "Datur Spiritus Sanctus ad robur spiritualis pugnae": TOMÁS DE AQUINO, *STh* III, q.72, a.2c; cf. a.1 ad 4. No Ocidente, a idéia do *robur* foi transformada em doutrina comum dos teólogos.

instalada pelo batismo, algo que está em consonância com as atividades que a Escritura e a tradição atribuem ao Espírito.[10]

II. Aperfeiçoamento da graça batismal

a) Outro vocábulo utilizado freqüentemente pela tradição para significar o que a confirmação faz em relação ao batismo é *perficere/perfectio (teleio/teleiosis)*. Aqui é mais aparente a idéia de que o *segundo sacramento* apresenta um *complemento* ao primeiro. Já são Cipriano, no séc. III, comentando At 8,14-17, que ele relaciona explicitamente com a imposição das mãos pós-batismal, diz que os apóstolos *supriram o que faltava* ao batismo conferido por Filipe.[11] A idéia ficou plasmada no conhecido aforismo *Confirmatione baptismus perficitur*, que circulou amplamente pelo Oriente e pelo Ocidente.[12] No Ocidente, o Concílio de Elvira (cân. 38 e 77) emprega por duas vezes o verbo *perficere*[13] e Ambrósio denomina *perfectio*, pura e simplesmente, os ritos pós-batismais: "Depois vem o signo espiritual [...] porque depois da piscina só resta para ser realizada a perfeição (*perfectio*); esta se alcança quando, pelas invocações do sacerdote, infunde-se o Espírito Santo [...]".[14]

---

[10] Sem entrar aqui em maiores discussões, tomamos a especificação feita, por exemplo, por ALEXANDRE DE HALES: "Não se diz que pelo sacramento da confirmação se confirma a graça batismal, mas o homem batizado; a confirmação é da pessoa, não da graça": *STh*, p. IV, q.26, m.1, a.1.

[11] Cf. *Ep.* 73, 9,1-2: BAC 241, 679; BM 193: "A mesma coisa é praticada agora entre nós: os que são batizados na Igreja, são apresentados aos bispos da Igreja para que lhes seja conferido o Espírito Santo pela oração e pela imposição das mãos, completando assim sua iniciação com o selo do Senhor *(signaculo dominico consummentur)*. A mesma expressão *(quod ibi defuit)* aparecerá mais tarde nos escritos de LEÃO MAGNO *(Ep.* 166, 2: PL 54, 1194), falando da reconciliação dos hereges.

[12] Cf. J. B. UMBERG, Confirmatione baptismus perficitur, *EThL*, 1, 1924, 505-517; M. MAGRASSI, "Confirmatione baptismus perficitur". Dalla "perfectio" dei Padri alla "aetas perfecta" di san Tommaso, *RL*, 54, 1967, 429-444.

[13] Cf. CONCÍLIO DE ELVIRA, cân. 38 e 77: BM 213.

[14] AMBRÓSIO, *Sacr.* II, 8: SCH 25bis, 64. É curioso que a versão da homilia de Pentecostes de Fausto de Riez, que na Idade Média circulou como carta do suposto Papa Melquíades, acrescenta-lhe este inciso: "[...] *(confirmatio)* ad baptismi perfectionem pertineati": MANSI, II, 430D. A carta do Papa Fabião, que pertence ao mesmo bloco de escritos apócrifos da anterior, afirma também que: "[...] *(baptismus)* sancti chrismatis unctione perficitur atque confirmatur": MANSI, I, 775E.

Por sua vez, os africanos Cipriano e Agostinho usam o verbo *consummare*[15] para significar a mesma idéia. Essa linguagem, passando pela Idade Média, chegou até nossos dias.[16]

Entre os orientais, Teodoro de Mopsuéstia já fala dos ritos pósbatismais como de um *complemento*.[17] Ps. Dionísio Areopagita, que dedica um capítulo do seu *Ecclesiastica Hierarchia* à consagração do *myron*, afirma que a unção crismal é *perfectiva (teleiotike)*.[18] Encontraremos essa mesma idéia expressa de mil formas nos documentos litúrgicos e nos escritores orientais.[19] No mundo siríaco o substantivo *shumloyo* (*complemento*) converteu-se no nome mais comum desse sacramento.[20]

Essa persuasão tão universal certamente tem a ver com a atribuição dada desde a antigüidade de maneira especial ao Espírito

---

[15] Cf. CIPRIANO, *Ep.* 73, 9, 1-2: BAC 241, 679; AGOSTINHO, *Serm.* 269. Cf. também *De rebapt.* 1: BM 201 (embora diretamente se refira à reconciliação dos hereges). O *tou sphragisthenai* da carta de Cornélio a Fábio Rufino é traduzido por "signaculo chrismatis *consummatus est*". Encontrou um distante eco em TOMÁS DE AQUINO, *STh* III, q.72, a.11c: *Hoc autem confirmationis sacramentum est quasi ultima consummatio sacramenti baptismi*. INOCÊNCIO I descreve com o verbo *consummare* a imposição das mãos dos apóstolos em At 8,14-17: *Ep.* 17, 5: MANSI, 3, 1061. B. BOTTE opina que *consummare*, nesse contexto, significa *santificar* e não *consumar* ou *completar*: Consummare, *ALMA*, 12, 1937, 43-45.

[16] TOMÁS DE AQUINO afirma que o cristão que morre sem confirmação adoece de certo *detrimentum perfectionis*: *STh* III, q.72, a.8 ad 4. PAULO VI, por sua vez, na Const. Apost. *Divinae consortium naturae*, ensina que o dom do Espírito Santo nesse sacramento *está destinado a completar (complere)* a graça do batismo. Cf. também CIC 1288-1289.

[17] Cf. *Hom.* XIV, 19: TONNEAU 443.

[18] Cf. *EH* 2, 3, 2; 4, 3, 11: PG 3, 404C e 484C.

[19] *O selo da perfeição* (SEVERO DE ANTIOQUIA: séc. VI); "sem *myron* o batismo não é completo" (JOÃO DE TELLA: séc. VI); *aperfeiçoar o batismo* (Atas do martírio de Abdul-Masih de Sindjar: séc. VII); *a perfeição do batismo espiritual* (JOÃO I, Patriarca de Antioquia: séc. VII); *a consumação perfeita* (TIMÓTEO II, patriarca nestoriano: séc. IX); comparando com o batismo, "a eucaristia e a consagração do *myron* possuem um só efeito: a perfeição e o acabamento" (JOÃO DE DARA: séc. IX); *a coroação de nossa regeneração pela água e pelo Espírito* (ANTÔNIO DE TAGRIT: séc. IX); *o cumprimento e a perfeição desses dons divinos* (DIONÍSIO BAR SALIBI: séc. XII)... Ao leitor não será difícil contrastar as referências que damos no texto e encontrar outras ainda em B. VARGHESE, op. cit., passim.

[20] Cf. L. LIGIER, *Confirmation*, 243, n. 10.

Santo para as *ações perfectivas*, tanto no seio da Trindade como nas obras *ad extra*.[21]

Segundo o dito, a confirmação faz do batizado um *cristão perfeito*.[22] "Sem a confirmação, a iniciação cristã fica incompleta" (CIC 1306).

b) Nesse sentido, os documentos romanos recentes empregam também a palavra *plenitude*: "[...] a missão de levar à plenitude a consagração batismal por meio do dom do Espírito" (RC 26); "a recepção desse sacramento é necessária para a plenitude da graça batismal" (CIC 1285); "a confirmação é a plenitude do batismo" (CIC 1304).

Há muito tempo a tradição vem relacionando com o sacramento da confirmação a idéia da *plenitude* (continua implícita, mas clara, a comparação com o batismo). Sobretudo a plenitude do Espírito Santo é conferida pela confirmação (cf. anteriormente), mas entre seus efeitos menciona-se ainda a plenitude da graça. São Cipriano afirma que "só podem santificar-se e ser filhos de Deus em plenitude (*plene*) aqueles que nascem através de ambos os sacramentos".[23] A fórmula da consagração do crisma, no rito romano, refere-se à confirmação como o *sacramento da plenitude da vida cristã*. Tomás de Aquino, por sua vez, define esse sacramento como *o sacramento da plenitude de graça*, que nos configura a Cristo, *aquele que é cheio de graça e de verdade*.[24]

c) A idéia de *augmentum* é empregada também no Ocidente para significar o tipo de relação que a confirmação tem com o batismo. Nós a encontramos no séc. V pela primeira vez, expressa de forma

---

[21] Cf. Basílio, *De Sp. S.*, IX 23: SCH 17, 146 e 147; Ps. Dionísio Areopagita, *EH*, passim.

[22] Cf. Cirilo de Jerusalém, *Cat. myst.* III, 5: SCH 126, 128; Teodoreto de Ciro, *Quaestiones et responsiones ad orthodoxos*, 137: PG 6, 1389D; Agostinho, *Enar. in Ps.* 26, 2, 2: CCL 38, 154-155. No ritual sírio-oriental, a fórmula da *consignatio* que vem logo depois da imposição das mãos diz: "N. foi batizado e tornado perfeito no nome do Pai [...]". Ver também as Atas do martírio de Abdul-Masih de Sindjar (cf. L. Ligier, *Confirmation*, 195-199); Tomás de Aquino, *STh* III, q. 72, a. 11c *(ut pleni christiani inveniantur)*.

[23] *Ep.* 72, 1, 2: BAC 241, 670.

[24] Cf. *STh* III, q.72, a.1 ad 2; a.2 ad 4. Cf. Simeão, o Novo Teólogo (séc. XI), *Centurias* 3, 45: SCH 51, 93 (embora não haja certeza de que ele se refira ao sacramento da confirmação).

lapidar na famosa homilia de Fausto de Riez: "O Espírito Santo [...] no batismo outorga a plenitude para a inocência; na confirmação concede aumento para a graça (*in confirmatione augmentum praestat ad gratiam*)".[25] Amalário de Metz, no séc. IX, irá entendê-la como um *aumento de glória* para a outra vida.[26] Tomás de Aquino, em seu tempo, fará amplo uso desse conceito na linha apontada na homilia e apoiando-se abertamente nela.[27] Dos escolásticos a idéia passara para os documentos do magistério: pode-se encontrá-la em Inocêncio III (DS 785) e no *Decretum pro Armenis* (DS 1311), em ambos os casos curiosamente associada a *robur*.

Essa concepção recebeu duras críticas por parte de G. Dix e L. Bouyer, entre outros, por considerarem-na contrária à tradição patrística e principal causadora da dissociação ocorrida no Ocidente entre batismo e confirmação. Precisamos dizer, de nossa parte, que, com base em testemunhos aqui apresentados, quer nos parecer que essa idéia se enquadra perfeitamente em outros conceitos que circularam durante a mesma época e com idêntico propósito, os quais, estes sim, lançavam suas raízes no tempo dos Padres da Igreja; referimo-nos às noções de *aperfeiçoamento, robustecimento* e *crescimento*.

d) Outra forma de expressar tal relação perfectiva da confirmação com o batismo é o uso dos *comparativos*: "Neste sacramento o penitente alcançará um perdão mais pleno do pecado".[28] "Configura-se mais perfeitamente a Cristo" (RC 2). "Vincula-se mais em consonância com a Igreja" (LG 11).

e) Por último, para expressar essa relação tornou-se clássica no Ocidente, de Tomás de Aquino em diante, uma analogia que se inspira nas *idades da vida*: a confirmação é para o batismo o que

---

[25] *Hom. de Pent.*, 2: CCL 101, 339. Pouco antes havia dito: "Não devemos receber muito do batismo, se depois de batizados precisamos que nos seja acrescentado algo de novo *(si post fontem adiectione novi generis indigemus)*" (338).

[26] Cf. *Liber officialis*: J. M. HANSSENS, *Amalarii opera liturgica omnia*, v. II (ST 139), Roma, 1949, 41.

[27] Cf. *STh* III, q.72, a.5c *(quoddam spirituale augmentum promovens hominem ad spiritualem aetatem perfectam)*; ibid., a.7 ad 2 *(ad augmentum et firmitatem iustitiae)*; ibid., ad 3 *[quae prius inerat (gratia), augetur]*; ibid., a.8 ob.2 *(augetur aliquis spiritualiter in vitam perfectam)*; ibid., a.11 ad 2 *(quoddam spirituale augmentum de esse imperfecto ad esse perfectum)*.

[28] TOMÁS DE AQUINO, *STh* III, q.72, a.7 ad 2.

a idade adulta é para a infância.[29] Essa mesma analogia já pode ser encontrada em autores dos sécs. II e IV. Irineu, comentando precisamente a imposição das mãos dos apóstolos em At 8,9-17, compara a ação perfectiva do Espírito nessa ocasião com a ação de um alimento sólido que *nutre e faz crescer.*[30] Ambrósio, por sua vez, afirma que sem o Espírito estaríamos condenados a permanecer sempre crianças; a vinda do Espírito ocorrerá para fazer das crianças seres mais fortes, a saber, pelo crescimento da idade espiritual (*qui faceret ex parvulis fortiores, incremento videlicet spiritalis aetatis*).[31] Em fins do séc. V, a analogia reaparece, na carta de João Diácono a Senário, com igual clareza e referindo-se precisamente a esses dois sacramentos.[32] A analogia acabará se impondo na teologia ocidental pela autoridade de Tomás de Aquino, que dela fez amplo uso.

Em nossa vida corporal é uma perfeição particular alcançar a idade adulta e ser capaz de realizar as ações que correspondem a essa idade, segundo o que disse são Paulo: "Ao tornar-me homem, deixei todas as coisas de criança" (1Cor 13,11). Assim, convém ao movimento da geração que dá a vida que lhe seja acrescentado o movimento do crescimento que conduz à idade perfeita. Por isso, o homem recebe também a vida espiritual pelo batismo, que é novo nascimento espiritual. No entanto, na confirmação recebe algo assim como certa idade perfeita da vida espiritual (*quasi quandam aetatem perfectam vitae spiritualis*).[33]

Trata-se obviamente de "idade adulta *espiritual*", que não é o resultado de um processo corporal e psicológico, mas graça e efeito

---

[29] Cf. E. Catazzo, La confermazione sacramento della maturità, *Palestra del Clero*, 40, 1961, 781-787; P. Fransen, La confirmación, sacramento de la madurez cristiana, *Orbis Catholicus*, 2, 1959, 412-441; D. Grasso, La cresima, sacramento della maturità, *RCI*, 55, 1974, 550-554; R. Marlé, *La confirmation*. Devenir adulte dans la foi, Paris, 1990; J. Scharfenberg, Madurez humana y símbolos cristianos, *Concilium* 14/132, 1978, 182-195.

[30] Cf. *AH* IV, 38, 1-3: SCH 100/2 947-949.

[31] *De Sp. S.*, III, 14, 99: CSEL 79, 192.

[32] Cf. *Ep. ad. Senarium*: PL 59, 406D-408A.

[33] *STh* III, q.72, a.1c; a.2c; a.5c; cf. *Compendium theologiae*, 613. Ver J. Latreille, L'adult chrétien, ou l'effet de confirmation chez saint Thomas d'Aquin, *RTh*, 57, 5-28; 58, 1958, 214-243.

do sacramento; está ligado ao grau de união e configuração com Cristo e de participação às graças e forças do Espírito.[34] É preciso separar, portanto, com clareza, o aspecto sacramental dos aspectos psicológico, social e jurídico.

Se às vezes se fala da Confirmação como do "sacramento da maturidade cristã", é preciso, contudo, não confundir a idade adulta da fé com a idade adulta do crescimento natural, nem esquecer que a graça batismal é uma graça de escolha gratuita e imerecida que não tem necessidade de uma "ratificação" para tornar-se efetiva. Santo Tomás observa: "A idade do corpo não constitui um prejuízo para a alma. Desse modo, até mesmo na infância o homem pode receber a perfeição da idade espiritual de que fala a Sabedoria (4,8)" (STh III, q.72, a.8 ad 2) (CIC 1308).

Uma versão muito parecida com a que acabamos de descrever, mas que não coincide exatamente com ela, vem-nos de um autor oriental do séc. XIV, que goza da alta distinção de ter sido citado pelo Concílio Vaticano II como autoridade precisamente em matéria de confirmação (LG 11): Nicolas Cabasilas. Inspirando-se em At 17,28, ele concebe a relação entre os três sacramentos da seguinte forma: o batismo depara com mortos e lhes confere a vida (o ser, a existência) de Cristo; a unção com o *myron* aos assim nascidos torna-os perfeitos e lhes comunica uma *energeia* que os faz moverem-se e atuar; e a eucaristia nutre e conserva essa vida e essa salvação.[35]

Fica assim bem documentado o pleno acordo das duas tradições, a oriental e a ocidental, num ponto que metodologicamente é chave para a teologia da confirmação: a relação ontológica existente entre o batismo e a confirmação e a ação perfectiva do segundo em relação ao primeiro, bem como a alta estima desse sacramento. As

---

[34] São Tomás fala, por exemplo, de *spiritualiter provectorum* (cf. *STh* III, q.72, a.5 ad 1). Suas idéias, portanto, nada têm a ver com o *sacramento da adolescência* em que alguns, em nossos dias, sem nenhum apoio na tradição, querem converter o sacramento da confirmação: um sacramento para a idade juvenil.

[35] Cf. *De vita in Christo*, I, 19: SCH 3550, 94. Consultar B. Bobrinskoy, Onction chrismale et vie em Christ chez Nicolas Cabasilas, *Irénikon*, 32, 1959, 8-22; M. Hauke, *Firmung*, 173-174; J. Noret, La confirmation selon Nicolas Kabasilas, *LMD*, 168, 1986, 33-46; J. Zerndl, *Theologie der Firmung*, 225-234.

idéias dos orientais sobre o *myron* não são devidas em absoluto às especulações dos ocidentais sobre a confirmação, tendo sido desenvolvidas ainda quando entre eles não havia ocorrido a dissociação ritual que se deu no Ocidente.

Nada do que foi dito nesta seção pode ser usado em descrédito da graça batismal, a qual, em sua ordem, é perfeita e proporciona tudo o que é necessário. De fato, dentre os nomes que os Padres da Igreja dão ao batismo está justamente o de *to teleion* (*o perfeito, a perfeição*). Mas isso não impede que também a graça batismal, como toda graça outorgada *in statu viae*, seja uma graça *germinal* e chegue a nós com vocação para o crescimento. A dinâmica própria da graça batismal exige prolongamento e desenvolvimento mediante novos auxílios; o primeiro deles é o da confirmação.

III. Fortalecimento para a missão

A graça da confirmação possui uma segunda vertente que afeta o indivíduo, mas em vista dos demais. Precisamente a *plena maturidade* outorgada por esse sacramento é um valor social: torna-se próprio do adulto sair de si mesmo e participar pessoalmente, como trabalhador, na vida e na edificação da comunidade à qual pertence; está capacitado para atuar *in alios* e interessar-se *in salutem aliorum*.[36] Mediante nova e mais plena infusão do Espírito, ao receber uma nova missão, o confirmado sente-se capacitado pela *força do alto* para cumprir as tarefas que lhe são encomendadas. A confirmação é uma nova *deputatio* e consagração para a missão, mas ao mesmo tempo é também capacitação para cumpri-la. Tais aspectos ontológicos são prioritários em relação aos aspectos éticos;[37] neles apóia-se a segurança (*parresia*) do confirmado de poder estar à altura de sua missão.

A razão profunda dessa habilitação está na maior configuração com Cristo e maior vinculação com a Igreja que esse sacramen-

---

[36] "[...] incipit iam communicare actiones suas ad alios; antea vero quasi singulariter sibi ipsi vivit": Tomás de Aquino, *STh* III, q.72, a.2c; cf. também *In IV Sent.*, d.7, q.1, a.2 sol.2.

[37] A crismação possui certa analogia com a ordenação dos ministros pastorais; em ambos os casos os ungidos se convertem em imagens de Cristo Sacerdote, Rei e Profeta, e tornam presente sua ação mediadora na Igreja e no mundo; transformam-se em servidores do projeto salvífico e atores da história da salvação.

to comporta, o que nos torna participantes da unção que ambos – Cristo e a Igreja – receberam para o cumprimento de sua missão. A tradição viu um claro paralelismo entre a unção de Jesus no Jordão e a unção da Igreja em Pentecostes, e relacionou ambas com a confirmação. As fontes, sem contradizerem-se, algumas vezes atribuem a autoria dessa investidura a Cristo e outras ao Espírito. Além disso, todavia, o papel representado pelo bispo na celebração desse sacramento permite à tradição reconhecer o protagonismo que corresponde à Igreja em tal celebração.

Querendo especificar um pouco melhor essa missão para a qual o confirmado recebe capacitação, comprovamos que os documentos mais antigos empregam uma linguagem bastante genérica. Na *TA* de Hipólito, o bispo, em sua oração, ao impor as mãos sobre os batizados, pede "[...] *ut tibi serviant secundum voluntatem tuam*".[38] O *Testamentum DNIC*, que reproduz quase que exatamente a oração da *TA*, na mesma fórmula da unção ainda acrescenta: "[...] para que sejas operário da fé perfeita e instrumento do agrado de Deus".[39] Toda a variedade de funções que posteriormente serão atribuídas ao confirmado cabem sob o denominador comum de *serviço* (algo análogo ao que ocorre com as funções dos ministros ordenados). A tipologia se mantém na mesma amplitude de visão: relaciona a unção crismal com a unção de sacerdotes, reis e profetas. Essa primeira reflexão deveria tornar-nos prudentes diante da tentação de reduzir tudo, quando falamos do sacramento da confirmação e do caráter por ele impresso, à função profética ou de testemunho (ou à sacerdotal, como o fizeram os escolásticos).

Supõe-se que o confirmado presta seu *serviço* a partir dessa nova situação na qual a confirmação o colocou no interior do organismo eclesial. Pois esse sacramento é como uma vocação constitutiva (e não simplesmente funcional), uma espécie de ordenação

---

[38] *TA* 21: Botte, 52. Não há motivos para entender esse *serviço* como *serviço litúrgico* exclusivamente. O próprio autor, algumas linhas adiante, no mesmo capítulo, parece entendê-lo num sentido mais amplo: "Cum vero haec fuerint, festinet unusquisque operam bonam facere et placere Deo et conversari recte, vacans Ecclesiae, faciens quae didicit et proficiens in pietate".

[39] II, 9: Rahmani, 131. Surpreende encontrar a expressão *sirvam a Deus* também na consagração do crisma do rito ambrosiano. Cf. também Rabano Mauro, *De institutione clericorum*, I, 28: PL 107; Tomás de Aquino, *STh* III, q.72, a.2 ad 1: "[...] operários no que se refere à edificação dos fiéis".

(no sentido etimológico da palavra: situar alguém na *ordem* que lhe corresponde), como uma investidura ou encomenda oficial por parte da Igreja. A crismação, símbolo dessa investidura, apresenta-se como consagração.[40] Capacita para representar a Igreja missionária e apostólica, e atuar *quasi ex officio*, como o afirma santo Tomás,[41] bem como para poder atuar *na Igreja*, solidariamente com os demais membros ativos da Igreja, com uma solidariedade que alcançou um grau maior de solidez graças ao novo sacramento.[42] O confirmado é chamado a uma tarefa comunitária, obra de todo o povo de Deus.

Embora à primeira vista possam parecer muito variadas as funções para as quais a confirmação capacita, a própria tradição tratou de reuni-las comodamente segundo um esquema clássico de três funções messiânicas (*tria munera*): profética, sacerdotal e real.[43]

1. *Confirmados para ser testemunhas*

É indubitavelmente a dimensão profética mais reafirmada pelas fontes quando se fala do sacramento da confirmação. Para essa direção já apontam o simbolismo dos ritos e a tipologia bíblica.

Quanto ao simbolismo, particularmente presença de substâncias aromáticas na confecção do crisma foi aproveitada, segundo a interpretação que remonta a fins do séc. IV, para apresentar a crismação como uma impregnação do *bom odor* de Cristo que permitirá aos confirmados dizer: "Nós somos o bom odor de Cristo para

---

[40] "[...] caro ungitur ut anima consecretur": TERTULIANO, *De mort. resur.*, 8, 3: CCL 2, 931.

[41] "Per [...] confirmationem deputantur fideles ad aliqua specialia officia": *STh* III, q.65, a.3 ad 2; "confirmatus accipit potestatem publice fidem Christi verbis profitendi *quasi ex officio*": q.72, a.5 ad 2.

[42] A mudança experimentada pelo confirmado é comparável à que ocorreu em Jesus de Nazaré na investidura messiânica que significou para ele a nova unção do Espírito depois do seu batismo no Jordão; ele também, a partir daquele momento, começou a atuar publicamente e *na Igreja* (escolhendo aqueles que acabariam tornando-se seus colaboradores, a Igreja do futuro).

[43] Encontramos a referência tipológica ao *triplex munus* do AT no rito maronita, oração imediatamente anterior à crismação (MOUHANNA, op. cit., 90); no rito sírio-ortodoxo (consagração do *myron*); no rito romano (consagração do crisma: *SvG*, 386-388: MOHLBERG, 62); no prefácio da missa crismal (de origem galicana: ibid., n. 378: MOHLBERG, 60); no *Missale Gallicanum Vetus*, n. 82, pp. 25-26.

Deus, entre os que são salvos [...]" (2Cor 2,15).⁴⁴ Na oração que nas *CA* se segue à unção crismal, pede-se a Deus, que difundiu entre as nações o bom odor do conhecimento do Evangelho, que comunique ao *myron* uma força para que *o bom odor de Cristo permaneça* no batizado.⁴⁵ Mas o aroma deve irradiar-se e difundir-se no espaço. O bom odor de Cristo pode significar também, por sua vez, o Espírito Santo, *perfume celeste* com o qual Cristo foi ungido, e *a fé ortodoxa* guardada como um perfume na Igreja, que o confirmado é chamado a professar diante dos homens.⁴⁶

O protagonismo do bispo na tradição romana da confirmação tem sido interpretado nesse mesmo sentido: como sucessor dos apóstolos, põe em evidência que pelo sacramento da confirmação se dá uma comunicação do espírito apostólico e uma mais estreita vinculação (*arctius vinculum*) com a Igreja apostólica (RC 7).

Tanto no Oriente quanto no Ocidente é lugar-comum, no âmbito da tipologia, que a unção crismal seja relacionada com a unção dos profetas do AT.⁴⁷ É freqüente ainda sua associação com a *unção* de Jesus depois do seu batismo no Jordão, que significa o começo de sua pregação em público, o que é sugerido pelo próprio Lucas (4,14-18; cf. Is 61,1-2). A tradição percebeu a conexão entre o episódio do Jordão (Lc 3,21-22) e a auto-apresentação de Jesus na sinagoga de Nazaré como o Profeta de Deus (Lc 4,17-21), e considerou a unção crismal uma participação naquela unção de Jesus de Nazaré.⁴⁸

Por último, a *unção* dos apóstolos (da Igreja) em Pentecostes, com o expressivo símbolo das *línguas como de fogo*, que lhes deu *a força do alto* para anunciar ao mundo inteiro a Boa-Nova, é vista

---

⁴⁴ O simbolismo parece estar presente já em CLEMENTE DE ALEXANDRIA, *Paedag.* I, 12: GCS, *Clem.* 1, 149. Mais explicitamente, em CIRILO DE JERUSALÉM, *Cat. myst.* III, 4: SCH 126, 126.

⁴⁵ Cf. *CA* VII, 44, 1-2: FUNK I, 451; ver também Ps. DIONÍSIO AREOPAGITA, *HE* II, 2, 8: PG 3, 404C.

⁴⁶ Cf. B. VARGHESE, *Onctions*, 302.

⁴⁷ Na verdade, a única unção real de profeta mencionada no AT (e só no futuro) é a de Eliseu, em 1Rs 19,16.

⁴⁸ Cf., entre outros, CIRILO DE JERUSALÉM, *Cat. myst.* III, 1-4: SCH 126, 120-126; TEODORO DE MOPSUÉSTIA, *Hom.* XIV, 27: TONNEAU 457.

pela tradição como um paradigma perfeito de nossa confirmação.[49] Aplicam-se a ela os textos em que se prometia o dom do Espírito para o testemunho (Lc 24,48-49; Jo 15,26-27; At 1,8-9).

Não é de estranhar, portanto, que a tradição ponha expressamente em relação a graça da confirmação com a tarefa de dar testemunho. As *CA* a contemplam como *a recepção do Espírito como testemunha*.[50] No Ocidente essa doutrina demora para ser plasmada em afirmações explícitas. Segundo Alcuino, "pela imposição das mãos recebe do bispo o Espírito da graça septiforme, para que seja fortalecido pelo Espírito Santo *com vistas a pregar aos demais*".[51] O melhor desenvolvimento dessa doutrina pode ser encontrado em santo Tomás:

> A perfeição dessa força espiritual consiste propriamente nisto: que o homem se atreva a confessar a fé em Cristo diante de quem quer que seja e não se retraia por vergonha ou medo.[52] [...] Esse sacramento teve origem na vinda do Espírito Santo sobre os discípulos [...]. No dia de Pentecostes eles receberam o Espírito Santo em forma de graça com a qual se aperfeiçoaram para proclamar a fé para a salvação dos demais. Por isso a manifestação do Espírito Santo ocorreu em forma de línguas de fogo, "para que fossem de palavra abundante" para difundir a fé de Cristo e "de caridade fervorosa" para procurar a salvação dos demais.[53] [...] Na confirmação recebe poder (*potestatem*) para operar aquilo que concerne à luta espiritual contra os inimigos da fé.[54] O confirmado recebe poder (*potestatem*) para confessar em palavras, publicamente, a fé de Cristo como por mandato (*quasi ex officio*).[55] Nesse sacramento o homem recebe o Espírito Santo como força para a luta espiritual, para

---

[49] Tomás de Aquino (*STh* III, q.72, a.2 ad 1) resume bem essa tipologia tradicional concretamente.

[50] III, 17, 1: Funk I, 211: SCH 329, 159.

[51] *Ep.* 134: MGHEpist. IV, 203; cf. também *Ep.* 137 (215). Rabano Mauro *(De cler. inst.*, 1.I, c. 30: PL 107, 314A) repetirá a frase de Alcuino ao pé da letra. Tomás de Aquino *(STh* III, q.72, a.6) copia este último.

[52] *Summa contra gentiles*, 1.IV, c. 60 (Ed. Leoniana, XV), Roma, 1930, 196.

[53] *In IV Sent.*, d.7, q.1, a.2 sol.2 (Ed. Vives, X), 156-157.

[54] *STh* III, q.72, a.5c.

[55] Ibid., ad 2.

que confesse valentemente (*fortiter*) a fé de Cristo mesmo entre os inimigos da fé.[56]

O *Decretum pro Armenis* reproduz quase ao pé da letra a doutrina de santo Tomás (DS 1319). Essa doutrina foi recolhida também nos documentos que derivam do Concílio Vaticano II e de sua reforma litúrgica.[57]

O testemunho do confirmado será o prolongamento do testemunho de Cristo; ele o dará em comunhão com a Igreja: pela profissão de sua fé pessoal e da exemplaridade de sua vida; terá significado escatológico, porque anunciará o advento do Reino.

2. Confirmados para o sacerdócio real

A confirmação "aperfeiçoa o sacerdócio comum dos fiéis recebido no batismo" (CIC 1305).[58] A unção crismal supõe uma nova consagração sacerdotal do batizado. Assim conclui Hesíquio de Jerusalém em boa lógica: "Se o sacerdote é reconhecido pela unção, também a nós nos chamam 'ungidos' pelo crisma místico que está em nós. Por conseguinte, também nós somos sacerdotes".[59] Nas fontes litúrgicas o crisma é chamado com freqüência de *crisma sacerdotal* (*chrisma hieratikon*).

A tipologia está de acordo com essa visão. A unção dos sacerdotes do AT, em especial a de Aarão (cf. Ex 20,4-7), aparece freqüentemente, sobretudo na consagração do crisma das diferentes liturgias, como paradigma daquilo que acontece na unção crismal. Isso ocorreu também com a unção de Jesus depois do seu batismo no Jordão: verdadeira unção sacerdotal, que inaugurou a obra medianeira do Servo de Iahweh, que culminaria na oferenda sacrifical de sua vida na cruz. A unção crismal significa, para o confirmado, uma nova e maior participação no sacerdócio de Cristo.

Semelhante conclusão leva-nos à consideração de que a confirmação o vincula mais estreitamente ao mistério da Igreja, corpo

---

[56] Ibid., a.9c.
[57] Cf. LG 11; 33; AA 3; AG 11; RC 2; 46; 58; CIC 1303.
[58] Cf. A. ELBERTI, Accipe signaculum doni Spiritus Sancti. La Confermazione: fonte del sacerdozio regale dei fedeli, *Greg*, 72, 1991, 491-513.
[59] *In Lev.*, I, 5-9: PG 93, 786C.

sacerdotal de Cristo; em sua nova condição de membro *ungido*, participa de modo pleno da missão sacerdotal da Igreja.

O sacramento o capacita para cumprir na Igreja e no mundo a tarefa que, enquanto membro adulto e responsável, perfeitamente caracterizado e equipado, o incumbe de lançar uma ponte entre Deus e os homens, colaborando com os demais membros da Igreja na transformação da humanidade em oferenda agradável a Deus.

Compreende-se, portanto, que, sendo a eucaristia meta e cume de toda a atividade sacerdotal da Igreja, a unção crismal também a ela esteja orientada: amplia no confirmado a aptidão radical que o batismo havia lhe outorgado para participar da eucaristia por configurá-lo mais com o Sacerdote e Vítima do sacrifício eucarístico, por dar-lhe maior comunhão com o Espírito que possibilita a comunhão com o mistério e por uni-lo mais intimamente com a Igreja que ali opera como sujeito integral.

3. Confirmados para a realeza

A participação na realeza de Cristo, radicalmente conferida no batismo, vê-se reforçada no sacramento da confirmação. É o que, na interpretação da tradição, quer dar a entender a unção crismal. Por isso se lhe dava o nome de *crisma real* (*myron basilikon*).

Já dissemos anteriormente que as fontes patrísticas e litúrgicas mencionam a unção dos reis do AT como paradigma da unção crismal.[60] De modo indiscutível, as figuras veterotestamentárias foram cumpridas primeira e plenamente em Cristo, Messias Rei. Quando se fala em realeza está se falando em poder e autoridade: ao tomar *parte da realeza de Cristo* pela unção crismal,[61] o confirmado participa do poder senhorial com o qual o Espírito Santo o revestiu na ressurreição. Em virtude do sacramento, os confirmados ficam de algum modo constituídos guias e pastores no povo de Deus, com autoridade e responsabilidade sobre os seus coetâneos.

A confirmação confere a força necessária para que possam trabalhar e colaborar com os outros na tarefa de submeter o mundo ao senhorio de Deus, impregnando de valores evangélicos as

---

[60] Cf. Cirilo de Jerusalém, *Cat. myst.* III, 6: SCH 126, 128; Ambrósio, *De myst.* VI, 30: SCH 25bis, 172.

[61] Cf. Concílio de Laodicéia (anterior ao ano 363), cân. 48: Mansi II, 571.

estruturas sociais terrenas, a cultura e as realizações humanas (respeitando, obviamente, sua autonomia; cf. LG 36). A *consecratio mundi* seria o objetivo contemplado pela função real.[62]

No horizonte dessa mesma função entra ainda a tarefa de recriar a partir de dentro, no coração de uma humanidade dividida, as condições para uma fraternidade autêntica. O confirmado está capacitado para ser artífice de unidade e fraternidade em meio à comunidade humana.

A *parresia* que o confirmado necessita para afrontar todas essas tarefas repousa sobre a *força do alto* que lhe foi abundantemente comunicada no sacramento pelo Espírito Santo.

É o momento de abordarmos o tema da relação entre o sacramento da confirmação e o sacramento da ordem. Embora as diferenças sejam muito grandes, por tratar-se de dois sacramentos especificamente distintos, as analogias, no entanto, são notáveis e significativas. No nível do rito, em ambos os casos temos os mesmos símbolos: a unção com o crisma e, sobretudo, a imposição das mãos, acompanhadas por uma epíclese em sentido estrito, invocando sobre o sujeito a graça do Espírito Santo. A finalidade para a qual se pede esse dom do Espírito é análoga também em ambos os sacramentos: a capacitação para o cumprimento de um *serviço*, de uma *missão oficial* na Igreja.[63] Os dois sacramentos imprimem caráter, que consiste em uma nova configuração com Cristo Sacerdote, Rei e Profeta, que permite ao confirmado e ao ordenado, em graus distintos, obviamente, representar Cristo e a Igreja em meio à comunidade e diante do mundo. Essas semelhanças induziram Max Thurian a denominar a confirmação *segunda ordenação de leigos* (a primeira teria sido o batismo).[64] Sem dúvida exagera H. Mühlen quando, a partir dessas analogias, conclui que, dogmática

---

[62] Cf. M.-D. CHENU, Los laicos y la "consecratio mundi", in VV.AA., *La Iglesia del Vaticano II. Estudios en torno a la Constitución conciliar sobre la Iglesia*, Barcelona, 1965, 999-1015.

[63] Cf. TOMÁS DE AQUINO, *STh* III, q.65, a.3 ad 2. Ver R. CHRISTIAN, Midway Between Baptism and Holy Orders. Saint Thomas' Contribution to a Contemporary Understandig of Confirmation, *Angelicum*, 69, 1992, 157-173.

[64] Cf. *La Confirmation, consécration des Laïques*, Paris, 1957. Essa linguagem já havia sido utilizada no séc. XIX pela *Escola Evangélica de Erlangen*; cf. M. HAUKE, *Firmung*, 336.

e teologicamente, a confirmação está mais próxima do sacramento da ordem que do batismo.[65]

IV. O "caráter" da confirmação

O Concílio de Trento declarou solenemente que a confirmação, da mesma forma que o batismo e a ordem, "imprime um caráter na alma, isto é, um sinal espiritual e indelével, razão pela qual não se pode repetir" (DS 1609; cf. também 1767).[66]

A doutrina demorou a ser elaborada. É certo que, desde a antigüidade, quando se falava da unção crismal e da *consignatio* empregavam-se palavras como *sphragis, signaculum* e *character*; tais expressões, todavia, nada tinham ainda a ver com o *caráter* no sentido que lhe confere o Concílio de Trento.

Deu-se um primeiro passo quando se começou a afirmar que o dom outorgado pela unção é de natureza perdurável: permanece mesmo depois de perdida a graça pelo pecado.[67] Alguns viam indício disso no simbolismo do óleo que impregna e que adere fixamente ao objeto; outros, na tipologia da unção de Jesus no Jordão: o Espírito pousou sobre ele para ficar (argumento da teologia patrística do batismo de Jesus).

O segundo passo foi a doutrina da irreiterabilidade da confirmação.[68] A partir daí, para explicar essa irreiterabilidade, a Escolástica elaborou a doutrina de um caráter indelével impresso na alma pelo sacramento da confirmação, semelhante à elaborada a propósito do batismo. Atribuíram-lhe, em primeiro lugar, alguns efeitos que poderíamos chamar ontológicos (porque afetam profundamente o sujeito): entenderam-no como uma nova configuração a Cristo e como novo sinal de pertença a ele; e, ao mesmo tempo, como o selo de uma inserção mais profunda na Igreja. Deram-lhe, em segundo lugar, outro aspecto: o de tornar participante na função de Cristo e da Igreja (hoje falamos de tornar participante da tríplice função

---

[65] Cf. Die Firmung als sakramentales Zeichen der heilsgeschichtlichen Selbstüberlieferung des Geistes Christi, *ThGl*, 57, 1967, 263-286 (esp. 282).

[66] Com termos quase idênticos, isso havia sido afirmado anteriormente pelo *Decretum pro Armenis* (DS 1313). Um comentário autorizado pode ser encontrado no *Catecismo Romano*, II, 1, 25, e agora no CIC 1296.

[67] Cf. Agostinho, *Contra litt. Petil.*, 2, 104, 239: CSEL 52, 154.

[68] Cf. Gregório Magno, *Ep. a Jenaro*: CCL 140, 226.

messiânica). No conceito de caráter acabaram sendo articuladas todas as dimensões do sacramento.

Indubitavelmente, o caráter da confirmação remete ao caráter do batismo. Ora, que relação e que diferença existem entre ambos os caracteres? É uma questão que os teólogos vêm debatendo há muito tempo com grande disparidade de opiniões. Cayetano pensava que eram da mesma natureza e que o caráter da confirmação nada mais significava do que um simples desenvolvimento do caráter do batismo (questão de graus).[69] Isso se harmoniza com o que dissemos a propósito da confirmação como reforço e aperfeiçoamento do batismo.

Há os que se inclinam a ver o caráter do batismo ordenado para o aperfeiçoamento do próprio batizado, e o da confirmação, por sua vez, determinado para o aprimoramento dos demais, ou seja, para a edificação da Igreja.

[69] Cf. *Comm. in 3am*, 2.72, a.5.

Capítulo XII
As exigências da confirmação

Por fim, vamos tratar da dimensão ética do sacramento da confirmação. Como sacramento de iniciação que é, marca o começo de uma nova etapa; é chamado a fazer sentir sua influência no restante da existência do confirmado. A *marca* inapagável que ficou estampada em sua alma está indicando justamente isso. As graças e dons do Espírito que lhe foram confiados em abundância pelo sacramento são, na realidade, talentos que ele deve fazer frutificar, consciente de que um dia lhe será pedido que preste contas da gestão deles. A *perfeição*, que a confirmação representa em relação ao batismo, não é meta de chegada, mas começo de uma nova etapa: simboliza novo chamado a continuar perseguindo o ideal da vida cristã, a *perfeição* (dessa vez no sentido sempre entendido pelas pessoas espirituais).[1] As obrigações do confirmado derivam, antes de mais nada e sobretudo, dos dons do Espírito recebidos no sacramento. Ele poderá contar com a ajuda do próprio sacramento, que deve ser para ele *fonte de santidade* (RC 38).

Supõe-se que a partir desse momento a vida do cristão seja orientada pelos valores específicos que lhe foram comunicados pelo *segundo sacramento*. Ele se comprometeu a aprofundar-se neles, vivendo-os em sua ocupação do dia-a-dia, segundo aquele princípio fundamental da espiritualidade sacramental que já lembramos por ocasião do batismo (cf. anteriormente): *Implendum est opere, quod celebratum est sacramentum*; aquilo que é celebrado no sacramento deverá ser vivido depois, na existência de todos os dias, numa vida que não esteja em contradição com os valores proclamados na celebração, mas que seja coerente com o mistério celebrado e com a nova situação alcançada na Igreja. De algum modo pede-se ao confirmado que *manifeste na vida* (RC 38) o sacramento recebido, sabedor de que a celebração só atinge sua verdade plena quando seus conteúdos chegam a impregnar a vida do confirmado, e sua vida transcorre na direção marcada por eles.

---

[1] Cf. S. Gamarra, op. cit., 177-205 (esp. 194-196).

Isso, que vale para todo sacramento, deve-se dizer de maneira especial da confirmação, porque confirmação e compromisso parecem ser dois termos estreitamente ligados. A ponto de alguns chamarem o segundo sacramento de *sacramento do compromisso cristão*, e, de acordo com os escolásticos, o caráter que ele imprime reveste-se, entre outros traços, de ser *signum obligativum*, signo comprometedor, que lembra as obrigações contraídas.

Já que os valores comunicados pelo sacramento da confirmação são reforço e prolongamento dos que já foram recebidos no batismo, compreende-se que as obrigações que deles derivam devam ser entendidas também como uma intensificação das já adquiridas no batismo e que, por conseguinte, as características da *espiritualidade da confirmação* estejam na linha das que já analisamos quando estudamos o batismo.[2]

I. "Homem do Espírito"

Deve sê-lo já o batizado, mas o sacramento da confirmação, mediante a nova infusão do Espírito, deixou-o marcado de um modo peculiar e definitivo como *homem do Espírito*, estreitando ainda mais o vínculo que já existia entre ele e o Espírito e pondo-o de uma maneira nova sob sua égide.

A partir desse momento, incumbe-se ao Espírito um protagonismo especial na vida desse cristão. Se *viver no Espírito* é o ideal de todo batizado (Gl 5,16-25: *viver* e *operar* segundo o Espírito), passa a ser também ao confirmado uma nova motivação. Sua existência deve ser e se manifestar como uma existência iluminada pela presença do Espírito, que já não deixará de acompanhá-lo no caminho da vida.

Espera-se dele uma atenção particular a essa forma nova de presença e de atividade do Espírito em sua vida. O caráter que ficou impresso indelevelmente em sua alma lhe recordará esse fato. Ele deverá deixar campo livre à ação do Espírito, permitindo-se *guiar e animar por ele* (Rm 8,14; Gl 5,18) e colaborando com ele, respondendo aos seus impulsos e moções. Em outros termos, deverá deixar-se possuir pelo Espírito para poder possuí-lo, cons-

---

[2] Cf. S. Fuster, La confirmación y la espiritualidad secular, *TE*, 6, 1962, 29-38.

ciente de que "o cume da vida cristã é a possessão do Espírito" (são Serafim de Sarov).

Isso o ajudará a viver o processo da vida cristã como dom do céu, como aventura de graça, de gratuidade, porque o Espírito Santo é Dom por excelência (Jo 7,39; Rm 5,5; 2Cor 1,22; 5,5; Ef 1,13-14; 1Jo 3,24;). Desse modo, sua nova maneira de viver refletirá a dimensão carismática e espiritual da vida cristã.

Ele deverá tomar consciência (e mantê-la viva) de que na confirmação o Espírito lhe foi dado como o *Espírito que nutre* (Irineu), como uma força de crescimento. Ajudar a crescer em Cristo é uma das funções do Espírito, mas contando a todo momento com a cooperação do confirmado. A mediação interior do Espírito – entre Cristo e nós – o ajudará a se aprofundar sempre mais no mistério de Cristo, a fazer a experiência espiritual pessoal desse mistério, a caminhar rumo à verdade plena. Deverá deixar as mãos livres para o Espírito a fim de que continue nele o labor iniciado no batismo, reproduzindo cada vez com maior perfeição os traços da imagem de Cristo. Terá de ficar atento ao testemunho que, com redobrada força depois da confirmação, o Espírito dá em seu interior (Gl 4,6; Rm 5,5.15-16), para poder viver com maior intensidade, *em Cristo e com Cristo*, a filiação divina.

Na confirmação o Espírito reforçou a vinculação do cristão com a Igreja e intensificou sua identificação com ela. Pela graça do sacramento nasceu uma nova e mais profunda relação entre o confirmado e a Igreja. Cabe agora ao confirmado continuar consolidando esse efeito em sua vida, deixando-se levar pelo Espírito para uma participação cada vez mais intensa na vida e na atividade da Igreja.

II. Responsabilidades de adulto

Pela graça do sacramento da confirmação o batizado chega à maturidade da idade adulta. Ora, "quando o homem chega à maturidade (*ad perfectam aetatem*), começa a colaborar com os outros (*communicare actiones suas ad alios*); até então ele vivera individualmente, para si".[3] Próprio da idade adulta é abandonar o egocentrismo da infância e começar a pensar nos outros; não se contentar

---

[3] TOMÁS DE AQUINO, *STh* III, q.72, a.2.

somente em receber, mas comprometer-se também em dar; abrir-se ao mundo dos outros. É a idade na qual a pessoa procura emprego e começa a trabalhar; passa a sentir-se co-responsável pela marcha da sociedade: *pro aliis*. É também o momento de iniciar a tomada de decisões responsáveis. A criança não decide quase nada em sua vida, precisa ser levada pela mão. Pelo contrário, o adulto caminha sozinho, tem poder de decisão e o exerce.

As exigências do sacramento da confirmação funcionam em ambas as direções: por um lado obrigam a abrir-se aos outros, pois a orientação individualista da vida cristã é combatida com a graça da confirmação; por outro lado, impõe-se ao confirmado que atue na vida da comunidade e na sociedade com responsabilidade de pessoa adulta.

Tudo isso a começar pelo ambiente que o rodeia: a comunidade eclesial. Na celebração lhe foi recordado que o sacramento da confirmação o compromete, daí para a frente, a "contribuir para que a Igreja, Corpo de Cristo, alcance sua plenitude" (RC 23) e a "fazê-la crescer no mundo por meio de suas obras e de seu amor" (RC 43). Espera-se dele que no futuro se sinta responsável pela edificação da Igreja e se preocupe com mais afinco em contribuir consciente e positivamente com seu crescimento. Uma forma de estar à altura de seus novos compromissos é participar com iniciativa de adulto nas tarefas e atividades da comunidade, pondo a seu serviço os carismas recebidos.

III. Operários comprometidos na obra de Deus[4]

Esse grau maior de compromisso adquirido na confirmação não se limita ao âmbito da comunidade cristã. O novo sacramento recordou-lhe que as funções e tarefas para as quais ele foi capacitado com competências novas, ele as deve exercer também em meio ao mundo e diante dos homens, diante da sociedade. O compromisso apostólico, já adquirido no batismo, foi potencializado e dinamizado.

---

[4] Cf. S. LOURDUSAMY, Dimensión misionera del Bautismo y de la Confirmación, *Concilium*, 16, 1984, 159-172.

O SACRAMENTO DA CONFIRMAÇÃO

A nova investidura que significou o sacramento deve acrescentar nele a consciência e a estima desse compromisso e estimulá-lo a assumir, com responsabilidade de pessoa adulta, a parte que lhe cabe na missão de Cristo e da Igreja. De fato, ele não deve esquecer que "o apostolado dos leigos é participação da mesma missão salvífica da Igreja, apostolado ao qual todos são destinados pelo próprio Senhor, em virtude do batismo e da confirmação" (LG 33).

Espera-se dele que "se comprometa muito mais, como autêntica testemunha de Cristo, a estender e defender a fé com suas palavras e suas obras" (LG 11); a "mostrar Cristo aos outros" (LG 31); a "anunciar e revelar a todos, neste tempo, o amor com o qual Deus amou o mundo" (LG 41), para que "todos os homens, em todo o mundo, conheçam e aceitem a mensagem divina de salvação" (AA 3).

Nessa mesma linha, a tradição e o magistério, a propósito da confirmação, combinando com At 1,8, inculcam sobretudo o dever do testemunho. Especialmente na teologia ocidental, confirmação e testemunho correm juntos. O RC, de sua parte, sublinha repetidamente o dever do testemunho (23; 35; 36; 40; 41; 45; 48).

Tratando-se de leigos, os documentos insistem sobretudo no *testemunho da vida* (cf. LG 35). Desde as origens a tradição entendeu que o melhor testemunho é o que se dá com a própria vida. "Se confessar a Deus vale tanto quanto dar testemunho dele, toda alma que ordena sua vida com pureza e com conhecimento de Deus, toda alma que obedece aos mandamentos, é 'mártir', isto é, testemunha."[5] O RC 43 pede para os confirmados que "cumpram sua missão profética no mundo pela santidade de sua vida". O próprio simbolismo do bálsamo é entendido também nesse sentido: "Ser messias e Cristo comporta a mesma missão que o Senhor teve: dar testemunho da verdade e ser, para o bom odor das boas obras, fermento de santidade no mundo" (RC 33).

Mediante o testemunho da vida, os confirmados satisfazem até, em parte, o compromisso adquirido como membros mais qualificados desse corpo sacerdotal, que é a Igreja. Suas obras, se forem realizadas no Espírito, e sua vida inteira, convertem-se em "culto espiritual para glória de Deus e salvação dos homens [...] e como adoradores que em todos os lugares levam uma conduta santa,

---

[5] CLEMENTE DE ALEXANDRIA, *Strom.* IV, 6-7.

consagram o próprio mundo a Deus" (LG 34). Todavia, mais em sentido real, os confirmados devem sentir-se, em virtude de sua plena configuração com Cristo Sacerdote, obrigados a tomar parte ativamente nas celebrações litúrgicas da Igreja.

Por último, a maior participação na realeza de Cristo, que pressupôs para o cristão sua confirmação, estimula-o a "viver no amor, plenitude da lei, manifestando a liberdade gloriosa dos filhos de Deus" (RC 43); e, a partir daí, a intervir ativamente na luta contra as injustiças, as desigualdades, as manipulações e escravidões estruturais e pessoais, promovendo a justiça, o diálogo, a solidariedade, a caridade e a paz nas relações entre os indivíduos e entre os povos e trabalhando por um mundo mais justo, mais humano, mais permeável aos valores evangélicos. Como membros dinâmicos de uma Igreja que é chamada a ser *sacramentum unitatis* da humanidade e do cosmo, eles deverão ser também fermento de unidade e artífices de fraternidade na sociedade humana.

IV. A *parresia* do operário

Apesar de as tarefas que lhe foram atribuídas serem árduas, o confirmado tem de sentir-se adequadamente capacitado. A graça da confirmação vem dar plenitude de sentido à *parresia* do batizado. A habilitação sacramental para essas tarefas não significou somente uma nova participação na missão de Cristo, mas ainda na graça do Espírito com a qual ele foi ungido. Saber-se depositário de uma *força do alto*, de uma fortaleza interior que nunca o abandonará e que o ajudará a superar tanto as dificuldades que encontrar no caminho de seu aperfeiçoamento pessoal quanto as que tiver de afrontar no cumprimento de suas funções, será em sua vida fonte perene de segurança.

Esse fortalecimento da segurança do confirmado não tem a ver somente com um âmbito de sua atividade (como seria o caso, por exemplo, do testemunho apostólico), mas afeta todas as manifestações de sua vida, porque é sua vida inteira que ficou mais firmemente assentada na *parresia*.

V. Anunciadores do Reino

Pelo novo impulso por ele recebido na confirmação, a tensão escatológica da existência cristã deve manifestar-se na vida do confirmado numa orientação mais decidida na direção das realidades definitivas. Entretanto, deve levá-lo também a ajudar os outros a descobrir o destino comum definitivo da humanidade, a abrir-se a ele e por ele esperar verdadeiramente. De *contemplador do invisível* deve-se transformar, para seus concidadãos, pela tensão escatológica que vive, em *testemunha do Reino*.

VI. A lembrança da confirmação[6]

O sacramento da confirmação nunca se repete, pois é chamado a permanecer no confirmado como um manancial inesgotável de fortaleza. A perenidade é uma de suas novas características. Assim o apregoam o simbolismo e a tipologia; por um lado, o óleo que impregna para sempre; por outro, o Espírito que *pousou* sobre Jesus e com ele *ficou definitivamente*, segundo a interpretação dos Padres da Igreja. A teologia católica sustenta que é indelével a *marca* que a confirmação imprime na alma.

A essa indissolubilidade objetiva do sacramento deverá corresponder, por parte do confirmado, à perseverança (a grande preocupação dos pastores em nossos dias: a perseverança dos confirmados). *Sacramentum perseverantiae* é como o denominou o card. Montini, em um *votum*, na fase antepreparatória do Vaticano II.[7] "Fortalece, te pedimos, em teu santo propósito, os teus servos [...] e concede-lhes que progridam sempre em sua nova vida": assim a Igreja pede na oração da eucaristia com a qual se conclui a iniciação (RICA 391). "Os que acabam de receber o dom do Espírito Santo conservem sempre o que receberam" (RC 40). "Conserva os dons do Espírito no coração de teus fiéis" (na bênção final: RC 45).

A partir da analogia da confirmação com o sacramento da ordem, salvas as devidas distâncias, serve para o confirmado o

---

[6] Cf. A. ADAM, *La confirmación*, 270-277; A. KUHNE, Firmerneuerung, in VV.AA., *Die Gabe Gottes*, Paderborn, 1974, 160-170; D. LERCH, Un aspect de l'activité pastorale: Les souvenirs de confirmation aux XIXe et XXe siecles, *Bulletin de la Société de l'Histoire du Protestantisme français*, 124, 1978, 67-83.

[7] Cf. J. ZERNDL, op. cit., 56, n. 230.

conselho que Paulo dá ao seu discípulo Timóteo: "[...] quero exortar-te a reavivar o carisma que Deus te concedeu pela imposição de minhas mãos" (2Tm 1,6; cf. 1Tm 4,14). Assim como a graça da ordenação, da mesma forma a da confirmação está aí, muitas vezes como rescaldo oculto sob as cinzas, pedindo para ser reavivada.

O sopro que dá início a esse fogo pode ser manter viva a recordação do sacramento. Esse tem sido um procedimento freqüentemente recomendado na pastoral da confirmação desde o século passado. Concílios regionais e pastores de renome aconselham diversas iniciativas para que a memória do sacramento não se perca: lembranças em forma de santinhos impressos, comemorações em datas especiais, como o dia de aniversário da própria confirmação, a solenidade de Pentecostes, nos dias em que são celebradas confirmações na paróquia, a eucaristia dominical. Na eucaristia, que dos três sacramentos da iniciação é o único que se pode repetir, fazemos memória, a cada vez, de nossa iniciação e a revivemos.

BIBLIOGRAFIA

Bibliografia geral

ADAM, A. *Confirmación y cura de almas.* Barcelona, 1961.

AMOUGOU-ATANGANA, J. *Ein Sakrament des Geistesempfangs? Zum Verhältnis von Taufe und Firmung* (Oekumenische Forschungen, III. Sakramentologische Abteilung, 1). Freiburg, 1974.

AUSTIN, G. *Anointing with the Spirit. The Rite of Confirmation:* The Use of Oil and Chrism. New York, 1985.

BAIGORRI, L. *Bautismo.* Estella, 1984.

BOROBIO, D. *La iniciación cristiana. Bautismo – Educación familiar – Primera eucaristía – Catecumenado – Confirmación – Comunidad cristiana* (Lux mundi, 72). Salamanca, 1996.

BOUREAU, D. *El futuro del bautismo* (col. Controversia). Barcelona, 1973.

BOURGEOIS, H. *L'initiation chrétienne et ses sacrements* (Croire et comprendre). Paris, 1982.

_____. *Théologie catéchuménale.* Paris, 1991.

CABIÉ, R. A iniciação cristã. In: MARTIMORT, A. G. *A Igreja em oração*: os sacramentos. Petrópolis, Vozes, 1991. v. 3, 27-29.

_____. *Les sacrements de l'initiation chrétienne – baptême, confirmation, premiere communion* (Bibliotheque du Christianisme). Paris, 1994.

CAMELOT, Th. *Espiritualidad del bautismo.* Madrid, 1960 (nova edição ampliada: Paris, 1966).

_____. *El Bautismo y la Confirmación en la teología contemporánea* (Pequeña Biblioteca Herder, 19). Barcelona, 1961.

CECCHINATO, A. *Celebrare la confermazione. Rassegna critica dell'attuale dibattito teologico sul sacramento.* Padova, 1987.

CONFERENCIA EPISCOPAL ESPAÑOLA. *La iniciación cristiana. Reflexiones y orientaciones.* Madrid, 1998.

DACQUINO, P. *I sacramenti dell'iniziazione. La loro catechesi alla luce della Bibbia.* Leumann-Torino, 1974.

_____. *Un dono di Spirito profetico. La cresima alla luce della Bibbia.* Torino-Leumann, 1992.

DANIÉLOU, J. *L'entrée dans l'histoire du salut. Baptême et confirmation* (Foi vivante, 36). Paris, 1967.

DÖLGER, F. J. *Das Sakrament der Firmung historisch-dogmatisch dargestellt.* 3. ed. Sinzig, 1990.

DORONZO, E. *Tractatus dogmatici de baptismo et confirmatione.* Milwaukee, 1947.

FALSINI, R. *L'iniziazione cristiana e i suoi sacramenti* (Collana di teologia e di spiritualità, 2). 4. ed. Milano, 1992.

FISCHER, J. D. C. *Confirmation Then and Now* (Alcuin Club Collection, 60). London, 1978.

GABORIAU, F. *Naître à Dieu. Questions sur le baptême* (Théologie nouvelle). Paris, 1981.

GANOCZY, A. *Devenir chrétien. Essai sur l'historicité de l'existence chrétienne*. Paris, 1973.
GARCÍA PAREDES, J. C. R. *Iniciación cristiana y eucaristía. Teología particular de los sacramentos* (Biblioteca de Teología, 17). Madrid, 1992.
GONDAL, M.-L. *Iniciación cristiana: bautismo, confirmación, eucaristía*. Bilbao, 1990.
HAMMAN, A. *El bautismo y la confirmación* (El misterio cristiano. Teología sacramental, 11). 4. ed. Barcelona, 1982.
HAUKE, M. *Die Firmung. Geschichtliche Entfaltung und theologischer Sinn*. Paderborn, 1999.
JANERAS, V. S. *L'iniziazione cristiana nella tradizione liturgica orientale*. Roma, 1968.
KAVANAGH, A. *Confirmation:* Origins and Reform. New York, 1988.
KLEINHEYER, Br. *Sakramentliche Feiern*. I: Die Feiern der Eingliederung in die Kirche (Gottesdienst der Kirche. Handbuch der Liturgiewissenschaft, VII/1). Regensburg, 1989.
LAMPE, G. W. H. *The Seal of the Spirit. A Study in the Doctrine of Baptism and Confirmation in the New Testament and the Fathers*. 2. ed. London, 1967.
LARRABE, J. L. *Bautismo y Confirmación, sacramentos de iniciación cristiana*. Madrid, 1989.
LIGIER, L. *La confirmation. Sens et conjoncture oecuménique hier et aujourd'hui*. Paris, 1973.
MAGRASSI, M. *Teologia del Battesimo e della Cresima*. Roma, 1968.
MITCHELL, L. L. *Baptismal Anointing*. London, 1966.
MOINGT, J. *Le devenir chrétien. Initiation chrétien des jeunes*. Paris, 1973.
MOUHANNA, A. *Les rites de l'initiation dans l'Église maronite* (Christianismos, 1). Roma, 1978.
NEUNHEUSER, B. *Bautismo y confirmación* (Historia de los dogmas, IV/2). Madrid, 1974.
NOCENT, A. Os três sacramentos da iniciação cristã. In: VV.AA. *Os sacramentos*: teologia e história da salvação. São Paulo, Paulus, 1989. 9-144. (Anamnesis, IV.)
OPPENHEIM, P. *Sacramentum regenerationis christianae*. Roma, 1947.
OSBORNE, K. B. *The Christian Sacraments of Initiation: Baptism, Confirmation, Eucharist*. New York-Mahwah, 1987.
PANCHERI, F. S. *La Cresima, sacramento della maturità cristiana*. Padova, 1961.
PUNIET, P. de. Baptême, in *DACL* II. Paris, 1910, 251-346.
REGLI, S. El sacramento de la confirmación y el desarrollo cristiano, in *MS* V. Madrid, 1984, 268-328.
RIGHETTI, M. *Storia liturgica*. IV. *I Sacramenti. I Sacramentali*. Milano, 1959, 21-168.
RUFFINI, E. *Il battesimo nello Spirito. Battesimo e confermazione nell'iniziazione cristiana* (Teologia attualizzata, 8). Torino, 1975.
SAVA-POPA, Gh. *Le Baptême dans la tradition orthodoxe et ses implications oecuméniques* (Cahiers oecuméniques, 25). Freiburg (Suíça), 1994.
SCHLINK, E. Die Lehre von der Taufein, *Leiturgia* V. Kassel, 1970, 641-808.

SCHMEMANN, A. *Of Water and the Spirit. A Liturgish Study of Baptism.* London, 1976.

STASIAK, K. *Return to Grace. A Theology for Infant Baptism.* Collegeville, MI, 1996.

STENZEL, A. *Die Taufe. Eine genetische Erklärung der Taufliturgie.* Innsbruck, 1958.

TENA, P. & BOROBIO, D. Sacramentos da iniciação cristã: batismo e confirmação. In: BOROBIO, D. (org.). *A celebração na Igreja:* sacramentos. São Paulo, Loyola, 1993. v. 2, 23-148.

VARGHESE, B. *Les onctions baptismales dans la tradition syrienne* (CSCO 312, Subsidia, 82). Louvain, 1989.

VERGÉS, S. *El bautismo y la confirmación. Sacramentos de la iniciación cristiana* (Actualidad teológica española). Madrid, 1972.

VISCHER, L. *La confirmation au cours des siecles. Contribution au débat sur le probleme de la confirmation* (Cahiers théologiques, 44). Neuchâtel, 1959.

VV.AA. Le baptême. *Catéchese,* 88-89, 1982, 3-231.

VV.AA. Baptême-Confirmation. *LMD,* 110, 1972, 3-87.

VV.AA. *Le baptême, entrée dans l'existence chrétienne* (Publications des Facultés universitaires St-Louis). Bruxelles, 1983.

VV.AA. *Baptême, Sacrement d'unité.* Tours, 1971.

VV.AA. Il battesimo e la confermazione. *Credere oggi,* 6, 1986, 3-95.

VV.AA. *Il battesimo. Teologia e Pastorale* (Quaderni di RL, 13). Torino-Leumann, 1970.

VV.AA. El bautismo de niños. *Lumen (Vitoria),* 34, 1985, 3-104.

VV.AA. *Bautizar en la fe de la Iglesia.* Madrid, 1968.

VV.AA. *Becoming a Catholic Christian. A Symposium on Christian Initiation.* 3. ed. New York, 1981.

VV.AA. *Christsein ohne Entscheidung oder Soll die Kirche Kinder taufen?* Mainz, 1970.

VV.AA. *Confirmation. Origins, History and Pastoral Situation Today* (Textes et Études liturgiques, 10). Louvain, 1989.

VV.AA. La confirmation, Sacrement de l'initiation chrétienne. *LMD,* 211, 1995, 1-98.

VV.AA. *Fundamentos teológicos de la iniciación cristiana* (Culmen et Fons, 1). Baracaldo, 1999.

VV.AA. *Die Gabe Gottes. Beiträge zur Theologie und Pastoral des Firmsakramentes.* Paderborn, 1974.

VV.AA. *Iniziazione cristiana degli adulti oggi* (BEL. Subsidia, 99). Roma, 1998.

VV.AA. *Iniziazione cristiana e immagine di Chiesa* (Collana di teologia pratica, 2). Leumann-Torino, 1982.

VV.AA. L'initiation chrétienne. *LMD,* 132, 1977, 3-155; 133, 1987, 121-156.

VV.AA. L'iniziazione cristiana. *La Scuola Cattolica,* 107, 1979, 179-295.

VV.AA. *Living Water, Sealing Spirit. Readings on Christian Initiation.* Collegeville, MI, 1995.

VV.AA. *Made, not Born. New Perspectives on Christian Initiation and the Catechumenate.* 3. ed. Notre Dame-Londres, 1980.

VV.AA. *El sacramento del Espíritu. La Confirmación en la Iglesia de hoy* (Renovación Litúrgica, 14). Madrid, 1976.
VV.AA. Los sacramentos de la iniciación cristiana. *Phase*, 29, 1989, 177-255.
VV.AA. *Studies on Syrian Baptismal Rites* (The Syrian Churches, 6). Kottayam, 1973.
VV.AA. *Zeichen des Glaubens. Studien zu Taufe und Firmung*. FS B. Fischer. Zürich, 1972.
WALSH LIAM, G. Walsh. *The Sacraments of Initiation: Baptism-Confirmation-Eucharist* (Geoffrey Chapman Theology Library, 7). London, 1988.
WINKLER, G. *Das armenische Initiationsrituale. Entwicklungsgeschichtliche und liturgievergleichende Untersuchung der Quellen des 3. bis. 10. Jahrhunderts* (OCA 217). Roma, 1982.

Bibliografia patrística referida nesta obra com tradução em português

AGOSTINHO. *A instrução dos catecúmenos*. Petrópolis, Vozes, 1984. (Fontes da catequese, 7).
_____. *Comentário aos Salmos*. São Paulo, Paulus, 1996. 3 v. (Patrística, 5).
AMBRÓSIO DE MILÃO. *Sobre os sacramentos. Sobre os mistérios*. São Paulo, Paulus, 1996. (Patrística, 5).
_____. *Os sacramentos e os mistérios*. Introdução, tradução e notas por D. Paulo Evaristo Arns. Comentários por Geraldo Majella Agnelo. Petrópolis, Vozes, 1981. (Fontes da catequese, 5).
BASÍLIO DE CESARÉIA. *Tratado sobre o Espírito Santo*. São Paulo, Paulus, 1998. (Patrística, 14).
CIRILO DE JERUSALÉM. *Catequeses mistagógicas*. Introdução e notas por Fernando Figueiredo. Petrópolis, Vozes, 1977.
_____. *Catequeses pré-batismais*. Petrópolis, Vozes, 1978. (Fontes da catequese, 14).
HIPÓLITO DE ROMA. *Tradição apostólica*. Introdução por Maucyr Gibin. Petrópolis, Vozes, 1981. (Fontes da catequese, 4).
IRINEU DE LYON. *Adversus Haereses, I, II, III, IV, V livros*. São Paulo, Paulus, 1995. (Patrística, 4).
LEÃO MAGNO. *Sermões sobre o Natal e a epifania*. Introdução por Cirilo Folch Gomes. Petrópolis, Vozes, 1974. (Fontes da Catequese, 9).
_____. *Sermões*. São Paulo, Paulus, 1996. (Patrística, 6).
TERTULIANO. *O sacramento do Batismo*. Introdução, tradução e notas por Urbano Zilles. Petrópolis, Vozes, 1981. (Padres da Igreja, 3).

ÍNDICE ONOMÁSTICO

Autores medievais

Abdul-Masih de Sindjar 303, 304
Abelardo 102
Adriano I, Papa 92
Afraates 83, 191, 193
Agostinho, Santo 81, 82, 86, 87, 94, 101, 141, 144, 145, 165, 176, 188, 189, 200, 212, 215, 216, 224, 228, 234, 235, 239, 240, 247, 248, 249, 251, 252, 256, 257, 258, 262, 274, 286, 288, 290, 303, 304, 316, 332
Alain de Lille 272
Alberto Magno, Santo 99
Alcuino 93, 94, 95, 96, 312
Alexandre de Hales 99, 100, 102, 272, 302
Amalário de Metz 93, 294, 305
Ambrósio, Santo 79, 81, 83, 86, 88, 136, 140, 145, 156, 160, 175, 180, 181, 184, 189, 192, 196, 200, 228, 234, 235, 237, 238, 248, 286, 290, 292, 300, 302, 306, 314, 332
Anfilóquio de Icono 175
Antônio de Tagrit 293, 303
Astério de Amasea 287
Atanásio, Santo 188, 207, 228, 229, 245
Atos de João 71
Atos de Judas Tomé 71, 72
Atos de Paulo 71
Atos de Paulo e Tecla 201
Atos de Tomé 72, 73, 75
Atos de Xantipe e Polixeno 201

Bar Hebraeus 103
Barnabé, Epístola de 70, 198, 222
Basílio, São 82, 83, 148, 157, 180, 187, 188, 192, 196, 202, 207, 209, 210, 220, 223, 227, 229, 236, 248, 253, 256, 304, 332
Beda, o Venerável 243
Bento XIV, Papa 120, 273
Boaventura, São 98, 99, 102, 272, 290, 291
Bonifácio, São 82, 93, 95

Canones Hippolyti 81
Carlos Magno 92, 93, 94, 95
Cesáreo de Arlés, São 167
Cipriano (Pseudo) 254
Cipriano, São 71, 75, 76, 77, 79, 80, 124, 164, 165, 172, 174, 190, 191, 198, 200, 222, 247, 252, 254, 256, 270, 274, 285, 286, 289, 294, 302, 303, 304
Cirilo de Alexandria, São 197, 198, 227, 228, 233, 238, 247, 248, 286
Cirilo de Jerusalém, São 81, 88, 150, 156, 160, 166, 181, 188, 189, 191, 192, 193, 195, 196, 198, 200, 203, 209, 220, 223, 227, 233, 234, 235, 237, 243, 244, 246, 247, 250, 252, 254, 257, 283, 284, 286, 287, 289, 301, 304, 311, 314, 332
Clemente de Alexandria 23, 62, 71, 73, 76, 79, 165, 172, 173, 183, 187, 220, 222, 227, 228, 229, 232, 234, 246, 247, 249, 252, 311, 323
Clemente VI, Papa 224
Clementino (Pseudo) 71, 195, 252
Constitutiones Apostolorum 11, 81

Cornélio, Papa 36, 55, 65, 80, 81,
  205, 270, 285, 303
Cromácio, São 200
Decêncio, Bispo de Gubbio 84
De rebaptismate 71, 76, 77, 80, 270
Diadoco de Fótice 254
Didaqué 53, 64, 65, 71, 72, 73,
  75, 199
Didascalia Apostolorum 71, 72,
  75, 195
Dídimo de Alexandria 165, 188, 189,
  192, 193, 196, 220, 233, 234,
  235, 289
Dionísio Areopagita (Pseudo) 81, 88,
  166, 249, 250, 271, 286, 287,
  303, 304, 311
Dionísio Bar Salibi 287, 303
Dionísio de Alexandria 71, 200

Efrém, Santo 83, 86, 150, 165, 166,
  192, 193, 196, 203, 209, 223,
  229, 232, 234, 236, 243, 250
Egéria 82
Estêvão, Papa 77
Eusébio de Cesaréia 80, 200
Eusébio de Vercelli 290
Evangelium Philippi 71, 247
Fabião, Papa 302
Fábio de Antioquia 80
Fausto de Riez 81, 88, 167, 275, 286,
  288, 294, 300, 301, 302, 305
Fílon de Alexandria 59, 249
Filoxeno de Mabbug 88, 166, 188, 208
Firmiliano de Cesaréia 80, 270, 286
Flávio Josefo 53, 59
Fulgêncio de Ruspe 87
Gelásio I, Papa 82
Germão de Paris (Pseudo) 81

Gregório de Nissa, São 156, 180, 192,
  196, 204, 205, 220, 223, 248,
  250, 254
Gregório Magno, São 82, 87, 223,
  259, 316
Gregório Nazianzeno, São 86, 160,
  172, 182, 198, 203, 205, 220,
  223, 229, 233, 235, 247, 249,
  252, 254
Guilherme de Auvergne 99
Guilherme de Auxerre 99, 272

Henrique I, bispo 97
Hermas 53, 70, 124, 170, 222,
  249, 252
Hesíquio de Jerusalém 313
Hilário de Poitiers, São 192, 229,
  286, 287
Hipólito (Pseudo) 184, 220
Hipólito de Roma, Santo 71, 72,
  73, 74, 75, 141, 145, 199,
  200, 211, 286, 309, 332
Hipólito de Roma, santo 233, 285
Hugo de São Caro 99
Hugo de São Vítor 99, 101, 102

Icho-yahb III 287
Ildefonso de Toledo, Santo 82, 93,
  201
Inácio de Antioquia, Santo
  62, 195, 246
Inocêncio I, Papa 82, 84, 85, 270,
  286, 303
Inocêncio III, Papa
  101, 102, 224, 242, 305
Irineu de Lyon, Santo 56, 70, 76, 79,
  173, 183, 186, 191, 195, 196,
  200, 214, 222, 227, 229, 243,
  252, 253, 270, 274, 306, 321
Isidoro de Sevilha, Santo 82, 86,
  88, 93, 270

Jacopo de Sarug 86
Jerônimo, São 83, 88, 190, 192, 197, 248, 270, 286
João Crisóstomo (Pseudo) 147, 255, 262
João Crisóstomo, São 56, 81, 83, 88, 150, 160, 165, 171, 181, 184, 188, 189, 191, 192, 193, 195, 196, 198, 201, 203, 204, 205, 220, 223, 232, 233, 235, 238, 243, 244, 246, 247, 248, 249, 250, 252, 253, 261, 262, 270
João Damasceno 94
João de Apamea 186
João de Dara 97, 303
João de Jerusalém 81
João de Tella 303
João Diácono 82, 274, 306
João Duns Scoto 99
João I, Patriarca de Antioquia 303
Jorge, obispodosárabes 97
Joviniano 248
Justino, São 70, 73, 74, 75, 205, 222, 227, 228, 234
Leão Magno, São 141, 156, 165, 188, 227, 228, 243, 244, 246, 247, 262, 286, 292, 302, 332
Leidrado de Lyon 95
Marcos o Ermitão 82
Martinho de Braga, São 202
Martyrios, Patriarca 144, 287
Máximo Confessor, São 81, 195, 263
Máximo de Turim, São 184, 191, 192, 196, 238
Melitão de Sardes 71
Melquíades (suposto Papa) 88, 294, 302
Menandro 183
Metódio de Olimpo 79, 164, 227
Moisés Bar Kepha 271, 287, 293, 301

Narsés 81, 166, 181, 184, 189, 202, 223, 227, 247, 250
Nicetas de Remesiana 81, 220, 223
Nicolas Cabasilas 103, 307
Novaciano 191

Odes de Salomão 71
Oduino 95
Olivi 99
Optato de Milevi 82, 86, 165, 174, 175, 196, 220, 287
Orígenes 56, 71, 76, 77, 78, 79, 141, 160, 174, 191, 192, 195, 198, 202, 222, 224, 227, 228, 248, 249, 252, 254, 260, 270, 285

Paciano, São 87, 191, 211, 253, 270, 285
Paulino de Nola, São 83
Pedro Crisólogo, São 244
Pedro Lombardo 99, 102
Plutarco 180
Proclo de Constantinopla 200
Pullus, Roberto 272, 294

Quodvultdeus 172

Rabano Mauro 93, 96, 288, 290, 309, 312
Roberto de Jumièges, Missal de 93
Rolando de Bandinelli 272
Rufino 303
Ruperto de Deutz 99

Salústio 180
Santiago de Edesa 97, 293
Serapião, Eucológio de 81, 198, 247, 287, 294
Severo de Antioquia 81, 88, 286, 287, 295, 301, 303
Simeão, o Novo Teólogo 304
Sirício, Papa 82, 88, 290

Taciano 227
Teodoreto de Ciro 167, 182, 248, 304
Teodoro de Mopsuéstia 81, 83, 86, 156, 160, 166, 175, 180, 181, 185, 186, 187, 188, 196, 198, 201, 202, 228, 232, 233, 247, 248, 251, 253, 254, 256, 257, 258, 263, 264, 286, 287, 294, 303, 311
Teodulfo de Orleans 95, 156
Teófilo de Antioquia 227
Tertuliano 19, 57, 59, 62, 70, 71, 72, 73, 75, 76, 77, 78, 79, 80, 124, 145, 148, 149, 150, 157, 164, 189, 190, 192, 193, 195, 196, 197, 198, 200, 205, 209, 222, 227, 232, 233, 234, 236, 247, 249, 252, 261, 270, 285, 286, 310, 332

Testamentum Domini nostri Iesu Christi 81
Timoteo I, Patriarca 175
Timóteo II, Patriarca 303
Tomás de Aquino, Santo 85, 98, 99, 101, 102, 103, 135, 149, 156, 158, 160, 166, 168, 179, 193, 197, 203, 205, 216, 221, 224, 229, 230, 237, 241, 242, 245, 256, 257, 258, 260, 269, 272, 274, 275, 276, 282, 288, 289, 291, 294, 297, 299, 300, 301, 303, 304, 305, 306, 307, 308, 309, 310, 312, 313, 315, 322

Virgílio I, Papa 82

Walfrido Strabón 94

Zenão de Verona, São 86, 250, 252, 274

Autores modernos

Abramowski, L. 199
Adam, A. 99, 101, 325, 329
Adler, N. 34
Aguirre, R. 31, 63
Alessio, L. 99
Alland, K. 57, 126
Alten, D. 105
Althaus, P. 109
Alting von Geusau, L. M. G. 110
Amougou-Atangana, J. 329
Andrieu, M. 295, 300, 301
Angenendt, A. 91, 93
Anrich, G. 123
Arnau, R. 133, 242, 271, 272, 281
Arrieta, J. 245
Assemani, J. A. 120
Aubin, P. 153, 203
Auf der Maur, H. J. 79
Austin, G. 329

Bacon, R. 267
Baigorri, L. 329
Balagué, M. 149
Balanc, C. 79
Balthasar, H. Urs von 212
Barbaglio, G. 40, 54
Bardy, G. 174
Bareille, G. 69
Barnikol, E. 51
Barón, R. 99
Barth, G. 31, 39, 40, 42, 49, 51, 55, 57, 62, 63, 65, 66, 199, 262
Barth, K. 55, 106, 125, 126, 159, 204, 208, 212
Barth, M. 55
Bastián 299
Basurko, X. 153, 199, 249
Baudry, G. 281

Baumstark, A. 287
Beasley-Murray, G. R. 31, 51, 52, 57, 62, 167, 262
Beck, E. 86, 165
Beckmann, J. 116
Bedard, W. M. 78, 140, 141, 156, 164
Beirnaert, L. 140
Bellamy, J. 31, 91
Benoît, A. 11, 69, 71, 79
Benoît, J. D. 110
Bernard, P. 91
Bernardo, B. 78, 79, 189
Bernier, R. 99
Betz, O. 59
Bieder, W. 55
Blázquez, P 241
Bobrinskoy, B. 153, 195, 196, 307
Boismard, M.-E. 148, 219
Boissard, D. E. 126
Bonaccorso, G. 17
Bonnard, P. 231
Bonnet, M. 201
Borella, P. 91, 95
Borobio, D. 17, 63, 116, 117, 128, 153, 163, 225, 267, 280, 281, 299, 329, 331
Botte, B. 153, 258, 273, 303, 309
Bouhot, J.-P. 93, 281
Bourassa, F. 147
Boureau, D. 329
Bourgeois, H. 20, 267, 329
Bouttier, J. 102
Bouyer, L. 153, 305
Bradshaw, P. F. 72
Braun, F. M. 49, 225
Brecht, M. 111
Bremond, H. 253
Breuning, W. 267

Brinkel, K. 109
Brock, S. P. 86, 94, 153, 193
Brunner, E. 126
Bruns, P. 180
Büchsel 225
Bultmann, R. 126, 208
Bürgener, K. 291
Burnish, R. 69
Bürr, D. 99
Bux, N. 143, 300

Cabié, R. 85, 118, 329
Calvino 109, 111, 112, 125, 168
Calvo Espiga, A. 153
Camarero, J. 267
Camelot, P.-Th. 153, 200, 259, 281, 329
Campenhausen, H. F. von 199
Cañizares, A. 24
Caprioli, A. 24, 271
Cardman, F. 174
Carpin, A. 86
Carrez, M. 148
Casel, O. 18
Castello (Castellani) Alberto di 107
Catazzo, E. 306
Cattaneo, E. 107
Cattenoz, J.-P. 238
Cayetano, card. 317
Cecchinato, A. 281, 291, 299, 329
Celada, G. 24
Cereti, G. 173
Cerfaux, L. 40
Chardon, M.-Ch. 120
Chauvet, L.-M. 134, 278, 280
Chenu, M.-D. 103, 315
Christiaens, J. 116
Christian, R. 315
Cipriani, S. 243, 251
Coda, P. 153, 225

Codina, V. 153
Collin, L. 281
Colombo, C. 126
Colunga, A. 148
Congar, Y. 25, 269, 280
Connolly, R. H. 258
Coppens, J. 31
Corblet, J. 123
Corvino, A. 86
Cothenet, E. 199
Crehan, I. H. 69
Cristiani, L. 105
Crouzel, H. 69
Cullmann, O. 31, 49, 57, 64, 126, 209, 213

Dacquino, P. 41, 329
Daeschler, R. 253
Dahl, N. 59
Daniélou, J. 69, 78, 146, 147, 148, 153, 181, 182, 211, 239, 329
DArgenlieu, B 241
De Bruyne, L. 181
De Clerck, P. 26, 95, 199, 201, 277, 280
De Ghellinck, J. 94
Degraeve, J. 113
Dekkers, E. 200
Delahaye, K. 164
De La Potterie, I. 54, 225, 256
Dellagiacoma, V. 43
Della Torre, L. 105
Delling, G. 31
Delorme, J. 58
Denney, J. 211
Denzinger, H. 11, 93, 123, 249, 292, 293
Descamps, A. 173
Dey, J. 47
Díaz, G. 101

Didier, J. C. 153, 199
Di Nola, A. 17, 140
Dittoe, J. 153
Dix, G. 124, 190, 305
Dölger, F. J. 124, 148, 149, 181, 239, 329
Donahue, J. M. 219
Dondaine, H.-P. 153
Doronzo, E. 329
Duchesne, L. 17, 123
Dujarier, M. 69
Duncan, E. J. 225
Dunn, J. D. G. 31
Duplacy, J. 153
Durand, G. 140
Dürig, W. 111
Durrwell, F.-X. 219, 226, 228
Durst, B. 219
Duval, A. 113

Echternach, H. 107
Elberti, A. 313
Eliade, M. 17, 18
Elorriaga, C. 31
Erasmo 112
Espeja, J. 126
Etchegaray Cruz, A 94
Evdokimov, P. 162

Fabris, R. 179
Fagerberg, H. 107
Falsini, R. 267, 329
Felice, F. di 54, 225
Fernández, A. 219
Fernández Ardanaz, S. 79
Feuillet, A. 147
Fierro, A. 229
Finkenzeller, J. 271
Finn, Th. M. 70, 153
Fischer, B. 253
Fischer, J. D. C. 91, 329

Flemington, W. P. 31, 211
Floristán, C. 17, 121, 212
Fortino, E. F. 173
Fränkenmölle, H. 41
Franquesa, A. 24
Fransen, P. 306
Frendo, G. A. 99
Friedrich, G. 14
Fuchs, J. 219
Funk, F. X. 56, 57, 123, 144, 195, 247, 252, 287, 294, 300, 311, 312
Fuster, S. 276, 299, 320

Gaboriau, F. 329
Galot, J. 126, 241
Gamarra, S. 255, 260, 319
Gamber, K. 220
Ganoczy, A. 109, 330
García Alonso, I 116
García Alonso, I. 118
García Paredes, J. C. R. 330
Garrigou-Lagrange, P. 230
Gasparri, P. 276
Gastaldi, V. 111
Gaullier, B. 99, 101
Gäumann, N. 41, 262
Geenen, G. 99
George, A. 31
Gerardi, R. 281
Giblet, J. 167
Gillis, I. R. 299
Gistelink, F. 79
Glade, W. 107
Glondys, V. 107
Gnilka, P. L. 70
Goar, J. 93, 120, 287
Goenaga, J. A. 267
Gondal, M.-L 330
González, J. 153
Goossens, A. 153

Grail, A. 43
Gramaglia, P. A. 153
Granado, C. 86
Grasso, D. 153, 306
Greenstock, D. L. 126
Gregório XIII, Papa 116
Grelot, P. 243
Grillmeier, A. 186
Groenvik, L. 107
Gross, J. 229
Grossi, V. 86
Guénon, R. 23
Guilherme de Ockham 99
Guillet, J. 153
Gunkel, H. 123
Gutiérrez Vega, L. 153
Gy, P.-M. 17, 101, 199, 279

Halter, H. 262
Hamman, A. 70, 330
Hanssens, J. M. 204, 305
Haring, N. M. 240, 241
Harnack, A. von 76, 219
Hartmann, L. 31, 53, 62, 199
Hauke, M. 69, 85, 91, 101, 103, 105, 119, 267, 269, 278, 280, 281, 291, 299, 307, 315, 330
Haulotte, E. 60
Heimerdinger, J. 35
Heinz, A. 95
Heitmüller, W. 123
Henry, P. 211
Héris, Ch. 126
Himbury, D. M. 105
Hof, O. 108
Holtzmann, H. J. 123
Houssiau, A. 56, 79, 259
Hubert, H. 212
Huerga Teruelo, A. 241
Hugues, J.-C. 26

Ibáñez Arana, A. 225
Iniesta, A. 299
Iserloh, E. 111

Jagger, P. J. 105, 173
Janeras, V. S. 330
Jeannes, G. P. 86
Jeremias, J. 57, 126
Jetter, W. 108
Jilek, A. 69, 80
João Paulo II, Papa 245, 258, 259
Jordahn, B. 105, 111, 112
Jugie, M. 271
Jüngel, E. 126
Jungmann, J. A. 121

Karlic, E. E. 79, 227
Kasper, W. 153
Kasten, H. 99
Kavanagh, A. 81, 330
Keefe, S. A. 93
Khatchatrian, A. 181
Kittel, G. 14, 55
Kleinheyer, Br. 69, 91, 105, 145, 330
Kreck, W. 109
Kretschmar, G. 24, 65, 66, 69, 70
Kuen, A. 153
Kühn, U. 91
Kuhne, A. 325
Küng, H. 125, 204, 267

Lamberts, J. 128
Lambrousse, M. 174
Lampe, G. W. H. 73, 190, 330
Lamy, T. J. 233
Landgraf, A. 236
Landgraf, A. M. 91
Langevin, W. J. 153
Lanne, E. 267
Larrabe, J. L. 99, 105, 281, 330
Latreille, J. 306

Lauro, V. 241
La Verdière, E. 299
Lavigerie, card. 121
Leal Duque, I. 299
Leão XIII, Papa 118, 189, 276
Lécuyer, J. 69
Légasse, S. 31, 43, 51, 60, 61, 62
Leipoldt, J. 59
Leisentritt, J. 118
Lengeling, J. E. 219, 244
Lerch, D. 325
Levesque, J. L. 91
Ligas, G. 267
Ligier, L. 83, 145, 212, 287, 303, 304, 330
Lipsius, R. A. 201
Llabrés, P. 24, 128, 177
Lo, Wingk Won 125, 204
Logan, A. H. B. 74
Loisy, A. 123
López Gay, J. 117
Lourdusamy, S. 299, 322
Löwenberg, B. 115, 116
Luczynski, I. G. 241
Lukken, G. 105
Lundberg, P. 78, 147
Lupieri, E. 59, 60
Lutero, M. 107, 108, 109, 111, 112, 208, 248
Luykx, B. 267
Lynch, K. F. 91
Lyonnet, S. 256

Mabillon, J. 120
Maccarrone, M. 75
Maggiani, S. 17, 23
Magrassi, M. 147, 302, 330
Manders, H. 153
Mangenot, E. 105
Manicardi, E. 31

Manrique, A. 31, 147
Mansi, J. D. 12, 230, 302, 303, 314
Marinelli, F. 153
Marlé, R. 306
Martène, E. 120
Martínez, J. M. 267
Masi, R. 126, 241
Mason, A. J. 123, 124
Massaut, J. P. 105
Massi, P. 267
Mees, M. 149
Meinhold, P. 105
Melanchton, Ph. 108, 109, 112
Mersch, E. 219
Migne, J.-P. 120, 123
Milliez, V. 117
Miranda, M. M. M. de 153
Mitchel, N. 91
Mitchell, L. L. 330
Mitchell, N. D. 95, 139
Mohlberg, L. K. 200, 287, 290, 292, 294, 310
Moingt, J. 330
Moltmann, J. 126
Montini, card. 325
Moody, D. 173
Morel, G. 105
Morin, J. 120
Mouhanna, A. 93, 287, 310, 330
Mühlen, H. 315
Munier, Ch. 11, 69, 71
Müntzer, Th. 111
Mussner, F. 54
Nardi, C. 79, 187, 227
Natalini, V. 101
Neunheuser, B. 31, 69, 81, 91, 105, 154, 330
Nocent, A. 244, 267, 330
Noret, J. 103, 307

Ochoa, J. M. 214
ODoherty, M. K. 91
Oepke, A. 226
Oñatibia, I. 86, 147, 154, 180
Oppenheim, P. 330
Orbe, A. 79, 183
Osborne, K. B. 330

Palazzo, E. 93
Pancheri, F. S. 299, 330
Pasquier, A. 17
Paulo V, Papa 107, 115
Paulo VI, Papa 25, 26, 144, 276, 287, 288, 303
Payne, E. A. 105
Pedrosa, V. M. 299
Penna, R. 41
Peri, V. 267, 277
Perolli, I. 245
Perraudin, J. 121
Pesch, R. 31
Philippon, M. 219
Pio X, São, Papa 120
Pio XII, Papa 242
Pleiderer, O. 123
Plumpe, J. C. 164
Pollet, J. V. M. 108
Prete, B. 225
Probst, M. 107
Prümm, K. 230
Puniet, P. de 69, 91, 330

Quesnel, M. 32, 53
Quesnel, P. 248

Raes 287
Rahmani, I. 287, 288, 309
Rahner, K. 242, 272, 284, 288
Raitt, J. 110
Ramos, F. 219
Ramos, M. 26

Ratcliff, E. C. 74
Rausis, Ph.-E. 17, 20, 21, 23
Regli, S. 330
Reifenberg, H. 118
Renard, J.-B. 17, 18
Renaudot, E. 120
Renoux, Ch. 93, 94, 287
Reuss, J. 185
Revel, J.-Ph. 267
Rey, B. 231
Richard, L. 154, 173
Riché, P. 101
Richter, G. 225
Ries, J. 23
Rigaux, B. 219
Riggio, G. 91
Righetti, M. 330
Riley, H. M. 69, 138
Rocchetta, C. 147
Roeder, M. 99
Roguet, A.-M. 219
Rondepierre, G. 173
Rossel, W. H. 226
Rotelle, J. 253
Roustang, F. 225
Ruch, C. 105
Ruffini, E. 219, 330

Saber, G. 86
Sabugal, S. 149
Saint-Palais dAussac, Fr. de 76
Sánchez Ramiro, D. 105
Santorio, card. 116
Santos Marto, A. A. dos 299
Sarda, O. 122
Sartori, L. 105
Sava-Popa, Gh. 167, 256, 330
Savoia, L. 219
Saxer, V. 69, 85
Scharfenberg, J. 306

Scheeben, M. J. 242
Schell, H. 291
Schick, L. 219, 244
Schillebeeckx, E. 242
Schlatter, A. 219
Schlier, H. 222
Schlink, E. 330
Schmemann, A. 331
Schmitt, J. 170
Schnackenburg, R. 38, 41, 42, 44, 262
Schnitzler, Th. 280
Schönmetzer, A. 11
Schoonenberg, P. 154
Schulte, R. 232, 234
Schulz, F. 111
Schützeichel, H. 112
Schwager, R. 193
Scordato, C. 181
Serafim de Sarov 250, 321
Silanes, N. 154
Siman, E. P. 236
Smulders, P. 79, 154
Spital, H. J. 107
Staab, K. 160
Staniloae, D. 167
Stasiak, K. 154, 331
Stella, P. 105, 119
Stenzel, A. 121, 331
Stookey, L. H. 154
Studer, B. 229
Swaeles, R. 147
Swete, H. B. 258

Taborda, F. 267
Tamayo, A. 38
Tena, P. 267, 331
Thompson, A. D. 216
Thomson, R. W. 94
Thornton, L. S. 124

Thurian, M. 315
Tillard, J. M. R. 105
Tomber, V. 20
Tommasi, card. J. M. 120
Tonneau 83, 160, 166, 175, 180, 181, 185, 186, 188, 196, 198, 201, 202, 228, 232, 233, 247, 248, 251, 253, 256, 257, 263, 264, 294, 303, 311
Torrance, T. F. 109
Tragan, P.-R. 52
Tremblay, R. 219
Trevijano Etcheverría, R. 51
Triacca, A. M. 281
Trigg, J. D. 108
Trigg, J. W. 79
Turcan, R. 17, 180
Turner, P. 81, 112
Tyciak, J. 250

Umberg, J. B. 302

Vagaggini, C. 154
Van Buchem, L. A. 81
Van Dael, P. V 181
Van Gennep, A. 21
Van Unnik, W. C. 248
Varghese, B. 72, 74, 88, 94, 96, 97, 103, 144, 271, 287, 293, 294, 301, 303, 311, 331
Vela, L. 167
Vergés, S. 331
Vernière, Y. 180
Villette, L. 126, 235
Vischer, L. 331
Vitasse, C. 120
Vogel, C. 93
Volpi, I. 49
Vosté, J. M. 156, 166

Wagner, G. 41

Wagner, J. 121
Wainwright, G. 26, 105, 128, 129
Waldram, J. 79
Walsh Liam, G. 332
Warnach, V. 41, 42
Weisweiler, H. 91, 101
Windisch, H. 69
Winkler, G. 72, 74, 93, 150, 157, 170, 247, 287, 301, 332
Witzel, G. 118

Wojtyla, K. 280
Yousif, P. 94
Ysebaert, J. 76, 191, 219, 225, 230, 234, 252
Zardoni, S. 299
Zerndl, J. 103, 128, 307, 325
Zimmer, S. 109
Zuinglio 108, 109, 111

Sumário

Apresentação 5

Siglas e abreviaturas 9

Introdução – O grande sacramento
da iniciação cristã 15
   I. A iniciação cristã 17
   II. Os sacramentos da iniciação cristã 24

PRIMEIRA PARTE
A INICIAÇÃO NA EXPERIÊNCIA HISTÓRICA
DA IGREJA

I – A iniciação no Novo Testamento 31
   I. Nos Atos dos Apóstolos 32
   II. Na literatura paulina 38
   III. Na Primeira Carta de Pedro 48
   IV. Na literatura joanina 49
   V. O *mandato* batismal 51
   VI. "Batizar no nome do Senhor Jesus" 53
   VII. "Batizar com água/batizar com Espírito" 54
   VIII. O batismo de crianças 57
   IX. Possíveis modelos do batismo cristão 58
   X. Batismo de João e batismo cristão 60
   XI. O batismo de Jesus no Jordão 62
   XII. *Ordo* da iniciação cristã 63
   XIII. Diferentes paradigmas da iniciação cristã 66

II – A iniciação na Igreja antiga 69
   I. A iniciação antes do Concílio de Nicéia 70
   II. A iniciação nos séculos IV-VII 81

III – Batismo e confirmação na Idade Média 91
   I. Entre a patrística e a escolástica 92
   II. O batismo e a confirmação segundo a escolástica 97

IV - **Batismo e confirmação na época moderna** 105
  I. Batismo e confirmação na Reforma e em Trento 106
  II. Batismo e confirmação: de Trento à época romântica 115
  III. A iniciação na história recente 120

SEGUNDA PARTE
PARTE SISTEMÁTICA

V - **Introdução** 133
  I. Considerações metodológicas 133
  II. O simbolismo global da iniciação cristã 135
  III. Simbolismo dos sacramentos da iniciação 138
  IV. Tipologia bíblica dos sacramentos da iniciação 146

PRIMEIRA SEÇÃO
O SACRAMENTO DO BATISMO

VI - **As dimensões histórico-salvíficas
do sacramento do batismo**..153
  I. A dimensão cristológica do batismo 154
  II. Batismo e Igreja 161
  III. Batismo e mundo vindouro 179
  IV. Batismo e Espírito Santo 186
  V. Batismo e Trindade 194
  VI. A resposta humana no batismo 203

VII - **Os efeitos do batismo no cristão** 219
  I. Perdão dos pecados 221
  II. Novo nascimento, filiação divina, divinização 225
  III. Renovação (nova criação) 230
  IV. Santificação, justificação, consagração 232
  V. Iluminação 234
  VI. "Vida em Cristo" 236
  VII. Selo e caráter 238

VIII. Sacerdotes, reis e profetas 242
IX. Segurança e otimismo 245
VIII – As exigências éticas do batismo 251
  I. "Conservar o batismo" 252
  II. O combate cristão 253
  III. Viver em Cristo 255
  IV. Viver segundo o Espírito 256
  V. Viver na Igreja (para a Igreja) 258
  VI. Comprometidos na missão de Cristo e da Igreja 259
  VII. A lei do crescimento 260
  VIII. Tensão escatológica 264

SEGUNDA SEÇÃO
O SACRAMENTO DA CONFIRMAÇÃO

IX – Introdução 267
  I. Considerações metodológicas 267
  II. A confirmação, um sacramento 269
  III. Lugar da confirmação entre os sacramentos da iniciação ... 273
X – Dimensões histórico-salvíficas da confirmação ... 281
  I. A dimensão cristológica do sacramento da confirmação ... 282
  II. Sacramento do dom do Espírito Santo 285
  III. Confirmação e plenitude escatológica 291
  IV. Confirmação e comunidade messiânica 295
XI – A graça da confirmação 299
  I. Robustecimento da graça batismal 300
  II. Aperfeiçoamento da graça batismal 302
  III. Fortalecimento para a missão 308
  IV. O "caráter" da confirmação 316
XII – As exigências da confirmação 319
  I. "Homem do Espírito" 320
  II. Responsabilidades de adulto 321

III. Operários comprometidos na obra de Deus 322
IV. A *parresia* do operário 324
V. Anunciadores do Reino 325
VI. A lembrança da confirmação 325

Bibliografia 327
Bibliografia geral 329
Bibliografia patrística referida nesta obra com tradução em português 332

Índice onomástico 333

Impresso na gráfica da
Pia Sociedade Filhas de São Paulo
Via Raposo Tavares, km 19,145
05577-300 - São Paulo, SP - Brasil - 2018